La Drague

POUR LES NULS

La Drague POUR LES NULS

Florence Escaravage
Fondatrice de Love Intelligence

Et les interventions du
Dr Serge Hefez
Psychiatre, psychanalyste

Avec la collaboration de Karine Pichon-Bonno

FIRST
Editions

La Drague pour les Nuls

12, avenue d'Italie
75013 Paris – France
Tél. 01 44 16 09 00
Fax 01 44 16 09 01
Courriel : firstinfo@efirst.com
Internet : www.pourlesnuls.fr

ISBN : 978-2-7540-2133-3
Dépôt légal : janvier 2012
Imprimé en Espagne

Correction : Christine Cameau
Mise en page : Catherine Kédémos
Couverture : KN Conception
Illustrations : Delétraz - Marc Chalvin
Fabrication : Antoine Paolucci
Production : Emmanuelle Clément

Sommaire

Introduction

Bienvenue dans *La Drague pour les Nuls*, un manuel que j'ai entièrement conçu pour vous permettre d'aborder, de séduire facilement en toute légèreté, mais aussi de repérer votre moitié, de savoir la garder sur la durée et d'éviter ainsi de toujours passer à côté de la bonne personne.

C'est vrai, draguer ou séduire n'est pas facile pour tout le monde. Beaucoup pensent ne pas savoir s'y prendre. Pourtant, la drague est à la portée de tout le monde une fois qu'on en a compris les mécanismes et qu'on s'est posé quelques questions clés sur soi-même.

Vous allez découvrir les meilleures techniques, celles qui fonctionnent à tous les coups et notamment LA technique la plus imparable, celle qui donne les résultats les plus éblouissants, quelle que soit votre personnalité. Je le constate chaque jour dans le cadre de mon métier au sein de Love Intelligence auprès d'hommes et de femmes si différents. Je vais vous guider pas à pas pour que vous puissiez l'adopter aisément, naturellement. Je vous éclaire aussi sur les moyens de favoriser les belles rencontres, selon votre environnement.

Ma méthode vous aidera bien sûr à séduire, mais croyez-moi, draguer, ce n'est que la partie émergée de l'iceberg amoureux. Le plus dur, et le plus beau aussi, c'est ce qui vient ensuite. Là encore, cet ouvrage vous aidera, en vous donnant les clés pour séduire sur la durée et ne pas vous tromper de partenaire. Parce que l'amour, c'est fait pour s'amuser et nous rendre heureux !

Le secret de mon approche

Vous pensez peut-être avoir tout essayé ?

Vous n'allez pas être déçu(e). Mon approche est révolutionnaire. Je vais vous dévoiler mes secrets pour la mettre en pratique.

Je suis la fondatrice de Love Intelligence et de la Méthode Florence. Depuis 2005, j'aide des centaines de personnes dans une phase où elles ne trouvent pas l'amour, ne s'épanouissent pas dans leur relation, ne parviennent pas à séduire la personne qui les intéresse ou ne font pas durer des histoires qui pourtant commençaient bien.

Concernant les personnes qui ne trouvent pas le grand Amour, j'ai remarqué, quelles que soient leurs exigences, leur personnalité, leurs atouts… qu'elles avaient toutes UN point commun : elles ne se posent pas les bonnes questions sur elles-mêmes ! Elles ont pourtant tout ce qu'il faut pour séduire, mais elles ne le révèlent pas. C'est en fait assez simple : elles ont quelque chose d'unique, comme tout un chacun, mais elles ne savent pas le libérer fortement en phase de séduction.

Or, on ne tombe pas amoureux par hasard : on tombe amoureux parce qu'on a une prédisposition d'ouverture et de réceptivité à l'autre. Je vais donc vous apprendre à créer cette même disposition dans l'esprit de vos cibles, mais aussi à révéler ce qui est beau et unique en vous pour « accrocher » l'autre, selon VOTRE personnalité. Car rien ne sert d'adopter une attitude qui est à l'opposé de la vôtre. Tout en restant fidèle à ce que vous êtes, vous séduisez, vous maîtrisez avec art le questionnement, l'échange… En clair, vous mettez toutes les chances de votre côté pour que quelque chose se passe.

Je suis reconnue en France et outre-Atlantique pour cette approche efficace. Efficace parce qu'elle est intime et déclenche, en chacun d'entre nous, une curiosité à nulle autre pareille : le prérequis à toute séduction.

J'ai créé ma méthode de love coaching en m'entourant d'un groupe d'experts (sociologues, coachs américains, business coachs français, ainsi que des psys reconnus, comme Sylvie Tenenbaum et Serge Hefez) et c'est ainsi que sont nés Love Intelligence puis la Méthode Florence.

Love Intelligence est une agence de conseil amoureux pour les couples ou les célibataires ainsi qu'un site internet enrichi de conseils, sous forme de guides, qui répondent à plus d'une centaine de problématiques amoureuses courantes.

En 2011, j'ai lancé la `methode-florence.fr` pour répondre à tous ceux que je ne pouvais plus recevoir en face à face et qui souhaitaient comprendre mon approche. Elle est constituée de cinq livrets posant les cinq questions essentielles pour trouver l'amour. Dans chaque livret, j'expose ma méthode et guide chacun pour répondre à la question clé. Je fournis également des exercices d'autocoaching afin que mon approche soit contextualisée à l'environnement amoureux de la personne et à sa personnalité.

La Drague pour les Nuls est un guide très attendu par les lecteurs de la collection et je suis ravie que mon éditeur m'ait choisie pour vous livrer cette méthode incontournable que chacun devrait connaître.

À vous de séduire

Vous avez fait le bon choix en achetant ce livre. Je vous promets que d'ici deux petits mois seulement, vous aurez trouvé et libéré votre propre mode de séduction qui fonctionnera à merveille. D'autant que les conseils que vous découvrirez dans cet ouvrage ne s'appliquent pas qu'à votre vie amoureuse. Famille, vie professionnelle, amis… Le travail sur vous que nous allons entreprendre ensemble améliorera votre séduction dans bien d'autres domaines. D'ici la fin de cet ouvrage, vous devriez vous connaître mieux et être à même de vous épanouir dans votre vie amoureuse. Promis, ça change la vie !

Comment ce livre est organisé

La Drague pour les Nuls comporte six parties, dont la partie des Dix, la boîte à outils de la séduction.

Première partie : Drague J–1 : avant de se lancer !

Avant de pouvoir séduire qui que ce soit, il faut déjà s'aimer un peu soi-même. Cette partie va vous y aider. Après avoir compris les mécanismes immuables de la séduction, vous allez booster la vôtre. On parlera du physique, bien sûr, mais surtout de ce qu'il se passe dans votre tête, car c'est essentiel ! Nous passerons également en revue les attentes amoureuses des hommes et celles des femmes.

Deuxième partie : Les techniques qui marchent à tous les coups

Cette partie détaille les plus belles techniques de drague, et notamment celle de l'incroyable écoute, qui donne de formidables résultats. Vous apprendrez aussi à être attentif(ve) aux signes « invisibles » qui vous indiquent si vous pouvez y aller ou battre en retraite : vous ne pouvez plus vous tromper ! Je vous offre également un panorama des grands classiques de la drague : pourquoi et comment fonctionne la séduction du bad boy ou de la femme fatale, et surtout : est-ce pour vous ?

Troisième partie : Drague pratique : où faire des rencontres ?

Paré(e) à séduire, élargissez à présent votre champ d'action pour faire un maximum de rencontres. Que vous soyez un véritable animal social, ou bien quelqu'un de plus réservé, sachez augmenter vos chances de trouver des personnes qui vous conviennent. Je vous révèle mon plan d'action adapté à votre environnement.

Quatrième partie : Programme de drague en 4 étapes

Bienvenue dans le vif du sujet ! Je vous livre ici les clés pour aborder la bonne personne. Depuis le premier regard jusqu'au premier rencard, je vous assiste à chaque étape décisive pour vous aider à conquérir celui ou celle qui vous plaît.

Cinquième partie : Séduire pour une relation durable

Envie de transformer l'essai et de faire durer cette belle rencontre ? Vous trouverez dans cette cinquième partie tous les conseils pour faire évoluer cette conquête en histoire d'amour. Des « premières fois » idylliques aux moments de doute, je vous tiendrai la main dans cette nouvelle phase de votre romance. Et si ça ne se passe pas comme prévu, un chapitre entier vous aide à corriger le tir !

Sixième partie : La partie des Dix

Aucun livre de la collection « Pour les Nuls » ne saurait être complet sans cette ultime partie à la MacGyver : un pot-pourri de petits trucs et astuces destinés à vous faciliter la vie et la drague. Lisez cette partie si vous voulez connaître les dix conseils venus du passé et qui fonctionnent toujours, les dix commandements de la drague par SMS, les compliments qui ont fait leurs preuves, comment le ou la séduire en maîtrisant l'autodérision, et les dix best of de la drague à lire, voir ou écouter.

Les icônes utilisées dans cet ouvrage

Pour vous guider tout au long de ce livre, j'ai utilisé les fameuses et non moins sympathiques icônes… pour les Nuls. Suivez le guide !

Avec ces astuces et ces conseils, je serai votre love coach personnel ! Je vous offre aussi ici des exercices en situation et des exemples de dialogues que vous pourrez directement utiliser quand vous draguez.

Une petite icône pour vous rappeler un truc à ne jamais oublier lorsque l'on s'intéresse à l'amour. Une idée clé à suivre pour mieux se comprendre et comprendre les autres.

Ce sont des exemples concrets que j'ai croisés en tant que love coach. Des expériences pleines d'enseignements.

Question drague, les hommes ne fonctionnent pas comme les femmes. Et heureusement ! Aussi, ces passages seront spécifiques en fonction de chacun des deux sexes.

Pour savoir comment ne plus tomber amoureux(se) des mauvaises personnes, suivez cette icône !

Des faits, des chiffres, des informations sur la drague.

J'ai recueilli de très nombreux témoignages de personnes expliquant COMMENT elles ont mis en pratique ma méthode et ont décuplé leur pouvoir de séduction. Je vous en livre tout au long de ce guide.

Comment lire ce livre

Un simple coup d'œil sur ce livre, et vous vous apercevrez aussitôt qu'il peut être picoré tout autant que dévoré. Nul besoin de le lire d'un bout à l'autre. Vous pouvez accéder facilement à la partie ou au chapitre qui vous intéresse, sans avoir lu les pages précédentes.

Et puisque la drague cela ne s'apprend pas uniquement dans les livres, j'ai glissé dans cet ouvrage des exercices pratiques, ainsi que de nombreux exemples concrets tirés de mes années de coaching amoureux. Ce sont les histoires de Candice, de Julien, d'Eva, de Louis… Et peut-être la vôtre. Vous les retrouvez au fil du texte et parfois, *in extenso* entre les chapitres. Vous vous y retrouverez forcément !

Peu importe que vous commenciez par le sommaire, l'index ou le chapitre 10, ou encore par le début (quelle idée innovante !), l'important est de vous lancer. Alors, à vous de jouer ! L'amour vous attend peut-être au coin de la rue…

Un guide qui s'adresse à tous !

Les codes de la drague hétérosexuelle et homosexuelle peuvent différer en certains points, se rejoindre en d'autres. Si le texte de ce guide fait principalement référence aux relations entre hommes et femmes, la majorité de ses chapitres a pour but de vous aider à vous sentir le/la plus séduisant(e) possible, en puisant dans vos propres ressources. Ces chapitres, comme ceux qui ont trait aux mécanismes même de la séduction seront utiles à tous et toutes, quelle que soit leur orientation sexuelle.

Première partie

Drague J–1 : avant de se lancer !

Dans cette partie…

Vous pensiez que la drague, la séduction, c'est un truc inné, magique, que l'on a ou pas ? Non, bien sûr, sinon vous n'auriez pas ce guide en main ! Vous avez raison : la drague est un jeu à la portée de tous, une fois que l'on a compris comment et pourquoi ça marche. Je vais vous le révéler, puis nous allons nous intéresser de très près à vous. Oui, vous ! Nous allons faire un peu de tuning physique et mental, pour révéler la part séduisante qui est déjà en vous… mais bien trop cachée. Une fois que vous maîtriserez ces bases, vous serez paré(e), impatient(e) de vous jeter dans le grand bain de la drague !

Chapitre 1

Séduction, mode d'emploi

Dans ce chapitre :

- Une expérience scientifique va vous apprendre à séduire en 90 minutes… et à coup sûr !
- Vous allez capter (et émettre) les signaux de la drague pour ne plus rater une occasion
- Puis, baisser la garde et accepter de ne pas tout contrôler : c'est le déclic pour que tout puisse arriver !

Comment se fait-il qu'un homme et une femme soient attirés l'un par l'autre, sans forcément se connaître depuis longtemps ? Pourquoi ça marche pour certains, mais pas à chaque fois ? Quels sont les ingrédients qui déclenchent cette attirance ? Une alchimie mystérieuse est à l'œuvre, et c'est ce que nous allons vous dévoiler dans ce chapitre : le mécanisme de la séduction !

La science au secours de la drague : l'expérience d'Aron

En 1991, une expérience unique a été menée par le chercheur en psychologie Arthur Aron, professeur à l'université de Stony Brook. J'aime beaucoup ce professeur (et j'ai souhaité l'inviter en France pour qu'il vienne nous parler de son expérience) car il a su démontrer scientifiquement quels étaient les trois facteurs clés de la naissance de l'attraction entre deux êtres :

- La capacité à se dévoiler à l'autre sans détour,
- La force de l'échange,
- Et la volonté de partager ce qui nous est le plus intime.

Dans les conditions de l'expérience, deux parfaits inconnus pouvaient tomber amoureux en 90 minutes, un résultat obtenu pour 75 % de ses couples tests !

Une mécanique amoureuse à découvrir

Voici comment s'est déroulée l'expérience du professeur Aron. Des paires de « cobayes », un homme et une femme célibataires qui ne se connaissent pas, sont isolées face à face dans une pièce.

Le dévoilement et le partage

Tour à tour, chacun des deux individus doit évoquer des pensées personnelles, intimes (non sexuelles) en présence de cet autre, pourtant inconnu. L'idée est de se dévoiler sur des thèmes très personnels, comme un événement particulièrement difficile ou le moment le plus embarrassant de leur vie…

Cet échange permet ainsi à chacun des protagonistes de se dévoiler et d'apprendre sur la nature profonde de l'autre. D'accord, dans la réalité, ce ne sont pas des révélations que l'on peut faire dès les premières minutes d'une rencontre, mais gardez cette approche en tête, car je vous indique plus loin comment faire glisser naturellement la conversation vers un niveau d'intimité inconnu jusqu'alors. Son but : le partage, la naissance de l'empathie, l'abaissement des barrières naturelles de méfiance. Prendre le risque de se dévoiler provoque le déclic qui lance le processus de l'attraction.

Bien plus efficace qu'une suite de blagues pour attirer l'attention de l'élu(e) – de votre vie ou de la soirée –, une conversation qui glisse doucement vers la confidence est LE moyen de le/la troubler profondément. Sans virer dans le grand pathos dans les premiers temps, demander à votre cible de vous raconter son anecdote embarrassante est un premier pas, non seulement très drôle, mais qui peut être aussi le point de départ d'une conversation de plus en plus intime.

Soyez, bien entendu, prêt(e) à raconter la vôtre. En évitant les histoires liées au sexe, cela va de soi !

Margot perd de sa superbe et gagne en humanité

Je suis Margot, une femme de 40 ans ultra chic, extrêmement cultivée et qui fais peur aux hommes, je le sais pertinemment. Je suis malheureuse d'être seule. Un jour je me dis que quelque chose doit clocher dans ma manière de séduire les hommes. Je fais les exercices de la methode-florence.fr dans le but de comprendre par moi-même ce que je dois changer. Et je suis prête à tenter le tout pour le tout.

Alors je comprends deux choses que je mets en application :

- plutôt que de parler de ma réussite professionnelle, de montrer mon décolleté ou de rentrer dans un débat d'idées, je dois montrer ce qui me rend « humaine », et donc abordable.
- plutôt que de me la jouer « grande dame », je dois pratiquer l'autodérision et je reprends l'idée de mettre le sujet des « grands embarras de ma vie » sur le tapis.

Et voilà l'histoire, je revois un jour un type que j'adore et qui reste toujours courtois avec moi mais ne m'a jamais proposé un seul rendez-vous galant. Et alors que je sens que je campe, par réflexe, encore ma « hautaine », je décide de lui raconter l'histoire suivante :

« Un jour que je me baladais en ville avec une copine (qui ne manque pas de me rappeler cet épisode cruel), je vois un type de loin, qui danse en marchant avec un groove incroyable. Lorsqu'il passe près de moi, je lui lâche un "hey, ça swingue !" assez sonore pour que tout le monde l'entende. Et là, je vois enfin ses jambes. Il est atteint de la polio. Et je meurs de honte, sur le trottoir. »

Lorsque je raconte cette anecdote – véridique – je repique instantanément le fard monstrueux du moment, me cache le visage dans les mains, et dis d'une petite voix : « J'en ai encore honte. » Résultat : sympathie immédiate de l'interlocuteur, qui me trouve soudainement beaucoup plus accessible... et se met à me raconter une histoire où il a aussi été si mal à l'aise. Et nous voilà alors plongés dans une conversation ultra-sincère sur les difficultés de la vie, et il me propose de continuer autour d'un verre le lendemain. J'ai compris, à seulement 40 ans, que je ne brisais jamais la glace. Il était temps !

L'aveu de la séduction

Retour au laboratoire du professeur Aron. Les deux participants doivent à un moment précis évoquer ce qui leur plaît chez leur interlocuteur. Chacun se sent ainsi valorisé par cette séquence, se sent aimé et apprécié, ce qui le porte à en apprécier l'autre d'autant plus.

Le déclencheur de l'attirance

Cette étape est cruciale dans la réussite de l'expérience : 90 % des volontaires qui ont ressenti quelque chose pour leur partenaire ont ainsi déclaré que le fait de découvrir qu'ils étaient séduisants pour l'autre a été le moment déclencheur de leurs sentiments. S'entendre dire qu'on est charmant pour telle ou telle raison déclenche une bouffée d'endorphine (l'hormone du plaisir) qui va décupler le sentiment de bien-être.

Charmante, d'accord, mais pourquoi ?

Cette étape demande une certaine retenue. Il faut d'abord bien déceler chez l'autre ce qu'il/elle a justement de séduisant, qui le différencie des autres. On oublie donc l'archi classique « Mademoiselle, vous êtes charmante » pour viser juste. Charmante pourquoi ? Soyez précis(e), remarquez le remarquable, et dites-le une fois. Si l'on vous a confié une aventure ou une expérience étonnante, vous pouvez lui dire que vous l'avez trouvé très touchant(e) à ce moment-là. N'en faites pas trop à ce stade. Un compliment fonctionne mieux si vous lui laissez le temps de l'apprécier vraiment. Lancez-en un, pas un chapelet, puis reprenez la conversation…

Flatteuse !

Si l'homme en face de vous est coquet, vous pouvez le complimenter sur sa mise, si c'est vraiment ce qui a attiré votre attention. Sinon, dites-lui ce qui, dans son récit, a permis de révéler de lui son caractère convivial ou courageux… Ou bien exprimez-lui ce qui vous plaît dans son attitude générale ou dans sa manière de raconter telle ou telle histoire. Vous pouvez également relever l'athlète ou le sportif en lui, car en tout mâle (ou presque) sommeille un homme d'action qui ne demande qu'à être caressé dans le sens du poil.

En manque d'inspiration ? La partie des Dix, à la fin de ce livre, vous livre des dizaines de compliments sur un plateau !

Un regard

Retournons à notre expérience, ou plutôt celle du professeur Aron. Lorsque les 90 minutes touchent à leur fin, les deux personnes doivent se regarder dans les yeux, sans sourciller, sans parler, pendant 2 minutes. Un échange profond de regards amène ainsi l'homme et la femme à se sentir plus proches, liés dans l'échange. Les « cobayes » se quittent sans obligation de se revoir, liberté symbolisée par la sortie des deux participants par des portes séparées.

Résultats bluffants !

Cette expérience a été une révélation : 75 % des couples se sont déclarés « profondément attirés » et se sentaient exceptionnellement proches de l'autre à la suite de cette rencontre peu banale. L'un de ces couples d'un jour s'est même marié six mois après l'expérience, invitant bien sûr Arthur Aron et toute son équipe à la noce !

L'ocytocine, l'hormone de l'amour

Lorsqu'on tombe sous le charme de quelqu'un, notre cerveau produit une cascade d'hormones aux noms savants et aux effets bluffants ! L'adrénaline, qui nous met en alerte, la dopamine, hormone de la récompense, l'endorphine, celle du plaisir, mais surtout l'ocytocine, l'hormone du lien affectif. En abaissant nos barrières défensives, c'est elle qui donne le feu vert de la relation émotionnelle et de l'attachement à l'autre. C'est elle qui est responsable du fameux instinct maternel ; c'est elle aussi qui submerge les ados en proie à leur premier amour, et qui revient régulièrement balayer toute réserve lorsque nous rencontrons quelqu'un qui nous intéresse. Son apparition est déclenchée, entre autres, par des gestes affectueux : baisers, câlins, parties de jambes en l'air torride. Mais avant d'en arriver là : par le son d'une voix aimée, une pensée, et surtout : un long regard...

À lire, pour tout savoir de la chimie amoureuse, le livre de la neurobiologiste Lucy Vincent : *Comment devient-on amoureux ?* (Odile Jacob, Poches, 2006).

Ce qu'il faut retenir de l'expérience

Cette expérience m'a frappée parce qu'elle fait apparaître que se sentir proche de quelqu'un conditionne notre attirance, bien plus que sa simple apparence physique ou une admiration intellectuelle. En quelques quarts d'heure de drague, si vous parvenez à créer l'intimité, l'attraction s'établit, comme par magie. Dès qu'on se livre, qu'on se confie l'un à l'autre, que l'on se raconte de manière sincère, profonde et non superficielle, et surtout qu'on invite l'autre à faire de même, on « ouvre » tout, en soi et en l'autre, et les émotions et sentiments peuvent circuler librement.

Faites le test !

Mémorisez les étapes de l'expérience du professeur Aron :

- Partage et dévoilement ;
- Aveu de ce qui nous touche en l'autre ;
- Regard.

Cette expérience est riche d'enseignements pour la séduction et je vais vous apprendre à mettre ce qui est « juste nécessaire » dans une démarche de drague efficace.

LE SAVIEZ-VOUS ?

Prendre le temps de se découvrir, c'est faire sa cour ! Un héritage du *fin'amors*

Lancelot ou le Chevalier de la Charrette de Chrétien de Troyes lance en 1177 la mode de l'amour courtois, ou *fin'amors*, comme on l'appelait au Moyen Âge. Il régit les relations entre nobles dames et leurs chevaliers servants. N'offrant pas d'issue physique, puisque la dame que l'on courtise est mariée à un seigneur et que son soupirant est d'un lignage inférieur, l'amour courtois force à la maîtrise du désir. Il impose aux amoureux :

- De savoir reconnaître dans son partenaire des qualités autres que la beauté, des services autres que sensuels ;
- De prendre le temps de se découvrir, en se faisant la cour. On se parle, on se regarde longuement, on défaille un peu des vertiges de l'amour, mais on n'y cède pas !
- De chercher à s'élever pour faire honneur à la personne que l'on convoite.

À notre époque, cela peut paraître bien éthéré, mais au Moyen Âge, au contraire, l'aventure est palpitante, parce que nouvelle. On y découvre en effet, pour la première fois en ce temps de mariages arrangés, le sentiment d'un amour profond, nourri de respect mutuel. Une notion qui va faire long feu…

Les signaux de la drague : qui drague qui ?

Il y a comme un code secret de la drague. Des signaux plus ou moins visibles qui lancent l'action. Quand vous les connaissez enfin, tout devient plus évident !

De façon classique, les femmes envoient un message de disponibilité qui veut dire « vient me draguer, tu me plais ». Aux hommes ensuite de savoir repérer ces signaux, et de prendre les choses en main : entamer une conversation, proposer de se revoir, demander un numéro de téléphone, proposer une sortie, un dernier verre, un resto…

Et le dragueur, le vrai, apparaît sur les grands boulevards

L'apparition du dragueur, le vrai, celui qui arpente les rues à la recherche de l'aventure, date du milieu du xxe siècle. Alors que le séducteur des siècles passés se concentrait sur ses proies choisies une par une, qu'il s'employait ensuite à faire fauter (séduire vient du latin *seducere*, c'est-à-dire « attirer à soi », mais aussi « détourner du droit chemin »), notre dragueur contemporain cherche littéralement à « prendre dans ses filets » toutes celles qui pourront y tomber. Une version masculine du racolage, en quelque sorte ! La drague est d'abord une activité d'homme, qui s'exerce dans la rue, en ville, sur les boulevards. Le dragueur de plage en est une variante saisonnière ! Le terme est déjà assez en vogue à la toute fin des années 1950, pour que Jean-Pierre Mocky consacre un film à ce nouveau phénomène, *Les Dragueurs*, avec Anouk Aimée et Charles Aznavour, sorti dans les salles en 1959.

Drague en chiffres

Des études ont été menées, en particulier par le chercheur pionnier en la matière, Timothy Perper, dans son ouvrage *Sex Signals: the Biology of Love* (1985, Philadelphia, ISI Press), pour savoir comment se déroulaient les manœuvres d'approches en matière de séduction. Leurs conclusions sont étonnantes : 90 % des rencontres seraient initiées par les femmes, très subtilement, au moyen de signaux quasi invisibles, mais parfaitement clairs pour qui sait les reconnaître. Les hommes se chargeraient ensuite à 90 % des manœuvres d'approche, beaucoup plus identifiables : la phase plus visiblement active.

Mesdames, mesdemoiselles, si votre tactique de drague est de vous fondre dans le décor ou d'attendre, en restant sans bouger qu'on vienne vous parler : changez tout ! Mis à part les mufles, la majorité des hommes aura besoin d'une autorisation non verbale pour vous aborder. Envoyez des signaux clairs ! Votre tenue, votre attitude, vos regards, votre sourire y participent.

Quatre signaux pour les femmes

- Commencez par le dire avec les yeux : croisez et soutenez leur regard. C'est en général assez clair.
- Allez-y franchement : si vous n'envoyez que des signaux faibles, ils seront mal interprétés, ou pas interprétés du tout ! Ce qui paraît clair pour une femme est souvent invisible pour un homme.
- Si vous êtes entourée d'une armada d'amies en goguette, détachez-vous de manière ostensible, pour qu'il puisse vous parler à vous seulement.
- Lorsqu'il vous approche : laissez-le venir. Même si vous n'êtes pas très à l'aise, ne partez pas en courant, ne le noyez pas sous un flot de paroles. Dites-lui que vous êtes heureuse de faire sa connaissance : c'est le signe qu'il attend pour poursuivre.

David n'en rate pas une

David, architecte de 38 ans, n'a pas connu d'échec amoureux depuis son adolescence. Aucun râteau, pas une veste, pas un refus. Pourquoi ? D'abord, parce qu'il est observateur. Il repère celles qui se sont mises sur leur 31, celles qui regardent autour d'elles souvent, celles qui, même discrètement, aimeraient que l'on s'intéresse à elles. Ensuite parce qu'il ne drague vraiment que lorsqu'il décèle une inclinaison favorable chez sa partenaire. Gentleman-charmant au quotidien, il n'a aucun problème à aborder et démarrer une conversation : pour lui, cela fait partie de la politesse la plus naturelle que d'aller papoter de manière agréable avec ceux (et surtout celles) qui l'entourent. Et, au cours de la conversation qu'il engage, il a l'art de glisser que le célibat n'est pas pour lui. À ce moment, il voit si l'information pique l'intérêt de son interlocutrice, et, rassuré, poursuit sur le même mode. Dans le cas contraire, il fait marche arrière et revient sur un mode plus formel. Imparable !

Être attentif aux messages subliminaux qu'elles vous envoient

Aiguisez votre instinct de séducteur en vous exerçant, partout et tout le temps, à repérer qui est célibataire, qui ne l'est pas. N'ayez pas peur de prendre votre drague (et donc votre destin !) en main : dans 90 % des cas, une femme attend de vous que vous fassiez preuve d'initiative. Rester dans l'expectative ou sur la réserve ne donne rien.

Foncer tout droit sur la plus jolie fille de la soirée, ou bien celle qui vous a tapé dans l'œil est un travers majeur des dragueurs sans expérience ! *Idem*, dans un autre genre, rester sans rien faire, se perdre en conjonctures sur l'éventualité d'un rejet est tout aussi improductif. Ouvrez l'œil et prêtez attention aux signaux que vous envoient les femmes.

Pour tous : étonner en inversant les rôles !

La magie de la drague réside aussi dans ses aspects imprévisibles. Si, dans 90 % des cas, les femmes lancent le processus, et les hommes entrent alors en action, il reste cependant un joli 10 % où toutes les fantaisies sont permises.

Souvenez-vous de l'expérience d'Aron. Sans immédiatement abattre votre jeu, sachez répondre aux signaux invisibles. Montrez à celui ou celle qui est en face de vous que quelque chose en lui, en elle, vous plaît : l'aveu de l'attraction est une étape cruciale du jeu de la séduction. C'est une manière imparable de faire monter la tension !

La drague est une aventure

Une rencontre, c'est un mini bouleversement : elle peut impliquer une nouvelle histoire d'amour, mais aussi d'amitié, une relation de travail, un flirt léger, une conversation joyeuse qui vous donnera du peps pour toute la journée. Pour que cette rencontre arrive, il faut accepter de changer sa routine et d'aller à la rencontre de l'autre, aussi différent soit-il de ce que l'on a en tête.

Sortez de votre confortable coquille

Lorsqu'on n'a pas dragué depuis un moment, on peut ne pas posséder le réseau social idéal pour faire de belles rencontres, on peut aussi être intimidé à l'idée de faire le premier pas. Il vous faut remettre en marche vos capacités sociales et votre cerveau relationnel. Pour cela, il va falloir entamer une démarche active pour aller à la rencontre de nouvelles têtes. Prenez-le au début comme un entraînement et recherchez dès aujourd'hui toutes les occasions qui vous permettront de vous ouvrir aux autres.

Romance sur le palier

Aymeric a 39 ans, sans enfants, divorcé. Il a vécu pendant trois ans une vie de célibataire hédoniste, sans chercher à se caser. Les histoires d'amour, il les envisageait sur un mode CDD, une succession de rencontres éphémères, qui correspondait à son style de vie festif. « Plus d'une fois ma voisine m'a fait comprendre que je ne lui étais pas indifférent. Seulement je n'ai jamais envisagé de sortir avec elle car elle me paraissait trop casanière et ne me semblait pas mon style de fille. Et puis un jour, elle a fait une grande fête chez elle et elle ne m'a pas invité. À minuit, alors que je surveillais le couloir à chaque ouverture de porte, je l'ai enfin croisée sur le palier et elle m'a dit de me joindre à la fête. J'ai joué l'étape 4 : la carte de l'intime dès le début, ce que je ne faisais jamais avant. J'ai découvert une personne certes casanière, si différente de moi, mais si touchante. Nous sommes ensemble depuis six mois. » En laissant ses idées reçues de côté, en laissant l'improbable entrer dans sa vie, Aymeric a déclenché un processus d'ouverture à la nouveauté dont il en découvre les joies chaque jour.

Engrangez de petits succès

Il est temps de remettre en marche votre machine à draguer ! Fixez-vous des objectifs quotidiens, faciles à remplir au début :

- Aujourd'hui je fais sourire la caissière de mon supermarché.
- Aujourd'hui je demande quelque chose à un inconnu dans la rue (sollicitez une recommandation pour un restaurant sympa dans le quartier, ça marche très bien).
- Aujourd'hui je propose à un(e) collègue de déjeuner (sans arrière-pensée, ceci est un entraînement, ne commencez pas par celui ou celle pour qui vous avez un crush énorme depuis des mois, ça n'est que le début !).

Pour aborder un ou une inconnu(e), demandez-lui un conseil. Il/elle se sentira valorisé. Comment savoir si vous l'intéressez ? Le chapitre 7 vous donne toutes les clés sur le langage du corps, les indices à rechercher pour savoir si vous êtes sur la bonne voie. N'oubliez pas de vous présenter !

Que se passe-t-il ? Vous vous sentez soudainement bien !

Votre cerveau droit enregistre le changement et recommence à produire toutes ces hormones dont vous allez avoir besoin pour être au top de la séduction : la dopamine, hormone impliquée dans l'apprentissage et la motivation, l'adrénaline, qui vous rend alerte face à la nouveauté, et les endorphines, hormones du plaisir. Vous venez de remettre votre cerveau séducteur en route ! Pour aller plus loin, consultez le chapitre 10, qui vous permettra de mettre en place un véritable plan d'action afin d'élargir votre terrain de jeu selon votre personnalité.

Lâcher-prise et séduction

Un détail frappe quand on observe un grand dragueur ou une vraie séductrice à l'œuvre. Ils sont détendus. Leurs gestes, leurs paroles viennent naturellement. Et lorsqu'on leur demande ce qu'ils ont fait ou dit juste après un succès foudroyant, ils vous regardent d'un air interloqué. « Je ne m'en souviens pas exactement, j'ai dû dire bonjour et on a discuté. » Rien de flamboyant, somme toute, alors qu'on s'attend à un plan de bataille impeccable. Or, c'est tout le contraire. Le vrai dragueur ne sait en général pas du tout ce qu'il va dire, au moment où il s'approche de sa conquête. Pourquoi ? Parce qu'il n'a rien prévu !

Pourquoi on ne rappelle pas Carlotta

Carlotta est une tueuse en soirée, elle est redoutable dans sa manière de se vêtir, de regarder les hommes et de « s'attaquer » à un homme qui lui plaît. Son problème est le suivant : elle passe des soirées merveilleuses car elle parvient à discuter avec les hommes qui lui plaisent, mais il n'y a quasiment jamais de suite. C'est-à-dire qu'elle peut engager la conversation pendant une heure ou deux, époustoufler son interlocuteur, le rendre curieux, prolixe. Ils partent dans de drôles de discussions. Mais ces hommes ne lui demandent jamais son numéro de téléphone ni proposent de la revoir. Pourquoi ? Tout est trop travaillé ! Elle cherche trop à impressionner. Les hommes ne sont finalement pas séduits. Ils aiment cette joute verbale, l'espace de quelques quarts d'heures, mais ne cherchent pas à poursuivre parce que Carlotta les fatigue assez vite : elle est très directe, elle envoie des pics marrants parce qu'ils stimulent la conversation mais elle a toujours une remarque agressive de trop dont elle ne se rend même pas compte. Pour que ses soirées se terminent autrement, il faudra lui apprendre ce lâcher-prise pour révéler autre chose d'elle-même : la part sensible, attachante et féminine de sa personnalité, quand bien même elle garde sa conversation vive.

Quand le contrôle tue l'attraction

L'improvisation est l'une des composantes essentielles de la drague. Comme le sont la surprise, l'aventure, le mystère... Un petit frisson d'inconnu et d'imprévu qu'il va falloir laisser entrer dans votre vie de tous les jours, mais aussi dans votre tête.

En effet, l'intérêt soudain pour une autre personne, l'attachement, comme le fait de tomber amoureux, sont des événements un peu extraordinaires, qui sont délicieux parce qu'on ne maîtrise pas tout, justement. Pour que cette bonne surprise puisse avoir lieu, vous allez devoir accepter de lâcher prise sur tout ce que vous pensiez justement important de contrôler : votre image, votre discours, vos jugements et à priori, votre histoire avec cette personne...

Le contrôle de soi bloque le déroulement naturel de la séduction

Lorsqu'on veut tout maîtriser, de sa façon de se présenter au timing de la rencontre en passant par le contenu de la conversation, je vous garantis que ça ne marche pas, parce que le contrôle que vous exercez sur vous-même empêche les émotions, de l'autre, de naître et de circuler.

Comprenez bien que si vous vous focalisez sur ce que vous voulez maîtriser, vous perdez de vue la personne que vous voulez séduire. Pour dire les choses un peu crûment, le contrôle de soi, c'est se concentrer sur son nombril, son image perçue alors que c'est en face de vous que vous devez porter votre regard et votre attention ! Cette attitude « n'ouvre pas » à la belle rencontre car il s'y passe forcément moins de jolies choses.

Vous êtes dans le contrôle si :

- Vous ne vous sentez pas à votre place, mais essayez quand même de coller à la situation.
- Vous restez silencieux(se), pour jouer un personnage, alors qu'habituellement vous êtes plutôt volubile.
- Vous décidez de présenter une facette de vous qui, vous le savez, fonctionne, mais n'est pas vraiment « vous ».
- Vous avez l'habitude que tout se déroule comme vous l'avez décidé, ou vous avez l'habitude, dans le cadre du travail ou des relations familiales, que l'on suive vos ordres à la lettre.
- Vous avez en tête un scénario type de la rencontre : rappelez-vous que ça ne se passe JAMAIS comme prévu ! C'est tout le charme des rencontres : il faut se laisser surprendre par l'autre... je le répéterai souvent dans ce livre !

- Vous êtes tendu(e) par la peur de l'échec et le sentez.
- Vous en faites trop. Vous êtes grisé(e) par l'adrénaline alors vous allez trop vite en besogne.
- Vous riez ou parler trop ou trop fort.
- Votre éducation vous impose un code strict sur ce qu'un homme ou une femme est censé(e) faire en présence du sexe opposé. Souvenez-vous de cela : il n'y a pas de règle lorsqu'on drague ou que l'on est dragué. C'est au contraire un terrain de liberté où toutes les fantaisies sont permises.

Dans ces cas, que faire ?

LE CONSEIL DE FLORENCE

- Si votre timidité prend le dessus et vous empêche d'être vous-même, commencez par changer la position de votre corps. Puis, imaginez-vous dans la peau d'une personne passionnée. C'est vous. Laissez cette personne en vous s'exprimer pour une fois.
- Si vous ne pensez pas pouvoir séduire « tel quel » et que vous avez pris l'habitude de jouer un rôle, passez au chapitre 2, pour comprendre comment plaire en restant vous-même.
- Si vous êtes tendu(e) par la peur de l'échec, lisez le chapitre 12, qui détaille les techniques pour vaincre la peur. Un indice, dès à présent : l'appréhension disparaît lorsque l'on est sûr de sa séduction naturelle. Et être sûr de sa séduction naturelle, c'est possible ! C'est tout l'objet de ce livre.

On ne conquiert pas un homme comme on mène son business !

De nombreuses business women adoptent une façon d'agir très contrôlée :

- Elles gardent la maîtrise de la situation, dirigent tout.
- Elles veulent anticiper tous les aspects de leur liaison.
- Elles ne laissent donc pas la part de hasard nécessaire à l'instauration d'une attraction entre deux personnes.

Ce contrôle annihile la tension et l'énergie nécessaires à l'apparition du trouble amoureux : en ayant tout décidé à l'avance, elles ne laissent pas aux hommes leur part d'initiative. Ne sentant aucune emprise sur elles, ils n'ont pas l'envie, ni même la place pour s'impliquer dans le processus de la séduction.

À ces femmes, mais aussi à tous celles et ceux qui pensent devoir garder en permanence une emprise sur eux-mêmes et sur les autres, je recommande le lâcher-prise. Leur naturel fera bien plus de ravages que l'image qu'ils veulent projeter d'eux-mêmes !

La drague se joue à deux

Certaines étapes d'une rencontre ne dépendent pas de vous. Vous devez accepter qu'il y entre :

- Une part de chimie, que vous ne maîtrisez pas.
- Une part de timing, qui va aussi dépendre de l'autre (s'il/elle n'est pas disponible, s'il/elle n'a pas la tête à ça, ça n'est tout simplement pas le moment).
- Une part de magie (et pour que la magie opère, pensez au lâcher-prise).
- Une autre personne devant vous, qu'il faut parvenir à découvrir.

Accepter ces paramètres sur lesquels nous ne pouvons pas agir est un acte libérateur ! Toute tentative de séduction n'est pas forcément couronnée de succès. C'est précisément cette part de risque qui fait battre le cœur ! Chassez la peur de l'échec en mettant dès à présent votre moteur-séduction en marche. Qu'avez-vous à y perdre ? Rien !

Donnez-vous le feu vert !

Dans les chapitres suivants, je vais vous donner toutes les clés pour être véritablement à l'aise, avec vous-même et avec les autres. Mais dès à présent, mettez en pratique les conseils de ce chapitre.

Arthus revient de loin

Que laisser émaner de soi, comment se raconter quand on ne se trouve pas terrible ? Partager un peu de soi… pour toucher l'autre n'est pas chose aisée. Certains cas, s'ils ne sont jamais désespérés, peuvent se révéler épineux. C'est celui d'Arthus, 40 ans, qui vient me voir sur la recommandation d'une de ses amies. Célibataire depuis longtemps, il ne cherche même plus à séduire, se pensant hors jeu. Il a complètement mis sa vie sentimentale de côté. Il ne vit que par les sorties avec les copains, le sport et le boulot. Pourtant, il rêve de rencontrer une femme avec qui fonder une famille.

Lorsque je le reçois, il ne témoigne d'aucune confiance en lui, particulièrement sur le plan physique, très complexé par son 1,65 mètre et sa calvitie bien installée. Il considère aussi que sa vie est très ordinaire et qu'il n'a pas grand-chose à apporter à une femme… Enfin, quand il parle de lui, il évoque souvent ce qui cloche chez lui. J'ai le sentiment qu'il a volontairement décidé de gâcher son existence, convaincu que son destin est de rester célibataire. C'est comme s'il avait abandonné la partie ! Sur le plan amoureux, son comportement défaitiste semble systématique et risque de se transformer en plaisir masochiste : celui ne pas réussir.

Pourtant je vois en face de moi un homme qui a beaucoup d'atouts mais qui n'en a pas conscience. Mon travail consiste alors à lui faire percevoir les clés de sa personnalité… qu'il ne connaît guère !

Mes conseils de coach

Arthus a un bon bout de chemin à faire avant de se lancer à la conquête d'une femme. C'est lui-même qu'il doit conquérir avant tout ! Je l'aide à comprendre sa personnalité : je lui explique comment apprendre à se connaître et à se faire confiance. C'est l'approche à petits pas. Arthus apprend à s'ouvrir autrement, il constate que les autres s'ouvrent plus, également quand il s'efforce à adopter une certaine attitude. Il parvient assez vite à parler plus facilement de ce qu'il aime, de ce qu'il éprouve, de ce qui l'agace (politiquement, économiquement…).

La culture est son point fort. Dès qu'il s'exprime, il a tant de convictions qu'il en devient captivant. Alors qu'il n'abordait jamais ces sujets avec les femmes, nous décidons ensemble que c'est une entrée en matière aussi intéressante qu'une autre. Puis il passe à l'étape suivante : il initie quelques échanges avec deux collègues féminines qu'il apprécie particulièrement. Il les prend à parti sur certains sujets politiques. Et leurs discussions « prennent » !

Je me souviens que je lui rappelais alors : « N'oubliez pas l'intimité – même sur un sujet politique, exprimez ce qui vous touche, vous agace ou vous perturbe, car vous laissez ainsi émaner de vous toutes ces petites aspérités qui composent votre personnage. Et ce n'est que comme cela que vous pouvez déclencher, ou non, chez l'autre, un ressenti, positif ou négatif, une émotion. » L'objectif de notre coaching n'est pas de le faire aimer pour ce qu'il n'est pas… mais, justement, pour ce qu'il est. Et parmi celles qui y seront sensibles, il y trouvera peut-être SA perle.

Le nouvel Arthus

Quand il revient me voir trois semaines plus tard (mes séances sont souvent espacées de trois semaines), nous ne parlons plus que de la manière d'aborder l'intimité. Il se sent alors assez à l'aise pour jouer au courtisan avec deux femmes qu'il a rencontrées. Célibataires toutes les deux, elles apprécient d'être flattées et comprises. Et c'est le miracle attendu : Arthus est vraiment attiré par l'une d'elles et est prêt à faire ce qu'il faut pour avancer, ce qui ne lui était pas arrivé depuis longtemps. D'abord il n'avoue qu'une volonté d'un peu de tendresse et de moments partagés. Puis il reconnaît vraiment son désir et veut prendre le temps pour amorcer un premier pas. Mais comme il laisse apparaître une brèche dans sa carapace de célibataire endurci, la femme en face de lui, qui se trouve être séduite, l'aide au premier pas et tout se fait très vite. Toute la démarche d'Arthus… aura pris six mois. Pas très long finalement pour effectuer un virage à 180 degrés dans sa vie !

Chapitre 2

Booster sa personnalité : la séduction, c'est dans la tête !

Dans ce chapitre :

- Pourquoi on séduit infiniment plus en restant soi-même…
- … mais en mieux : constituez-vous un capital séduction en béton

Qualités ou défauts, tout ce qui vous constitue fait mouche quand on sait faire émerger toute la richesse de sa personnalité.

Rien de plus sexy que la confiance en soi. Vous allez en faire des réserves !

Drague ou séduction ? L'une au service de l'autre

Soyons précis : la drague, c'est le moment où vous vous approchez de votre cible, sortez votre grand jeu, le ou la subjuguez, et parvenez, ou non, à vos fins. C'est tout à la fois une question de technique, de bagout, d'attitude, de timing, de gestuelle…

La séduction, en revanche, c'est tout ce qui émane de vous et qui fait que l'on a envie de vous côtoyer de plus près, et pour longtemps. Cet élément capital, je vous propose de le comprendre en profondeur, de le cultiver en vous, d'apprendre à le laisser s'épanouir : de laisser votre identité faire les trois quarts du travail !

C'est vous qui séduisez !

La base de ma méthode est d'arriver à épanouir toutes les ressources que vous possédez déjà, parfois sans le savoir, et qui feront de vous, une fois révélées, un être tout à fait remarquable. Il n'est pas question de changer profondément mais simplement de vous connaître mieux, d'identifier en vous ce qui plaît, ce qui accroche à la fois le regard et l'attention, ces détails uniques et mémorables qui constitueront votre capital séduction : un portrait de vous dévoilant toute votre palette, toutes vos aspérités, toute votre richesse. Et s'il comprend des défauts : tant mieux ! Sachez dès à présent qu'ils vous rendent aussi attachant(e) que vos qualités !

Plaire en étant soi

Plaire en restant soi-même est la méthode de drague la plus efficace ! Car...

- On arrête de douter de soi, et l'on gagne en assurance.
- On garde en permanence en tête les raisons pour lesquelles on est digne d'être aimé et de plaire.
- On diffuse autour de soi une impression de bien-être qui attire les autres. On va bientôt rechercher votre compagnie.
- On plaît aux personnes qui nous conviennent.
- On en devient craquant(e) sans même chercher à séduire !
- On se fait du bien dans tous les aspects de la vie : ce qui marche pour la drague s'applique aussi dans le domaine du travail, des relations amicales et dans la vie de tous les jours.

Inversez la vapeur

En matière de séduction, on a plutôt tendance à se juger sévèrement, en particulier quand on est un peu rouillé parce que l'on n'a pas séduit depuis un moment. Les obstacles insurmontables (je ne vais pas lui plaire, je suis moche, je ne vais pas l'intéresser, je ne suis pas assez ci ou trop cela) viennent plus facilement à l'esprit que nos atouts. Lorsqu'on est dans cet état d'esprit, les autres le ressentent et ont moins envie de se frotter à nous.

Vous voyez le problème ? Comment convaincre le beau Pédro que vous êtes la huitième merveille du monde, en tout cas, du sien, si vous-même n'en êtes pas persuadée ? Comment donner aux filles qui vous intéressent ce sentiment d'assurance qui les fait toutes craquer, si vous n'avez pas conscience d'être un mec bien, le mec qu'il leur faut ? Ça ne fonctionne tout simplement pas. C'est bien pourquoi il est impératif de se construire un capital séduction en béton armé !

Voici le secret : il s'agit de tomber un peu amoureux de soi-même. Sans excès ni narcissisme, cela va de soi, mais l'on doit s'aimer un peu avant d'aller séduire quelqu'un d'autre. Vous séduisez ainsi durablement.

N'OUBLIEZ PAS

Votre partenaire ne découvrira pas, passés les premiers moments idylliques, lorsque vous baisserez la garde, votre vrai visage : c'est déjà celui que vous aurez montré, celui qui aura séduit l'autre. C'est aussi une question de respect de soi et de l'autre. Mentir, ou simplement tricher sur soi peut fonctionner à court terme, mais sur la distance, le procédé vous met immanquablement dans une position difficile, voire intenable. Et c'est ainsi que certaines très jolies filles se font systématiquement quitter après quelques semaines ou mois de relation.

Un jeune homme au style unique

Guillaume, 26 ans, fait partie de ces personnes au charme irrésistible. La première fois qu'on le croise, il n'a pas forcément l'air d'un grand séducteur. Il n'est pas très grand, pas particulièrement canon, mais possède et cultive son propre style vestimentaire, celui qui lui va, plein de fantaisie. Lorsqu'il est ému, Guillaume bégaye. Un détail qui devient incroyablement attachant lorsqu'on le connaît. Il émane de lui une impression de douceur affectueuse qui se répand sur tous ceux qu'il approche. Il ne parle pas beaucoup, ne s'impose pas, et pourtant, toutes les filles recherchent sa compagnie. Parce qu'il est parfaitement bien dans ses baskets, qu'il a trouvé son style. Son assurance sans pose ni affectation détend instantanément l'atmosphère. Comme il n'est pas un séducteur au style agressif, les femmes qui l'entourent le laissent facilement entrer dans leur cercle intime. Et c'est là que ses yeux doux font des merveilles. Car, sous ses allures de gamin inoffensif, souriant et silencieux, se cache un homme qui n'a pas peur de ses désirs. Quand les filles sont assez proches, elles fondent littéralement pour ce regard de braise qui couve !

Découvrez votre capital séduction

N'OUBLIEZ PAS

Votre capital séduction, c'est l'ensemble des éléments qui vous rendent différent(e) des autres. C'est la raison pour laquelle on se souvient de vous comme d'un individu unique. Quand vous le mettez au jour, non seulement vous vous découvrez des charmes insoupçonnés, mais vous apprenez aussi sur quels éléments de votre identité vous devez appuyer pour libérer toute votre séduction. Votre capital séduction, identifié, bien cultivé, proprement mis en valeur, vous rend remarquable : c'est votre panache personnel.

Où se niche-t-il ?

Bonne nouvelle : tout le monde en a un ! Même si certains d'entre vous partent avec une petite avance en la matière, les cas désespérément non séduisants sont heureusement extrêmement rares.

Cherchez où réside votre charme propre. Voici quelques pistes :

- Dans votre physique, dans votre allure générale comme dans les tout petits détails ;
- Dans vos actions au quotidien ;
- Dans votre parcours de vie et vos expériences ;
- Dans vos passions et tout ce qui fait vibrer : vos loisirs, votre famille, vos amitiés, votre culture, la musique que vous aimez, vos voyages, votre métier ;
- Dans votre manière d'aborder les relations avec les autres ;
- Dans les valeurs qui vous tiennent à cœur ;
- Dans ce que vous savez être capable d'offrir à ceux et celles que vous aimez (on ne parle pas ici de matériel, bien entendu !) ;
- Dans votre humeur du moment.

Tout ce que vous allez trouver de positif et de constructif dans cette liste, qui peut s'allonger à volonté, compose votre capital séduction.

Étape 1 : vous êtes formidable : faites la liste de vos qualités personnelles

Par écrit, listez vos qualités personnelles. Soyez sincère et juste envers vous-même. En voici quelques-unes, qui vous donneront une idée du résultat à atteindre :

- Entreprenant(e) ;
- Fiable ;
- Bon(ne) vivant(e) ;
- Ingénieux(se) ;
- Actif(ve) ;
- Cultivé(e) ;
- Sportif(ve) ;

- Créatif(ve) ;
- Passionné(e) ;
- Drôle ;
- … À vous !

Ce sont vos qualités personnelles. Continuez dans cette veine, c'est un début. Une vision positive de vous-même se dessine. Gardez-la en tête à tout moment.

Vous séchez ? Appelez vos proches à la rescousse pour dresser un portrait de vous mirobolant. N'hésitez pas à leur dire pourquoi vous leur demandez leur aide. Ils seront d'autant plus attentifs et sincères. Ce sont vos proches. Ils vous aiment et se prêteront volontiers au jeu, surtout si vous leur rendez la pareille. Adressez-vous à vos amis, votre famille, vos ex si vous le pouvez, et écoutez leurs conseils (pour une fois). Le résultat peut vous réserver quelques surprises : sachez les exploiter !

Étape 2 : vous êtes adorable : faites la liste de vos qualités relationnelles

Poursuivez votre liste en faisant apparaître maintenant les aspects positifs dans vos relations avec les autres.

Vous êtes :

- Attentif(ve) ;
- Généreux(se) ;
- Solide en amitié ;
- Affectueux(se) ;
- Sensible ;
- Bienveillant(e) ;
- Fidèle (en amitié, en amour…).
- …

Essayez de décrire vos relations avec les autres, et de vous souvenir de moments pendant lesquels, au travail, en famille ou avec vos amis, vous sentez que les autres vous apprécient. Pourquoi ? Est-ce parce que vous avez été enthousiaste ? facile à vivre ? discret ? Parce que vos amis ont pu vous faire confiance à un moment important ? Parce que vous les avez fait rire ?

N'OUBLIEZ PAS

Si vos proches y sont sensibles, ce sont vos atouts réels. C'est aussi ce que vous pourrez offrir à la personne qui fait battre votre cœur.

Christelle entre vamp et clown

Christelle, 39 ans, a été élevée dans une famille nombreuse où les femmes devaient tenir tous les rôles, les hommes s'étant courageusement éclipsés. Des femmes de tête et de poigne, n'ayant pas le temps, ni l'envie, de ressembler à des poupées Barbie. À l'adolescence, par réaction, Christelle découvre la magie du maquillage et des vêtements élégants, et devient une véritable vamp. Passé le cap des 35 ans, cependant, elle se rend compte qu'elle n'enchaîne plus aussi facilement les conquêtes. Elle commence alors à douter de tout, passe par plusieurs phases de remise en question, pour finalement laisser un peu tomber toute idée de séduction : elle décide pour un temps de se consacrer plutôt à un nouveau projet professionnel qui la passionne, car elle en a marre d'accumuler les histoires courtes. Elle décide d'être, comme elle dit, en retraite : « C'est fini, je ne veux plus séduire pour séduire, je fais une pause. Car je ne trouve jamais le bon. J'arrête de chercher. Peut-être viendra-t-il tout seul, qui sait ? »

Je lui conseille de laisser tomber une part de ses gimmicks habituels : regards prolongés, mystère sur toute la ligne, tactiques alambiquées et de laisser libre cours à sa vraie nature. En compagnie de ses nouveaux collègues avec qui elle se sent bien, elle laisse alors émerger sa vitalité et son petit côté clownesque qu'elle a en elle depuis l'enfance. C'est alors qu'elle s'aperçoit que ses collègues masculins la regardent d'un autre œil. Parce qu'elle est à l'aise, ne cache plus une part importante de sa personnalité : elle rit franchement, en un mot elle s'assume complètement. Elle dégage une nouvelle force qui la rend plus belle. C'est une prise de conscience qui l'a libérée, et elle a depuis trouvé sa forme de séduction naturelle, y compris physiquement, en se soignant, mais sans jouer un rôle dans lequel elle s'essoufflait et se perdait elle-même.

Étape 3 : vous êtes séduisant(e) : faites une liste de vos atouts physiques

Si vous désirez vous découvrir en profondeur, l'étape 3 de la `methode-florence.fr` vous aidera à faire émerger la partie cachée, et pourtant fascinante, de vous-même.

La séduction passe éminemment par ce que dégage votre physique ! Il est impossible de faire l'impasse sur le sujet : de la première impression aux déroulements ultérieurs, les yeux et le corps ont une part immense dans le processus de séduction. Dans l'idée de plaire en étant soi-même, on partira de l'existant, pour l'accepter, puis l'aimer, avant de le sublimer ! Ici encore, votre capital séduction est la clé d'une prise de conscience libératrice.

LE CONSEIL DE FLORENCE

Soyez généreux(se) envers vous-même… Décrivez ce qui est beau en vous. Voici quelques idées : des yeux de biche, une peau radieuse, de la vivacité dans les gestes, un beau sourire ou une démarche gracieuse, de belles mains, une belle voix, de la force, du tonus, une carrure rassurante ou, au contraire, une constitution très fine aux attaches déliées : chaque être humain (heureusement !) possède son charme propre.

Déterminer ce qui me rend unique, cultiver mes aspérités

N'OUBLIEZ PAS

Ce sont les particularités, les aspérités qui font que l'on ne vous oublie pas. Sans elles, vous ressemblez à tout le monde ! Pour marquer les esprits, vous n'avez donc pas à vous conformer à quelque modèle que ce soit, surtout pas, mais à développer le vôtre, avec tout ce qu'il comporte de différent des autres. C'est cette différence qui va faire « tilt », qui fera de vous une personne mémorable. En clair, offrez à l'autre des « prises » pour vous aimer.

METHODE-FLORENCE.FR

Marie se trouvait transparente

Marie, 21 ans, nous a envoyé cet e-mail : « Je passais trop inaperçue, alors j'ai décidé d'utiliser pour draguer les résultats des trois exercices de votre méthode qui aident à définir l'originalité de la personnalité. Il a fallu que je me creuse la tête. J'ai dû demander de l'aide à mes proches, mais j'ai été contente du résultat, ça me représentait bien. J'ai voulu tester tout de suite et, comme je trouvais que c'était une bonne "ouverture", j'ai demandé au premier mec qui m'a adressé la parole de me parler de ses originalités à lui. Il m'a dit "commence, toi"… Je ne sais pas ce qui m'a pris, mais je lui ai raconté que j'avais fait les exercices en question et que c'était tout frais pour moi. On est rentré dans une conversation comme jamais je n'en avais eue. On a beaucoup échangé, sur tout, et tout s'est "ouvert" comme vous dites. Et franchement le mec ne me plaisait pas vraiment quand il m'a abordé ! Et aujourd'hui je l'adore. On se sent très proches. »

Déterminez ce qui n'appartient qu'à vous

C'est pourquoi il est si important de bien réaliser qui vous êtes réellement, et pourquoi vous plaisez à vos proches. Ils vous apprécient pour un certain nombre de raisons, que vous ignorez parfois, et qui pourtant n'appartiennent qu'à vous. Ce sont vos particularités propres. Elles donnent à votre personnalité tout son relief.

Il n'y a pas de recette miracle pour laisser ces particularités s'exprimer. Elles ressortent tout naturellement lorsqu'on en a enfin pris conscience. Tout simplement parce que vous allez à présent leur accorder un regard bienveillant, et les laisser s'exprimer.

Pas assez… pour plaire ?

Certaines personnes ont parfois du mal à laisser parler leur véritable personnalité, de peur de ne pas coller à l'image de la personne idéalisée qu'elles ont en tête. Certaines l'imaginent discrète, d'autres l'imaginent « rentre-dedans » ou plus intellectuelle, etc. Alors, je vous propose un petit exercice : quelle est votre idée de l'homme, la femme qui séduit ? En êtes-vous éloigné(e) ? Par exemple, avez-vous peur d'être « trop » : trop vif(ve), trop passionné(e), trop lisse, trop différent(e) en étant vraiment vous-même ? Ou pas assez… Réfléchissez bien à cette question. Les personnes qui cherchent à séduire selon un modèle qu'elles ont en tête ne se rendent pas compte qu'en cachant cet aspect essentiel de leur être :

- Elles étouffent une part très importante de leur personnalité ;
- Elles essaient de se conformer à un modèle qui ne leur convient pas ;
- Elles sont gauches quand elles s'essaient au rôle, pour les femmes, de la midinette classique, de la vamp ou de la femme idéale ; pour les hommes, du blagueur, de l'intello… alors que cela ne leur correspond pas.

C'est intenable de séduire en jouant un personnage ! On ne plaît pas en se bridant, mais au contraire en libérant ce que l'on a de plus fort.

Je recommande aux femmes la lecture du chapitre 5, pour développer leur féminité sans contrarier leur véritable caractère, aux hommes pour révéler leur virilité.

CAS COACHING

La libération d'une femme

J'ai travaillé en coaching sur le cas de cette femme fascinante de 49 ans, qui n'osait parler à aucun homme de son métier passionnant, de son grade élevé dans l'armée, de sa vie faite d'aventures difficiles mais enthousiasmantes, tout simplement parce qu'elle pensait que cette facette de sa vie serait trop masculine pour plaire. Elle s'imaginait que ce n'était pas ce qu'ils attendaient d'elle. Elle se conformait donc dans une attitude qu'elle imaginait être celle d'une femme séduisante : celle d'une femme très classique qui tient son rôle d'auditrice attentive de ses soupirants. Lorsqu'elle est venue me voir, elle m'expliquait qu'elle « n'accrochait » personne : après le premier rendez-vous, les hommes ne cherchaient pas à la revoir. Je compris qu'elle n'avait rien laissé émaner d'elle et qu'elle ne racontait rien d'essentiel d'elle-même... Elle ne donnait donc aucune prise à l'autre. Je l'ai tout simplement encouragée à ne plus cacher ni son métier, ni sa réussite, ni ses aventures extraordinaires, ni ses peurs, ni ses fragilités. En une heure, elle avait tout compris. Ce fut un déclic bénéfique : c'est une autre femme que les hommes rencontrent à présent... Et la voilà plutôt victime de son succès ! Elle avait tout simplement des idées reçues sur la séduction à l'opposé de « ce qui marche ».

Unique, et surtout pas parfait(e)

N'OUBLIEZ PAS

En faisant la liste de ce qui vous rend unique, ne cherchez pas seulement la partie que vous trouvez séduisante en vous. N'ayez pas peur d'aborder le côté obscur de votre personnalité :

- Vos expériences, bonnes ou mauvaises, font partie de vous : parlez-en ! Même au premier rendez-vous : il faut rendre très vivante votre personnalité !
- Vos réussites mais aussi vos échecs : concentrez-vous sur ce que cet échec vous a apporté. Ou bien racontez ce que vous avez traversé pour parvenir à cette réussite.
- Vos insécurités, vos craintes (sur l'environnement, un événement politique ou économique qui vous a ébranlé(e) ou la folle de l'étage en dessous...) : quand vous en parlez, vous transmettez vos émotions, un regard amusé sur votre personnalité, votre cadre de vie.
- Vos défauts, vos blocages : si vous en parlez, vous laissez à l'autre entrevoir le regard que vous portez sur vous-même. Que vous soyez bienveillant(e) envers vos défauts ou caustique, qu'importe, ce qui compte c'est que vous laissiez émaner quelque chose d'authentique.

Lorsque l'on est de cette manière conscient de son identité complète, le bénéfice est double :

- On est alors à même de déployer tout son potentiel réel de séduction, sans tricher, mais au contraire en s'exprimant pleinement. Vos cibles craquent vraiment sur vous, et non sur une image fausse de vous ;
- Vous ne cherchez plus à vous évaluer en fonction de ce que disent les autres, mais uniquement à la lumière de la confiance que vous vous accordez.

Chaque être humain comprend ces deux parts en lui. Même les plus grands séducteurs ! Pourquoi alors séduisent-ils plus que les autres ? Parce que, tout en ayant conscience de leurs travers, ils ont appris à en tirer parti, à en rire parfois, ou tout simplement à les accepter. Et qu'en se connaissant si bien, ils savent jouer de toute leur palette !

Cultivez l'essentiel

Lorsque vous avez repéré ce qui est unique en vous, appuyez sur la pédale ! Cultivez, faites apparaître ces détails qui vous rendront différent(e) des autres. Ce sont vos côtés les plus attachants, les plus passionnants.

Pensez en particulier à la manière dont vous pouvez les révéler :

- Comment les afficher, physiquement, ou à travers votre attitude ;
- Comment en parler.

CAS COACHING

Léonore change de registre

Léonore, 34 ans, est grande et, jusqu'à l'hiver dernier, était fine, voire très mince. Ses amoureux craquaient pour son charme fragile d'ado montée en graine. À la suite d'une maladie, elle a pris du poids et a vécu une longue période où elle était démoralisée, ne sachant plus comment s'habiller, n'osant plus séduire.

Venue pour un coaching, Léonore a besoin qu'on « requinque » son capital séduction écorné, en mettant à jour ses anciens et nouveaux atouts-charme. Ceux qui font partie d'elle-même : sa classe naturelle, sa voix à la fois douce et sensuelle, sa culture éclectique, sa créativité, sa manière très poétique d'aborder la vie. Mais alors que Léonore se lamente sur ses kilos en trop, je lui montre l'aspect positif de cette transformation : « En fait, maintenant, vos nouvelles rondeurs font de vous, en partie, une autre femme… qu'il faut que vous appreniez à aimer car vous avez franchi un autre stade dans la féminité et vous avez beaucoup de choses à en tirer. Avec vos longues jambes et vos belles courbes, vous faites femme et non plus jeune fille qui plaisait par sa fragilité. » Léonore reconnaît qu'elle ne se sent plus fragile comme avant, bien au contraire, après avoir vaincu sa maladie : « Ce qui ne te tue pas te rend plus fort », dit-elle. Mais elle ajoute : « Mais tous mes amoureux m'ont toujours dit qu'ils aimaient mon côté sylphide à la Birkin ! »

La coach : « Cela vous donne l'occasion de découvrir d'autres hommes, ceux qui aiment les femmes pulpeuses. Ça tombe bien, à 34 ans, le charme post-adolescent commençait à s'émousser ! »C'est une découverte pour Léonore. Si elle n'est aujourd'hui pas encore tout à fait à l'aise avec sa nouvelle stature de femme spectaculairement sexy, le message fait son chemin dans son esprit. Sa posture et ses gestes ont sensiblement changé, sa manière de s'habiller également : plus féminine, moins garçon manqué. Et les affaires reprennent tout doucement pour Léonore, la nouvelle femme… que les hommes aiment ! Dans sa dernière relation, elle se sent sur un pied d'égalité avec son homme et découvre les joies de ne plus être dans une relation de dépendance.

La confiance en soi, ça se travaille

À ce stade, vous devriez déjà ressentir d'agréables picotements vous travailler au corps et au cœur. Vous devriez vous dire : « Effectivement, je vaux le coup, on pourrait bien s'intéresser à moi. » C'est en effet ce qui risque de se passer… Soyez prêt(e) à assumer que, tout d'un coup, on commence à beaucoup s'intéresser à votre petite personne. Ce picotement, c'est l'effet de la confiance en train d'augmenter en flèche en vous.

On ne naît pas sûr de soi

L'assurance nous vient à la fois :

- D'une bonne image de nous-même ;
- D'une bonne perception de ce que nous valons ;
- Et de la confiance en nos capacités que nous apportent nos succès passés ou les épreuves que nous avons surmontées.

Osez être vous-même…

L'image que vous avez de vous-même est celle que vous projetez inconsciemment. Même en essayant de paraître plus sûr(e) de vous, si vous ne l'êtes pas réellement, cela transparaît dans vos gestes, vos attitudes, votre ton, vos décisions.

N'OUBLIEZ PAS

Au fil des paragraphes précédents, vous avez pu construire une image de vous-même qui devrait sonner juste et vrai. Appuyez-vous à présent sur ce savoir, au quotidien, pour engranger de premiers succès, et vous rassurer sur votre capacité à plaire. Je vous garantis qu'en laissant votre véritable personnalité s'exprimer, vos relations avec les autres vont prendre une nouvelle dimension, plus riche, plus intense.

… et passez au niveau supérieur !

LE SAVIEZ-VOUS ?

Au fil de nos expériences de vie, nous allons être plus ou moins convaincus d'être à même de séduire, de réussir une tâche, de relever un défi. Un échec, ou plusieurs échecs, et la confiance en soi s'écorne. Une réussite, en revanche, la regonfle. Une suite de succès est une validation de votre valeur. Je vous invite donc à commencer dès aujourd'hui à muscler votre confiance en vous !

Tout d'abord, commencez par ce que vous savez parfaitement réussir, que ce soit un plat que vous réussissez avec maestria, une présentation impeccable au boulot, dix longueurs à la piscine, l'organisation d'un événement, d'une soirée, d'un pique-nique, d'un week-end avec vos amis : quelque chose que vous savez faire, et qui vous donne du plaisir.

Puis augmentez progressivement l'enjeu : organisez une autre soirée avec plus de monde, demandez à vous occuper d'un dossier plus compliqué, essayez une nouvelle recette, rajoutez une ou deux longueurs à vos entraînements…

La confiance en soi est une notion mouvante. Suivant l'étape à laquelle vous êtes dans votre vie, elle peut être plus ou moins forte. Elle n'est pas monolithique non plus. Vous pouvez avoir parfaitement confiance en vos qualités professionnelles, relationnelles, et pourtant en manquer totalement sur le plan amoureux. En valorisant toutes vos réussites, vous la faites remonter en flèche.

Avant de partir à la conquête de Bertrand ou de Pamela, bille en tête, revivez mentalement vos moments de succès, quels qu'ils soient.

- Vous venez de vivre une bonne expérience, une réussite personnelle ? Allez illico fêter l'événement ! C'est le moment où vous vous sentez le/la plus à même de réaliser vos objectifs amoureux.
- Si vous n'avez pas confiance en vous sur le plan amoureux, vous pouvez également en jouer : il suffit de l'avouer, de préférence avec le sourire, sans s'appesantir non plus. « Je ne suis pas tout à fait à l'aise dans cette situation, je ne rencontre pas tous les jours quelqu'un qui m'intéresse, mais je suis ravi(e) d'échanger avec vous. Ne m'en voulez pas si je suis parfois un peu timide (avec un grand sourire !). » Souriez, puis, regardez-la, regardez-le dans les yeux, et laissez mijoter. Si la personne en face de vous n'est pas un mufle absolu, ou une parfaite goujate – et dans ce cas, il/elle ne vaut pas le coup –, vous devriez générer au minimum un intérêt poli, un encouragement, un intérêt plus marqué…

La confiance en soi se traduit aussi par les gestes, le son de votre voix, votre position : c'est le sujet du chapitre 7 !

Mes petits défauts, je les pulvérise !

Le fait d'être convaincu(e) que quelque chose cloche chez soi est pénalisant à bien des égards. Ce genre de pensées conduit à un comportement autodévalorisant qui entraîne une attitude soumise, passive, comme pour s'excuser d'exister. La même personne, avec les mêmes qualités et les mêmes défauts, mais une estime de soi haute ou basse, fera des ravages ou va au contraire rester dans son coin (à s'apitoyer sur elle-même, en général).

Se focaliser en permanence sur ce qui ne va pas peut être le signe d'une dépression. Dans ce cas, faites-vous aider pour en sortir. Mais, la plupart du temps, il ne s'agit que d'une fixation un peu autocomplaisante sur des défauts ou des manques que vous n'assumez pas et qui vont vous empêcher de séduire, pensez-vous.

En vérité, vous justifiez, en amplifiant des détails que vous jugez n'être pas « aimables », votre manque d'action, de témérité, votre peur de l'échec.

Ce sont des excuses. Vos petits travers, il vous faut les remettre à leur place, les disperser dans le néant, ou bien, s'ils sont très visibles, les accepter, et éventuellement en jouer.

Ils sont beaux, mes défauts !

Commencez une thérapie de l'indulgence objective, en opposant, sur une liste, l'une de vos qualités en face de chacun de vos défauts supposés. Mais rappelez-vous : ces « défauts » sont aussi ceux qui vous rendent unique ! Et lorsque l'amour s'en mêle, ils deviennent ces petites failles attachantes qui font toute la différence. Ninon de Lenclos (une femme de lettre et grande séductrice du XVIIe siècle), disait d'eux : « En amour, on plaît plutôt par d'agréables défauts que par des qualités essentielles. »

Voici quelques exemples :

- Je suis moche, mais on me dit que j'ai un beau sourire (qui fait d'ailleurs pétiller mes yeux) => bonne nouvelle : tout passe par le regard et le sourire.
- Je suis ridé(e), mais l'on me dit que j'ai une silhouette de jeune fille/jeune homme. Trouvez votre style personnel, et on vous trouvera du chien !
- Je perds mes cheveux. Répétez ces deux mots antidotes : Zinedine Zidane. Si le problème persiste, rétablissez la balance : je suis élégant et soigné / bien bâti / bon vivant / viril / spirituel / cultivé…
- Je me trouve trop petit. Un vrai complexe pour certains hommes. Et pourtant : souvent vifs, gracieux et toniques, les hommes plus petits ont un charme fou, et peuvent, eux, regarder leur future conquête droit dans les yeux… La réplique ici est évidente : visez de préférence les filles qui font votre taille ou moins. Rappelez-vous que, lorsque vous faites quasiment la même taille que votre partenaire, il s'installe rapidement entre vous une complicité physique et émotionnelle qui met beaucoup plus de temps à apparaître entre votre dulcinée et un immense basketteur, car tout se joue dans le regard : relisez l'expérience d'Aron au chapitre 1. Il faut travailler aussi votre virilité.
- Je me trouve trop gros(se). Rassurez-vous, c'est une perception partagée par la majorité de la population occidentale ! Les rondeurs doivent être remises à leur place. Ce sont des atouts-séduction redoutables. Le « pulpeux » opère d'ailleurs un grand retour chez les actrices en vue. Et, depuis quelques années, ce sont des séducteurs bien en chair comme Jack Black et Seth Rogen, pas vraiment des formats XS, qui squattent le box-office et font fondre les cœurs ! Dites-vous bien que vous êtes, aux yeux de certain(e)s : rassurant(e), sexy, stable, accessible, bon(ne) vivant(e)…

Plus une femme en rondeur joue sur la féminité et sur l'acceptation de sa personnalité, plus elle séduit. C'est là que réside tout son charme !

- Je n'ai pas grand-chose à dire, je ne suis pas cultivé(e), je suis trop banal(e), j'ai un petit salaire, je suis un besogneux et c'est tout… Tout le monde a quelque chose à dire, à raconter. Ma méthode de séduction repose sur l'expression de ce que vous aimez, détestez, de ce qui vous fait vibrer, pleurer, rire. Pas besoin de briller pour plaire : il suffit d'être soi, en plus fort ! Vous pouvez devenir très drôle, émouvant(e) ou même spirituel(le) en évoquant pourquoi cette série ou cette émission de télé réalité vous scotche littéralement ! Le tout est de parler VRAI – et d'oser vous exprimer.

L'autodérision : la parade la plus sexy

Après ce tour d'horizon en toute bienveillance, vous devez pouvoir percevoir vos « défauts et imperfections » avec un brin d'humour et avoir déjà en tête une parade humoristique, à votre intention avant tout, mais aussi à celle de votre cible. À la fin de ce guide, vous trouverez dans la partie des Dix tous mes conseils pour toucher et séduire tout en riant de vos défauts. C'est l'effet sans égal de l'autodérision.

Égalité !

Avoir un regard bienveillant sur ses propres imperfections permet aussi de regarder l'autre avec tolérance. Effectuez sur l'objet de votre attention ce même travail d'observation indulgente : repérez ses qualités humaines et relationnelles, faites attention aux détails charmants de son physique. Repérez aussi ses petits défauts et comment il ou elle les surmonte… ou pas, les accepte… ou pas. Vous avez boosté votre ego, il/elle est peut-être descendu(e) du piédestal sur lequel vous l'aviez placé(e), le tout, sans tricher. Vous êtes maintenant à égalité, et ça aide indéniablement pour se lancer !

Utiliser toute sa palette, et montrer toute sa richesse

Lorsque l'on est conscient de son potentiel, en termes positifs, mais que l'on est aussi lucide et bienveillant envers ce que l'on a de « moins bien » ou ce que l'on n'a pas, tout se met en place. Vous avez compris à présent que, pour plaire réellement, ce ne sont pas uniquement ses atouts que l'on va mettre en avant, mais toute sa personnalité, ratages, loupés, détails moins reluisants inclus. Sans pour autant les propulser en tête de gondole ! Rappelez-vous néanmoins qu'ils sont une partie importante de vous-même et qu'ils vous rendent unique parce qu'ils sont vos failles et que l'on tombe amoureux (et on le reste !) de l'humanité de quelqu'un et non de sa perfection. Tout au long du livre, vous lirez certains cas coachings de femmes parfaites, qui séduisent sans souci mais ne parviennent pas à se faire aimer. Elles sont vite lisses, sans aspérité. Elles s'adaptent trop à l'autre et elles ne parviennent pas à séduire un homme sur la durée.

Chouchoutez ce qu'il y a de beau et bien en vous.

Ne planquez plus vos bizarreries. Au contraire : cultivez-les si elles ne sont pas handicapantes. En les assumant, et les mettant en valeur, en en rigolant, vous sortez du lot.

Gardez en tête la richesse de votre personnalité. Pour cela, suivez bien les quelques exercices de ce livre pour aller révéler ce qui est enfoui en vous et qu'il est largement temps d'aller révéler à la planète. (Et si vous n'y parvenez toujours pas, faites l'étape 3 de la `methode-florence.fr`.)

Vous n'êtes pas fait(e) d'une seule pièce

Vous pouvez être :

- Un homme d'affaire intraitable ET grand romantique…
- Une timide en soirée, déterminée au travail (ou l'inverse), exubérante dans votre troupe de théâtre…
- Un jeune cadre dynamique, au grand pif, velu comme un singe, discret, compétent, dingue de parapente…
- Une mère de famille exemplaire, cuisinière épatante, comptable désastreuse, ingénue en amour, sportive du dimanche, amatrice de cinéma espagnol, bigleuse, aux jambes interminables…

À vous ! Décrivez-vous ainsi, avec tendresse, humour et pluralité. Et apprenez votre portrait par cœur ! Envoyez-le-moi si vous voulez que je vous donne mon avis (*via* contact@love-intelligence.fr). Il faut néanmoins qu'il vous ressemble si bien que vous en parliez avec beaucoup de humour, vitalité ou d'authenticité. Ce qui compte, c'est de sonner vrai : « Je ne sais pas très bien quoi vous dire si ce n'est que je suis à la fois… »

Vous avez une passion un peu bizarre : le starter de la drague

Les hobbies originaux, sports incongrus, passe-temps hors du commun sont de fabuleux boosters de drague. Ce sont potentiellement :

- Le détail qui fait qu'on ne vous oubliera pas ;
- Des sujets de conversation passionnants ;
- Un prétexte pour les revoir : invitez-la, invitez-le à essayer !

Pour une femme, avouer un hobbie à priori très masculin éveille immédiatement l'intérêt de ces messieurs. Vous êtes une femme très féminine et vous êtes : calée en mécanique, championne de kart, experte sur la composition des équipes du Top 14, indéboulonnable sur PSP, reine du flipper… ou encore vous avez une meuleuse dans votre boîte à outils et n'avez pas peur de vous en servir (avec des gants et des lunettes de protection, quand même) : mentionnez-le – uniquement si c'est vrai – et voyez l'étincelle d'admiration s'allumer dans leur regard. Mais, attention, ne vous méprenez pas : ce qui compte en séduction, c'est d'exprimer les raisons des choix qui vous ont amenée à pratiquer ces activités, la manière dont vous les vivez. Si vous pratiquez ces activités sans réel plaisir (certains choisissent des activités pour être original), la séduction ne fonctionnera pas : vous pourrez impressionner, mais vous ne créerez pas d'émotion.

Évidemment, si vous pratiquez le point de croix, gardez l'info pour plus tard, à moins que vous n'en pratiquiez une version professionnelle, extrême ou déjantée, avec expos à la clé.

Message aux ados

Au passage de l'adolescence, on découvre les joies (et les peines) de la drague, on a les hormones en bataille, le look approximatif, des envies qui changent tout le temps, l'humeur en dents de scie… Pas facile de se dire qu'on va plaire pour tout ce qu'on est, défauts compris ! À tous ceux et celles qui sont en plein tumulte émotionnel, je voudrais passer un message important : il y a deux types d'ados qui plaisent :

- Ceux qui ont déjà tout. Ils sont beaux, ils sont bien habillés, tout le monde les aime, et ils n'ont pas vraiment de problèmes. Laissons-les donc de côté, l'immense majorité des gens ne peut tout simplement pas leur ressembler, ils sont hors concours.
- Ceux qui cultivent leur différence. Ils sortent du lot, ils commencent à faire leurs propres choix, pas forcément ceux de leur bande d'amis, que ce soit au niveau vestimentaire ou sur leurs choix de vie ou d'activités. On s'intéresse à eux pour ce qu'ils sont. Ne cherchez pas à copier leur style, mais inspirez-vous de leur liberté : faites vos propres choix en fonction de ce qui vous convient et vous plaît, et non en fonction de ce que vont penser les autres ! C'est un peu difficile au début, car la pression pour ressembler aux autres est très forte, mais vous verrez que vous rencontrerez alors naturellement les gens qui VOUS conviennent, avec qui il sera beaucoup plus facile de nouer des relations.

Paré(e) à décoller ?

L'essence de la séduction est avant tout une affaire d'état d'esprit, de bien-être personnel, d'accord avec soi-même comme nous l'avons vu dans ce chapitre. Vous sentez-vous déjà un peu en phase avec vous-même ? Bien dans vos baskets ? Furieusement titillé(e) par l'envie de tester cette toute nouvelle assurance dès maintenant ? Passez au chapitre 3, nous allons nous pomponner pour sortir… Et comme la séduction est une affaire de genre, nous avons aussi concocté un très efficace bréviaire de drague à l'unique attention des hommes, et un redoutable manuel technique dédié aux femmes.

Julien, timide… et amoureux

CAS COACHING

Il n'est pas timide professionnellement, ni avec ses amis. Il a aussi quelques amies filles. Mais quand une femme lui plaît, Julien perd tous ses moyens. Il peut par exemple attendre un an avant d'oser lui parler devant la machine à café du bureau. C'est ce qui lui est arrivé l'année dernière, et il se trouve idiot d'avoir perdu tout ce temps. Finalement, lorsqu'il a fait la connaissance de cette fille, il s'est rendu compte en moins de trois semaines, en discutant avec elle, qu'ils n'étaient pas faits pour être ensemble. « J'ai été un amoureux transi pendant plus d'un an. Tout ça pour ça ! »

Julien vient me voir car il est amoureux de sa voisine. Il habite un complexe à l'américaine avec salle de sport en sous-sol où ils se croisent parfois. Il fantasme énormément sur elle et ne veut plus attendre avant de rentrer en contact. Seulement, dès qu'il la voit, il se paralyse, se trouve un peu bête et sort une banalité. Néanmoins, comme nombre de grands timides, Julien est prêt à tout : organiser un dîner chez lui, proposer une sortie originale.

« Je voudrais que vous m'aidiez dans deux domaines », me dit-il :

- La prise de contact avec cette fille pour ne pas me griller avant d'avoir commencé ;
- Que dire de moi pour la séduire… Elle me plaît tant ! »

Je fais parler Julien de sa vie. Lui se considère comme un jeune homme très banal. Je comprends que sa timidité provient de l'image qu'il s'est forgée de lui. Nous travaillons sur ce qui le rend unique. Le problème, c'est qu'il se compare toujours à ses copains passionnés par telle ou telle activité et qui, eux, ont tant de choses à raconter. Il se compare aussi à sa sœur, brillante, alors que lui a peu de culture, me dit-il. Il s'aime bien, mais il se trouve banal.

Alors, je creuse un peu le personnage. Je cherche ce qui le motive vraiment. Et c'est vrai que cela ne saute pas aux yeux. Mais je me rends compte que, tout simplement, c'est un homme qui aime un peu tout. Il ne s'ennuie jamais, au contraire : il lit un peu, il sort un peu au théâtre, au musée, aux concerts, il fait un peu de sport, il voyage un peu… En fait, il aime tout ! Il est assez stable et régulièrement de bonne humeur. Il a des copains. Il est apprécié dans son travail. Bref, en apparence, au lieu de se voir banal, il peut tirer trois forces, qui ne sont pas données à tout le monde finalement :

- Il est complet.
- Il est solide.
- Il est bien dans sa peau.

Je cherche ensuite ce qui le touche, l'émeut, le rend vulnérable. Je ne détaillerai pas ici tout ce que j'ai pu percevoir, mais tout ce que j'entends est touchant, vrai. On a travaillé sur sa personnalité pendant trois séances. Je lui ai donné une dizaine de mes exercices préférés pour faire rejaillir de sa personnalité tout ce qui est un peu trop enfoui. Il ne restait plus qu'à lui faire accepter de parler de ces aspects-là de lui à une femme.

Cela a pris un peu de temps mais grâce à la volonté et à l'observation, Julien, intelligent, a vite compris mon approche. Il a vu ce qu'il lui manquait pour séduire une femme :

- Une autre perception de lui-même (avec ses trois forces) ;
- Une capacité à dire ce qui l'émeut, le motive, le met en rage, etc.

Son image de lui s'est reconstruite. Ce n'est pas avec la fille de son étage avec qui il a eu une histoire finalement … mais avec son ancienne prof de maths, qu'il a croisée deux semaines plus tard dans sa salle de sport. Allez savoir pourquoi ! Son histoire (d'un an) avec cette femme de 13 ans de plus que lui a donné une confiance folle. Julien m'a gentiment donné de ses nouvelles il y a peu de temps par e-mail et m'a confié qu'il se sentait un autre homme.

Chapitre 3

Booster son physique, quel qu'il soit

Dans ce chapitre :

- Le minimum vital
- Trois questions pour savoir ce que je dois mettre en valeur
- Le look : trouver le style qui vous correspond
- Pour les hommes : le look qui plaît aux femmes, des grandes lignes aux finitions
- Le physique des femmes et les attentes des hommes, jusque dans les moindres détails

Avouons-le, l'homme ou la femme de nos rêves est rarement un laideron mal fagoté. Quitte à rêvasser, autant se faire plaisir, et imaginer sa chevelure de rêve, sa musculature de surfeur, son parfum enivrant. Au réveil, on flashe sur de vraies personnes, mais là encore, rarement sur les moins soignés ou les plus mal fagotés. Vous vous attendez à un minimum, c'est bien naturel. Figurez-vous que le reste du monde a les mêmes attentes que vous. Eh oui, le physique, ça compte ! On va donc soigner l'emballage pour qu'il reflète tout ce que vous avez de beau en vous. L'impact est double : soigner son allure, c'est bien sûr attirer le regard des autres, mais c'est aussi et surtout se faire du bien à soi, se sentir sexy, et gonfler son assurance.

Matthieu se prend une veste et tout va mieux

Matthieu, 25 ans, a toujours été très costaud. S'habiller en grande taille est assez problématique, et il a tendance à acheter sans cesse les mêmes vêtements, dont il est sûr du format, sans même les essayer. Quand ils sont usés, il les renouvelle tout simplement à l'identique. Jusqu'alors, son style était plutôt indéfini, fait de ce qui voulait bien lui aller. On voyait un gros garçon, passionnant lorsque l'on prenait la peine de le connaître, mais un peu négligé. Ça n'avait rien d'engageant pour les filles qu'il rencontrait, et elles n'avaient pas forcément envie d'aller plus loin que le premier regard. Un jour de soldes, dans le magasin où il se fournit habituellement, il avise une veste de costume, avec le pantalon assorti. Il passe le tout, et bingo ! Il adopte immédiatement son nouveau look. Le voilà équipé d'une pièce essentielle du vestiaire masculin : un costume. LA touche soignée qui reflète bien son côté très mature pour son âge et l'élégance de son esprit. Le lendemain au bureau, ses collègues lui font des compliments sur sa nouvelle prestance, et les filles le regardent d'un autre œil. C'est vrai qu'une coupe plus près du corps fait ressortir une belle carrure plutôt que les kilos en trop. Prochaine étape pour Matthieu : un renouvellement en douceur de tout son vestiaire, en prenant son temps, en essayant plusieurs coupes, pour trouver celles qui le mettent en valeur. Pour Matthieu, il était temps !

Le minimum vital

C'est l'évidence même, et pourtant… Rappelons rapidement les basiques qui tombent sous le sens. Ils sont impératifs et on ne peut tout simplement pas les ignorer, question de savoir-vivre !

C'est du propre !

N'OUBLIEZ PAS

La propreté et l'hygiène sont une marque de bonne santé, de respect de soi et des autres. C'est vrai, après des millénaires d'évolution, il reste en nous quelque chose d'animal… surtout sensible en fin de journée. Ce côté « brut » plaira peut-être à un stade beaucoup plus avancé de votre relation, mais mieux vaut ne pas le mettre en avant lors d'un premier rendez-vous romantique. Avant une soirée, on fait donc un détour par la case salle de bains, histoire de se rafraîchir. Une douche, un brossage de dents méticuleux, une retouche make-up pour les filles, un coup de rasoir pour les garçons, et pour tous, le bon déodorant, puis on se glisse dans des vêtements frais et propres. Non seulement vous sentez bon, mais vous gagnez ainsi dix points de vitalité !

On élimine les mauvaises odeurs

Ici, pas de quartier : les véritables « odeurs naturelles » ne sont plus en odeur de sainteté depuis un siècle !

Le but du déodorant n'est pas de couvrir les mauvaises odeurs mais d'empêcher qu'elles se forment, en toute discrétion. Bannissez les sprays parfumés : si parfum il doit y avoir, il ne doit pas provenir de vos aisselles ! Choisissez-le avec une odeur la plus neutre possible, ou mieux encore, sans parfum. Il ne doit pas interférer avec votre fragrance préférée, si vous choisissez d'en porter. Dans les cas plus complexes (sudation excessive, odeur corporelle tenace), demandez conseil à votre pharmacien, votre médecin généraliste ou votre dermatologue.

Les phéromones ne sentent… rien !

Les phéromones sont des composés volatils que chacun produit et qui contiennent des informations cruciales sur votre genre (masculin ou féminin), vos intentions (sexuelles), votre profil immunitaire (compatible ou pas avec le sien). Elles datent de l'époque où nous étions encore de grands singes aux méthodes de séduction assez expéditives, mais ce n'est pas parce qu'elles remontent à notre passé animal qu'il faut pour autant se croire obligé de ne plus se laver pour les laisser s'épanouir. Erreur : les phéromones sont inodores. Mais, du coup, comment les capter ? Votre organe voméro-nasal s'en charge. Cette glande située sous le nez (à l'intérieur, rassurez-vous, elle ne pendouille pas dehors) capte ces signaux mystérieux et les transmet à votre cerveau reptilien. Si le message perçu lui plaît, si votre profil génétique ne présente pas d'incompatibilité majeure avec le jeune Steeve ou la fringante Mina qui vous fait du gringue, le Néandertalien qui sommeille en vous enverra discrètement le feu vert pour poursuivre votre entreprise de séduction. Dans le cas contraire, vous trouverez soudainement Steeve moins canon, et Mina moins mignonne que vous ne le pensiez. Bref, vous vous en désintéresserez.

Nickel, de la tête aux pieds

Soyons clairs, même si vous cultivez un style un peu rebelle ou négligé (contrôlé, le négligé, on y reviendra) :

- Vos cheveux doivent être propres, pour qu'on ait envie d'y plonger les doigts. Les pellicules ne sont pas une fatalité : si votre shampoing antipelliculaire ne fait pas d'effet, changez-en jusqu'à trouver le bon. Là encore, c'est en pharmacie que l'on trouve les remèdes miracles, et si rien n'y fait, consultez un dermatologue, qui réglera rapidement le problème. En attendant que l'antidote fasse son effet, évitez le total look noir ;

- Vos mains doivent être lavées et vos ongles brossés, si vous espérez caresser qui que ce soit ;
- Les fumeurs et fumeuses prêteront une attention particulière aux marques que laissent les cigarettes sur les doigts ;
- Aux amateurs et amatrices de baskets, prenez soin de vérifier que leur fumet ne soit pas rédhibitoire. Si elles sentent seulement « drôle » pour vous, elles sont probablement pestilentielles pour d'autres. Si c'est le cas, agissez sans pitié ! Jetez sans état d'âme !
- Un dernier rappel pour sortir de l'âge de Cro-Magnon : les ongles de pieds demandent les mêmes soins que ceux des mains : impérativement propres, brossés et coupés courts pour tous, vernis pour les femmes, parce qu'elles peuvent se permettre ce petit plaisir.

Retrouvez le sourire

C'est LE placement que vous ne regretterez jamais. Si vous avez des dents abîmées, jaunies ou manquantes, vous perdez le sourire ou avez pris l'habitude de ne sourire qu'à moitié. Certes, cela demande un certain investissement financier, mais l'effet est radical. Pour certains cas, c'est une véritable renaissance de pouvoir enfin sourire à pleines dents ! Si vos quenottes sont simplement tachées ou jaunies, votre dentiste effectuera un détartrage, remboursé par la Sécurité sociale. Le sourire est l'atout charme par excellence et on ne peut s'en passer. Souriez seulement à moitié, et vous ne séduirez qu'en conséquence. Alors faites-vous ce cadeau : le prix peut en être élevé, mais sa valeur est inestimable.

Rien que pour vos yeux

Une grande part des manœuvres d'approche dans la drague passe par le regard. On le mettra donc résolument en valeur. À ce petit jeu, les femmes partent avec une longueur d'avance. Elles ont toute latitude pour se maquiller, lisser, brosser, épiler leurs sourcils, jusqu'à obtention d'un regard revolver qui fera chavirer leur partenaire. Avant toute chose, voici trois petits conseils qui s'appliquent aux deux sexes :

Vérifiez que vous avez bien deux sourcils

Vous devez avoir deux sourcils de taille raisonnable, pas une seule grande traînée poilue barrant votre front. En ce début de IIIe millénaire, le monosourcil, s'il peut être original, donne un je-ne-sais-quoi de néandertalien qui ne fait plus recette. Débroussaillez, à la pince (ne rasez surtout pas !), entre les deux yeux, mais aussi les poils traînards qui pourraient descendre sur les paupières, les joues, le front. Pour les femmes, c'est de la petite bière, le B-A-BA de l'œil de biche, l'un des thèmes récurrents des magazines féminins. Côté hommes, on peut encore hésiter à se lancer. Prenez donc les conseils d'une pro. Osez faire un tour chez l'esthéticienne pour la première fois, puis reprenez le flambeau dans le confort feutré de votre salle de bains entre quatre yeux (les vôtres, et ceux de votre reflet).

Lunettes noires avec modération

ATTENTION

C'est toujours amusant de jouer la star parée de lunettes de soleil dernier cri. Amusant, mais plutôt inefficace en matière de drague, car on ne voit plus vos yeux ! Relisez le passage sur l'expérience d'Aron au chapitre 1, et rangez vos verres fumés dans leur étui quand vous voulez vraiment marquer des points.

Ne restez pas dans le brouillard

ATTENTION

Je connais pas mal d'hommes et de femmes qui, par coquetterie, ne portent pas leurs lunettes de vue lorsqu'ils veulent séduire. Résultat, ils passent leur soirée dans le brouillard en attendant que quelqu'un vienne les aborder, parce qu'ils sont bien incapables de se lancer dans des manœuvres de repérage. Leur séduction reste au niveau le plus flou. Corrigez le tir et trouvez les montures (oui, plusieurs, c'est encore mieux) adaptées à votre visage, ou les lentilles correctrices qu'il vous faut : vous pourrez enfin flirter sans vergogne.

La première impression

Lorsque vous rencontrez quelqu'un pour la première fois, vous vous formez immédiatement une toute première opinion de cette personne, en quelques secondes, principalement fondée sur son attitude, ses expressions, son apparence, ses gestes et sur le ton de sa voix. Ce qu'elle vous dit ne compte que pour 7 % dans l'opinion que vous allez vous forger d'elle. C'est votre première impression. Par la suite, il faudra parfois près de vingt rencontres successives pour vous faire changer d'avis sur cette personne. Un chiffre à garder en mémoire lorsque la tentation de s'habiller comme un passe-muraille un jour de flemme pointe son nez !

Corpore sano

Corpore sano, c'est le corps sain, celui qui héberge l'esprit sain des Latins antiques. Les Anciens n'avaient pas tort en prônant l'épanouissement du corps au même titre que celui de l'esprit. L'œil a en effet tendance à choisir inconsciemment un partenaire en bonne forme physique. Si nous ne sommes pas tous des athlètes accomplis, il est néanmoins important, pour des raisons de santé, de vitalité et de bien-être, de se reconnecter avec son propre corps. Car, oui, lors de votre entreprise de séduction, il va avoir son rôle à jouer, votre corps, à plus ou moins longue échéance, à moins que vous n'ayiez décidé de vivre uniquement une relation platonique. Vous allez vous en servir, il vous faut donc apprendre à l'apprivoiser. Rassurez-vous, la démarche est plutôt agréable.

Trouvez l'activité physique qui vous convient

Aux sportifs accomplis : c'est une chance, vous n'avez aucun problème et le reste du monde vous envie. Faites vos pompes, vos revers imparables, vos marathons sans fin et pensez seulement à enlever vos baskets en sortant du gymnase.

Mais nous ne le sommes pas tous…

Aux velléitaires : remettez-vous aux activités physiques en douceur, et surtout, en groupe. C'est une motivation supplémentaire et une bonne occasion de faire des rencontres, y compris dans des cours non mixtes, car vos camarades de suée pourront vous présenter leur frère, leur sœur, leur ami(e)s… Prenez enfin LE cours qui vous tente depuis longtemps. Cela vous offre en sus un sujet de conversation sur un petit plateau d'argent.

Aux réfractaires absolus, il faut apprendre à ruser. Déplacez-vous à pied pour les trajets courts, arrêtez l'ascenseur et… allez danser !

Twistez, dansez, swinguez avec vous-même

Danser est l'une des activités les plus sensuelles, les plus séduisantes et les plus joyeuses qui puissent exister, juste après la sexualité. C'est aussi une activité gratuite, que l'on peut pratiquer seul ou à plusieurs et quotidiennement. Accordez-vous, chez vous, une micro-boum personnelle d'un quart d'heure sur votre playlist.

Les cours de danse à deux connaissent actuellement une vogue phénoménale. Danses de salon, rock, tango, flamenco mais surtout salsa : des cours sont proposés dans toutes les villes et les soirées dédiées font un carton. Messieurs, précipitez-vous : les femmes adorent les hommes qui savent danser, et elles manquent invariablement de cavaliers. Ceux-ci sont littéralement pris d'assaut ! Peu importe votre physique : cirez vos chaussures, enfilez une belle chemise (car elles se sont mises sur leur trente et un), et observez l'effet. Si vous savez les faire danser, c'est gagné. Prenez des cours, dès aujourd'hui !

Tableau 3-1 : Les danses de l'amour

La java	À cette époque, on séduit doucement mais sûrement, on prend son temps, on courtise, on est galant. La galanterie est aussi importante que la séduction.
Le tango	La séduction se veut encore plus sensuelle que d'habitude. Elle est un jeu entre les deux partenaires, une conquête. Ce sera celui qui fera succomber l'autre en premier.
Le jazz	La séduction est romantique. On attise le désir, le mystère pour mieux charmer l'autre.
Le rock	La séduction se veut festive. Finis, les artifices, on séduit de manière directe et naturelle.

Trois questions pour savoir ce que je dois mettre en valeur

De la même manière que nous cherchions au chapitre précédent à trouver les détails saillants de notre personnalité, trouvez en vous ce qui vous rend, physiquement différent(e), remarquable, et agréable à regarder. Prenez la peine de vous poser ces trois questions en toute sincérité pour savoir comment tirer parti de vos atouts physiques.

1. **Demandez-vous et demandez à vos proches ce qu'il y a de charmant, physiquement, en vous.**Si vous n'osez pas le leur demander, rappelez-vous ce sur quoi les gens vous complimentent, et réfléchissez au moyen de le mettre plus en avant.

2. **Quel que soit votre métier, votre mode de vie ou votre physique, demandez-vous comment accentuer votre côté féminin, si vous êtes une femme, votre côté viril, pour les hommes.** Nous reparlerons beaucoup de féminité aux chapitres 5 et 9… et de virilité aux chapitres 4 et 8.

3. **Y a-t-il des détails que vous n'aimez pas dans votre allure générale et que vous pourriez facilement corriger ?**

   Un sourire à rendre plus éclatant, des cheveux raplapla, une dent cassée, une garde-robe qui ne vous va plus. Choisissez celui dont la correction fera le plus d'effet, pour le moindre effort : il est plus facile d'aller chez le coiffeur et d'en ressortir avec une coupe qui vous va spectaculairement bien, plutôt que de se faire refaire le nez. De même, une garde-robe impeccable pour un homme est moins compliquée à mettre en œuvre que de gagner 20 centimètres en taille. Concentrez vos efforts sur une amélioration de l'ordre du possible, que vous pouvez immédiatement mettre en pratique, et dont le résultat sera le plus visible.

Deux ou trois détails sur Stéphanie

Stéphanie, 32 ans, 1,86 mètre, exerce un métier très physique. Elle est éclairagiste dans une salle de spectacle. En journée, perchée à huit mètres de hauteur, elle monte ces énormes lampes qui, le soir, feront toute la magie du show. La nuit venue, elle reste dans l'ombre derrière une console technique pour illuminer les stars. Le look travailleur de force avec sweat à capuche et T-shirt informe, très peu pour elle. Si ses vêtements restent confortables par la force des choses, elle sait jouer de la couleur – après tout, cela fait partie de son métier – et des détails féminins pour accentuer son côté grande fille naturelle qui fait des ravages. Un chemisier bleu clair fait pétiller ses yeux et ressortir sa peau mate, son petit pull et son jean ajustés accentuent ses formes athlétiques, et ses cheveux blonds, entretenus en version platine par une amie coiffeuse, ajoutent une touche de glamour ultra girly qui met les points sur les i : Stéphanie est une fille, et elle entend bien le faire savoir !

Tableau 3-2 : Les 5 clés indispensables pour savoir se mettre en valeur

	Réfléchir	*Agir*
Clé n° 1 : Savoir ce qui me rend unique	Prenez le temps. Faites une liste de tout ce qui trouve grâce à vos yeux. Exemple : J'aime mes cheveux, mes yeux verts…	Mettez vos atouts en valeur. Exemple : Prenez rendez-vous chez un coiffeur, testez.

	Réfléchir	*Agir*
Clé n° 2 : Sondez son entourage	Quels compliments vous font-ils ? Que disent-ils de vous ? Là encore, faites une liste. Par exemple : On me dit souvent que j'ai un regard intense, la peau douce ou que j'inspire confiance.	On regonfle son ego. On y croit et on ACCEPTE les compliments ! Plus, on les met en valeur. Par exemple : Si je porte des lunettes, j'investis dans une paire de lentilles…
Clé n° 3 : Accentuez sa féminité / virilité	Posez-vous la question : Qu'est-ce qui selon vous rend une femme féminine / un homme viril ? Par exemple : Je trouve qu'une femme est féminine quand elle est apprêtée ou je trouve qu'un homme est viril quand il est en costume…	À vous de jouer ! Par exemple : Si vous êtes une femme, prenez soin de vous, accordez-vous des moments de détente manucure, pédicure, etc. Si vous êtes un homme investissez dans un costume, parez-en vous !
Clé n° 4 : Masquez vos défauts	Nous avons tous des complexes. Quels sont les vôtres ? Listez-les. Par exemple : Je trouve ma poitrine trop petite, je trouve mon visage trop rond ou, pour un homme, je me trouve trop mince…	Remédiez-y. Par exemple : Optez pour un maquillage qui vous affine le visage et choisissez des vêtements qui mettent en valeur votre poitrine. Pour les hommes, c'est la même chose : optez pour des vêtements qui vous mettent en valeur, vous et votre carrure.
Clé n° 5 : Retrouvez vos couleurs !	Toutes les couleurs ne vont pas à tout le monde ! Nous avons chacun des tons, des couleurs qui nous mettent plus en valeur. Faites des essayages : rouge, noir, blanc, orange, qu'est-ce qui vous va le mieux ?	Lors de futurs achats, vous serez plus à même de choisir ce qui vous va ! Mettez de la couleur dans votre vie, mais seulement celles qui vous vont.

Le look : trouver le style qui vous correspond

Faites comme la reine d'Angleterre

Une première règle est de porter des vêtements adaptés à votre taille, votre activité et au climat. Cela fait un peu reine d'Angleterre, mais au final, cela va de soi : c'est une question de confort, et donc d'aisance. Porter des vêtements dans lesquels vous êtes à l'aise, vous donne une liberté de mouvement indispensable à la drague, car se sentir coincé, engoncé ou endimanché est un frein au naturel. Attention, ce n'est pas une licence pour réhabiliter votre vieux cardigan des dimanches en solo devant la télé ! Au contraire, puisque vous avez entamé une démarche de séduction, faites-en un peu plus qu'habituellement, pour diffuser ce message non verbal, mais parfaitement clair : « J'ai envie de plaire » !

Comment trouver ce qui me va ?

- **En testant.** Chez vous, déterminez les couleurs qui vont à votre teint et à la couleur de vos cheveux, devant un miroir sous une lumière naturelle. Si vous manquez de couleurs chez vous, faites des essais dans un magasin. Ces couleurs formeront la base de votre dressing. Choisissez les accessoires (cravates, foulards, bijoux…) de la couleur de vos yeux, s'ils sont clairs, ou dans une couleur gaie et vive s'ils sont sombres.
- **En essayant.** Essayez les vêtements dans les magasins, les vêtements de vos amies (c'est plutôt un truc de fille, on l'avoue), pour trouver les coupes qui vous mettent en valeur.
- **En prenant des vêtements à VOTRE taille.** Ni trop petits, ni surtout trop grands (gare à l'effet sac, surtout dans le fond du pantalon). Vos vêtements doivent être près du corps, mais pas moulants, sauf si c'est un jean et que vous êtes une femme plutôt gironde.
- **En demandant conseil dans les magasins.** Si vous repérez un vendeur ou une vendeuse qui semble passionné(e), demandez-lui son avis sincère. Demandez-lui par exemple de vous aider à choisir entre deux vêtements très différents. Si rien ne vous va, demandez-lui de vous aider à trouver la bonne coupe. C'est son métier, il/elle a l'œil, et se sentira valorisé(e) par votre confiance.

L'œil du pro

Certains magasins, comme les Galeries Lafayette ou le Printemps proposent les services (parfois gratuits comme au Printemps, sinon comptez environ 75 euros pour une heure) d'un *personal shopper* qui vous aide à sélectionner ce qui vous ira dans le magasin, et vous reçoit dans un salon particulier pour vos essayages. Vous pouvez aussi demander un relooking complet, avec un diagnostic silhouette et couleur, une sélection de vêtements qui sera assortie à ceux que vous possédez déjà, un passage chez le coiffeur pour ne rien laisser au hasard et, pour les femmes, des conseils make-up en touche finale. Aux Galeries Lafayette, cette séance de trois heures est facturée 200 euros hors prix des vêtements.

Si vous sentez que vous avez besoin d'un travail en profondeur, si votre garde-robe ne vous ressemble plus, si vous avez changé de carrière, de mode de vie, perdu ou pris du poids, bref, si vous ne trouvez plus rien à vous mettre, vous pouvez faire appel à une agence de relooking. En une journée ou deux, ces experts dressent un bilan de votre morphologie, vous aident à trouver les couleurs qui vous illuminent et les coupes qui vous subliment, chassent impitoyablement les impairs de votre garde-robe, tout en respectant vos désirs, votre budget et votre personnalité.

Pour trouver l'agence qui vous convient, surfez sur Internet. Privilégiez celles qui ont pignon sur rue et qui proposent des books avant/après de leurs clients. Ils vous permettront de juger de leur efficacité et de l'adéquation de leur réponse en fonction de chaque individu qui ne doit pas devenir un clone du relookeur ! Un relooking complet a un prix : entre 500 et 1 000 euros suivant les services inclus, mais peut constituer un véritable tournant dans votre vie.

Nos adresses relooking : `www.stylicoach.com` pour les hommes comme pour les femmes, et `www.dresscoderelooking.com` pour les femmes.

- **En faisant appel à une bonne couturière pour les retouches.** Lorsqu'on sait que dans chaque taille de vêtement doivent rentrer huit types de morphologie différents, on ne fait plus l'impasse sur ces ajustements. Des manches et des bas de pantalons à la bonne longueur, une taille reprise, et déjà, vous gagnez dix points d'élégance.
- **En vous demandant : « Quelle image ai-je envie de projeter ? » et en accordant votre look à vos intentions.** Abandonnez les barrettes de petite fille si vous voulez jouer dans la cour des grands (il y a de très jolies barrettes ultra féminines dans les grands magasins), mais ne versez pas non plus dans le look femme fatale si vous avez une âme de grande romantique.

La mode, avec modération

Les hommes ne comprennent pas forcément les subtilités de la mode féminine. Pour eux, une coupe baggy est une hérésie, un jean boyfriend totalement tendance reste un jean trop grand, quoi qu'en disent les magazines. Alors, la mode, d'accord, mais avec discernement : le it-bag, OUI – pour les hommes, c'est un sac à main, appendice obligatoire de toute fille qui se respecte –, la salopette à la Bananarama, NON. Avant de vous précipiter sur la dernière tendance, ou pire, celle qui n'est plus nouvelle mais qu'à force de voir sur les autres, vous finissez par trouver désirable, posez-vous quelques questions :

- Vous plaisait-elle vraiment, cette tendance, avant de la voir sur telle ou telle star ?
- Est-ce que vous ne l'avez pas déjà vue sur toutes vos amies, collègues ?
- Est-ce qu'elle vous va OBJECTIVEMENT ?
- Est-elle féminine ? Laisse-t-elle deviner vos formes ? Vous avez la réponse pour le sarouel, la salopette, le baggy, l'oversize, les Crocs…

Le charme à l'italienne : *fare la bella figura*

Fare la bella figura se traduirait littéralement par : « faire bonne figure ». En fait, c'est à la fois être élégant, faire bonne impression et se montrer aimable en toutes circonstances. Le concept, à la fois simple et sophistiqué, est typiquement italien.

On est donc très soigné, de la tête aux pieds, à tout âge, à tout moment : des vêtements impeccables, au goût parfait, adaptés au climat et à l'activité, des cheveux brillants et bien coiffés, des ongles manucurés, des chaussures bien évidemment de qualité (italiennes, pardi !), et cirées, cela va de soi. Voilà pour la surface.

Plus en profondeur, la *bella figura* est un mode de vie qui implique d'être agréable avec tout un chacun. Agréable à regarder, mais aussi poli, aimable, hospitalier, affable… Histoire d'embellir la vie de ceux qui vous entourent. Qui vous le rendent, de la même manière, afin que chacun puisse vivre en harmonie, dans une atmosphère de beauté et de cordialité. Tenu à la fois comme un devoir et un plaisir, *fare la belle figura* est un mode de vie ancestral qui donne saveur et style à la *dolce vita*. Le vrai charme italien !

Les détails qui vous rendent unique

N'OUBLIEZ PAS

Ce sont les détails et accessoires qui caractérisent votre style. Choisissez-les au coup de cœur, sans tenir compte de la tendance, mais plutôt en fonction de votre goût personnel et de vos couleurs préférées. Pour l'inspiration, promenez-vous sur les blogs qui célèbrent l'individualité et le charme plutôt que la mode. The Sartorialist, par exemple (`thesartorialist.blogspot.com`), publie des photos prises dans la rue d'homme et de femmes de toutes nationalités et de tous âges, qui ont trouvé un style bien à eux.

Accessoirisez !

POUR LES FEMMES

Autorisez-vous de petits plaisirs en matière de sacs, chaussures, bijoux fantaisie, foulards, barrettes et accessoires de coiffure, collants, maquillage, et changez de look suivant votre humeur. Gardez en tête ces deux équations :

- Une fille + un jean + des tennis basiques + un T-shirt + un sweat zippé = une déménageuse.
- Une fille + un jean + des talons + le même T-shirt + du rouge à lèvres = une pin-up !

Figure 3-1 : Pin-up vs déménageuse

Jouez sur les écharpes, foulards, casquettes, bonnets canaille, cravates, gilets, ceintures, chaussures, lunettes et gants.

- Un homme + un jean + des tennis basiques + un T-shirt + un sweat zippé = n'importe qui.
- Un homme + un jean + des tennis en daim fauve + le même T-shirt + une veste en tweed = un homme que l'on remarque !

Figure 3-2 : À vous de jouer, messieurs !

Pour les hommes, le look qui plaît aux femmes

Le vestiaire masculin est infiniment moins flamboyant que celui des femmes. L'avantage : il n'y a quasiment aucune place pour l'ambiguïté. Alors que les femmes ont le choix de s'habiller de manière plus ou moins féminine, en jonglant entre codes féminins et masculins, pour les hommes, pas de tergiversation : on enfile son pantalon ! La gamme étant limitée, tout va se jouer sur la subtilité des détails : matières, couleurs, coupes, finitions et accessoires uniques.

La veste fait l'homme

Les hommes qui plaisent le plus aux femmes sont ceux dont le look ne prête pas à confusion : les femmes peuvent en effet s'approprier le jean, la chemise, les boots, mais on en croisera plus rarement en costume trois pièces. C'est donc sur ces éléments typiquement masculins que reposera la garde-robe du séducteur. Si le contexte, ou votre mode de vie, ne se prête pas au costard, une veste seule sur une chemise fraîche donnera le ton : viril ET correct. Par chance, la veste d'homme se prête à mille variations, de la plus classique à la plus décontractée : il y en a forcément une pour vous.

Visez l'international

Inspirez-vous des couturiers anglais ou italiens si vous voulez un look impeccable, pour réveiller le gentleman ou le latin lover qui est en vous. Lorgnez du côté des créateurs américains si vous êtes plus relax, tout en restant soigné. Pour ne pas avoir l'air endimanché, sachez dévier légèrement du total look costard sombre + chemise blanche en y ajoutant des touches de fantaisie.

Des astuces :

- Les vêtements italiens tombent mieux sur des hommes minces, voire très minces ;
- Les coupes anglaises sont parfaites pour les hommes de taille moyenne ;
- Optez pour les marques américaines si vous êtes grand et bien bâti, voire très costaud.
- Travaillez l'écharpe. Pour 20 ou 30 € chez Zara ou Massimo Dutti, vous trouverez une jolie écharpe à la fois moderne, décontractée et classe.

Cheap'n'chic à l'anglaise

Fabrice, 40 ans, divorcé, est employé dans une entreprise de logistique industrielle. Ce n'est pas à priori un milieu où l'on se soucie de son look, mais Fabrice ne vit pas que pour son travail. Lorsqu'il sort du boulot, il prend le temps de se doucher et de se rhabiller avant de sortir. Question de politesse envers les autres, dit-il. Son salaire ne lui permet pas de s'acheter de costumes de grands couturiers, ou d'arborer une Rolex au poignet, mais l'épate, ça n'est pas son truc. Son style, c'est la nonchalance élégante, à l'anglaise. Son œil de lynx sait repérer, pendant les soldes dans les chaînes de magasins pour hommes comme Jules, H&M ou Zara, les éléments de base de son dressing : pantalons bien coupés, vestes et chemises, chacune d'une matière ou d'une couleur intéressante. Pour sortir du lot, il dégotte chez Tilt Vintage, un site internet dédié à l'habillement, chaussures et accessoires anciens, les pièces uniques qui font de lui un homme au style affirmé, hyper masculin, à la décontraction sophistiquée, que les femmes adorent. Sa dernière trouvaille : une paire d'Adidas Vienna rouges et blanches qu'il avait repérée sur une photo de Kevin Ayers, musicien obscur, mais culte, dans un magazine datant de 1973 ! L'élégance n'est pas une affaire d'argent, mais de temps et d'attention que l'on veut bien s'accorder.

Du bon goût et des couleurs

LE SAVIEZ-VOUS ?

Il vous faut au moins deux couleurs : une dominante (généralement la couleur du costume) et une couleur secondaire (la chemise), et quatre couleurs maximum :

- Le costume d'une première couleur ;
- Les chaussures et la ceinture de la même couleur (si vous voulez pousser l'élégance, votre montre également) ;
- Une chemise (et pochette si vous êtes d'humeur dandy) d'une troisième couleur ;
- Et enfin la cravate d'une quatrième couleur.

Côté chaussures

On choisit généralement ses chaussures de la couleur de son costume. Ayez au moins une paire de chaussures marron : vous pourrez jouer avec les teintes, la patine et pourrez ainsi porter de beaux pantalons ou costumes dans les tons bruns/beige.

En touche finale, vous accorderez votre ceinture et votre montre à vos chaussures, cela fait toute la différence. Attention néanmoins que vos chaussures marron ne soient pas trop claires si vous les portez avec un costume marron foncé.

Faut-il encore mentionner les chaussettes blanches ? Elles sont réservées à la pratique sportive. Un point c'est tout.

Les chaussettes ne s'assortissent pas aux pantalons, et encore moins à la chemise ! Il faut assortir ses chaussettes aux chaussures.

- Chaussures foncées = chaussettes foncées ;
- Chaussures claires = chaussettes claires.

En été, évitez les chaussures en cuir noir : portez des chaussures d'été marron, vous pouvez opter pour un cuir retourné (nubuck).

Côté chemise

La couleur dominante de votre costume sera souvent plus foncée, et la chemise claire (blanche ou bleu clair pour être sûr de son choix). Pour marquer le contraste du torse avec le reste de votre corps, une chemise blanche est un must.

- Ne vous habillez pas d'une seule couleur de la tête aux pieds ! Au mieux, tout en noir ou gris, ce sera sinistre, au pire, en une seule couleur vive, ce sera… extrêmement bizarre, et un peu inquiétant ! Mêlez-y impérativement au moins une autre couleur.
- Évitez de porter un costume noir et une chemise blanche lors d'une cérémonie (mariage, baptême, etc.), on risquerait de vous confondre avec le serveur.
- Fuyez la chemise noire. Vous n'êtes pas Thierry Ardisson : laissez cette chemise au personnel des boîtes de nuit. Elle ne donne pas du tout l'air habillé, comme on pourrait le croire. Si vous êtes absolument amoureux d'une chemise noire dans votre garde-robe, ne la portez qu'avec un jean et de manière très décontractée, sans aucune autre couleur et avec une jolie ceinture.
- Attention à la chemise blanche : toujours impeccable et parfaitement repassée, elle est plutôt réservée aux hommes sans trop de ventre. Si vos abdos vous trahissent, portez une chemise plus sombre.
- Attention : jamais de T-shirt visible sous une chemise ! S'il fait vraiment froid, portez un T-shirt col V afin qu'il ne se voie pas sous votre chemise.
- Si votre T-shirt se voit sous votre chemise, vous cassez immédiatement le mythe !

Comment assortir les couleurs ?

ATTENTION

Les couleurs foncées sont très difficiles à assortir entre elles. Si vous n'êtes pas un dandy accompli, ne vous y risquez pas !

Une question de contexte

Tenir compte du contexte fait partie des règles de l'élégance. Si le look costume + chemise est un classique pour la ville, c'est un peu endimanché pour un week-end à la campagne. Habillez-vous suivant les circonstances en vous rappelant :

- Qu'on est plus décontracté sur la côte, qu'on soit dans l'Ouest ou dans le Sud de la France. Attention : plus décontracté, mais pas moins soigné ;
- Qu'en haute montagne, et dans toutes les régions aux hivers rigoureux, le climat fait loi, et vous auriez l'air bien peu viril si vous ne vous habillez pas en conséquence ;
- Que vous aurez l'air emprunté si vous portez un costume trois pièces à 17 ans, et pas vraiment digne en sweat à capuche à 65 ans ;
- Si le milieu dans lequel vous évoluez est plutôt relax, ou au contraire plus à cheval sur les apparences, suivez le mouvement, mais habillez-vous juste un cran au-dessus : après tout, vous voulez séduire, et donc sortir du lot !

Parce que vous n'êtes pas tous des gentlemen

Si le look gentleman n'est définitivement pas pour vous (essayez quand même, rien qu'une fois, pour en observer les effets sur les dames), ne vous fondez pas dans le décor en pensant que votre personnalité fera le travail. Après tout, avant que l'on ne découvre que vous êtes un mec génial, à moins de draguer une grande myope, vous devez tout de même faire une première bonne impression.

Cultivez au contraire les aspérités de votre physique, en privilégiant, toujours, les caractères immanquablement masculins :

- La force physique et ce qui la mettra en valeur. Si vous avez la chance d'avoir de beaux biscottos, portez un polo plutôt qu'une chemise !
- Un format XXL, qu'on ne noie surtout pas dans des vêtements oversize.

- La différence entre un gros et un costaud est souvent une histoire de vêtements. S'ils sont à votre taille, ils soulignent votre carrure, et vous devenez « costaud ». S'ils sont trop grands, ils pendouillent de partout, comme une peau d'éléphant et vous paraissez plus gros que vous ne l'êtes.
- La pilosité faciale, LE caractère masculin par excellence.
- Le prestige de l'uniforme : on s'inspire des vêtements militaires à la coupe parfaite pour un look net et très viril. Les chemises, parkas, cabans de marine et vestes de pont sont des classiques régulièrement remis au goût du jour. On oublie en revanche l'imprimé camouflage, à moins de partir à la chasse ou en free party.

Laissez parler le mauvais garçon qui est en vous

En pole position des looks qui plaisent aux femmes, quasi *ex æquo* avec celui du parfait gentleman, le bad boy a toujours la cote. Rien à voir avec un laisser-aller quelconque, c'est au contraire une manière assez malicieuse de laisser parler le garçon rebelle qui est en vous et qui fait craquer les femmes.

Si vous avez une allure de premier de la classe, pensez à Vincent Cassel et…

- Ébouriffez votre coupe trop sage ;
- Laissez pousser une barbe de quatre ou cinq jours ;
- Sans aller jusqu'à enfiler un blouson de moto si vous conduisez un van familial, abandonnez la cravate pour un soir et déboutonnez le premier bouton de votre chemise (sans tee-shirt en dessous s'il vous plaît).

Si c'est votre tendance naturelle, disciplinez simplement ce qui doit l'être (reportez-vous au début de ce chapitre sur le minimum vital), et laissez parler la bête qui est en vous. Pour séduire, inutile de vous transformer en ce que vous n'êtes pas. Accentuez simplement ce que vous êtes. Si vous ne savez pas ce qui est intéressant en vous, je vous recommande de vous atteler aux exercices de coaching de la `methode-florence.fr`.

En revanche, le jogging : au vestiaire ! Même si vous écoutez du rap ou si faites du sport, cela ne vous autorise pas à vous promener en jogging et sneakers de jour comme de nuit. Ne comptez pas séduire qui que ce soit dans cette tenue. Prenez exemple sur Zidane, que l'on n'a jamais croisé en survêtement en dehors des stades, ou au rayon hip-hop, sur Kayne West, Mos Def, ou Pharell William (plutôt que sur Puff Daddy).

Qu'est-ce que je fais si je suis petit, très mince et imberbe ?

Cultivez la classe et la grâce : ne portez surtout pas les mêmes vêtements qu'un ado de 14 ans. Les femmes, même les fameuses couguars (voir chapitre 9), ne veulent pas sortir avec des petits garçons, mais bien avec des hommes.

Une chemise ajustée à votre taille, ni moulante, ni flottante, vous fera paraître plus « homme » qu'un T-shirt.

Si vous ne pouvez pas vous passer de votre T-shirt fétiche, enfilez une paire de boots en cuir plutôt que vos tennis.

Ce qui caractérise un homme, c'est aussi une voix profonde, des gestes assurés, un comportement dans la vie de tous les jours. Des atouts aussi virils que la fameuse barbe de trois jours que la nature vous refuse. On y reviendra d'ailleurs au chapitre suivant.

Et, point majeur : tenez-vous droit. Faites attention à ne pas être voûté quand vous êtes assis, quand bien même votre journée a été rude et longue.

Messieurs, soignez les finitions

Chez les hommes, le souci du détail va se traduire par sa capacité à discipliner l'état sauvage, pour en faire émerger un homme civilisé, apte à plaire aux dames.

Les filles le savent, les hommes y arrivent depuis une petite décennie. Vous avez le droit à un minimum de soin. On a dit soin, pas cosmétique. En fait, il s'agit bien de la même chose, en plus viril. Faites un gommage par semaine si vous avez des points noirs, ça n'est pas du luxe, ni un truc de gonzesse. Le gommage ressert le grain de la peau et enlève les points noirs. Investissez dans une crème qui vous convient : en une seule couche, elle éradique les soucis (la peau sèche, la peau grasse, les boutons, les cernes, les rides), sent bon le frais et calme le fameux feu du rasoir. Demandez conseil à une vendeuse (profitez-en pour la séduire) ou à une pharmacienne (*idem*). Vous verrez, on y prend goût.

Vous êtes un homme, pas le yéti. On ratiboise donc sans hésitation les poils d'oreilles et pilosités diverses qui pourraient émerger de votre visage (broussaille qui sort du nez, antenne unique issue d'un sourcil par ailleurs sans reproche).

En avoir ou pas : les cheveux des hommes

Ex æquo avec la taille, c'est le complexe numéro 1. Si vous vous dégarnissez beaucoup, coupez très, très court. L'effet Bozo le clown, Gilles Vigneault ou Philippe Katerine ne fonctionne que pour ces trois cas précis. Si vous vous dégarnissez, votre coiffeur est un complice expérimenté qui saura limiter les dégâts en premier lieu, et agir ensuite avec fermeté pour vous donner une tête fort virile, sans virer au repris de justice.

Votre coiffeur est votre ami

Si vous avez des cheveux, criez « Alléluia ! » et foncez chez le coiffeur donner forme à cette belle toison. Surtout, ne laissez pas tomber vos cheveux sur votre front. Votre coiffeur saura vous trouver une coupe sage la semaine, un poil rebelle le week-end, en fonction de votre visage. Désertez ceux qui ne connaissent que la tondeuse et la coupe militaire. Une infinité de variations existe pour mettre en valeur chaque morphologie. De plus, se faire couper les cheveux reste un acte assez agréable et l'opération est relativement bon marché pour les hommes, par rapport à ce qu'y investissent vos consœurs féminines. Alors ne passez pas votre tour en décrétant que cela peut encore attendre une semaine.

Réagissez avant que les rebiquettes dans votre cou ne dépassent votre col de chemise.

Coiffé, mais pas gluant

Votre coiffeur vous laisse rarement sortir de son échoppe sans avoir peaufiné votre coupe d'une noisette de gel, ou plutôt de cire capillaire, qui donne cet aspect net et déterminé à votre look. Demandez-lui conseil sur les produits à utiliser et n'hésitez pas à acheter des produits de qualité, directement dans le salon que vous fréquentez. Faites de même chez vous, mais allez-y doucement. Les seuls cas où la gomina peut couler à flot sont ceux des rockers qui entretiennent une banane digne du King himself, ou ceux des vrais latins, au look romantique. C'est très stylé, mais les filles n'ont pas envie d'y plonger les doigts. On réservera ce look très masculin aux véritables hidalgos bien bruns et bien dotés en la matière, car sur les cheveux clairs, ça fait plus sale que brillant, et sur les cheveux clairsemés, c'est juste impossible. En dehors de ces fantaisies très typées : haro sur le pot de gel !

De la pilosité faciale

N'OUBLIEZ PAS

Le poil est dans l'air du temps, profitez-en ! Les barbes, moustaches, boucs et rouflaquettes ne sont pas seulement un terrain de jeu amusant pour les coquets créatifs : en tant que caractère sexuel secondaire, elles proclament comme un étendard votre virilité au reste du monde. Comment résister en effet à cet affichage – presque indécent tellement il est sexy – de votre indéniable qualité d'homme ? Et au bureau, maintenant, ça passe très bien !

Tout ce qu'il faut savoir sur vos poils

LE CONSEIL DE FLORENCE

Optez pour une pilosité faciale si :

- Vous avez le temps de l'entretenir (tous les jours) ;
- Vous avez le poil dru, en abondance (clairsemé ou mou façon duvet : vous ressemblez à un ado, avec des trous : oubliez).

N'OUBLIEZ PAS

Les fines moustaches conviennent mieux aux hommes plus féminins et très soignés. Qui ont du coup l'air encore plus féminins et encore plus soignés…

- La moustache vieillit. Si c'est l'effet que vous recherchez, allez-y. N'arborez celle de Tom Selleck, Omar Sharif ou Groucho Marx que si vous avez la personnalité assortie. Taillez-la chaque jour : les poils ne doivent pas descendre sur les lèvres, c'est dégoûtant !
- Les favoris rajeunissent quand ils sont relativement courts et bien taillés, ils vieillissent si vous les portez bien touffus en « *mutton chops* », comme un lord anglais.
- La barbe de trois ou quatre jours doit être entretenue quasi quotidiennement, comme son nom ne l'indique pas. Ce n'est donc pas une solution de facilité.
- Le collier de barbe au carré réussit la performance de vous donner à la fois un air rigide ET affecté.

Figure 3-3 : De gauche à droite, de haut en bas : rasé, fine moustache, moustache épaisse, favoris, barbe de trois jours, collier de barbe.

N'OUBLIEZ PAS

Aïe, ça pique !

L'idée générale de ce livre étant de finir par faire jonction avec l'épiderme de quelqu'un d'autre, prenez en compte cette information cruciale : les femmes, si elles adorent votre côté sauvage, ont la peau fine et fragile. Si vous n'avez aucune idée de l'effet que cela fait d'embrasser un garçon mal rasé, prenez un morceau de papier de verre à gros grains, et frottez le doucement sur l'intérieur de votre poignet, le temps que dure un baiser. Recommencez le temps que dure un deuxième baiser, puis un troisième. Puis rasez-vous de près, ou entretenez une barbe souple, car vous voyez bien que ça pique !

Le physique des femmes et les attentes des hommes : pour jouer de son physique, quel qu'il soit

Si vous demandez aux hommes de votre entourage ce qui leur plaît chez une femme, ce sera des réponses floues assurées. Les yeux, les jambes, les fesses, la poitrine (qu'elle soit plantureuse, discrète, en forme de poire, de pomme, de melon ou de fraise), le sourire, les formes (ou pas), les cheveux bruns, blonds, roux, peu importe du moment qu'il y en a, un joli visage, mais chez d'autres un corps d'athlète, la voix… C'est la bonne nouvelle de ce chapitre : les hommes aiment tous les genres de femmes, de toutes les formes, il y a des amateurs pour toutes les particularités.

Demandez-leur ce qu'ils n'aiment pas chez une femme, là encore, autant de réponses que d'hommes, avec deux constantes :

- « Cela dépend de qui on parle. » Traduire par : ce qu'ils détestent chez l'une devient craquant chez l'autre.
- Et « la moustache ». Effectivement un attribut pas vraiment féminin.

En dehors de ce cas particulier, toute femme possède ce qu'il faut pour plaire à un homme. Et encore… Les femmes à barbe ont elles aussi de nombreux admirateurs transis.

Ce qui plaît aux hommes : c'est ce qu'ils n'ont pas

Ce petit exercice vise à vous convaincre que toute femme possède déjà ce qu'il faut pour séduire. Les yeux, les jambes, les seins, les cheveux, vous les avez depuis toujours, le sourire aussi, si vous vous en donnez la peine !

Ce que les hommes peinent souvent à définir, c'est *pourquoi* ce regard va les toucher plutôt qu'un autre, pourquoi ces jambes vont les faire courir et cette attitude si propre à elle les rendre gaga. Je vais vous aider à décoder ce mystère : ce que les hommes aiment, ce qui les fascine, c'est tout ce qu'ils n'ont pas, et qui leur paraît typiquement féminin.

Cela s'applique :

- À l'allure générale, en courbes pleines de déliés, plus délicate que celle d'un homme de la même taille ;

- Au corps des femmes, si différent avec ses jambes si lisses, ses cheveux plutôt longs, ou courts mais sophistiqués, coiffés, en chignon ou lâchés, ses ongles vernis, ses yeux de biche, son décolleté voluptueux ;
- Aux vêtements qu'ils ne peuvent pas porter : les jupes et les robes, bien sûr, les talons hauts, les sandales fines, mais aussi les vêtements vaporeux, la dentelle, les jeux de transparence, les bijoux ;
- À votre attitude, vos gestes, le ton de votre voix… nous y reviendrons au chapitre 5.

Une fois que l'on a compris ce principe, il devient beaucoup plus facile de passer en mode séduction, et cela, au quotidien, sans altérer sa personnalité profonde mais au contraire le révéler.

Osez mettre en avant votre féminité

Ce n'est pas seulement une histoire de rouge à lèvre ou de vernis (même si ça compte un peu). Je rencontre souvent des femmes au physique terne parce qu'elles n'ont pas trouvé ou ont perdu l'éclat de la féminité. Elles ont tendance à choisir leurs vêtements pour leur côté pratique, ou plus triste encore, pour camoufler leur physique. Ou bien elles ont peur de faire des fautes de goût, alors elles s'habillent tout en beige, ou tout en gris, ou tout en noir… Je dis stop !

Absorbées par le travail, les soucis, la maternité ou les trois conjugués, elles n'osent plus « être une femme », avec toute la part de fun, de couleur, de gaieté, de mystère ou de glamour que cela implique. Lorsque, enfin, elles se réveillent, elles peuvent avoir perdu le sens de leur féminité, ne savent plus comment faire, comment s'habiller, ou n'osent plus mettre en avant cette partie essentielle d'elles-mêmes de peur de trop en faire. Oser révéler leur part de féminité, c'est, pour ces femmes, un pas vers l'inconnu, que je leur conseille de faire.

Les premiers pas

Sans forcément sortir le grand jeu, qui vous mettrait mal à l'aise si vous n'y êtes pas habituées, on peut cependant progressivement se reconnecter avec sa part de glamour :

- **Assumez votre silhouette :** ronde ou élancée, tenez-vous droite, bombez le torse et soyez fière de vous. Rappelez-vous qu'il y a des amateurs pour tous les types morphologiques !

- **Féminisez votre vestiaire :** faites-y entrer de la couleur, du vaporeux, des volants, de la transparence, qui dévoile sans montrer, sur le principe du *teaser* (*tease* = tenter, en anglais).
- **Montrez vos jambes !** Longues ou potelées, elles affolent les hommes. Il y a forcément une longueur de jupe et une forme de talons qui vous convient. Vous avez de la chance, l'infinie variété de la mode féminine permet de dénicher celles qui vous iront.
- **Offrez-vous une séance chez un bon coiffeur.** Votre chevelure fonctionne comme un étendard de votre féminité. Même si votre budget est serré, économisez sur d'autres dépenses pour confier votre tête à un pro. Le bonus en terme de bien-être est tel que vous pourrez (presque) vous passer du reste.

L'homme qui aimait les femmes

Sans doute le film le plus sensuel de François Truffaut, *L'homme qui aimait les femmes* raconte l'histoire de Bertrand, amoureux de toutes les femmes, autant que de l'idée même de LA femme. La thématique offre à Truffaut un prétexte pour filmer de longues séquences de jambes en marche. « Les jambes de femmes sont des compas qui arpentent le globe terrestre en tous sens, lui donnant son équilibre et son harmonie, dit le héros. Pour moi, rien n'est plus agréable à regarder qu'une femme, pourvu qu'elle soit habillée d'une robe ou d'une jupe qui bouge au rythme de sa marche. »

3 questions pour plaire, quel que soit son physique

- **Quels sont vos atouts les plus féminins ?** Ce sont ceux que vous devez mettre en valeur. Ne les cachez plus : osez vous afficher !
- **Que trouvez-vous désirable en vous ?** Ce sont les atouts qui consolident votre confiance en vous-même. Chérissez-les. Votre peau est lumineuse : montrez-la. La nature vous a doté d'une crinière luxuriante : lâchez-la souvent et prenez-en soin. Vous avez un regard doux et féminin : hypnotisez les garçons d'un coup de mascara bien appliqué.
- **Comment pourriez-vous afficher plus encore votre féminité sans vous trahir, sans vous déguiser ?** Bijoux, foulards, jupettes ou collants, il y a forcément dans l'arsenal typiquement féminin l'accessoire qui vous convient, que vous soyez sportive ou que vous rêviez de sophistication.

Pour les femmes, les détails qui font toute la différence

Voici une petite revue de détails ultra féminins, qui, une fois judicieusement adoptés, indiquent clairement à l'autre moitié désirante de l'univers « JE SUIS UNE FEMME, et tu peux me draguer, Éric » (ou Jean-Marc, Kevin, Georges, Ramon...).

Pourquoi le remarquent-ils, ce petit détail ? Parce que vous opérez sur un terrain qui, justement, leur est interdit, et qui du coup les fascine.

Indispensable rouge à lèvres

Même si vous êtes absolument réfractaire aux plaisirs du maquillage, laissez-vous tenter par un rouge à lèvres, au minimum. Le tube de rouge, c'est votre baguette magique.

- Il vous ajoute dix points de féminité en quelques secondes.
- Le geste même de la pose réveille la sensualité.
- Il rend votre sourire subitement plus éclatant par contraste.

Un petit coup de gloss ?

Quid du gloss super brillant effet vinyle ? Ultra glamour sur papier glacé... mais quel effet a-t-il sur la gente masculine ? Pour le savoir, étalez-en un peu sur l'intérieur de votre bras, et posez vos lèvres dessus. N'avez-vous pas l'impression d'embrasser une limace ? Optez pour les gammes « no-transfert » qui vous permettent d'embrasser qui vous voulez sans laisser de traces.

Les ongles : le glamour multiplié par dix

La manucure colorée et fantaisiste reste un bastion de l'hyper féminité, quasi *ex* æquo avec le rouge à lèvres. On voit en effet rarement des hommes porter du vernis ! Par bonheur, elle est accessible à toutes, qu'on le fasse chez soi, ou version quatre étoiles chez une pro de la cuticule qui transformera cinq petites choses boudinées ou malingres en mains magnifiques.

Il ne s'agit pas d'arborer en permanence une manucure impeccable, opération proche de l'impossible lorsque l'on pratique par exemple un métier manuel, mais de s'accorder une fois de temps en temps, et surtout quand on sort, ce petit plus, qui s'agite sous leurs yeux et qui clame : « Glamour ! Glamour ! Glamour ! », dix fois, parce que vous avez dix doigts.

Les talons

Là aussi, prérogative féminine sans doute possible. Non seulement les talons affinent les jambes et galbent le mollet, mais ils fascinent complètement la gente masculine. Un véritable objet de fantasme ! Inutile de tenter les Louboutin de 13 centimètres si vous vivez habituellement au ras du sol, à l'aise dans vos Converses. Mais en grimpant progressivement d'un centimètre à chaque saison, on acquiert rapidement une démarche de panthère parfaitement irrésistible.

N'OUBLIEZ PAS

Enfin, si vous n'êtes toujours pas convaincue, retenez cette équation : 1 centimètre de talon = 1 kilo en moins.

Le pouvoir de l'invisible

C'est ici que l'on aborde le douloureux sujet des poils et des dessous. Dans les premières phases de la séduction (celles où l'on garde ses vêtements), on peut être tentée par le laisser-aller. Après tout, se dit-on, puisque ça ne se voit pas, pourquoi ne pas rester bien au chaud dans ma culotte montante, pas terrible, mais tellement confortable ? Voici des raisons de NE PAS le faire :

N'OUBLIEZ PAS

- Parce que ce qui ne se voit pas compte énormément !
- Parce que SAVOIR que vous portez vos plus jolis dessous et que vos jambes sont impeccablement lisses décuple la sensation d'être sexy, et vous vous comportez en conséquence.
- Plus assurée, plus sûre de vous, vous n'hésitez pas à envoyer des œillades tendance brasero, chose que vous ne feriez peut-être pas équipée de vos culottes de tous les jours qui inhibent la femme archi séduisante qui est en vous.

Ne chargez pas trop

ATTENTION

Du rouge à lèvres, du vernis, des talons : vous avez la base des détails qui vont déclencher le signal de la séduction, à la fois en vous et dans le regard des hommes. Inutile donc de mettre TOUS les voyants au rouge, en y ajoutant un décolleté pigeonnant ET une jupe ultra courte ET moulante. Retenez plutôt un ou deux détails qui captent l'œil préhistorique de ces messieurs :

- Jambes interminables (grâce à vos talons) ;
- Décolleté subtil ;
- Chevelure de rêve ;
- Regard envoûtant ;

- Bouche pulpeuse ;
- Taille cintrée ;
- Silhouette renversante…

Mais pas (forcément) tous en même temps, sauf si vous êtes une vraie pro, telle Dita Von Teese en route pour le Crazy Horse.

Pour tous : le parfum

En touche finale, que vous soyez une femme ou un homme, le parfum complète votre allure. Mystérieux, réconfortant, piquant, romantique, sexy, sportif, élégant… Il doit vous ressembler, et presque vous résumer. Il n'est pas obligatoire, mais il ajoute à votre souvenir une signature olfactive qu'on n'oublie pas.

Un souvenir durable

La mémoire olfactive dure en effet plus longtemps que la mémoire visuelle ou auditive. C'est notre sens le plus ancien, le plus développé aussi. Comme Proust et sa madeleine, une odeur marque profondément, et peut faire surgir des souvenirs et des émotions enfouis. Les messages olfactifs atteignent directement votre cerveau, plus précisément le système limbique et l'hypothalamus qui ordonnent les sensations de faim, de soif mais aussi celles du plaisir, de l'humeur et des émotions. Contrairement aux sons et aux images, les odeurs ne sont pas analysées avant d'être comprises, mais immédiatement transformées en sensations et émotions – un court-circuit de la raison, en quelque sorte.

C'est ainsi qu'une bonne odeur, en créant une impression de bien-être, fait légèrement perdre la notion du temps qui s'écoule. Le marketing s'est bien entendu emparé de ces données pour nous faire rester plus longtemps dans des espaces commerciaux délicieusement parfumés.

Une fragrance pour chaque personnalité

Choisir son parfum devient donc un acte d'importance pour qui veut marquer les esprits. Par chance, entre les grands classiques et les dernières créations des maisons de couture, le choix est incroyablement vaste. On pourra y ajouter les eaux de Cologne de qualité, les eaux florales plus légères ou la senteur d'un cosmétique qui vous va bien.

Quelques règles à respecter

- Demandez conseil si vous ne savez pas ce qui vous va. Essayez un seul parfum dans la journée, attendez le lendemain avant de vous décider : vous verrez comment se transforme le parfum sur votre peau.
- Mieux vaut se diriger vers des marques établies et non des imitations qui ont tendance à virer.
- Ne vous transformez pas en diffuseur de parfum d'ambiance. Comprenez : mollo sur la dose. Vous portez votre parfum pour vous, ou pour la personne qui vous approche de très, très près, pas pour les autres. C'est encore plus vrai si vous choisissez un parfum très capiteux, ou très étrange. Rappelez-vous : les odeurs provoquent des réactions fortes, y compris de rejet. Vous ne devez laisser qu'un infime sillage.
- On le pose sur les poignets, le creux du bras, dans le cou ou derrière les oreilles mais pas sur le torse, ni sous les bras, ni plus bas : vous feriez de l'ombre à vos phéromones naturelles, composés volatiles inodores, mais qui jouent un rôle important dans la séduction.

- Pour les femmes, attention à la vanille cheap, la fraise mièvre et au patchouli féroce, surtout à haute dose (plus d'un pschitt !). Ils vous font passer, respectivement, pour une cocotte, une adolescente attardée, ou une hippie agressive.
- Pour les hommes qui embrassent leurs collègues et amies le matin : pitié, n'en mettez pas sur les joues. Les femmes prennent la peine de se parfumer, ce n'est pas pour sentir VOTRE after-shave sur leur visage après vous avoir fait une bise ! Ce n'est pas sexy, c'est intrusif, et ne croyez pas les pubs : elles n'en redemandent pas.

Candice séduit enfin avec ses rondeurs

Candice a 26 ans. Elle a un visage incroyablement mignon, des traits fins sur un corps grand format (elle pèse 80 kilos pour 1,80 mètre). Elle pense qu'elle n'attire pas les hommes et a peur de finir « vieille fille » ! Son poids en particulier la complexe. Elle aime le sucré et peine à suivre un régime. « J'en suis un en ce moment et j'ai perdu 1,5 kilo en un mois, je suis dépitée ! Si peu de résultats pour tant d'efforts. J'ai lu un de vos articles dans un magazine féminin où vous disiez que les rondeurs pouvaient être un atout. Il faut que vous m'aidiez car, moi, je n'en peux plus ! Je ne suis pas sortie avec un homme depuis presque deux ans ! »

Je demande à Candice de me décrire par le détail comment elle s'y prend, en soirée, dans son travail, quand quelqu'un lui plaît. Je lui demande de me raconter ce qu'elle dit, ce qu'elle n'ose dire… Elle me confie qu'elle ne fait jamais le premier pas, ayant « trop peur d'être rejetée ». Elle m'avoue ensuite se sentir mal à l'aise quand un homme qui lui plaît, l'aborde ou engage la conversation. Elle ne se sent pas assez séduisante, « parfois je me demande même ce qu'ils peuvent me trouver ! » avoue-t-elle sur le ton de la plaisanterie. Je lui demande alors la tournure que prennent les relations avec les hommes qui lui plaisent : « Il ne se passe rien, me répond-elle, au mieux on devient copains ! » Très vite, je me rends compte que Candice manque cruellement de confiance en elle et que ses kilos en trop ont faussé non seulement l'image qu'elle se faisait d'elle-même mais aussi sa vision de la séduction. C'est sûr, Candice, avec ses rondeurs, ne peut pas se conformer aux diktats de beauté qu'imposent les magazines, mais c'est pourtant le seul modèle qu'elle pense être séduisant, à l'opposé de la logique amoureuse qui veut que l'on tombe amoureux parce que quelqu'un nous touche par sa différence !

Mon premier objectif est de lui faire comprendre que se focaliser sur ses kilos est une erreur. Parce que son physique lui pose problème, je dresse avec elle la liste des détails qui, chez elle, trouvent grâce à ses yeux, afin qu'elle puisse les mettre en valeur. Je lui demande aussi quels sont les compliments qu'on lui fait le plus souvent. Après un long travail sur sa personnalité, elle se sent encouragée par mon analyse de sa nature profonde, elle prend conscience que les compliments qu'on lui faisait étaient sincères et qu'elle dispose de nombreux atouts. Petit à petit, la liste s'allonge. Je profite de cette bonne dynamique pour amener Candice à réfléchir sur l'attitude qu'elle adopte avec les hommes qui lui plaisent. Car, en séduction, si l'apparence joue, c'est l'attitude qui est primordiale ! Et chez Candice, le problème c'est qu'elle ne sait pas instaurer ce jeu entre elle et celui qui la charme, elle ne sait pas envoyer les signaux qui disent à l'autre : « Tu me plais et je suis prête à jouer. » Je l'encourage donc à travailler son attitude, l'incite à jouer de son regard, de ne pas avoir peur tout simplement de montrer à l'autre qu'il lui plaît. Je la pousse surtout à révéler ses deux armes essentielles : sa féminité et sa singularité, que je ne détaille pas ici mais que nous avons longuement travaillées et qui se sont révélées être si riches et touchantes.

Car ce n'est qu'en se sentant bien dans sa peau, en prenant pleinement conscience qu'elle possède ces deux pouvoirs essentiels qu'elle peut enfin se sentir belle. Cette sensation la met dans une nouvelle disposition d'esprit et d'ouverture à l'autre, celle qui donne envie à l'autre d'aller plus loin. Je l'ai suivie quelques séances et j'ai assisté à une véritable métamorphose ! Candice a pris confiance en elle, notamment parce qu'elle est très bien parvenue à révéler toute sa féminité et à exprimer l'essence de sa personnalité en séduction. Elle s'est mise dans une bonne dynamique qui a engendré de nombreuses rencontres. Elle a rencontré quelqu'un, quelqu'un qu'elle a laissé approcher, qu'elle a cru lorsqu'il lui a dit qu'elle était « trop belle », qu'elle a su charmer et avec qui elle a entamé une relation.

Chapitre 4

Pour les hommes : l'essence de la drague au masculin

Dans ce chapitre :

- Découvrez ce qu'elles attendent vraiment de vous
- Trouvez votre virilité
- Apprenez à communiquer

Vous allez enfin savoir ce qui fait craquer les femmes ! Être un homme, un vrai, qu'est-ce que ça veut dire pour elles ? C'est un homme aux qualités viriles (et nous verrons lesquelles, 20 % seulement des qualités viriles sont physiques), mais aussi quelqu'un qui sait communiquer (nous verrons comment), les faire se sentir femme comme jamais, et qui prend le temps de les draguer, tout simplement !

Être un homme, parfois, c'est compliqué

Si tout le monde s'accorde à dire que le statut des femmes est en pleine mutation, celui des hommes amorce un virage qui va de pair. La lutte pour l'égalité des femmes implique-t-elle la confusion des genres ? Que les hommes se « féminisent » ? Non plus. Mais, en plus de répondre aux attentes traditionnelles des femmes, comme être un homme fort qui embaume la testostérone et les protège en toutes circonstances, ils doivent aussi se montrer doux, galants, compréhensifs et communiquant quand il le faut. Tout à fait possible en théorie, parfois déroutant dans la pratique.

Une position délicate

Les femmes veulent un homme qui les protège. Mais lorsqu'on leur demande « qui les protège de quoi ? », elles ne savent que répondre. Elles veulent aussi un homme qui prend des décisions, prend les devants. Or, elles ne lui laissent pas toujours la possibilité de le faire, tant leurs attentes sont précises et parfois impérieuses. Une attitude qui en pousse certains dans leurs retranchements. Ils réagissent alors avec agacement, ou se lassent et vont chercher « la paix », ailleurs. D'autres se murent dans un mutisme macho, alors que d'autres, enfin, plus en prise avec leur côté féminin, vont essayer de comprendre ce qui séduira leur princesse, malgré la difficulté.

Oui, la position des hommes est délicate aujourd'hui. Comment être celui qu'elles attendent, qu'elles recherchent, cet homme viril mais pas macho ? Tout simplement en trouvant ce côté « mec » déjà présent en vous, mais qu'il faut laisser s'exprimer de la meilleure manière qui soit : avec naturel. Comme ce n'est pas simple, je vais rentrer en détail dans le côté pratique !

Mais il est où, le tigre qui lui veut du mal ?

Aujourd'hui, une femme a rarement besoin qu'on la protège réellement de quoi que ce soit. Elle a besoin de se sentir soutenue, respectée pour ce qu'elle est. Et pourtant, quand un homme lui fait vraiment ressentir sa place de femme, elle se sent protégée, en confiance. En effet, une femme aujourd'hui mène en général sa barque de façon complètement indépendante, gagne sa vie, sait ce qu'elle veut, saura trouver la phrase assassine si vous dépassez les bornes pour vous remettre en place. Et pourtant... Il reste, caché au plus profond d'elle, un brin de l'instinct ancestral qui lui commande de préférer un homme capable d'étendre un tigre d'un coup de poing pour protéger ses petits (même si elle n'en a pas et vous non plus). La vie urbaine actuelle n'offrant que peu d'occasions de rencontres spontanées avec un félin menaçant, comment lui prouver votre incontestable capacité à la protéger ?

Je vous révèle 8 incontournables :

- En adoptant une attitude protectrice, dans vos gestes – sans toutefois jouer au gorille, (et encore ce serait drôle) –, en étant attentif et attentionné, comme si elle était précieuse (elle EST précieuse).
- En la raccompagnant chez elle sans forcément lui demander de monter boire un dernier verre, mais en montrant clairement votre désir.
- En exprimant avec force ce que vous aimez dans la vie.
- En parlant avec confiance de vos convictions.
- En ne changeant pas systématiquement d'avis uniquement pour lui plaire.
- En réglant pour elle de petits soucis du quotidien. Faites battre son cœur d'un : « Laisse, je vais m'en occuper » bien senti, bien viril, et tenez vos promesses. Vous venez de terrasser le tigre du IIIe millénaire.
- En lui serrant fort la nuque ou la taille quand vous l'embrassez.
- En lui disant STOP quand elle dépasse les bornes avec une phrase explicative sans appel.

Développer son côté « mec »

N'OUBLIEZ PAS

Un homme d'aujourd'hui :

- N'a pas peur des femmes. Au contraire, il les côtoie quotidiennement, apprécie leur compagnie, leur individualité à chacune, et les comprend.
- Sait ce qu'il veut, ce qu'il ne veut pas, et ne s'effondre pas quand il doute ou s'enferme dans le mutisme (il en parle… aux femmes !).
- Sait jouer de son physique, sans prendre toute la place, ni s'imposer, mais assume sa force et ses désirs, qu'il sait exprimer.
- N'est ni lourd, ni mièvre, ni collant, ni pingre, ni graveleux.
- Comprend aussi qu'un homme n'est pas : une femme, un petit frère, un être asexué, une carpette, ou un misogyne.
- Sait même parler et se confier !

Pour certains, c'est évident

Ce chapitre va en conforter certains, qui ont une idée claire de ce que c'est qu'être un homme aujourd'hui, et vivent déjà en harmonie avec le sexe opposé. Ne sautez pas pour autant ces pages, pour savoir comment doser vos effets. C'est la différence entre vivre en harmonie et séduire vraiment. Vous êtes peut-être parfaitement à l'aise avec les femmes, mais poursuivez tout de même la lecture pour apprendre ce qui les fait complètement craquer. Vous serez surpris.

LE SAVIEZ-VOUS ?

Les grands séducteurs, mythe ou réalité ? Don Juan contre Casanova !

L'un, don Juan, est un personnage de fiction, l'autre, Casanova, à la vie pourtant tout aussi rocambolesque, a vraiment existé ! Don Juan est en fait une figure tragique, qui apparaît d'abord dans la littérature espagnole avant d'être repris avec le succès que l'on connaît par Molière, dans la pièce *Dom Juan* en 1665. Il en fait un libertin à la vie scandaleuse, toute tournée vers la jouissance et le défi à l'autorité. Le personnage nourrit l'imaginaire des créateurs de toutes époques : Mozart en fait le thème de son opéra *Don Giovanni*. Baudelaire, Dumas, Prosper Mérimée s'en sont aussi inspirés.

Casanova, lui, vivait véritablement au XVIIIe siècle. Étudiant brillant et beau parleur, il vit de ses manigances, séductions et arnaques diverses. Il sera tour à tour ecclésiastique (une tentative vite abandonnée), violoniste, chimiste, espion, joueur professionnel, financier, pour finir ses jours… bibliothécaire ! Ses Mémoires racontent ses aventures amoureuses (et savoureuses) à travers l'Europe, où il s'emploie à séduire tout ce qui porte un jupon, qu'il soit celui d'une servante, d'une abbesse ou d'une duchesse…

Pour les autres, quelques petits réglages, et c'est parti !

Ce chapitre va peut-être aussi bousculer un peu ceux qui vivent dans un univers très masculin, peu enclin à se remettre en cause. « Quoi, diront-ils, il faut que je fasse TOUT ça pour plaire à une fille ? ! ? » Oui. Il le faut. À ces hommes-là, je précise que ce n'est pas une remise en question profonde, mais de simples ajustements, dans leur attitude, dans leur manière d'être avec les femmes, au final assez agréables à mettre en œuvre.

Parce qu'elles le méritent

LE CONSEIL DE FLORENCE

Je leur demande aussi de regarder autour d'eux, et de prendre conscience des immenses efforts que les femmes font au quotidien pour plaire aux hommes. Elles méritent que vous fassiez un pas dans leur direction. Et puis, une fois que l'on a engrangé ses premiers succès, et que l'on a goûté aux premiers rendez-vous qui se passent bien, une fois que l'on commence à développer une certaine intimité avec les femmes, vous verrez, elles deviendront tout d'un coup indispensables, comme vous le serez pour elles. Vous serez… complices !

Essentiel : trouver sa virilité

Vous devez commencer à vous en douter, si vous avez lu les chapitres précédents : ce qu'une femme apprécie chez un homme, c'est tout ce qui fait qu'il en est un, justement.

Une femme hétérosexuelle ne veut pas sortir avec un clone d'elle-même. Elle va apprécier chez vous ce qui indique précisément que vous êtes un homme :

- Dans votre physique (voir le chapitre précédent), vos gestes, votre voix ;
- Dans votre comportement, vos choix face à la vie, votre détermination ;
- Dans vos qualités sociales et votre attitude vis-à-vis d'elle-même et des autres.

Mais quand est-ce qu'on drague ?

On y vient. À partir du moment où vous avez bien pris conscience de votre façon d'être un homme aujourd'hui – PAS un australopithèque bas du front, ça ne marche plus depuis longtemps –, vous gagnez instantanément dix points de charme, une assurance inoxydable, LE truc qui les fait (enfin !) craquer. Car c'est ce que cherchent les femmes d'aujourd'hui : un homme, un vrai.

Les PUA ou pick-up artists

Apparus aux États-Unis, les pick-up artists (ou PUA) se définissent comme de véritables artistes de la drague. Opérant généralement sous pseudo, ces hommes – car il n'y a pas d'équivalent féminin – séduisent à tour de bras et de façon méthodique, accumulant un savoir-faire qu'ils partagent, moyennant finance, sur leurs sites internet, mais aussi lors de séminaires ou d'interviews.

Fondées sur un mix précis de techniques de vente, et d'apprentissage du langage corporel, les méthodes des PUA varient d'un « artiste » à l'autre. Mystery, David DeAngelo ou The Juggler sont les stars du genre. En 2005, Neill Strauss, journaliste au magazine *Rolling Stones*, infiltrait la communauté des PUA, devenant l'un des disciples de Mystery, puis un pick-up artist à succès lui-même. Il raconte son expérience dans un livre-enquête étonnant, *The Game: Penetrating the Secret Society of Pick-up Artists*, traduit en français *The Game* : *les secrets d'un virtuose de la drague*.

Chacun des PUA a sa recette pour maîtriser le tempo de la rencontre, savoir comment la piquer, la captiver, quand la rassurer, disparaître pour se faire désirer, savoir révéler des détails excitants sur sa vie sans avoir l'air de se vanter, savoir placer un « neg hit » (une remarque désobligeante qui la force à réagir)… Un timing serré et précis qui, appliqué à la lettre, peut engendrer une drague peu naturelle, à la chaîne et qui n'est pas très glorieuse pour les femmes quand certains d'entre eux composent leur approche de remarques désobligeantes envers les femmes pour les faire réagir. À oublier ? Pas forcément, car nombre de PUA rappellent aussi de très beaux essentiels :

- On séduit lorsque l'on va bien soi-même ;
- La pratique donne de l'assurance ;
- Concentrez-vous sur le plaisir de cette rencontre, et surtout sur ce bon moment que vous faites passer aux filles.

Les qualités qu'elles attendent d'un homme

Un homme séduit par :

- L'attention aux autres ;
- La maîtrise ;
- La surprise ;
- La générosité ;
- La détermination ;
- L'assurance ;
- L'indépendance.

En clair : les qualités d'un Jedi. Un Jedi qui drague, par-dessus le marché : vous avez vraiment tout bon. Ces qualités sont essentielles et méritent que l'on s'y attarde. Voici ce que chacune d'entre elles recouvre…

L'attention aux autres

À ne pas confondre avec trop de gentillesse, encore moins avec la servilité, l'attention qui va séduire est celle que vous portez aux autres.

- Accordez votre attention à celles qui ont la bonté de s'intéresser à vous.
- Ayez des attentions pour celles que vous convoitez.
- Ayez aussi des attentions pour celles que vous ne convoitez pas, parce que celles que vous convoitez vont le remarquer.
- Prêtez attention à leurs désirs, devancez parfois (mais pas systématiquement) leurs besoins.

Vous serez un héros. Et l'on a envie de se blottir dans les bras d'un héros.

Jamais éculé : le coup de la veste

Il fait froid, elle grelotte dans sa petite robe : proposez-lui votre veste, et insistez, parce que, polie ou fière, elle va dire non et attraper une pneumonie. Insistez en disant justement : « Il n'y a pas de non qui tienne, mettez ma veste, vous allez attraper une pneumonie. » Soyez ferme, enveloppez-la de votre veste, puis gardez le silence, et observez. Elle ne dit plus rien, ou au contraire, elle se met à parler à toute vitesse : dans les deux cas, elle est troublée. Pourquoi croyez-vous qu'on retrouve cette scène dans tous les films romantiques ? Parce que c'est l'un des gestes les plus sexy et les plus virils qui soient, pardi ! Pensez-y :

- Vous vous comportez en gentleman et en homme protecteur : plus vingt points de virilité ;
- Vous devez l'entourer de vos bras pour poser votre veste sur ses épaules, vous entrez dans son espace d'intimité (sur lequel on vous dit tout au chapitre 7) ;
- Elle est enveloppée par votre chaleur et votre parfum. Elle s'habitue à votre présence en vous imaginant déjà proche, très proche d'elle.

La cerise sur le gâteau : dites-lui qu'elle est mignonne comme ça, parce qu'elle est sûrement un peu pataude avec cette veste trop grande. Si l'effet est catastrophique, rajoutez-en une couche pour la faire rire : « Ça vous va très bien au teint (faites un pas en arrière, avec un air de fashion gourou). La coupe en revanche, hou là là, ça ne va du tout ! (rajustez son col ou retroussez délicatement chaque manche)... Là, c'est parfait ! Vous avez une classe folle, vous allez lancer une mode. » Mais ne faites pas de copier-coller, choisissez votre phrase à vous !

Ne pas trop en faire

Elle mérite votre attention, c'est un principe ultra séduisant, mais pas votre exclusive attention. Tout subjugué que vous êtes, ne vous transformez surtout pas en carpette ! N'acceptez pas tout, posez des limites. Si vous vous laissez marcher sur les pieds :

- Vous lui paraîtrez complètement acquis, il n'y aura plus d'enjeu pour elle, elle se désintéressera de vous.
- Vous faites passer sa vie devant la vôtre : vous ne vous respectez plus. N'attendez pas qu'elle vous respecte.

La galanterie, une technique de séduction qui ne date pas d'hier !

La galanterie date de la Renaissance. Voyez-vous, un gentilhomme de l'époque a une vie publique très codifiée. Il vit à la Cour, et ses faits et gestes sont observés et commentés. C'est un people en justaucorps ! Pour ne pas commettre d'impairs, le code de la galanterie le guide dans sa vie quotidienne, car, d'un côté, les hommes ont une obligation de séduction, de l'autre, les femmes doivent rester parfaitement vertueuses. Une équation quasi impossible que résout avec élégance la galanterie, en permettant – en théorie – de prouver sa valeur (et enchanter les dames) sans perdre son honneur. En réalité, tout en inventant un guide de conduite qui restera un modèle pour les siècles à venir, la Renaissance est aussi une époque de retour à la sensualité. Les règles de vie du galant homme ne se respectent pas à la lettre quand l'amour ou la passion s'en mêlent ! Mais elles auront tracé le portrait d'un homme aimable envers tous et toutes, en toutes circonstances, que les femmes n'oublieront pas de sitôt. Nous le recroiserons sirotant tranquillement un expresso, au chapitre 8...

Les faveurs, oui, les caprices, non !

Vous roulez en scooter, et proposez de passer chercher votre prochaine conquête chez elle en banlieue. C'est un trajet assez long et solitaire à l'aller, mais justement, à deux, collés-serrés sur un scooter, le retour pourrait être assez agréable. Elle vous répond qu'elle est en jupe, et vous demande de venir la chercher en taxi. C'est non ! Ne vous bradez pas : il faut qu'elle vous sente séduit mais pas conquis, curieux, pas prêt à tout. Si elle sait que vous êtes accro dès la première semaine, cela risque de retomber comme un soufflet la semaine d'après. Et puis cela peut être décevant pour elle.

La maîtrise de soi

Un homme, dans les rêves des femmes, c'est quelqu'un qui sait ce qu'il veut, qui l'exprime (avec tact), qui maintient une ligne de conduite claire et ferme. Bref, un homme qui maîtrise la situation, son temps, sa vie, ses nerfs et ses désirs.

Voici quelques exemples :

- Vous savez prendre les choses en main quand il le faut : organisez-lui une soirée vraiment originale ou romantique, mais selon vos choix (s'ils ne sont pas trop « masculins » : on évite le match de foot de division d'honneur dans un froid de canard).
- Si vous draguez, vous draguez vraiment. Indiquez votre intérêt clairement et sans vous transformer en flaque d'admiration transie. De la maîtrise !
- Si vous proposez votre manteau, ou de la raccompagner, ou un deuxième rendez-vous, vous ne tournez pas autour du pot, vous le faites sans hésiter. Si vous hésitez vraiment, trouvez la méthode pour ne pas vous liquéfier devant elle au chapitre 12.
- Si vous voulez vraiment terminer dans son lit ce soir et qu'elle ne le veut pas, vous vous maîtrisez là encore et vous comportez gracieusement. Partez élégamment, avec la promesse de l'appeler plus tard.
- Si on vous cherche des noises en public, ou si elle vous fait une scène : *idem*, vous maîtrisez vos nerfs, posez vos limites, dégagez avec dignité sans vous battre ni élever la voix (mais avec un regard qui en dit long).

C'est cela, la maîtrise : garder son sang-froid, être fidèle à soi-même, assurer en toutes circonstances.

Cultivez le flegme du Dude

Le Dude, c'est Jeff Bridges, dans *The Big Lebowski*, l'un des films cultes des frères Cohen, sorti en 1997. Coolissime patachon, le Dude affiche un flegme irrésistible alors même que sa vie paisible est balayée par un ouragan de mésaventures comiques et trépidantes. Malgré son look de looser absolu, assorti d'ailleurs à son mode de vie – fauché –, le Dude séduit par son calme olympien, son détachement proche du zen, rehaussé par un sens de l'humour en béton armé et une science du cool proche de la perfection. Sans aller jusqu'à ce degré de je-m'en-foutisme charmant, cultivez la part de Dude qui est en vous ! L'énervement, la colère, l'agressivité, mais aussi un débit de parole trop élevé ou une voix trop forte révèlent que vous ne vous maîtrisez pas, et ça n'est pas du tout séduisant. Repérez les moments où vous perdez les pédales, et cherchez la parade (respirez, allez faire un tour dehors, relativisez), pour atteindre cette décontraction ultime signée Lebowski !

La surprise

Ne laissez pas ronronner les choses : surprenez-la, surprenez-vous. Vous n'êtes pas un monolithe de testostérone, vous êtes au contraire un être tout en nuances, aux multiples facettes : montrez-les, montrez-les toutes :

- Si vous êtes un type plutôt réservé habituellement, montrez aussi que vous pouvez être passionné lorsqu'on aborde certains sujets qui vous tiennent à cœur.
- Inversement, si vous êtes une pile électrique, déjà, calmez-vous, parce que ce n'est pas rassurant pour une femme et laissez-la vous approcher quand vous êtes d'humeur down-tempo.

La règle : soyez fiable, fidèle à vous-même, mais ne soyez pas prévisible.

Être fiable, c'est bien. L'être tellement qu'on devient prévisible, c'est moins bien

Fiable : vous tenez vos promesses, vous êtes serviable, sincère et ponctuel.

Prévisible : vous lui téléphonez alors qu'elle n'a même pas encore eu le temps de penser à vous dans sa journée. Ou vous l'appelez souvent à la même heure. Vous portez toujours le même costard. Vous l'emmenez toujours dans le même coin ou le même resto. Vous lui racontez toujours les mêmes histoires (là, vous radotez, en plus). Vous lui demandez son avis sur tout. Toutes les décisions, c'est elle qui les prend. Vous payez une fois sur deux. Si vous payez le théâtre, c'est elle qui paye le resto.

Introduisez un élément de surprise dans sa vie et dans la vôtre. Si vous lui avez téléphoné tous les deux jours depuis votre rencontre, sautez votre tour la prochaine fois.

Détournez-la, détournez-vous du droit chemin

Un verre dans un bar, suivi d'un petit resto, suivi d'un verre chez elle ou chez vous, c'est sympa, mais un peu plan-plan. Alors que si vous lui proposez d'être votre coéquipière dans une folle partie de paintball (vous deux contre le reste du monde), d'escalade, de promenade au bord de l'eau – voilà qui est plus excitant. Mais selon votre caractère, cela peut être une balade à cheval en bord de rivière ou une partie de babyfoot.

Creusez-vous la cervelle, suivant vos goûts et ce que vous savez d'elle. Proposez-lui :

- Une nuit à l'opéra ;
- Une initiation à la salsa avec vous pour cavalier ;

- Un coup de main en duo à une association caritative ou un festival ;
- Si, au contraire, vous êtes habituellement un cheval fougueux toujours en virée : là, oui, le resto aux chandelles devrait la ravir. La surprise, encore.

Rappelez-vous : c'est vous qui menez la danse !

La générosité

En moyenne, une femme dépense 10 % de son salaire en cosmétiques divers… pour vous plaire ! Sachant qu'elle gagne statistiquement entre 9,7 % et 23 % de moins qu'un homme, c'est sans conteste *votre* budget loisir qui est le plus conséquent. C'est une question à la fois de moyens financiers et de pure galanterie : si vous lui proposez une sortie, réglez l'addition, sans même vous poser la question. Si votre dulcinée proteste et veut partager les frais, dites simplement « non » avec un sourire. Et réglez l'addition.

Oui mais…

Vous êtes un artiste promis à un succès futur, vous ne roulez pas encore sur l'or, et elle est pédégère. Surprenez-la en la sortant de son cadre habituel : équipez-vous d'une bonne bouteille, de pain croustillant et d'accompagnements raffinés (sans ail, faut-il le préciser ?), et emmenez-la pique-niquer au bord d'une rivière. Si vous êtes un étudiant fauché et qu'elle est une chercheuse de renommée internationale avec salaire assorti, faites-lui découvrir un endroit plein de caractère (et pas cher), qu'elle ne connaît pas, mais où vous pourrez payer l'addition avec panache.

Ce n'est pas qu'une affaire d'argent. Soyez aussi généreux dans vos actes, généreux de votre temps, de votre attention. Et pas seulement avec celle qui vous plaît : la générosité, comme la galanterie, sont des qualités qui se manifestent en toutes circonstances.

Le truc qui tue : la radinerie

Sachez, si vous avez une tendance à la radinerie, que c'est l'un des défauts les plus visibles et les plus rédhibitoires qui soient si vous avez décidé de séduire. Une relation amoureuse, qu'elle soit de courte ou de longue durée, est l'histoire d'un partage d'émotions, de sensation, de sentiments. Si vous n'arrivez pas à offrir les éléments les plus basiques des relations humaines (un repas, un verre), comment voulez-vous qu'elle interprète cela ? Même si vous voulez par ailleurs la convaincre que vous pourrez offrir de la chaleur, de l'affection, ou donner de l'amour, elle fera le parallèle, c'est certain ! Ne chipotez pas lorsque votre avenir amoureux est en jeu. Ou bien pensez-vous que VOUS n'en valez pas le prix ?

Ne faites pas de cadeaux !

Ne confondez pas la générosité naturelle d'un homme qui plaît, et l'achat de faveur qui joue sur un tout autre registre. Les cadeaux entre amoureux ont une valeur plus symbolique que monétaire. Il est donc hors sujet d'offrir des cadeaux de prix dans les premières phases d'une relation. Si vous ne pouvez pas y échapper, si c'est son anniversaire, et dans ce cas seulement, vous aurez tout intérêt à être créatif ou original plutôt que dépensier. Un livre bien choisi, si elle est lectrice, un disque particulièrement romantique, le DVD d'un film dont vous avez parlé ensemble et qu'elle n'a pas vu… En cas de doute, optez pour une valeur sûre : les fleurs, qui ravissent immanquablement. Restez simple et évitez les chichis, vous n'en serez que plus émouvant. Les plus beaux cadeaux que vous pourrez lui faire restent :

- Le temps de qualité passé avec elle ;
- L'attention sincère que vous lui portez (vous vous intéressez à elle, vous lui posez des questions) ;
- L'étincelle de désir dans votre regard qui la fait se sentir si désirable… ;
- Un compliment authentique sur sa féminité et la manière dont elle vous touche.

La détermination

N'OUBLIEZ PAS

Savoir ce que l'on veut est non seulement viril, mais aussi sexy. Un homme qui manifeste son intérêt, propose une sortie, fait l'effort de rappeler une femme, est infiniment plus séduisant que celui qui « attend que ça vienne ». Pourquoi ? Parce qu'il est flatteur pour une femme de se sentir courtisée et prise en main. Notez bien : « courtiser », qui vous implique !

Vous êtes aux manettes

POUR LES HOMMES

Rappelez-vous les chiffres évoqués dans le chapitre 1 : les femmes initient 90 % de la rencontre, les hommes sont aux manettes pour 90 % des manœuvres d'approche. C'est bien à vous de jouer, pas d'ambiguïté à ce sujet. Vous devez prendre les choses en main : demander son numéro de téléphone, proposer et organiser des sorties, la rappeler, l'emmener danser (si vous aimez et elle aussi), lui dire ce que vous pensez d'elle, l'embrasser…

N'OUBLIEZ PAS

À chaque étape, quand vous montrez votre détermination à la séduire, elle se sent précieuse, et ce sentiment est un véritable aphrodisiaque.

Persévérez !

Parce qu'elles se font draguer plus souvent que les hommes, les femmes ont tendance à ne pas manifester leur intérêt immédiatement. Elles attendent de vous connaître un peu, histoire de voir ce que vous avez dans le ventre. Elles attendent aussi tout simplement de savoir si vous tenez vraiment à elles, ou si n'importe quelle autre femme vous aurait convenu. Ne vous démontez pas, ne fuyez pas, si l'accueil est parfois distant : persévérez, c'est ce que l'on attend de vous.

On vous résiste : faites le siège !

Vous venez de rencontrer, à un mariage, une femme qui vous plaît vraiment, mais vos tentatives de séduction sont tombées à plat : pas un signe de connivence, pas un sourire… De toute évidence, elle voudrait rentrer chez elle, mais le mariage se déroule en pleine campagne, et son covoiturage ne repart qu'à la fin des hostilités. C'est à vous de jouer : vous êtes la personne dont elle a besoin, vous lui rendez LE service qui sauve sa journée. Dans ce cas précis, plantez là les mariés et ramenez-la chez elle. Au cours du trajet, vous aurez le temps de parler avec elle et de déceler quels sont ses goûts pour trouver une occasion de la revoir. Un concert ou une expo qu'elle ne veut pas rater, un quartier intrigant qu'elle aimerait découvrir… Posez-lui des questions sur sa vie, ses envies : glanez les informations qu'il vous faut afin de lui proposer une sortie vraiment tentante ! Mais surtout, parlez lors de ce trajet de ce qui vous anime, vous émeut pour libérer l'essentiel de votre personnalité et vous donner une chance de l'interpeller.

L'assurance

Impossible de faire le premier pas sans une bonne dose d'assurance. C'est une notion particulièrement importante pour les hommes. On associe en effet plus spontanément les femmes avec la fragilité, les hommes avec la solidité. Dès lors, il faut trouver en vous où se niche votre force, votre valeur, tout ce qu'il y a de solide en vous sur lequel vous allez vous appuyer pour galvaniser votre assurance. Personne ne vous demande d'afficher une assurance blindée en toute situation, qui ne serait que façade. Pour que cela marche, c'est à vous de trouver ce qui, chez vous en particulier, fait remonter en flèche votre confiance en vous.

Booster sa confiance : la règle de trois

Notez sur une feuille :

- Les trois talents dont vous êtes le plus fier. Petits ou grands talents, on en a tous !
- Les trois qualités que l'on vous accorde le plus spontanément.
- Les trois réalisations dont vous tirez le plus de satisfaction, dans votre vie professionnelle, dans vos loisirs, dans votre vie associative, amicale ou familiale.

Vous avez sans doute eu du mal à ne lister que trois réponses à chaque question. Pourquoi ? Toujours cette histoire d'homme à multiples facettes : vous avez en vous de très nombreux atouts, il suffit de commencer à en faire la liste pour s'en apercevoir.

Votre assurance ne vous vient pas seulement de vos qualités

L'assurance, c'est aussi être conscient de ses failles et savoir non seulement en rire, mais aussi en jouer. Relisez le chapitre 2 pour compléter votre image mentale de vous-même.

Le son de la confiance en soi

Reposez-vous sur votre capacité à gérer des situations complexes dans la vie, ces situations que vous maîtrisez justement parce que l'élément « séduction » en est absent. Quel est le ton de votre voix lorsque vous dirigez une réunion de chantier, que vous présentez à vos clients un réseau informatique que vous avez mis en œuvre, que vous imposez le silence à vos élèves dissipés… ou quand vous élaborez avec vos copains l'organisation de votre prochaine équipée de spéléo ? Calme, compétente, assurée. C'est cette même voix, avec encore plus de chaleur, que vous allez utiliser pour un effet maximum. Une femme travaille beaucoup sa voix pour vous charmer : rendez-lui la pareille. Exercez-vous : dans une chorale, dans une radio associative, chez vous. Une voix pleine d'assurance est posée, grave, profonde… et en dit plus long que les mots eux-mêmes.

Dans la vie, ça va, devant les filles, c'est autre chose !

Vous avez parfaitement confiance en vous dans la vie de tous les jours mais perdez vos moyens quand une femme montre le bout de son joli nez. Faites-lui rencontrer l'homme qui assure en vous. Et il y a bien un domaine où vous êtes très à l'aise et en confiance. C'est celui-ci qu'il faut lui montrer.

LE CONSEIL DE FLORENCE

Découvrez l'effet magique du « Viens par ici, chérie »

Cette technique de drague va peut-être en surprendre certains, et pourtant, elle marche ! Elle est même absolument renversante. Si, dans tous les aspects de sa vie, une femme maîtrise la situation, sait gérer les petites et grandes catastrophes, lorsqu'on touche à la drague, elle rêve de lâcher prise, pour une fois. Une fois encore, rappelez-vous des chiffres : les femmes initient les rencontres à 90 %, les hommes écrivent ensuite l'histoire, dès que l'on passe dans le concret. Vous l'avez remarquée ? Elle a donc fait sa part, subtile, mais cruciale. C'est à vous de jouer : laissez-lui la chance de pouvoir rendre les armes et de se reposer un peu sur vous. Faites-lui ce cadeau !

Comment ? Tout dans votre attitude doit dire : « Viens par là, chérie, t'inquiète pas, suis-moi, fais-moi confiance, dis-moi juste quand tu es libre et je m'occupe du reste. Tu en as fait assez, maintenant, je suis là, et tu peux te détendre. » Ce ne sont pas des mots à répéter littéralement, mais retenez-en le sens. C'est ce qui doit émerger de votre attitude, de votre voix, de vos gestes.

L'indépendance

N'OUBLIEZ PAS

L'indépendance est la dernière et l'une des plus importantes qualités qu'une femme cherche chez un homme. Cela concerne à la fois :

- L'indépendance financière – on vous préfère gagnant votre vie – ou au moins engagé dans un projet précis, voire ambitieux.
- L'indépendance logistique : vous serez doté de votre propre logis, parce qu'un homme qui vit chez ses parents, ça ne fait pas rêver, et si possible d'un moyen de locomotion (le vélo peut être sexy), ou au moins d'un permis de conduire.
- L'indépendance affective : selon la maxime qu'on ne peut désirer que ce que l'on ne possède pas déjà, une personne qui vous plaît vous accordera plus de valeur si vous n'êtes pas complètement accro à elle. Si vous l'êtes : montrez-le de manière très crescendo. Car si vous êtes accro, alors qu'elle ne vous a encore rien montré d'elle, elle ne peut que se dire que vous craquez pour peu de chose.

Votre indépendance est précieuse, cultivez-la !

Si votre vie vous semble plate et sans attrait, et que vous pensez que seule une femme pourrait lui redonner du mordant, vous allez dépendre d'elle pour satisfaire ce désir, et elle va sentir cette pression. Avant de vous lancer dans une période de drague intense, faites en sorte que votre vie vous plaise, qu'elle soit belle, excitante et motivante. Vous n'en serez que plus sûr de vous.

Les femmes que vous allez rencontrer seront séduites par un homme qui a une vie pleine et riche, plutôt que par celui qui attend que quelqu'un le sauve de l'ennui !

De même, ne lâchez pas tout pour une femme qui vous plaît, parce qu'elle vous demande d'être là, à telle heure. Continuez à voir vos amis, votre famille, laissez toute leur place à vos loisirs. Et si vos horaires de liberté ne sont pas exactement les siens, tant pis ! Rappelez-vous : l'absence crée le manque.

Autocoaching vers la liberté

La séduction est une question de disposition d'esprit. Si vous êtes mal dans votre vie, si celle-ci ne vous satisfait pas, il y a de fortes chances qu'entretenir une relation soit compliqué. Libérez-vous de ce qui vous pèse et entrave votre épanouissement amoureux, c'est important : si important que j'en ai fait l'étape 1 de la `methode-florence.fr` où je vous aide à partir « léger » dans une relation. À travers des exercices sur vos croyances sur les hommes et les femmes et sur la relation amoureuse, et un peu de travail sur vos histoires passées, vous parviendrez très bien, en auto-coaching, à prendre le recul nécessaire pour être plus relax dans une relation. Vous êtes moins dépendant de l'autre et on peut alors vous aimer plus librement.

Pas de scène de jalousie

La jolie donzelle que vous venez de rencontrer danse avec un autre que vous, et vous ressentez la piqûre aiguë de la jalousie. Surtout, ne faites pas de scène dans ces premiers moments fondateurs. Au contraire, faites de même : allez danser avec une autre, et affichez ostensiblement votre indépendance.

Ne soyez pas collant

Laissez-la respirer : la distance crée le désir. Si elle vous sait déjà acquis, vous perdez de la valeur à ses yeux. Ne lui téléphonez donc pas tous les jours, ou pire, souvent dans la journée pour lui demander ce qu'elle fait !

Cool comme la reine d'Angleterre

Prenez (encore une fois) modèle sur la reine d'Angleterre : « *Never explain, never complain* » : on ne se justifie pas, on ne se plaint pas non plus. Cela entretient votre mystère. Au tout début d'une relation, en effet, vous ne devez rien à votre partenaire, et elle ne vous doit rien en retour. On s'abstiendra donc de se justifier en partant dans de grandes explications si l'on ne peut pas venir à sa demande impérieuse. Si elle vous propose une sortie et que vous aviez prévu de déjeuner avec votre tante Agathe (votre préférée), ne décommandez pas. Mais dites simplement à Dulcinée : « Non, demain je ne suis pas libre. Mais vendredi, je m'occupe de toi. Il faudra juste que tu portes quelque chose de rouge. Non, je ne te dis pas ce que c'est, tu verras. »

Résiste ! Prouve que tu existes !

Pas de scène non plus si Dulcinée n'est pas libre au moment où vous aviez justement envie de la voir. N'affichez pas votre besoin d'elle, ne lui mettez pas non plus la pression : ça n'est pas le moment. Ne laissez pas paraître votre déception, et ne lui proposez pas immédiatement une autre date. Dites-lui que vous la rappellerez plus tard, et laissez passer du temps… Mais pas trop non plus pour qu'elle ne vous oublie pas ! Résistez à l'envie de l'appeler le lendemain. Résistez encore le surlendemain. N'appelez que quand vous avez en tête une proposition absolument irrésistible.

Tenez-lui tête

La séduction se fait aussi dans la confrontation. Si vous êtes facile, conciliant, souvent d'accord, toujours prêt à aller dans son sens, vous n'aurez pas d'aspérités auxquelles une femme pourra s'accrocher. Restez à l'écoute de vous-même et de vos désirs et n'hésitez pas à les exprimer. C'est une question d'équilibre : si l'un des partenaires tire en permanence son épingle du jeu, c'est lassant !

Hommes de pouvoir : que cherchent celles qui les aiment ?

Certaines femmes sont irrésistiblement attirées par les hommes de pouvoir dotés d'une très haute situation professionnelle et bénéficiant d'une grande notoriété. Depuis Henri IV jusqu'à Dominique Strauss-Kahn, en passant par Bill Clinton, il y a de tout parmi les hommes de pouvoir : ceux qui ont du succès auprès de la gent féminine, ou ceux que l'on accuse d'être des séducteurs compulsifs. Qui sont ces femmes qui ne peuvent leur résister ? Que recherchent-elles ? Et qu'est-ce qui rend les hommes de pouvoir si désirables à leurs yeux ?

Qu'elles en aient conscience ou non, les femmes qui sont attirées par les hommes de pouvoir sont en quête de caractéristiques masculines bien définies. En voici quelques-unes :

- La « force tranquille ». Dans l'imaginaire de ces femmes, le pouvoir est associé à des signes extérieurs de richesse. Un compte en banque bien fourni, une belle voiture… Ce sont autant de signes que certaines associent à la virilité et qui donnent une impression rassurante de force. Cet homme-là saura les sécuriser et les protéger, c'est sûr, se disent-elles.
- La « grande vie ». Les femmes sont galvanisées de savoir qu'elles seront entourées d'hommes puissants. Elles assimilent cela à la « grande vie rêvée ».
- Une valorisation. Un homme de pouvoir, c'est aussi une sorte de trophée qui contribue à « poser » une femme aux yeux des autres. Tout se passe comme si le choix d'un tel homme devait faire valoir la femme qui l'accompagne, sa gloire rejaillit sur elle, il la valorise.
- Des rivales à concurrencer. Ce qui peut être tentant aussi, c'est le challenge que représente un tel homme. S'il est haut placé et séduisant, il est forcément très courtisé. Sortir avec lui, c'est démontrer son propre potentiel de séduction physique (et/ou intellectuel… pensent certaines). La valeur de l'autre est à la hauteur de l'effort fourni pour le conquérir.
- Un homme de qualité. Enfin, certaines femmes ont tendance à privilégier une qualité, qui va occulter tous les autres traits de la personnalité de leur partenaire. Elles pensent ainsi qu'un homme qui occupe un poste important est forcément un homme qui leur convient et qui a d'autres qualités. Elles oublient de vérifier s'il est doté des valeurs qui leur sont importantes. Et c'est bien là le nœud du problème : ces hommes ne sont pas forcément à même de les rendre heureuses.

Dans cette catégorie de femmes, leurs exigences sont telles qu'elles risquent de passer à côté de leur bonheur avec d'autres hommes !

Apprendre à communiquer, s'ouvrir à l'autre, se dévoiler

Si les femmes ont conquis leur liberté au XXe siècle, le grand acquis des hommes au XXIe siècle sera la communication. Nous sortons enfin de l'âge de pierre où l'homme, muré dans son silence, intériorisait à peu près tout et ne s'exprimait que par injonctions, autorité… ou grognements.

Les femmes d'aujourd'hui attendent que vous leur parliez, d'elles bien entendu, et nous reviendrons sur les compliments qu'il faut impérativement murmurer, mais aussi de vous !

Que dit-on de soi à une femme ?

N'OUBLIEZ PAS

Faites découvrir votre univers, c'est essentiel ! Parlez de vos passions, de tout ce qui vous enthousiasme, tout ce que vous aimez. Ce faisant, vous vous animez, vous savez de quoi vous parlez, mais encore plus, vous êtes sur un registre positif.

Parlez-lui de vos activités. Partagez vos motivations, petites ou grandes joies, emmenez-la dans vos endroits favoris, vos lieux fétiches. Exprimez-vous sur ce que vous aimez !

Deux conseils de Mystery

Mystery est le pseudo d'Erik von Markovik, sans doute le plus célèbre des pick-up artists. Né au Canada en 1971, il a d'abord été illusionniste et magicien avant de devenir un gourou de la séduction. Une expertise qu'il partage dans la méthode Mystery, déclinée en livres, séminaires et émissions de télévision. C'est l'un des personnages principaux du livre de Neill Strauss, *The Game*.

L'art du peacocking

Littéralement, il s'agit de faire le paon, et donc d'en mettre plein la vue ! Mystery recommande à ses disciples d'arborer une tenue excentrique, ou un détail vestimentaire, un bijou, un gri-gri vraiment remarquable qui attirera l'œil des filles tout en leur fournissant un sujet tout trouvé pour vous aborder. Faites plus original qu'un téléphone portable dernier cri ou qu'une montre de prix, car tous les autres séducteurs en ont aussi. Mystery, lui, porte bras nus un gilet en cuir sans manches et couvre-chef en fourrure des plus curieux. Effet garanti !

Laissez-la parler

Laissez votre cible s'exprimer : elle doit pouvoir VOUS séduire par sa personnalité. Donnez-lui une chance de le faire en orientant la conversation de manière à ce qu'elle dévoile ce qu'elle a d'intéressant… en dehors de son physique.

Incontournables : le savoir et la culture

En toute femme sommeille la petite fille qui aime qu'on lui raconte de belles histoires. Peut-être même une première de classe qui avait de meilleures notes que vous, et qui suivait avec passion les cours les plus ardus. Fascinez-la en lui racontant :

- L'histoire de l'univers (lisez *La Plus Belle Histoire du monde*, de Hubert Reeves, Joël de Rosnay, Dominique Simonet et Yves Coppens) ;
- Le nom des étoiles au-dessus de vous quand vous la raccompagnez la nuit venue (consultez une carte du ciel, en vente chez Nature & Découvertes) ;
- Des anecdotes historiques liées au contexte (lisez *L'Histoire de France pour les Nuls*).

Si vous manquez de culture classique, n'en faites pas un complexe ! Ou changez la donne. Inscrivez-vous aux newsletters du journal *Le Monde*, à la bibliothèque ou aux cours du soir. La culture fascine les femmes et devrait vous fasciner aussi.

Pas de culture classique ? Vive la pop culture !

Vous pouvez également briller à ses yeux en étant un expert dans des domaines pointus de la pop culture. Prouvez-lui, écoute à l'appui, que Guy Marchand est un crooner de la trempe de Franck Sinatra (une pile de disques et une connaissance approfondie de la carrière du maestro devraient faire l'affaire). Faites-lui découvrir Miles Davis, Lalo Shifrin, François de Roubaix, le jazz New Orleans, l'opéra ou le rap US west coast, peu importe, du moment que :

- C'est nouveau pour elle ;
- Vous en connaissez un rayon, en tout cas bien plus qu'elle.

Elle s'intéressera aussi au cinéma, qu'il soit classique, japonais ou de série B, à l'œnologie, aux fonds sous-marins, à la marine à voile, à la cuisine à vapeur, aux sites géologiques, à la botanique, la politique… Peu importe le sujet, du moment que vous êtes passionné ! Par essence, elle est curieuse et sera fascinée par une nouvelle histoire, bien racontée.

Aventure et persévérance, la méthode de Frédéric

Frédéric, reporter-photographe, 54 ans, n'est pas particulièrement séduisant au premier abord. Et pourtant, avant de trouver celle qui partage sa vie actuellement, il a accumulé les conquêtes, toutes plus jolies et intéressantes les unes que les autres. Sa recette ? Aventures, découvertes et persévérance. Son métier, qui l'oblige à parcourir sa région en tous sens, l'amène dans les endroits les plus incongrus, à la rencontre de toutes sortes de gens. Lorsqu'il draguait, il entraînait ses cibles dans un tourbillon d'aventures, qui leur faisait voir leur propre région comme elles ne l'avaient jamais vue. Au bout de quelques épopées aux côtés de leur guide tout-terrain, elles devenaient accro, à la fois à l'aventure, mais aussi à la joie de vivre contagieuse de Frédéric. Au centre de sa méthode : étonnement, nouveauté, surprise qui mettent en marche les neurones nécessaires au trouble amoureux.

Sachez vous dévoiler progressivement

Parlez de ce qui vous passionne, mais sachez aussi parler de vous. Sans l'étouffer d'une logorrhée autocentrée, il est essentiel de partager aussi vos émotions. Relisez le chapitre 1 sur le mécanisme de la séduction, et en particulier le passage sur l'expérience d'Aron pour vous en convaincre : vous devez confier à une femme qui vous plaît des informations plus intimes, grâce auxquelles elle développera sa propre empathie à votre égard.

Attention, se confier, ce n'est pas dire : « Moi, je suis comme-ci ou comme-ça », mais plutôt laisser apparaître ses sentiments ou son trouble au moment où vous les ressentez.

- Si vous êtes touché, dites-le-lui, et précisez-lui pourquoi.
- Votre trouble et votre émotion peuvent être LE déclic pour elle.

Ne regardez pas votre nombril, mais le sien

Le partage des émotions : oui ! L'égocentrisme : non ! Car elle attend de votre part du concret, des actes. Si vous vous regardez trop le nombril, ça peut marcher les tout premiers temps, mais une femme se détachera rapidement d'un homme qui est trop souvent dans l'introspection, qui s'écoute parler, se regarde évoluer, penser…

Elles veulent se sentir uniques : sachez trouver leur spécificité

Si vous avez décidé de la draguer, c'est que cette femme vous intéresse. Prouvez-le ! Demandez-vous pourquoi elle vous intéresse plus particulièrement. C'est le point de départ de votre conversation. Posez-lui des questions :

- Qui es-tu ?
- D'où viens-tu ?
- Qu'est-ce que tu aimes ?
- Pourquoi as-tu fait ces choix (ce quartier, cet appartement, ce travail, cette activité…) ?

Sachez les révéler à elles-mêmes

LE CONSEIL DE FLORENCE

Votre objectif : après un premier rendez-vous, la femme devrait se connaître presque mieux qu'avant de vous rencontrer. Considérez-vous comme une sorte de révélateur. C'est toute l'approche de ma méthode. Pour la maîtriser complètement, consultez le chapitre 6.

Indispensables compliments

Relisez (encore et encore !), le chapitre 1, pour vous remettre en mémoire le rôle des compliments dans le mécanisme de la séduction. Ils sont indispensables ! Et rappelez-vous : une femme n'aimera pas entendre ce que vous avez déjà servi à dix filles avant elle.

METHODE-FLORENCE.FR

Toujours sincères !

Denis nous a écrit *via* le site `methode-florence.fr` qu'il a complètement embrassé la technique des compliments de l'étape 4, au point qu'il en est devenu un peu dépendant. Chaque fois qu'il rencontre une femme, il cherche ce qui lui plaît le plus en elle et lui en fait part, avec le plus de sincérité possible et un peu d'explications complémentaires. Tous ses rapports avec les femmes sont devenus des rapports de séduction et sa vie s'est transformée en un jeu étonnant. En amour, plus qu'ailleurs, les mots ont un pouvoir ! Utiliser le bon mot au bon moment peut faire tomber votre interlocutrice en admiration comme la rebuter. À vous de trouver ceux qui vous sont propres et qui sonnent vrai.

Soyez spécifique

Charmante, elle le sait déjà. Soyez original et vrai. Soyez aussi spécifique : elle vous plaît pour certaines raisons, qui font que c'est elle qui vous plaît, et non sa voisine. Demandez-vous donc ce qui fait SON charme bien à elle. Vous verrez que, souvent, ce n'est pas seulement son physique qui vous remue, mais son attitude, ce qu'elle dit, ce qu'elle fait, ce qu'elle ressent. Cela vous met sur la voie pour tout un panel de compliments parfaitement justes, qui lui iront droit au cœur.

Essayez :

- « Il te va bien ce manteau (ce pull, ce foulard). Ce genre d'imprimé/de couleur/de forme ne va pas à tout le monde, mais sur toi, ça met en lumière ton joli visage. Ça fait ressortir tes yeux. » => vous avez complimenté son bon goût ET remarqué la couleur de ses yeux.
- « Tu as changé de rouge à lèvre ? C'est spectaculaire ! » => Vous avez remarqué le changement ET vous appréciez. Vous vous intéressez à elle au point de noter ce genre de petits détails charmants.

Comment ça marche ?

Vous n'imaginez pas l'effet d'un compliment sur une femme. Lorsque vous lui en faites :

- Elle remarque que vous êtes sensible à sa personne. Elle est flattée et peut-être surprise.
- Vous boostez son ego : son bien-être augmente en votre présence, qu'elle va alors rechercher.
- Elle se sent glamour, beaucoup plus motivée à exercer sa séduction… sur vous !

Mickaël révèle la féminité d'une collègue

Anne, trentenaire plutôt jean et baskets en hiver, remet, comme beaucoup de femmes, une jupe aux premiers rayons de soleil. Elle sait que cela lui va, mais n'avait pas prévu le double effet de cette fameuse petite jupe. Un de ses amis, Mickaël, remarque sa jupe, lui en fait compliment, auquel elle répond, un peu prise de court : « C'est juste une jupe, comme mes autres jupes... — Parce que tu en as d'autres ? », répond Mickaël. Et Anne, piquée au vif, met alors un point d'honneur à porter toutes ses jupes, les unes après les autres, jour après jour. Ce faisant, elle s'aperçoit que, si Mickaël est sensible à son petit défilé, elle est elle-même de plus en plus sensible à son avis, et graduellement se rend compte qu'il est en train de la séduire, alors qu'elle ne lui avait jamais accordé plus d'attention qu'à un ami « normal ». Un compliment, et sa suite logique ont changé la perception qu'elle avait de Mickaël, qui passe du statut d'ami un peu asexué à celui d'un homme capable de la faire se sentir « femme » : un homme, un vrai.

Savoir prendre son temps, rassurer pour faire tomber les barrières

Une jolie fille se fait draguer tout le temps. Une moins jolie se fait draguer souvent. Et une pas du tout jolie, si elle est un peu avenante, se fait toujours plus draguer que vous ne le serez jamais dans toute votre vie. Elles ont de la chance, pensez-vous ? Pas forcément : les trois quarts des « approches » qu'elles doivent subir sont déprimantes de banalité, quand elles ne sont pas sournoises ou agressives. Une femme développe donc dans son attitude des barrières invisibles qui lui servent de remparts contre les fâcheux.

Présentez-vous

Elle a besoin d'un peu de temps pour vous connaître et se rendre compte que vous êtes plutôt du type prince charmant que love serial killer.

Au cours de la conversation, glissez des éléments rassurants, présentant une certaine normalité. Dites-lui par exemple où vous habitez, quels bars, boîtes, restaurants vous fréquentez, tout ce qui lui permettra de se rendre compte que vous êtes quelqu'un d'amical, connu d'autres personnes « normales ».

Passez les barrières physiques

Lorsqu'on ne se connaît pas, on se saute rarement au cou pour se saluer. Il existe une norme de distance physique entre deux personnes qui ne s'amenuise que si l'on devient de plus en plus intime. Là encore, le temps est essentiel, mais vous pouvez instaurer rapidement une proximité qui vous permettra de brûler quelques étapes le moment venu. Attention, cela demande une certaine délicatesse !

Les gestes qui rassurent

Ayez des gestes assurés, masculins, rassurants. Des gestes qui la guident, comme pour une danse. Vous pouvez :

- Lui prendre le bras dans la rue ;
- Lui tendre la main quand elle sort de la voiture ;
- La guider par la taille pour accéder à votre table dans un bar bondé.

Observez ses réactions : si elle se recroqueville sur elle-même au moindre contact, c'est que vous la mettez mal à l'aise. Faites marche arrière et reprenez vos distances immédiatement. Elle n'est pas encore prête. Parlez avec elle, et essayez de mettre la conversation sur un terrain intime, où elle pourra se confier, et vous aussi, avant de poser votre main sur son bras. Si elle se laisse aller, c'est gagné, poursuivez dans le même style. Bientôt, plus tard, vous pourrez lui remettre une mèche de cheveux en place, un geste très sensuel qui en appelle d'autres. Pour ne pas vous tromper, lisez également le chapitre 7 sur le langage du corps. Il y a des signes qui ne trompent pas !

Quand c'est non, c'est non !

Quand on est en mode séduction : on peut se permettre d'insister, de faire le siège, de courtiser avec panache. En revanche, quand on est en mode sexe, un « non » veut vraiment dire non. Vous ne devez insister en aucun cas. Inutile d'attendre pour ce soir qu'elle ait changé d'avis. Dans ce cas, battez en retraite, et attendez. Ne laissez pas apparaître votre déception, jouez-la au contraire sur le mode gentleman et répondez : « Tu as raison, c'est trop tôt ma chérie (ma jolie, ma belle, etc.), on ne va pas tout gâcher : on a tout notre temps. » Et rentrez immédiatement chez vous en la laissant rêveuse…

Alors, est-ce qu'il faut la faire rire ?

Pour conclure ce chapitre, il nous fallait évoquer ce poncif, en matière de drague masculine : faites-la rire, et c'est gagné. En fait, ce n'est pas si simple, ni automatique. Le rire fonctionne, c'est vrai, parce qu'il détend et qu'il est communicatif : c'est un moment de partage, mais ce n'est pas le seul.

Si vous opérez en mode comique, voici mes trois conseils :

- Gardez les sketches pour vos potes. Évitez de débiter un chapelet de blagues de plus ou moins bon goût. Ça ne marche pas, parce que, tout à la chute de vos blagounettes, vous la considérez comme un copain ! Et elle ne peut trouver alors sa place de femme courtisée.
- Ne faites pas rire aux dépens des autres. Si c'est une fille bien, elle trouvera cela peu élégant. Et vous courrez aussi le risque de prendre pour cible quelqu'un qu'elle apprécie.
- Pratiquez l'autodérision. Il n'y a rien de plus classe que de savoir rire de soi. Le maître en la matière est Woody Allen. Louez le film *Anny Hall*, par exemple, ou lisez *Dieu, Shakespeare et moi*, pour reprendre une leçon d'autodérision avec cet éternel séducteur.
- Consultez le chapitre 22, à la fin du livre, pour devenir un expert de cette forme d'humour si désarmante.

Mystère et virilité, les armes de séduction massive de Loïc

On est en plein mois d'août et je reçois Eva, une jeune femme blonde, grande et toujours souriante. Elle a 29 ans et elle cherche l'homme de sa vie. Elle vient me voir parce qu'elle est très perturbée par un certain Loïc qu'elle a rencontré lors d'un week-end entre amis.

Rien ne l'intéressait alors chez lui : ni son boulot, ni sa façon de parler, ni son côté sans manières. Mais plus elle l'évitait, plus il se rapprochait d'elle, ce qui l'agaçait prodigieusement. Et puis, alors qu'elle se baignait dans la mer, seule, après le dîner, il est venu la surprendre dans l'eau, l'a prise dans ses bras et l'a embrassée goulûment sans lui demander son avis. C'était un moment magique, me raconte-elle, au contact de l'eau en pleine nuit, et elle a bien essayé de le repousser les premières secondes mais elle s'est laissée faire. « J'étais dans la bonne disposition, il est arrivé au bon moment et puis personne ne m'avait embrassée par surprise, c'était si bon. C'est bien la première fois qu'un homme me séduit avec de telles manières. » Ils se sont finalement revus et voilà presque deux mois qu'ils sont ensemble. Elle se fout de tout, sauf de lui. Elle est tombée follement amoureuse. Et elle ne sait pas très bien si c'est réciproque. Ils vivent dans deux mondes opposés. Je comprends que Loïc a tout misé sur sa virilité et ne plie à aucune demande d'Eva. Il l'appelle peu, la laisse toujours venir à lui. Il la met en situation de manque. Elle voudrait plus de SMS, comme ses autres copines qui vivent une histoire d'amour, plus de mails, plus de coups de fil. Mais Loïc lui dit qu'il n'aime pas toutes ces choses-là. Il est bien avec elle quand il la voit. Ces moments intimes avec lui sont tellement délicieux pour Eva qu'elle me confie qu'elle est complètement dépendante de lui. Il la fait parler quand ils sont tous les deux dans un lit après l'amour. Il la questionne, aime l'écouter, me dit-elle. Elle se sent tellement femme.

Le problème

Eva vient me voir parce qu'elle ne supporte plus ces longues journées sans aucune nouvelle de lui. Ils se voient une fois par semaine et le reste du temps, il ne l'appelle pas. Elle en devient folle. Elle souffre, me dit-elle. Cela ne peut plus durer.

Ce cas me semble un peu difficile à priori. Il va se révéler d'une simplicité biblique par la suite. Une première hypothèse serait que Loïc, au fond, manque de confiance en lui : il ne se sent pas forcément à la hauteur et masque sa gêne par son silence, pour maintenir la tension de la relation. S'il parle trop, elle le trouvera peut-être médiocre et se détournera. Mais, je vous avoue, je suis légèrement dubitative sur cette thèse.

Et j'essaie d'avoir un maximum d'éléments pour comprendre si, en revanche, Loïc est un homme qui a pleine confiance en lui et qui reste simple. Très « connecté » à lui-même, il impose son rythme et ne veut pas de tralala qui ne lui convient pas.

Si c'est la première solution, il est alors facile de le découvrir et la relation ne durera pas une éternité avec cette Eva si douée et si charmante que j'ai en face de moi.

Si c'est la deuxième solution, l'histoire a, bien sûr, plus de chance de durer. Et puis, qu'est-ce que Loïc cacherait véritablement ?

Les atouts de Loïc

Je comprends que c'est tout le mystère qui entoure Loïc qui plaît à Eva. Au fond de moi, je penche pour la deuxième hypothèse, car je sens un homme assez bien campé dans son masculin, conscient de sa valeur, ouvert aux femmes et à l'aise avec leur féminité mais sans besoin de mettre des mots sur la relation. La puissance que dégage Loïc ne peut pas prendre racine sur un manque de confiance en soi.

Le conseil de la coach

Mon tout premier rôle auprès d'Eva est de la calmer. En pleine détresse, elle souffre terriblement de son manque de lui. J'explique à Eva mon double diagnostic, et lui propose simplement d'aller vérifier que ce Loïc n'est pas un margoulin.

Eva comprend mon analyse et s'applique à mieux cerner le personnage. Je lui propose quelques questions à lui poser et lui donne des pistes assez concrètes qui lui serviront de guide pour les jours qui suivent. Tellement désemparée, elle a vraiment besoin d'être accompagnée sur la manière de gérer la situation. C'est aussi un bon moyen de la calmer en lui donnant une direction d'action.

Le doute est vite levé. Loïc s'avère un homme droit dans ses bottes. Son côté extrêmement masculin pourrait renverser Eva de longues années. Mon rôle est alors d'aider Eva à comprendre quelle est la nature de l'homme qu'elle a en face d'elle. Je voudrais aussi lui faire comprendre qu'aimer Loïc, c'est accepter son mode de communication réduit à zéro quand il est absent. Je comprends que ce qui la faisait souffrir, c'était son manque de confiance à l'égard des sentiments qu'il lui portait. Peu habituée à de tels silences, Eva se méfiait de la profondeur de son attachement. Comme elle est parvenue à lui faire parler de ses sentiments quand il en était disposé, elle a pris confiance et a peu à peu accepté son mode de communication. Je ne suis donc pas inquiète quand elle vient me voir pour la dernière fois car je me dis qu'elle cerne chaque jour un peu mieux le personnage, et qu'elle est naturellement de plus en plus rassurée.

Et leur histoire dure toujours.

Chapitre 5

Pour les femmes : ce que les hommes attendent de vous n'est pas ce que vous croyez !

Dans ce chapitre :

- Vous allez comprendre ce qui fascine complètement les hommes : la féminité !
- Et vous apprendrez à trouver ce qui l'exprime le mieux en vous
- Vous voulez savoir comment l'accrocher pour de bon ? Cultivez mystère et indépendance… et flattez-le un peu !

Vous êtes curieuse, et vous avez déjà probablement lu le chapitre précédent, qui donne aux hommes les clés d'une drague efficace : un chapitre qui leur recommande une démarche avant tout active. Mais est-ce qu'en tant que femme, vous allez vous contenter de vous faire belle, d'attendre qu'ils vous remarquent et de rire à leurs blagues ? Du tout ! Quel que soit votre style, jeune fille en fleur ou amazone des Temps modernes, ce chapitre détaille pour vous les principes fondamentaux de la drague au féminin. Car il y a plusieurs incontournables si vous voulez mettre toutes les chances de votre côté. Suivez le guide, pour engranger les succès, même si vous êtes une timide invétérée.

Trouver sa féminité

LE SAVIEZ-VOUS ?

Le code génétique des hommes et des femmes est identique à plus de 99 %. Sans pour autant venir l'un de Mars, l'autre de Vénus, en matière de séduction, le fameux 1 % restant est pourtant primordial ! Les hommes et les femmes ne choisissent en effet pas les mêmes armes, et n'ont pas les mêmes attentes. Et c'est fort heureux, car c'est bien ce qui donne tout son piment à l'affaire ! Commençons par une vérité éternelle en matière de séduction féminine. Elle est si parfaitement évidente qu'on peut parfois passer à côté :

N'OUBLIEZ PAS

Ce qu'un homme aime chez une femme… C'est justement qu'elle en est une ! Vous êtes une femme ? Tant mieux : c'est bien le premier critère que vérifie la personne que voulez conquérir.

Mission : FÉMINISATION (pour faire un carton)

Alors, les filles, à vous de prendre un peu de recul, de vous observer lucidement pour faire le point sur ce qui vous rend différente d'un homme.

Ce chapitre va aider chaque femme à trouver la féminité qui est en elle et qui lui convient. Ni empruntée, ni laborieuse, c'est une féminité qui lui appartient en propre. Surtout : elle la met à l'aise, lui donne de l'assurance car elle lui permet de trouver sa singularité (pourquoi elle est unique) en tant que femme.

Garçonne ou vamp, lorsque vous aurez mis au jour votre part de féminin, vous serez à même de vous mettre en valeur, de vous rendre éclatante et irrésistible. Il n'est pas question ici de vous transformer mais de vous sublimer ! Vous restez vous-même, mais en mieux !

METHODE-FLORENCE.FR

Toujours « brute de pomme » après 40 ans ?

Nathalie raconte qu'elle a été élevée au grand air. Dans sa famille, les escarpins, le parfum et les boucles d'oreilles étaient proscrits. Toujours avec des chaussures plates à 40 ans et sans trousse à maquillage, mais divorcée depuis peu, elle se prend au jeu des exercices sur la féminité de la `methode-florence.fr`. Ils lui révèlent qu'elle est « vraiment à l'ouest » sur le plan de la féminité. Elle sait que séduire au naturel à 25 ans n'est effectivement pas un problème, elle y parvenait très bien à l'époque. Mais elle nous confie : « Je viens de prendre conscience que ce n'est plus possible après 40 ans. En trouvant ma propre féminité en répondant à quelques questions sur moi, j'ai eu un déclic et j'ai accepté de me transformer, par petite touche au début puis avec de plus en plus de plaisir. J'ai aussi changé le regard que je posais sur les hommes, mon attention à eux et j'ai vu les hommes de ma génération tout émoustillés par ma féminité assumée. Ça a tellement changé ma vie. Je me suis mise à observer les hommes de mon entourage et à avoir des discussions riches et pleines d'ambivalence, ce qui ne m'arrivait pas avant. »

Certaines femmes ont une idée précise de ce qu'est la féminité : elles en maîtrisent les codes et savent en jouer avec maestria. D'autres en ont une notion plus instinctive et irradient de charme féminin sans même y penser. Mais la majorité d'entre elles navigue un peu à vue entre l'héritage plus ou moins conscient des traditions familiales, les conseils des copines, et le bombardement d'infos pas toujours pertinent des magazines féminins.

Le plus désirable des mystères

La féminité constitue pour les hommes le plus intriguant, le plus désirable des mystères ! C'est l'effet le plus captivant que vous pouvez produire, le tout grâce à quelques prises de conscience, et ce fameux 1 % de gènes qui vous sont propres. En vérité, vous êtes déjà une arme de séduction massive…

Un exercice pour mieux se connaître

Quelle femme êtes-vous ?

Dans cet exercice, je vous demande tout simplement de noter ce qui vous paraît spécifiquement féminin en vous, c'est-à-dire : ce que vous ne partagez pas avec le sexe opposé.

Je suis différente d'un homme parce que :

- J'ai un chromosome différent et c'est tout !
- Je peux mettre des jupes et du rouge à lèvres, et j'aime ça ;
- J'ai de l'intuition, un sixième sens de superhéroïne ;
- Je sais gérer plusieurs choses à fois ;
- Je peux être enceinte ;
- Je ne me bagarre pas dans la cour de l'école ;
- Je suis plus fragile ;
- Je suis plus forte ;
- Je n'ai pas honte de pleurer ;
- Me sentir faible et le dire ne me pose aucun problème. J'assume, je ne suis pas Wonder Woman ;
- Je peux jouer de mes croisements de jambes, de ma moue dubitative ou de mes bas scintillants ;
- … à vous !

Pour vous aider, pensez à des situations précises, à la maison, au travail, dans vos loisirs, en famille, avec vos amis…

Ici, pas de bonne ou mauvaise réponse : juste des pistes pour vous éclairer sur votre idée de la féminité.

Développer sa féminité

L'école, l'université, le cadre du travail exigent souvent de gommer ce qui nous différencie sexuellement. Dans nos vies scolaires puis professionnelles, nous devrions nous comporter en êtres aussi efficaces qu'asexués ! Les hommes et les femmes sont égaux, c'est une évidence et un bienfait dans le cadre civique, au travail, et dans tous les aspects de la vie… Sauf en amour ! Dans le domaine de la séduction, il vous faut impérativement faire ressortir ce qui vous différencie de vos « cibles » !

ATTENTION

Attention en jouant avec les codes du masculin : si une femme qui cultive son côté garçonne peut charmer les hommes, celle qui se calque sur eux les intéressera d'un point de vue professionnel ou amical, mais ne les séduira pas. De la même manière, refuser de prendre en considération leur différence, ignorer qu'ils sont des hommes, ou agir comme s'ils n'étaient pas là les agace ou les désintéresse.

N'OUBLIEZ PAS

La féminité est au cœur des attentes des hommes c'est pourquoi il vous faut la faire ressortir plus que jamais. En un mot : la révéler. C'est l'une des plus grandes joies que vous pouvez tirer de la séduction, alors profitez-en ! Reconnectez-vous un peu plus à votre féminin : il fait des merveilles.

La féminité, une histoire de vernis et de talons hauts ?

Loin de nous l'idée de vous conseiller de vous déguiser en ce que vous n'êtes pas. Être une femme aujourd'hui, heureusement, ne se résume plus à une affaire de vernis à ongles ou de hauteur de talons. Soyons honnêtes, ils comptent aussi, car ils ajoutent une touche de glamour incomparable, cette fameuse touche de magie qui fait pétiller l'air, attire le regard et lance le jeu de la séduction, mais au fond, ils ne sont pas essentiels.

Votre aspect, certes, est important – et nous y reviendrons –, mais sachez qu'une partie seulement de la séduction tient à votre aspect extérieur. Le reste se joue dans l'attitude, votre façon d'être, votre réceptivité, et votre manière d'assumer et d'exprimer votre personnalité.

Qu'est-ce que la féminité ?

Le physique compte, bien entendu, mais pas seulement.

Pendant longtemps, la féminité a été associée à un certain nombre de critères centrés essentiellement sur l'esthétique et dictés le plus souvent par les hommes. Cheveux longs, décolleté, jupe, ongles soignés… Cet ensemble de codes est martelé aux femmes dès leur plus tendre enfance. Les secrets de beauté sont ainsi transmis de mère en fille tandis que les astuces maquillage se refilent entre copines.

Aujourd'hui, heureusement, l'idée de la féminité se diversifie, car les femmes ont pris part au débat. Qu'ils soient induits par l'éducation ou biologiquement liés au sexe, certains traits de caractère, s'ils n'appartiennent pas exclusivement à un sexe, sont généralement prédominants chez l'homme ou chez la femme.

Identifier où réside votre féminité

On reconnaît généralement comme masculines les qualités qui permettent d'aller vers un but, des qualités d'action et de détermination. À l'inverse, les qualités dites féminines sont celles qui consistent à accueillir ce qui est et ce qui vient, des qualités plus douces d'accueil et d'ouverture à l'autre.

Les qualités associées à la féminité

En particulier, la féminité se ressent dans les aptitudes telles que :

- L'accueil et la réceptivité ;
- L'altruisme, la générosité ;
- La tendresse, l'empathie, la compassion ;
- La sensibilité et la délicatesse ;
- La patience et la compréhension.

Ces qualités vous donnent une assurance incomparable. Ce sont des qualités d'une richesse exceptionnelle, qui apportent une grande force et une immense sérénité. Lorsque vous les sentez en vous, apprenez à les cultiver et les valoriser. Elles ne sont pas les plus apparentes, mais avoir conscience que vous les possédez vous donne une assurance et une aura irrésistibles. Car sachez qu'une grande majorité des hommes, non seulement apprécient, mais peuvent même être « en manque » de ces aspects féminins dans leur vie.

Girl Power !

Ces capacités typiquement féminines, à la fois dictées par le biologique – les qualités maternantes – et par l'éducation, ont pu, un temps, paraître celles de la passivité, un état entièrement dans la réception, réservé à la sphère domestique. Il est temps à présent de prendre conscience, si ce n'est déjà fait, de leur valeur universelle et structurante, dans tous les aspects de la vie, y compris le monde professionnel, celui des affaires publiques ou politiques, dans le management... Elles constituent un socle de valeurs, de convictions profondément épanouissantes pour vous-même et pour ceux qui vous entourent. Elles sont la source de votre force véritable.

Ce que les hommes trouvent si attirant en vous : votre regard sensible sur le monde

Ce regard spécifique, cette attention, ces attitudes si typiquement féminines, lorsque vous en avez conscience, vous donnent le sens de votre propre valeur. Et c'est cette conviction, une fois ancrée en vous, qui va vous rendre si confiante de votre séduction. Vous verrez en effet que nombre d'hommes attendent de vous que vous partagiez avec eux votre « savoir-faire », cette vision de la vie qui vous est unique. Un homme s'enrichit à vos côtés de votre regard sur le monde, de votre sensibilité, de votre attention à votre entourage. Cela ne veut pas dire qu'il n'est ni sensible, ni attentif, mais sa perception est différente et votre point de vue l'intéresse, l'interpelle, le fait réfléchir.

Comment révéler sa féminité ?

Pour vous sentir plus féminine que jamais, nul besoin donc de vous conformer strictement aux critères physiques établis. N'ayez pas peur de ne plus plaire aux hommes en vous écartant de ces diktats, s'ils ne vous conviennent pas.

Tout est dans l'attitude : nous vous proposons simplement quelques comportements clés qui font ressortir votre féminité. À vous de vous en inspirer, d'en dévier, d'y revenir, suivant votre style, avec l'idée, toujours, de ne pas tricher, car c'est quand vous êtes sincère et à l'aise avec vous-même que vous faites mouche.

1. L'écoute attentive

Vous connaissez sans doute déjà le concept, sans pour autant l'avoir déjà nommé.

- Vous portez un regard bienveillant sur ce qu'on vous raconte ;
- Vous écoutez sans préjugé, sans couper la parole ;
- Vous savez poser des questions pour mieux comprendre ;
- Lorsque vous parlez à votre tour pour donner votre point de vue, vous pouvez tout à fait l'affirmer mais dans le respect de la vision de l'autre.

Votre féminité s'exprime dans cette attention à l'autre et dans le fait qu'elle n'ait rien à prouver. Elle s'affirme, sans s'imposer, ni vexer. Cela vous paraît anodin ? Et pourtant, vous êtes déjà en train de percer les barrières émotionnelles de votre interlocuteur, qui se sentira alors en confiance... Nous revenons sur cette méthode imparable au chapitre 6.

2. Le soin de soi

Prendre soin de soi, de son physique est un cadeau que l'on se fait à soi-même. Ce faisant, on a – ou l'on prend – conscience de ses atouts physiques, qu'on a plaisir à mettre en valeur. Souligner ce qui est particulier chez soi, ce que l'on trouve attirant est un gage d'assurance.

Pour se sentir bien dans sa peau, il faut avoir conscience de ce qui fait votre différence. Si vous savez ce qui vous rend unique et la raison pour laquelle les gens vous apprécient, vous ne complexez plus ! Choisissez votre style (vêtements, couleurs, maquillage), en fonction de votre physique et de ce que vous désirez mettre en avant. Relisez le chapitre 3 pour trouver la palette-séduction qui VOUS convient.

Le naturel ! Ah le naturel ! Il m'est arrivé en coaching de voir certaines femmes qui refusent le moindre artifice : elles exigent d'être aimées telles qu'elles sont, sans fard. Pour certaines, c'est une question d'éducation. Pour elles, toute tentative de mise en beauté s'apparente à de la coquetterie, vil péché ! Elles refusent le maquillage, méprisent les accessoires (des colifichets !), s'habillent « pratique ». Ou bien elles se coiffent toujours à la va-vite, en décrétant qu'on devra bien les aimer comme elles sont, les lèvres sans fards et le cheveu terne. À ces femmes, je rappelle qu'on est aussi aimé parce que l'on est aimable ! Vous-même flashez sur les hommes qui « ont quelque chose », pas sur les invisibles ou les négligés. Faites l'effort de vous rendre agréable : vous le méritez, il le mérite.

CAS COACHING

Eva trouve les clés de sa féminité

Eva est une jolie jeune femme de bonne famille. À 34 ans, elle occupe un poste à forte responsabilité et son métier la comble. Mais elle aimerait à présent trouver l'homme de sa vie et ses histoires ne durent pas. Elle désespère de trouver sa perle rare. Indépendamment d'un vrai problème d'exigence, je me rends compte que sa croyance sur la beauté des femmes est un vrai frein à sa séduction et qu'elle est vite perçue comme « la bonne copine ». Elle refuse de faire des efforts pour séduire car elle se trouve jolie naturellement. C'est une croyance enfouie qui a été difficile à déprogrammer. Et elle se comporte avec les garçons de manière ultra spontanée, comme s'ils étaient « ses meilleurs potes ».

Quand Eva me confie ses penchants pour tel ou tel homme, je comprends vite qu'ils préfèrent s'en faire une bonne copine. Je suis donc obligée de lui faire prendre conscience qu'elle ne peut séduire les hommes dont elle me parle (des hommes qui, eux, prennent soin d'eux et sont attirés plutôt par les copines de Laurence), si elle les accueille pieds nus dans son appartement, vêtue d'un jean trop lâche et d'un pull qui bouloche. Nous avons donc ensemble créé une vraie rupture dans sa manière d'aborder sa féminité. D'un point de vue du look d'abord, mais aussi dans son attitude générale car elle ne créait aucune distance entre elle et les hommes. Je lui ai longuement expliqué que le mystère était inhérent à la séduction… et qu'elle n'en créait pas. Elle a fait quelques exercices de la `methode-florence.fr` sur sa personnalité, ses comportements. Elle a cherché à comprendre ce qu'elle ne révélait pas et qui était pourtant attachant en elle. Et peu à peu le travail a fait son œuvre. À la dernière séance, Eva m'a confié qu'elle n'avait vraiment pas compris pourquoi elle avait mis tant de temps à comprendre cette nécessité. Indépendamment des petits efforts qu'elle réalisait chaque jour sans peine pour être plus féminine, elle a tiré beaucoup de joies d'un changement d'attitude avec les hommes. Cela a pris la forme d'une légère distance qu'elle ne créait jamais auparavant. En quelque sorte, elle est devenue plus intrigante et quand une belle rencontre est arrivée quelques mois plus tard, elle s'est montrée femme, femme qu'on désire et qui créé une part de rêve.

Apportez une touche de magie !

N'OUBLIEZ PAS

Lorsqu'on vous aimera, on vous pardonnera d'être parfois fatiguée ou moins soignée que d'habitude, mais lorsqu'on rencontre quelqu'un, cette rencontre doit avoir un brin de magie, à laquelle vous participez : faites la moitié du chemin et révélez votre féminité !

3. L'ouverture aux émotions

Être féminine vous autorise à parler de vos émotions. N'hésitez pas à partager votre regard sur le monde. Lorsque vous êtes à l'aise pour exprimer votre ressenti, votre sensibilité, ce n'est pas une faiblesse, mais bien au contraire une richesse. Une femme qui sait évoquer sans gêne ce qu'elle éprouve fait preuve de solidité et de maturité. En confiant vos émotions, vous accordez à votre interlocuteur le privilège de vous connaître mieux, et vous lui supposez implicitement l'intelligence de vous comprendre.

C'est une marque touchante de confiance, qui, l'immense majorité du temps, vous vaudra respect et attention. Vous laissez émaner de vous ce qui vous rend particulière, charmante. Votre sensibilité est perceptible. Ce n'est que de cette manière que le cœur de l'autre peut s'ouvrir.

4. De la tenue, de la retenue !

Un peu passée à la trappe dans les années 1960, la retenue, celle des manuels de savoir-vivre, mérite d'être redécouverte, que l'on soit mature ou beaucoup plus jeune.

Se tenir droite, ne pas gesticuler, contrôler un tant soit peu son débit de parole vous démarquent des autres. Ralentir la cadence, adopter une posture digne est une manière adroite de mener la conversation à votre rythme (et de calmer votre trac éventuel).

Une démarche féline, un port de reine

On ne le répétera jamais assez , le maintien, c'est la clé pour avoir de l'allure, et mettre en valeur sa silhouette. Rentrez le ventre pour éviter d'être trop cambrée (et dissimuler si besoin vos rondeurs), baissez les épaules pour éviter d'être crispée, placez-les bien en arrière et dégagez votre cou. Levez un peu le menton, car un beau port de tête, c'est le secret pour avoir de la classe ! Voilà, on dirait que vous avez fait de la danse classique toute votre vie ! Et si vous avez du mal à rester droite comme un I toute la journée, c'est qu'il faut travailler vos abdos !

Soignez votre démarche : si vous n'avez pas l'habitude, exercez-vous chez vous à marcher avec grâce sur vos talons hauts avec naturel, c'est-à-dire : sans faire des enjambées de géante, sans croiser les jambes pour singer les mannequins sur les podiums, et en évitant les pieds en canard. Avec un peu d'entraînement, on y arrive très bien !

Asseyez-vous décemment : gardez les jambes l'une contre l'autre, ou éventuellement croisées car même en pantalon les jambes écartées, ça donne tout de suite un genre… que vous ne voulez pas avoir. En jupe, c'est tout simplement impossible. Tenez-vous droite sur votre siège, même s'il est très profond. Évitez d'avoir les bras croisés, vous donnerez l'impression d'être renfermée ou de vous ennuyer !

Figure 5-1 : Une posture élégante

Hypnotisez-les en calmant le jeu

Notre époque impose un tempo effréné où les comportements bruyants et débridés sont devenus la norme. Si la spontanéité est une arme redoutable, l'inverse est aussi vrai : parler calmement et d'une voix douce a un effet quasi hypnotisant sur la gent masculine ! Vous projetez alors une sensation de confiance et de calme autour de vous, à la fois mystérieuse et rassurante : l'essence de la féminité ! Si ce n'est pas votre style, amusez-vous à l'adopter quelques minutes face à un homme et voyez l'effet !

L'avis de Serge Hefez

Tout se brouille, y compris les codes de genre. Qu'est-ce qui relève du masculin, et qu'est-ce qui relève du féminin ? Beaucoup de mes patients sont capables de dire ce dont ils ne veulent pas, mais peu arrivent à définir ce qu'ils souhaitent de leur partenaire. Les rôles sont mouvants, pas seulement dans la sexualité : insoumission des femmes à l'ordre domestique du propre et du rangé, investissement des hommes dans l'ornement et la décoration de leur « intérieur », hommes et femmes jouant avec les codes de la virilité ou de la féminité exacerbée, hommes romantiques ou asexuels, femmes se battant d'arrache-pied pour une bribe de pouvoir... Le couple est devenu le lieu d'un gigantesque bal costumé où chacun endosse les fonctions traditionnelles des hommes et des femmes selon l'humeur et les besoins du moment. Un bal qu'on voudrait libre et sans tabous, jusqu'à ce que s'y invite la résurgence consciente ou inconsciente d'une « différence des sexes », prescrite depuis la nuit des temps, et néanmoins enracinée dans l'asymétrie des corps. Ces inévitables conflits intérieurs ne manquent pas, dès que l'occasion se présente, de s'extérioriser en conflits relationnels, pour produire des scènes de la plus belle facture.

Restez vous-même, rayonnez !

Néanmoins, une fois encore, révéler sa féminité ne relève pas de critères établis. Ne craignez de voir le désir des hommes disparaître si vous quittez temporairement votre costume de vamp. Il est essentiel de comprendre que vous pouvez être très féminine en exploitant votre potentiel et pas nécessairement en vous conformant strictement au désir des hommes. Sachez que les femmes ont cette capacité de rayonner et d'attirer les hommes par leur différence, et ce, en toute subtilité.

Inutile donc d'accumuler les signaux « visibles » des fantasmes masculins, car ce qui touche le plus profondément un homme est souvent de l'ordre du non-dit, de l'invisible. Et vous le toucherez d'autant plus sûrement que vous saurez user de vos pouvoirs féminins pour faire naître une intimité entre vous, propice à la séduction.

L'intimité entre deux personnes se crée sur plusieurs registres :

1. le partage avec l'autre de ses pensées, de ses rêves et de ses croyances ;
2. les échanges ou marques d'affection au travers des regards et des gestes ;
3. la reconnaissance de l'identité de l'autre, de ses propres besoins et de sa valeur.

La femme a plus de pouvoir et de capacité que l'homme sur les points 1 et 3. Il ne faut pas l'oublier !

Ils succombent tous à la voix d'Hélène

Hélène, 48 ans, séduit sans même y penser en se reposant non sur son physique, pourtant agréable, mais sur sa voix avant tout. Le souvenir qu'elle laisse aux hommes (et aux femmes) qui la connaissent, c'est celui d'une voix musicale, aux intonations chaleureuses : une voix qui sourit et porte en elle les inflexions d'une bonne humeur contagieuse. C'est aussi une voix qui sait se faire sexy dès qu'il y a de l'action dans l'air, que ce soit au téléphone ou en direct ! Elle ralentit son débit, laisse de longues pauses entre les mots, sa voix se fait plus grave. La vérité est qu'Hélène, sans en avoir l'air, ni afficher de décolleté plongeant, suggère déjà l'amour rien qu'au son de sa voix, tout cela en parlant de la pluie et du beau temps.

Réfléchissez bien à la manière dont vous voulez exprimer votre féminité. C'est un point important pour la majorité des hommes. Vous pouvez exprimer la vôtre à travers la douceur de votre voix ou à travers vos tenues, leurs couleurs, vos gestes, ou le regard que vous portez sur la vie, ou encore votre bienveillance envers cet homme imparfait.

N'OUBLIEZ PAS

- Sachez définir (et chérir !) ce qui est spécifiquement féminin en vous
- Prenez conscience de ce qui vous rend unique
- Gagnez de l'assurance en mettant justement en valeur ce qui vous rend singulière.

Laissez planer le mystère !

C'est un ingrédient indispensable de la séduction ! Souvenez-vous des plus beaux cadeaux que vous ayez reçus. À coup sûr, ils étaient : des surprises complètes, la récompense ou d'une longue attente ou d'un travail pénible. Dans tous les cas, la surprise ou l'attente ont souvent été aussi inoubliables que le cadeau lui-même. Enfin, en aucun cas vous n'auriez supporté que celui qui vous l'offrait ouvre l'emballage pour vous !

N'OUBLIEZ PAS

Considérez que chaque rencontre est un cadeau, y compris pour l'autre lorsqu'il vous rencontre. Voici comment maintenir un certain mystère, susciter sa curiosité et faire de votre rencontre un cadeau inoubliable! Si vous êtes un mystère pour lui… il n'aura de cesse de vouloir se rapprocher de vous !

Se révéler crescendo

En jouant sur le mystère, on entre de plain-pied dans la partie « jeu » de la séduction. Vous n'êtes ni joueuse, ni tactique ? Vous êtes nulle aux échecs, aussi claire qu'un livre ouvert ? Il va pourtant falloir apprendre à cultiver la partie mystérieuse qui est en vous. Et vous allez y prendre goût. C'est tout simple. Il suffit de ne se dévoiler que petit à petit, en laissant quelques énigmes pour l'épisode suivant…

Ne vous dévoilez pas trop vite !

Lorsque vous rencontrez un homme, et que la conversation s'engage, s'il est intéressé ou même simplement poli, il devrait en toute logique vous poser des questions sur vous-même. Surtout s'il a lu ce guide ! Demeurer mystérieuse ne veut pas dire vous fermer à toute question au premier rendez-vous, mais au contraire piquer sa curiosité en ne révélant qu'un peu de vous de sorte qu'il ait envie de vous revoir pour connaître la suite de votre histoire.

Pas de grandes déclarations : « moi je suis comme ci, comme ça » !

Évitez impérativement de vous raconter sur le mode « Moi, je suis quelqu'un de… sensible, polie, passionnée », mais parlez plutôt de ce que vous aimez, ce qui vous fait avancer : vos moteurs dans la vie. Nul besoin de parler de vous en termes de qualités. C'est à l'autre de les découvrir. Ne faites pas non plus la liste de vos attentes envers les hommes. Cela ne doit concerner que les sites de rencontres… et encore. À nouveau, c'est à l'homme de les découvrir. Entre « être vous-même » et « n'avoir aucun secret pour personne », il y a un fossé qui sépare également la séduction d'une conversation avec votre meilleure amie. Vos confidences font partie de vous : traitez-les précieusement. Il est très important de savoir faire une confidence. Mais une ou deux suffisent pour créer l'intimité. Ne vous bradez pas. Créez l'intrigue et sauvegardez l'effet de surprise en ne disant pas tout, tout de suite.

Concrètement comment je m'y prends ?

LE CONSEIL DE FLORENCE

Distinguez trois catégories de sujet de conversation selon les interlocuteurs et les occasions :

- Ceux qui relèvent de votre jardin secret et n'ont pas droit de cité : vos relations passées et leurs conséquences. Sujet interdit !
- Ceux que vous manierez avec précaution : vos relations avec vos proches (ne pas s'étaler sur d'éventuels conflits), vos opinions politiques ou votre implication dans une cause marquée politiquement.
- Ceux que vous aborderez librement : vos passions, vos dernières découvertes (lecture, cinéma), vos voyages.

Puis définissez pour les deux dernières un angle d'approche qui s'appuie sur une vision positive de la vie. Si vous souhaitez parler d'une épreuve, ce n'est pas un problème. Mais montrez aussi ce que vous en avez retiré de positif (prise de recul, sensibilité).

LE CONSEIL DE FLORENCE

Si, au cours de la conversation, il vous pose des questions qui impliquent justement de révéler les hauts et les bas de vos anciennes relations, ne vous engagez pas sur le sujet. Dites simplement : « C'est une question trop personnelle ».

Pour lui, il doit être le premier et l'unique

On exagère à peine lors qu'on décrète qu'il doit avoir la sensation qu'il est le premier, le seul et l'unique qui vous intéresse. Ne mentionnez JAMAIS vos ex tous plus merveilleux ou infects les uns que les autres. Au mieux, vous passez pour une fille qui ne sait pas garder un homme. Implicitement, vous avouez que vous n'avez pas les qualités qui font qu'on vous aime durablement. Au pire, vous passez pour une Marie-couche-toi-là. L'effet peut aussi être paralysant pour certains, qui peuvent avoir peur de ne pas être à la hauteur de vos précédents amants. N'abordez tout simplement pas le sujet, et si lui l'aborde : bottez en touche, cela ajoute à votre mystère.

Quand une conversation devient un jeu piquant

LE CONSEIL DE FLORENCE

Si vous avez tendance à trop parler de vous, contre-attaquez : faites-le parler de lui ! Vous pourrez alors rebondir sur ses propres confidences. Ne censurez surtout pas toutes les informations personnelles à votre sujet. Si vous avez lu le chapitre 1, vous savez qu'il est nécessaire de partager une connexion au niveau émotionnel : un échange de confidences intimes la fera monter en flèche. Mais, justement, puisque vous le savez, prenez votre temps et jouez à ce délicieux ping-pong verbal : je te dévoile, tu me dévoiles, et voyez où cela vous mène...

Indispensable indépendance

Avant de vous lancer dans la drague, vous devez assurer votre indépendance affective, financière et amicale, pour ne pas dépendre de celui qui s'intéressera à vous. Commencez par enrichir votre propre vie – sans pour autant être en permanence surbookée, mais trouvez le juste équilibre. La sérénité que vous atteignez en ayant mis votre vie en ordre de marche s'ajoute à vos charmes pour vous rendre encore plus attirante. Vous placez alors le jeu de la séduction sur le terrain du plaisir (de votre bon plaisir même), et non sur celui du besoin.

Les impératifs

- On règle ses affaires d'argent, car rien n'est pire que de dépendre de quelqu'un pour sa survie économique. Vous devez avoir la liberté d'aller et venir comme bon vous semble.
- On cultive son réseau amical, essentiel par ailleurs, car c'est un vivier de rencontres potentielles.
- On se lance enfin dans des activités qui nous épanouissent. Comme le réseau amical, c'est une source de nouvelles rencontres.

La valeur de l'indépendance

Dans quelque domaine que ce soit, la valeur d'une conquête se mesure à l'aune des efforts déployés pour la mener à bien. Le temps et l'attention passés au jeu de séduction font, au moins en partie, la valeur de la relation. Trop facile à conquérir, vous n'êtes plus précieuse. En outre, au-delà du seul goût du jeu, la partie permet aux joueurs de jauger leur compatibilité pour la suite.

C'est pourquoi il est si important d'affirmer son indépendance, afin de rester « l'objet du désir », ce désir que l'on ressent uniquement pour ce que l'on n'a pas encore...

Ne soyez pas une proie facile

L'image de la proie ne doit pas vous faire perdre de vue que vous jouez une partie donnant-donnant (dans une partie de chasse, la proie n'a rien à gagner – vous, si !). « Donnant-donnant » signifie notamment que vous jouez à armes égales et que vous êtes prête à arrêter de jouer si vous n'y trouvez pas votre compte.

Devenez son défi !

Laissez-lui le temps d'aller à vous, et de vous séduire. Vous devez lui accorder une place active dans votre conquête, même si c'est vous qui avez fait le premier pas. Ne soyez pas uniquement celle qui donne… Mais ne soyez pas non plus uniquement celle qui prend !

Suscitez le manque

N'adaptez pas votre agenda à la première date de rendez-vous que votre soupirant propose : vous n'êtes pas à sa disposition, vivez votre vie ! Mais si la première date évoquée vous convient, n'inventez tout de même pas un empêchement… du moins pas systématiquement : restez dans le jeu !

La clé de l'indépendance affective

Elle est toute simple, et pourtant, beaucoup de femmes ont du mal à la mettre en pratique : ne mettez pas tous vos œufs dans le même panier. Traduction : lorsque vous êtes en mode « drague », et pas encore dans une relation au long cours, autorisez-vous des rendez-vous avec d'autres hommes que celui qui vous intéresse. C'est même indispensable pour les raisons suivantes : cela le fait un peu descendre du piédestal sur lequel vous avez pu le jucher, cela vous détendra lorsque vous le verrez : après tout, il n'est pas le seul homme sur terre ! Cela vous rend moins impatiente : vous n'attendez plus ses coups de fil…

Ne dites pas « je t'aime » trop tôt

Sachez faire durer le temps délicieux de l'expectative : ces moments, lorsque l'on sait qu'il va se passer quelque chose, mais que rien n'est encore joué, sont les meilleurs ! Mais la raison fondamentale à cela est qu'il est incontournable de garder un peu le mystère pour consolider les fondations d'une relation.

Si l'homme que vous convoitez s'emballe au bout du huitième jour et vous déclare sa flamme : dites merci, mais ne renchérissez pas par un « je t'aime aussi ». Vous tuez son propre désir de conquête, et il aurait l'impression que tout est fini, qu'il a gagné. Il changerait alors de régime : il passerait en mode

« pause », c'est-à-dire : « je me repose après avoir fourni ces terribles efforts pour la conquérir – cela ne veut pas dire que je ne l'aime plus, mais je passe de la conquête au repos du guerrier ».

Et que se passe-t-il alors ?

N'OUBLIEZ PAS

Vous êtes si heureuse qu'il vous ait confié ses sentiments que vous vous sentez en confiance et voulez enfin vous exprimer aussi. Et c'est à ce moment-là que les choses basculent. Car vous en redemandez alors que lui estime qu'il a déjà beaucoup donné. Il a tout dit, ou presque ! Vous perdez confiance puisqu'il s'exprime moins et vous lui reprochez. L'homme ne comprend plus ces attentes démesurées, ces complications, le non-respect de sa vie privée et il se lasse.

J'ai si souvent assisté à cette situation que je recommande vivement aux hommes et aux femmes qui consultent Love Intelligence alors que leur histoire part sur les chapeaux de roues et que « c'est l'histoire qu'il ne faut pas rater » de faire très attention à ces dissonances. On ne peut pas aimer quelqu'un que l'on ne connaît pas. Attendez toujours un peu plus avant de dévoiler vos sentiments. La tension est nécessaire à une relation amoureuse qui démarre.

La glorieuse incertitude de la drague

LE CONSEIL DE FLORENCE

Il faut donc savoir parfois aller à l'encontre de ses impulsions et adopter une attitude qui peut nous sembler paradoxale. Certains vous diront que c'est un jeu. Mais il s'agit plutôt d'une prise de conscience : pour atteindre l'objectif d'une relation durable, il faut certains composants, comme un minimum de retenue de la part de la femme. Pourquoi ? Parce qu'elle provoque chez l'homme une légère incertitude qui attise son désir.

Vous pouvez être attirée, charmée. Montrez-lui votre curiosité et votre ouverture à son égard (vos a priori très positifs), mais laissez-le aller jusqu'au bout de sa course pour ne pas rompre son rythme.

N'OUBLIEZ PAS

Ceci est également valable pour celles qui vont vite. Vous pouvez très vite vous enflammer pour quelqu'un, pourquoi pas, et vous jeter physiquement dans la relation, mais en ayant à l'esprit le fonctionnement masculin. Prenez le temps de vous connaître, et ne changez pas votre vie entière pour la lui dédier, du jour au lendemain.

Sachez, tout en cultivant cette relation torride, maintenir une distance qui ne fera qu'ajouter du piment à votre passion. Gardez plusieurs soirs dans la semaine pour vous et vos amis ou votre famille. L'idée est encore de laisser cet homme aller vers vous, aller vous chercher. Comprenez-le bien : inconsciemment, c'est ce qu'il désire ! Une fois que vous aurez trouvé votre rythme tous les deux et que vous serez vraiment en confiance, vous entrerez alors dans une phase d'intimité où les bases seront devenues beaucoup plus solides.

Envoyer le bon signal : ni trop, ni trop peu

On l'a vu au chapitre 1, traditionnellement, les rencontres sont provoquées par les femmes, à 90 %, les hommes prenant en main la suite de l'histoire. Une affaire de bons signaux à envoyer, pour votre part, à bien décoder, pour celle les hommes.

Question de dosage

Si vous n'en faites pas assez, les hommes vont passer à côté de vous sans vous voir, ou sans comprendre que vous pourriez être la femme dont ils rêvent depuis toujours. Pour qu'ils percutent enfin, deux impératifs : accrocher leur œil, puis leur faire comprendre qu'ils pourraient éventuellement (peut-être seulement) avoir une chance avec vous. Pas plus !

Si vous en faites trop, vous courez deux risques : c'est poussif, ça sonne faux et donc l'homme lit dans votre jeu : elle a complètement craqué pour moi. Vous endossez un costume de femme sexy qui n'est pas pour vous. Vous êtes mal à l'aise, parce que ce n'est pas votre registre habituel (vous titubez sur des talons de 11 centimètres, ou votre minijupe est vraiment trop courte pour vous autoriser le moindre mouvement). Vous lui signifiez trop clairement, trop vite, trop directement, qu'il vous plaît : vous lui paraissez déjà acquise, il n'a rien eu à faire… Rappelez-vous : on ne court pas après ce qu'on a déjà.

Le bon message visuel

Prenez donc la peine d'être remarquable, en soignant dès à présent votre physique. C'est le physique qui accroche l'œil des hommes, leur sens le plus développé. Inutile, on l'a déjà dit, de mettre tous les voyants au rouge, surtout si le genre sexy n'est pas votre registre habituel. Vous risqueriez d'être dépassée par l'effet que vous produisez (mais, après tout, c'est un risque sympathique) ! Mais faites-vous plaisir en relevant, en mettant en valeur un atout très féminin en vous. Un coup de rouge à lèvres et une paire de talons, alors que vous portez par ailleurs votre jean tout-terrain, suffisent à glamoriser le débat ! Sachez en outre que la couleur attire l'œil des hommes beaucoup plus sûrement que le noir. Alors n'hésitez plus : signalez votre présence !

Timide ? Draguez d'un coup de sourcil

Si vous croisez le regard d'un beau garçon, ne baissez pas les yeux ! Si vous n'avez pas le courage de lui glisser LE regard de braise tout de go, tentez ceci : regardez-le et levez les sourcils, comme s'il vous inspirait quelque chose. S'il n'est pas complètement myope ou obtus, il va se demander ce qui provoque votre charmante mimique. Esquissez un sourire tout en détournant le regard. Vous y allez tout en douceur, mais il a compris qu'il se passait quelque chose. Vous avez piqué sa curiosité ET établi un premier lien. C'est un geste quasi-invisible, et pourtant il est extrêmement efficace !

Jouez en toute subtilité

Il vous faut manifester de la curiosité pour votre cible, tout en faisant apparaître que vous n'êtes pas prête à passer à l'acte. Même si vous le fascinez clairement, et que vous pensez « c'est dans la poche ! », élevez le débat. Dites-lui : « Vous éveillez ma curiosité », « ce que tu viens de dire m'intéresse ». La règle s'applique d'autant plus que vous êtes déjà allée assez loin avec lui : continuez à garder votre réserve, même après le premier baiser, même après le dixième, même après avoir couché avec lui ! Ne coupez pas son élan de conquête : il serait déçu.

Il est peut-être aussi timide que vous !

Ce serait simple si tout marchait comme dans les films, avec des hommes actifs et pleins d'aplomb, qui viendraient vous aborder dès le premier sourire que vous leur décochez. Hélas (ou pas, en fait, ça a aussi son charme), une bonne part des hommes restent terrorisés à l'idée de se prendre une veste. C'est pourquoi il est important de leur envoyer des signaux d'intérêt, en particulier s'ils sont timides.

C'est une fois qu'ils ont eu votre feu vert, qu'ils l'ont capté et analysé pour ce qu'il est, clairement : l'autorisation de vous courtiser, qu'il faut alors leur céder du terrain. Il faut en effet leur laisser une place active dans la drague car ils ont besoin de se sentir utiles et actifs. Ce n'est pas parce qu'ils sont timides qu'ils ne sont pas des hommes à part entière. Ils veulent eux aussi mener le jeu ! Ils ont juste plus de mal à l'engager, voilà tout. Si vous leur permettez, en leur envoyant un signal clair, d'entrer sur le terrain de la drague, vous leur donnez un coup d'accélérateur au moral dont ils vont vite devenir très friands. Tout comme un homme, de par son attitude, de par ce qu'il dit, peut révéler la femme qui est en vous, vous avez aussi le pouvoir de faire émerger l'homme, le vrai, qui est en eux. Vous leur offrez alors un véritable aphrodisiaque.

Prendre les devants, si c'est votre style

Votre assurance rassure, votre mystère pimente, passez à l'action ! Découvrez, si vous vous en sentez capable, une nouvelle façon pétillante d'aborder les hommes.

Nous allons vous montrer comment déjouer les règles établies et créer votre propre mode de drague au féminin. Après tout, le principal intérêt de la civilisation est de nous faire dépasser l'état de nature. La logique n'encourage-t-elle pas les femmes à aller très rationnellement à la rencontre des hommes qui leur plaisent, au lieu d'attendre passivement d'être séduites par ceux qui ne leur plaisent pas ? De proie traditionnelle, vous allez devenir chasseuse.

Quoi qu'il arrive, à un moment ou à un autre, en acceptant ou en encourageant la cour, la femme se trouve en position active dans le jeu qui s'engage. Mais entre encourager le jeu et l'initier, il reste un pas que beaucoup de femmes hésitent à franchir.

Comment devenir une dragueuse qui s'assume tout en restant subtile ?

De quelle façon encourager le jeu au point de l'amorcer ? Comment faire de cette initiative un premier pas qui augure du meilleur pour la suite ? Et comment les hommes le perçoivent-ils ?

Les femmes qui draguent, est-ce que ça plaît ?

Lors d'une étude de love-intelligence.fr réalisée en 2010 liée à la drague chez les femmes,

- 49 % ont affirmé que les femmes draguent autant que les hommes,

- 41 % souhaitent que les femmes draguent.

Les hommes le disent : une femme qui fait le premier pas est…

- une femme indépendante (91 %),

- une femme qui sait ce qu'elle veut (84 %),

- une femme sûre d'elle (78 %).

La majorité des hommes aiment se faire draguer !

Les réactions massivement positives des hommes vis-à-vis des femmes qui prennent l'initiative de la séduction, veulent tout simplement dire qu'un homme aime par-dessus tout se sentir unique et choisi. Encore faut-il que l'approche des femmes porte en elle trois caractéristiques importantes :

- leur assurance ;
- leur indépendance ;
- le défi qu'elles représentent.

Et, comme lorsque vous êtes approchée, il vous appartient de laisser transparaître votre fragilité, de rester vous-même en laissant votre part féminine faire le reste.

Un principe de base

Face à une femme qui pourrait lui plaire, un homme fait dans sa tête les comptes de ses chances de succès ou de déconvenue. Faites donc pencher la balance de son cœur !

La drague en douceur comprend tous les moyens susceptibles, *a minima*, d'encourager votre cible à vous aborder. Prendre l'initiative d'un jeu de séduction peut avoir des formes diverses, du choix de la position de votre corps (lisez le chapitre 7 !) aux mots que vous prononcerez, en passant par une palette de sourires entendus. L'initiative peut être plus ou moins directe, plus ou moins franche selon la cible et les circonstances.

Comment se lancer ?

Voulez-vous connaître le secret ? Le voici : il est beaucoup plus facile de draguer d'absolus inconnus que des hommes que vous connaissez déjà et auprès desquels un rejet sera plus difficile à assumer au quotidien. Alors, lancez-vous, n'attendez pas qu'un inconnu vous offre des fleurs : prenez les devants, c'est un excellent exercice, flatteur pour lui, formateur pour vous, avec, peut-être à la clé, une excellente surprise.

Qu'avez-vous à perdre ? Avec un peu de pratique, vous parviendrez à être de plus en plus à l'aise, jusqu'à opérer naturellement, sans même y penser. C'est alors que vous pourrez vous tourner vers cet « ami » que vous connaissez et qui vous plaît depuis longtemps, mais avec qui vous n'osez rien lancer de peur de le voir sourire à vos dépens !

Six conseils pour y aller en toute subtilité

1. Troublez-le légèrement

Bannissez toute agressivité, verbale ou visuelle. Le jeu n'en vaut la chandelle que s'il est feutré et subtil. S'il vous résiste, alors que justement, vous vous sentez irrésistible, ne le prenez surtout pas personnellement : il peut avoir ses raisons (pas libre, pas d'humeur, déjà en pleine drague avec une autre). Et si vous ne lui plaisez pas, n'en faites pas une histoire, passez au suivant. Mais pas devant lui !

2. ... ou complètement !

S'il est dans votre style d'être extrêmement directe et active, la méthode qui vous convient est presque celle des grands félins en chasse à un détail près : vous devez isoler, attaquer, troubler, mais ensuite, vous devez partir sans vous retourner, car vous le croquerez une autre fois ! L'essentiel dans cette technique : stopper net une fois que vous avez donné votre numéro de téléphone, ou mieux, récupéré le sien. Vous devez alors impérativement le laisser sans nouvelles pendant au minimum une semaine. Pour ne pas céder à la tentation, cultivez vos autres relations, pendant que celui-ci s'impatiente ! Une semaine plus tard, il sera juste à point. Patience !

3. Facilitez-lui la tâche

Rester inaccessible, entourée d'amies ou porter une bague qui ressemble à une alliance risque de le tenir à distance de fait. Éloignez-vous un instant de vos amies sous un prétexte quelconque pour vous diriger vers lui : cela aura un effet positif immédiat.

4. Jamais démodé : faites-lui de l'œil

C'est la base ! Échanger des œillades ou décocher un beau sourire peut décider un homme à vous aborder. Ne surjouez surtout pas, restez naturelle, le but est qu'il tombe sous *votre* charme pas sous celui de la fille que vous pourriez éventuellement être. Procédez donc comme suit : appliquez la règle du trois-deux : soutenez son regard en comptant jusqu'à trois, souriez, détournez les yeux, comptez jusqu'à deux, puis jetez un coup d'œil en souriant toujours. Recommencez après avoir compté jusqu'à dix. S'il décroche, laissez tomber.

5. Sortez du stade « encouragement » pour entrer dans une phase active

Les sourires étaient une bonne entrée en matière, la prochaine étape consiste à initier une conversation. Vous savez là que vous partez avec dix points d'avance sur vos confrères masculins : vous êtes censée avoir un peu plus de pratique et de naturel en la matière. Prouvez-le donc ! Sinon, rendez-vous aux chapitres 12 et 13, pour devenir imbattable au petit jeu de la conversation courtoise.

6. Soyez spontanée !

Vous n'êtes pas censée être une dragueuse accomplie. Maladroite, vous n'en serez que plus craquante : vous n'avez rien à perdre et tout à gagner ! Dosez vos effets, adaptez-les aux circonstances :

- Draguez par petites touches quelqu'un que vous voyez régulièrement : un ami d'ami, un collègue de travail... ;
- Soyez plus directe (mais pas trop non plus) avec quelqu'un que vous croisez pour la première et sûrement la dernière fois si vous ne dégainez pas votre sourire killer, en soirée, au marché, au restaurant...

Attaque directe : Solenne joue et gagne

Dans une soirée bondée, postée à bonne distance du bar, Solenne, charmante jeune femme de 31 ans, repère Philippe, un homme fort à son goût qui joue des coudes pour atteindre le bar. Elle le suit du regard, au point qu'il se tourne vers elle, intrigué. Tel un chat guettant sa proie, Solenne soutient son regard puis se détourne quelques instants… pour retrouver le visage de l'homme, plus proche, qui la fixe à son tour. Solenne se décide alors à l'aborder, et se dirige vers lui, d'un pas assuré, après de subtils détours entre les convives massés en nombre.

S – Je vois que votre verre est vide : j'allais m'en prendre un, vous m'accompagnez ?

P (surpris mais amusé) – Pourquoi pas ? À deux, on parviendra plus facilement jusqu'au bar !

Arrivés au bar :

S – Vous prendrez quoi ?

P – Un gin tonic.

S, au barman – Un gin tonic et une coupe alors s'il vous plaît ! À Philippe – Je m'appelle Solenne, enchantée…

P – Moi c'est Philippe. Vous abordez souvent les hommes en soirée ?

S (en souriant) – Seulement les amateurs de gin tonic !

Philippe rit légèrement, tout en l'étudiant du coin de l'œil.

S – Vous connaissez du monde ici ?

P – Oui, Chris est un vieux pote, on était au lycée ensemble.

S – Sympa ! Moi je connais plus sa copine, Aurélie… Vous étiez à quel lycée ?

P – Jean-Baptiste Say.

S enchaîne – C'est pas vrai ! Moi aussi… en quelle année ?

(…)

Ils échangent quelques souvenirs, souriants et à l'aise, jusqu'à ce qu'ils aient fini leur verre.

S – Je vais quand même me montrer bien élevée et aller remercier la copine de cette belle soirée… qui m'a permis de passer un bon moment ! (sourire entendu)

P – Je dirai à Chris d'en organiser une autre très vite…

S – Je te donne mon numéro ou mon e-mail, tu m'as donné très envie de découvrir le bistrot à vin dont tu m'as parlé.

P (il accepte, charmé) – Avec plaisir… À très bientôt alors !

Elle lui lance un magnifique sourire avant de traverser la pièce pour rejoindre ses amies.

C'est sans risque !

N'OUBLIEZ PAS

Le vieil adage se vérifie souvent : les hommes retiennent mieux ce qu'ils pensent inventer. Vous ne risquez strictement rien à encourager l'homme que vous convoitez à prendre l'initiative…

Trois erreurs à éviter

Trop blasée

Il y a des femmes dont les tentatives se soldent par un échec, parce qu'elles croient savoir ce que recherche un homme. Elles élaborent alors un discours qu'elles appliquent à l'identique à chacun. Attention, entre draguer et draguer le fond, il n'y a qu'un pas. Un homme qui drague systématiquement toutes les femmes dans la rue ou dans une soirée n'a aucune chance avec vous, n'est-ce pas ?

Ne donnez pas l'impression qu'il ne doit votre initiative qu'au seul hasard de votre « battue ». Chaque homme est unique et le manque d'authenticité d'un discours est facilement perçu par un interlocuteur attentif ! Soyez sélective et évitez les approches « à qui mieux mieux » qui feraient fuir un homme en lui donnant l'impression de ne pas être choisi. Ne le faites donc pas avec tout le monde et devant tout le monde, sous peine de faire disparaître tout sentiment d'exclusivité, de rareté, et de passer pour une allumeuse.

Trop dominatrice

Une approche trop directe, très sûre de soi et de son succès peut être mal perçue. Au pire, c'est un aveu de facilité lorsque la femme en fait trop : trop de provocation, trop d'audace, elle parle trop, aguiche trop, rit trop fort. Dans tous les cas, cette attitude excessive peut susciter la curiosité, l'envie de se lier d'amitié, mais rarement autre chose.

La séduction n'est pas un sport de combat

Gaëlle nous raconte que seul un homme capable de tenir une joute verbale stimulante face à elle était digne de poursuivre la soirée avec elle. Après dix ans à ce régime, elle s'est rendu compte que quelque chose clochait dans son approche. À 34 ans, désirant trouver enfin l'homme de sa vie, elle s'est plongée dans les 5 étapes de la `methode-florence.fr`. Son témoignage explique qu'elle a compris un truc clé : « si vous voulez que l'on vous respecte : respectez aussi les hommes, chacun, dans leur individualité ». C'est en faisant les exercices de la méthode qu'elle a compris qu'elle faisait trois erreurs :

1- Elle ne leur laissait ni le temps ni la place de s'exprimer

2- Elle ne permettait pas à son partenaire de la connaître vraiment

3- La draguer n'était pas une partie de plaisir pour ces hommes mais un match harassant.

Vous savez, c'est merveilleux de se faire courtiser par un homme qui est sincère. Si vous avez des tendances à vouloir dominer le jeu de la drague, essayez, pour une fois, de le laisser venir à vous en restant silencieuse et mystérieuse. Vous verrez : c'est extrêmement plaisant.

La provocation

Certaines femmes aiment provoquer afin de savoir ce que l'homme a dans le ventre. Nous sommes nombreuses à penser que c'est un jeu qui fait partie de la séduction. Certains hommes peuvent s'y prêter car cela les amuse. Mais il faut bien comprendre que c'est rarement ce qui les passionne. Et cela les lasse plus vite que nous le pensons.

D'autres vivent ce jeu comme une épreuve, même s'ils s'en sortent très bien. Ils ressentent cette joute verbale davantage comme une forme de domination, de test.

Les meilleurs compliments d'une femme à un homme

Une femme pense souvent au charme, au jeu des regards, au sourire comme à une évidence lorsqu'elle décide de se mettre en mode drague, et pourtant, il ne faut pas passer à côté des compliments, qui ne sont pas uniquement l'apanage de l'arsenal séducteur des hommes.

Un compliment, c'est une manière discrète et agréable de lui faire passer le message : il vous plaît, il peut donc vous séduire. Le compliment déclenche aussi chez les hommes le petit plus d'assurance qui va leur permettre de se jeter à l'eau.

Quels compliments fait-on à un homme ?

Tous, du moment qu'ils sont sincères… Mais pas en rafale ! Apprenez à saisir l'occasion de la conversation pour les distiller à petite dose et en toute efficacité.

Vous en trouverez un véritable florilège dans le chapitre 2. Ils sont à adapter, bien entendu, à l'homme que vous visez. Prouvez-lui qu'il n'est pas un besoin mais un plaisir à vos yeux. Tout ce qui pourra lui donner un sentiment d'être unique fonctionne à merveille.

Si vous voulez être plus directe, essayez ces compliments qui ne laissent aucun doute sur vos intentions. S'il ne réagit pas du tout quand vous lui dites : « Je me sens tellement bien quand tu es là », c'est qu'il n'est pas intéressé !

Le physique aussi

Si c'est ce qui vous fait craquer chez lui, vous pouvez le rassurer sur son physique et ses goûts : complimentez-le en rigolant par exemple sur sa carrure, sur ses vêtements s'ils sont soignés ou recherchés, une nouvelle coupe de cheveux qui lui va bien...

Une astuce : s'il vous paraît athlétique, lorsqu'il vous donne le bras, ou que vous vous appuyez sur son bras « par accident » ou réelle nécessité, commentez avec espièglerie : « Oh, des muscles ! C'est très impressionnant ! » Il va adorer, parce qu'il fait probablement pas mal d'efforts pour les entretenir. C'est tout bête, n'est-ce pas ? Et pourtant, ça marche !

Attention cependant à ne pas dépasser les bornes : pas de familiarités, ni d'inspection détaillée du matériel ! Vous n'aimez pas qu'un homme vous juge de pied en cap : ne le faites pas non plus, aussi tentant et innocent que cela puisse vous paraître. Restez-en aux parties du corps que l'on peut toucher sans prêter à confusion : les mains, les bras, les épaules. Le reste viendra plus tard.

Plus subtil qu'un compliment : la connivence

Essayez également de jouer sur la connivence. Sans faire directement des compliments, vous validez votre intérêt pour lui.

Par exemple : « toi et moi, on est aussi compétitifs l'un que l'autre. On devrait tenter un tennis ! »

Et ça marche aussi sur le mode inverse, teinté d'ironie : « toi et moi, on a l'air aussi mauvais danseurs l'un que l'autre, on devrait arriver à quelque chose qui sera au moins original. »

Alors, est-ce qu'il faut le faire rire ?

Pour conclure ce chapitre, examinons ce classique de la drague masculine : pour les séduire, il faut les faire rire. L'adage s'applique-t-il aussi aux filles ? Cela dépend de votre sens de l'humour. Si vous avez un côté boute-en-train, il va peut-être falloir le mettre en sourdine, justement pour signifier à cet homme qui vous plaît qu'il vous fait de l'effet. Si vous avez une tendance aux grands sketches hilarants, mais qui demandent un public nombreux, gardez ce talent pour vos soirées entre amis, ou mieux encore, pour la scène : vous l'inviterez à votre one-woman-show.

Devant votre cible, montrez une autre facette de vous-même. Pratiquez l'humour à fleurets mouchetés, si vous en êtes capable. Une pointe d'humour pince-sans-rire va faire chavirer les plus intellos. Si vous avez cette finesse, vous devez vous en servir à tout prix ! Les hommes ont du mal à résister à une petite vanne bien placée qui ne s'adresse qu'à eux (attention, sans se moquer ni de lui, ni de quelqu'un d'autre). Murmurez-là au creux de son oreille, vous en tirerez bien plus d'effet si vous la lui réservez que si vous l'offrez à la cantonade.

Trois comiques françaises préférées des Français

En 2009, le magazine masculin *FHM* commandait un sondage à l'institut Louis-Harris pour connaître le goût des hommes français en matière de femmes, pour une fois sans tenir compte du physique. Deux années de suite, c'est la comique Florence Foresti qui caracole en tête des sondages, aux côtés d'Anne Roumanoff et de Valérie Lemercier, coiffant les belles actrices et les femmes politiques au poteau ! Alors, homme qui rit, homme séduit ?

S'il ne fallait en garder qu'un ?

Trouver et mettre en valeur sa féminité, l'approcher sans l'effrayer, l'accrocher avec subtilité, le laisser mijoter… Si vous débutez et que vous manquez encore d'entraînement, relisez souvent ce chapitre : les étapes vous en paraîtront de plus en plus évidentes, avec la pratique. Et s'il ne fallait retenir qu'un conseil… Je vous en donne deux pour le prix d'un ! Souriez beaucoup, et regardez-le. C'est tout simplement contagieux, et il y a toutes les chances pour qu'il vous rende la pareille.

Puis prenez votre temps ! En amour, on veut toujours aller trop vite, obtenir des résultats rapidement alors que, pour créer la complicité, l'attirance qui fera que l'autre baissera ses défenses et tombera sous votre charme, du temps, il en faut justement ! Dans mon approche de la méthode florence en 5 étapes, il y a toujours ceux qui veulent tout faire, tout lire en dix jours. Mais il faut du temps pour mûrir une nouvelle approche de soi et de l'autre. Et si ce livre est très complet, c'est aussi parce que je souhaite qu'il change profondément votre regard sur vous-même et sur l'autre… pour séduire autrement, en prenant aussi pour so, un plaisir fou !

CAS COACHING

Jeanne rend les armes et gagne au change

Jeanne est une femme qui aime la joute verbale. Elle est « rentre-dedans » en séduction. Elle a un punch d'enfer. Tout le monde l'aime, tout le monde l'invite. Elle a plein d'amis, hommes et femmes. Elle met au défi les hommes qui cherchent à la séduire. Son problème : 35 ans et pas une histoire bien sérieuse à son actif. À 25 ans, elle avait plus de succès qu'aujourd'hui, me dit-elle. Jeanne est malheureuse et cela tombe bien, car c'est ce qu'il faut pour pousser la porte de Love Intelligence et se prendre en main pour changer ce qui cloche.

La féminité est au cœur de nos échanges. Jeanne est intelligente et, en trois séances, elle comprend tout. Elle n'est pas un cas compliqué et mon diagnostic est aisé. Je lui livre assez vite que nous allons focaliser nos échanges sur la féminité, non pas en termes de look mais en terme d'écoute, principalement.

Le conseil de la coach

Si, à la fin de la première séance, Jeanne tempête en traitant les hommes de « couilles molles », elle ne tarde pas à comprendre que son problème clé est que les hommes n'apprécient pas longtemps sa personnalité toute en confrontation. Je lui donne quelques écrits de la `methode-florence.fr` ainsi que quelques exercices sur sa propre féminité à travailler chez elle. À la deuxième séance, Jeanne revient avec ses exercices bien remplis. « Je vous confie ma vie amoureuse, me dit-elle, et je suivrai à la lettre vos conseils. » Elle s'en veut parce qu'elle a enfin compris qu'elle coupait l'élan masculin. Les résultats sont rapides car Jeanne réagit vite. Et puis, pressée de trouver l'homme de sa vie, elle sort tous les soirs.

Une affaire vite réglée

À la troisième séance, elle a déjà rencontré quelqu'un et, me dit-elle, elle a su être elle-même sans pour autant avoir besoin de lui montrer qu'elle était intelligente. Je me revois lui dire : « Jeanne, vous n'avez nul besoin de lui prouver que vous êtes intelligente et que vous avez une repartie en toute occasion. Montrez plutôt votre intelligence à travers la finesse de vos propos et la finesse de vos questions (comme vous vous y êtes entraînée dans un ou deux exercices). » Jeanne a créé une vraie rupture dans son comportement. Et sa vie amoureuse s'est transformée alors sensiblement, d'une fougue immature vers une disposition d'ouverture et d'accueil aux hommes… qui le lui ont bien rendu. Elle a compris qu'il lui manquait la capacité à développer des liens étroits et affectifs avec quelqu'un. Les hommes se détournaient d'elle car ils sont à la recherche d'une intimité qu'elle ne savait pas leur offrir : l'amour ne circulait pas et le lien de séduction ne se transformait pas en lien d'attachement. Les hommes ne savent pas vous exprimer cela, mais comprenez que lorsqu'ils rompent une relation, c'est souvent parce que l'intimité qu'ils recherchent, sans le savoir, n'est pas là.

Deuxième partie

Les techniques qui marchent à tous les coups

Dans cette partie…

Vous les attendez, alors les voici : les techniques de drague qui marchent à tous les coups ! En tête, l'incroyable écoute, une technique peu connue aux effets renversants qui fonctionne pour tous ! Elle fait véritablement pencher la balance. Je vais aussi vous apprendre à lire le langage du corps qui vous donnera de précieuses indications : vous ne pourrez plus vous tromper ! Enfin, homme ou femme, vous allez découvrir votre profil de dragueur ou de séductrice avec toutes les astuces qui vont vous réussir, parce qu'elles vous correspondent.

Chapitre 6

L'incroyable écoute : draguez comme un dieu / une déesse

Dans ce chapitre :

- Je vous dis tout de cette méthode étonnante pour rendre accro vos conquêtes
- Vous allez faire vibrer en eux des cordes encore insoupçonnées !

Si vous avez déjà vécu une grande histoire d'amour, vous connaissez ce sentiment grisant, lorsque l'on est aimé, de donner enfin votre meilleur, d'arriver à une version fabuleuse de vous-même que l'amour de l'autre fait ressortir d'une façon unique. Oui, le sentiment amoureux nous amène à révéler la meilleure part de nous-même. Si vous n'avez pas eu encore eu cette chance, patience : c'est pour bientôt ! Dans ce chapitre, nous allons apprendre à faire naître cette sensation chez celui ou celle qui nous plaît.

Révélez-le, révélez-la

N'OUBLIEZ PAS

Celui qui sait mettre au jour des qualités que nous n'avions jamais ou peu discernées en nous-même jusqu'alors devient irrésistiblement attirant. Cette « révélation » crée un lien émotionnel extrêmement fort. La personne qui vous a percé à jour exerce sur vous un pouvoir fascinant, elle vous attire immanquablement. Si vous devenez celui ou celle qui donne une dimension de plus à quelqu'un, alors il y a fort à parier que ses sentiments pour vous s'inclinent favorablement.

Avant toute chose, semez le doute

ATTENTION

Quand on est amoureux, on croit parfois que si on parle de notre attachement à la personne aimée, l'amour se développera en elle, disons, par une espèce de contagion bien pratique. Ces cas épidémiques sont cependant bien rares. En général, la personne qui reçoit ce message n'est pas « préparée » à recevoir cette information. Si vous la lui servez sur un plateau, sans avertissement, sans ménagement, sans suspense, vous la privez de deux éléments essentiels de la séduction : le doute et la conquête. Mystère et magie sont les piliers du romantisme échevelé. Si vous zappez les moments de doute pour vous déclarer tout de go, vous perdez les fameux moments qui font tout le sel des films romantiques, ceux où l'on se demande : X arrivera-t-il à conquérir Y ?

Alors, on prend impérativement son temps, et on laisse planer le doute : la technique la plus efficace est souvent de faire en sorte que cette personne se pose quelques questions, dont une cruciale…

Explications !

La drague suit globalement la structure des danses à deux. Si vous vous mettez à danser seul(e) de façon plus que suggestive devant quelqu'un, vous éveillerez au mieux du désir, au pire de la gêne.

N'OUBLIEZ PAS

Ne brûlez pas les étapes ! Permettez à l'autre d'entrer, pas à pas, dans votre danse. La drague est toujours un échange. En prenant votre temps, vous donnez à votre cible la possibilité de s'investir elle aussi dans ce début de relation. Elle a le temps de se dire : « tiens, cette personne n'est pas comme les autres », puis « cette personne me plaît », puis enfin « je vais la séduire » ou bien « je vais me laisser draguer, c'est si agréable ». Le but dans la phase d'approche ? L'amener à se poser la question suivante : « Essaye-t-il (elle) de me séduire ? ».

Laissez-le/la faire un pas

LE CONSEIL DE FLORENCE

Dans la mesure où vous agissez avec subtilité, cette personne ne pourra pas répondre avec certitude à cette question. Ce qui l'invitera à vous envisager sous un nouveau jour, à détailler vos atouts comme partenaire potentiel.

Au contraire de l'approche frontale, dans laquelle la personne ciblée n'a plus qu'à recevoir vos hommages, la manière douce incite votre interlocuteur à devenir acteur de la relation. Rappelez-vous : ce qu'on gagne soi-même à la suite d'un effort paraît plus précieux que ce qui est déjà entièrement disponible.

Faites vibrer des cordes insoupçonnées et tout est gagné !

Pour que les cœurs entre deux personnes résonnent, il faut un certain niveau de complicité, une alchimie qui est rarement présente dès le début de manière réciproque. Le coup de foudre, malgré toute la publicité qu'on lui a faite, est extrêmement rare ! Tant de belles histoires commencent par « il/elle n'était pas du tout mon genre/ Je ne l'avais pas remarqué… et pourtant, un jour… ». Que se passe-t-il ce fameux jour ? La complicité apparaît, l'alchimie opère, et voilà deux oiseaux que tout oppose qui se tombent dans les bras. C'est cette chimie que je vous propose de mettre en place dans ce chapitre.

Comment ?

Rien de très compliqué : tout le monde peut y arriver avec un peu d'attention. Une fois encore, c'est l'expérience du professeur Aron (celle du chapitre 1) qui nous met sur la voie. C'est en vous intéressant réellement à la personne qui vous plaît que vous allez parvenir à la toucher d'une manière qui lui fera beaucoup d'effet.

N'OUBLIEZ PAS

L'idée est de créer de l'intimité avec votre cible. Pour y parvenir, vous pouvez chercher vos points communs, vos charmantes complémentarités, mais pas uniquement : au cours de votre conversation, fondez-vous sur vos échanges pour chercher à faire émerger peu à peu la personnalité profonde de la personne qui vous plaît. En étant curieux et attentif(ve), vous allez lui permettre de parler d'elle comme jamais elle n'a pu le faire auparavant.

Et si je suis pressé ?

ATTENTION

Revoyez vos priorités : on ne se presse pas en matière de séduction. C'est justement le chemin vers le résultat qui est palpitant, presque autant que le résultat lui-même ! Se précipiter, c'est gagner du temps au début, peut-être, mais c'est risquer de perdre… après ! C'est plus long ? Oui, mais le jeu en vaut la chandelle. Combien de temps ? Jusqu'à ce qu'il ou elle craque et vous regarde autrement, tout simplement. Vous verrez, avec de la pratique, vous arriverez de plus en plus facilement à décoder ce que chaque personne recèle d'unique et de précieux.

N'OUBLIEZ PAS

Ce talent, une fois travaillé, est inestimable. C'est l'une des clés de vos succès futurs :

- Parce que vous développez votre propre sens de la séduction au cours de cet échange
- Parce qu'il vous permet de vérifier si cette personne est bien « pour vous »
- Parce que les liens que vous tissez au cours de cette conversation sont bien plus forts que ceux que vous créez au cours d'un échange « normal ».

La technique de l'incroyable écoute

Une technique hyper séduisante

Il y a quelques années, j'ai été prise dans les filets d'un séducteur hors norme. Ni très grand, ni très beau, cet homme dégageait quelque chose d'impalpable qui vous transformait et vous donnait l'impression que vous étiez exceptionnel, unique au monde. Il réveillait en vous toutes ces cordes endormies qui vous donnaient l'impression d'être une fille finalement absolument différente ! Après quelques rendez-vous, j'ai réussi à comprendre que son charme irrésistible (il opérait – et opère toujours – sur plusieurs filles en même temps) était fondé sur sa capacité à poser des questions formidables. En coaching et en psychologie, nous employons l'expression d'« écoute active ». Ce que j'ai baptisé l'« incroyable écoute » appliqué au demain amoureux pousse encore le questionnement un peu plus loin. Cette technique de drague, aussi masculine que féminine, est à la portée de tous, avec un peu d'entraînement.

Irrésistible Thomas

Qu'est-ce qui fait aujourd'hui de Thomas un homme à succès ? Il témoigne sur le site `methode-florence.fr` que ce n'est ni sa beauté, ni son intelligence… C'est l'incroyable écoute qu'il a adoptée. La première étape de cette approche est l'écoute pour chercher à comprendre la personne qui est en face de lui. La deuxième étape est la capacité à poser des questions de plus en plus approfondies à la femme qu'il a en face de lui. On ne le sent pas pour autant intrusif. Car il n'en pose pas tant que cela. Le résultat est double : 1/ Thomas « s'intéresse vraiment », et ça change tout. 2/ Thomas permet aux femmes de se poser des questions qu'elles ne se posent même pas forcément sur elles-mêmes : ils les révèlent à elles-mêmes. C'est le principe même de l'état amoureux. L'état amoureux nous transforme en un être plus sensible, plus ouvert et nous amène donc à nous percevoir comme quelqu'un de nouveau (relisez la neuro-biologiste Lucy Vincent).

Explications !

Thomas, qui s'est bien exercé, est très attentif aux réactions de sa partenaire. Ses questions sonnent juste. Il cherche à comprendre la singularité de la femme qu'il a en face de lui. Il réussit ainsi à toucher l'être profond qui est en elle. Thomas pose ses questions de manière très positive et valorisante. Son interlocutrice se retrouve à s'interroger sur des sujets liés à ses aspirations personnelles. Thomas lui permet d'analyser ses objectifs, sa vérité, ses valeurs. Elle a alors l'impression d'être éclairée, intelligente. En fait, elle est simplement révélée à elle-même par un cheminement intellectuel approfondi et rondement mené : Thomas a su la valoriser. Elle a en face d'elle quelqu'un qui est complètement disposé à la faire parler de ce qui lui tient vraiment à cœur. Immanquablement, la femme tombe éperdument amoureuse de Thomas, qui, s'il est sincère dans son approche, n'en est pas moins un conquérant de l'âme humaine.

Lorsque l'on veut aimer, on veut être relié à un autre. Toute cette disposition d'écoute permet de créer ce pont indispensable pour que « ça circule » entre les deux êtres.

Il faut comprendre que chacun d'entre nous possède des qualités évidentes et largement reconnues, et d'autres qui sont plus enfouies et n'ont pas encore été perçues par le regard d'autrui. Ce sont ces dernières qui sont révélées par Thomas. Il renforce quelque chose d'extrêmement intime : la confiance en soi. La femme qui pose alors son regard sur Thomas l'associe à cette nouvelle perception valorisante d'elle-même. Thomas est le miroir, dans lequel elle contemple son nouveau reflet. Et elle ne peut lui être que reconnaissante.

Comment ça marche ?

L'incroyable écoute, c'est, très pratiquement, savoir comprendre l'autre en posant des questions ouvertes, centrées sur l'autre personne, son parcours, son ressenti, en l'amenant à parler d'elle-même, de ses motivations dans la vie, de ses valeurs. Vous déplacez subtilement la conversation du général à l'intime en utilisant votre capacité à vous intéresser à l'autre. Il ne s'agit pas de votre capacité à vous mettre à sa place, mais tout simplement de votre intérêt à cerner cette personne en posant des questions intéressantes.

La personne s'exprime comme jamais auparavant, elle se confie et se pose grâce à vous des questions qu'elle ne s'était jamais posées sur elle-même. Elle se sent différente, intéressante, écoutée : cela lui fait du bien, elle va vite en redemander !

L'écoute, c'est non seulement une attention portée aux paroles de votre interlocuteur et aussi à sa gestuelle qui prouvera votre attention.

L'incroyable écoute en pratique : le cas de François

François est extrêmement maladroit pour tout ce qui touche à la vie courante. Ce qui lui a souvent valu le surnom de «Gaston Lagaffe », surnom dont il plaisante lui-même. Lorsqu'Édith l'a rencontré (un copain de copain, et ils sont tous attablés à la terrasse d'un café), elle a été immédiatement séduite. Édith n'était pas forcément le genre de femme qui plaisait à François, mais elle a utilisé la technique de l'incroyable écoute en réalisant quelques exercices de la méthode pour s'entraîner, et c'est comme cela qu'une longue histoire a commencé. La voici :

Édith a commencé la conversation en disant qu'elle avait entendu parler de son surnom. Et elle n'a pas manqué de sourire, voire de rire, à ce surnom qui en effet n'était pas volé, lui dit-elle en le voyant devenir maladroit en sortant une cigarette.

Édith s'est mise à l'interroger sur cette maladresse. Et pour ce faire elle ne lui a pas dit : « Mais pourquoi tu fais tout tomber », elle lui a demandé : « C'est incroyable à quel point tu es toujours en mouvement ! Comment fais-tu pour avoir une telle énergie ? »

François ne s'était jamais vraiment posé cette question-là. Dans tous les cas de cette manière-là. Le voilà donc en mode « introspection », qu'il a peu l'habitude de pratiquer. Et cela le change de l'habituel sarcasme de son entourage ou de ces joutes verbales rigolotes, certes stimulantes, mais dénuées de profondeur.

Édith continue avec ses questions et, de fil en aiguille, elle s'aperçoit que François est toujours à la recherche de quelque chose à faire pour faire plaisir aux personnes qui l'entourent (une chaise pour un nouvel arrivant dans le groupe alors qu'ils sont au café, il propose de garder les courses d'une femme qui a une autre course à faire…). Et elle lui en fait part. Il se confie alors sur le fait que, malheureusement, sa maladresse lui gâche parfois ses effets, le rendant mal à l'aise et l'incitant à se moquer de lui-même. Aussi Édith a-t-elle cessé d'en rire pour souligner la qualité des efforts qu'il réalise en dépit du verre brisé ou des cendriers renversés ! Lui se sent en confiance et continue à se confier. Il parle d'une expérience heureuse, d'une autre expérience malheureuse. Puis il cherche alors à en savoir plus sur cette femme qui le connaît déjà si bien, en si peu de temps. Par ailleurs, lorsque l'occasion se présente parce qu'il a construit lui-même un objet, elle ne manque pas de souligner à quel point il est habile de ses mains.

Permettre à votre partenaire de reconnaître une qualité particulière chez lui, en la reconnaissant vous-même, fait de vous quelqu'un de précieux. Mais le plus important, c'est qu'Édith, très séduite par son grand maladroit, a créé un pont où les émotions circulent, et notamment celles de François, qui, sensibilisé à cette ouverture particulière, se sent compris et s'ouvre lui aussi à Édith.

S'y prendre comme un journaliste

LE CONSEIL DE FLORENCE

Inspirez-vous des techniques journalistiques pour parfaitement comprendre ce qui fait avancer et courir l'objet de votre convoitise. Posez des questions ouvertes et précises comme si vous étiez l'intervieweur d'une star et que vous cherchiez à comprendre son ressenti sur son dernier film ! Ne soyez pas pour autant exhaustif, ce n'est pas une enquête ! Vous, ce qui vous intéresse, c'est « Pourquoi ? » et « Comment ?

Faites-lui dire pourquoi il ou elle pense comme cela, réagit comme il/elle le fait, agit de cette manière et pas d'une autre. Si vous vous sentez mal à l'aise à l'idée de bombarder quelqu'un de questions, rappelez-vous que votre interlocuteur aura sans doute beaucoup de plaisir à vous donner les détails que vous lui demandez… si vous en écoutez patiemment et avec intérêt les réponses ! En un mot : laissez-le/la s'exprimer !

N'OUBLIEZ PAS

L'écoute active, ou l'incroyable écoute, est fondamentale, car elle est une bonne manière d'entretenir un lien et d'approfondir la relation avec la personne qui nous plaît. Non seulement l'écoute active permet d'accéder, tout en douceur, à l'intimité de l'autre, mais en plus, elle montre à l'autre que sa personnalité en tant que telle nous intéresse, et, au-delà de cela, que nous cherchons à la comprendre.

Dix talents discrets, mais terriblement efficaces

Dans le *Journal of Research of the University of Maine*, le Dr Marisue Pickering a identifié les dix talents discrets de l'écoute active ou empathique. Nous vous les dévoilons ici :

1 - Être présent et montrer son attention : montrer à l'autre de façon non verbale que nous faisons attention à lui par le regard ou une attitude physique.

2 - Énoncer à nouveau et paraphraser : répondre à ce que dit l'autre en répétant ce qu'il dit avec vos propres mots.

3 - Rebondir : réagir à ce que dit votre interlocuteur en révélant des expériences, pensées ou sentiments personnels abondant dans son sens.

4 - Interpréter : tenter d'interpréter les sentiments, désirs ou propos de l'autre pour montrer qu'on cherche à le comprendre.

5 - Résumer et synthétiser : évoquer ensemble des sentiments et expériences en trouvant un angle d'approche.

6 - Sonder : poser des questions pour encourager l'autre à s'exprimer, chercher à en savoir davantage et essayer d'éclaircir les éventuelles confusions.

7 - Réagir verbalement : partager votre perception des réflexions ou sentiments de l'autre. Révéler des choses intimes de manière pertinente.

8 - Soutenir : montrer sa compréhension et son intérêt à sa façon.

9 - Vérifier ses perceptions : vérifier si ce qu'on a perçu de l'autre est juste et précis.

10 - Garder le silence : donner à l'autre le temps nécessaire pour y fléchir et s'exprimer.

Pour aller plus loin

Pratiquez l'incroyable écoute et donnez un tour romantique à la conversation :

- en ayant les bons gestes (voyez au chapitre 7 ce qu'il faut savoir sur le langage du corps)
- en glissant que vous êtes touché(e) par ce que vous entendez.

La technique des questions ouvertes

Une question ouverte commence par :

- Comment ;
- Pourquoi ;
- Qu'est-ce qui vous a amené à…

Elle est encore meilleure quand vous y incluez ce que vous venez d'entendre : « Ah bon, tu as fait ton stage de fin d'étude en coopération internationale ? Qu'est-ce qui t'a décidé à suivre cette voie ? ».

Elle implique une réponse plus élaborée qu'un simple « oui » ou « non » ou « au Mali ».

Une question fermée : « Où est-ce que tu as fait ton stage de fin d'étude ? » => réponse : « Au Mali. »

Une question ouverte : « Pourquoi as-tu été attiré par la coopération ? » => réponse : « Eh bien, d'abord, bla bla bla, ensuite, etc. On reprend un verre ? ».

Plus basique :

Une question fermée : « Ça va ? » => réponse : « Oui ».

Une question ouverte : « Qu'est-ce qui vous rend si joyeux aujourd'hui ? »…

Ne cachez pas votre intérêt !

Soyez clair(e), et précisez que vous aimeriez poursuivre cette conversation passionnante, justement parce que la personne vous intéresse PLUS que les autres. « Vous êtes la première femme que je rencontre qui a une sensibilité qui me touche » ou « vous m'avez vraiment fait rire ce soir… ».

Toi + moi = nous

LE CONSEIL DE FLORENCE

Dans la conversation, utilisez le mot « nous », qui crée un lien entre vous. Notez qu'on marque aussi immédiatement les genres : « vous êtes la première femme », et non « la première personne ». Il existe mille moyens de faire monter une tension pleine de promesses lors d'un tête à tête. Pour maîtriser les subtilités de la conversation romantique, rendez-vous au chapitre 13 !

Attention à ne pas virer au bon copain ou à la bonne copine !

ATTENTION

Ne tergiversez pas trop quand vous draguez, avant de passer aux choses sérieuses, sous peine de devenir le bon copain ou la bonne copine de service, sur qui votre cible s'épanchera chaque fois qu'il ou elle aura un problème de cœur. Ce n'est pas ce que vous voulez ! Car une fois devenu leur confident, toute tension romantique ou sexuelle s'évanouit pour faire place à une relation amicale.

N'OUBLIEZ PAS

Développer une relation de grande amitié avec un homme ou une femme dans le but de le ou la séduire est une tactique vouée à l'échec !

Nous avons chacun plusieurs rôles et fonctions. En amour, on joue soit un rôle d'homme et de femme, soit celui de la bonne copine ou du meilleur copain, mais pas les deux à la fois, tout simplement parce que le langage du corps n'est alors pas le même.

De l'amitié à l'amour : pour ne pas rester « bons amis »

LE CONSEIL DE FLORENCE

C'est une situation un peu délicate, car il est difficile de faire marche arrière quand l'amitié s'est installée.

- Il vous faut changer son regard sur vous : sans être soudainement froid ou agressif, il faut immédiatement apprendre à doser votre sympathie pour laisser place à la séduction.
- Renforcez votre propre assurance (revoyez les chapitres 2 et 3) pour vous (re)trouver vous-même séduisant(e).
- Faites-vous désirer en prenant de la distance : soyez moins disponible, choisissez ensuite le lieu et l'heure de vos rendez-vous (pas tout à fait les siens : il faudra qu'il/elle s'adapte).

- Lors de vos rendez-vous suivants, n'entrez pas dans son jeu, posez des limites (comme ne plus accepter d'être le ou la confidente sur ses autres relations amoureuses, par exemple).
- En mode amical, on a tendance à mettre en veilleuse les différences de genre pour établir la relation sur un terrain neutre. En mode séduction : renforcez-les. Soyez viril, soyez féminine, pensez « conquête » !
- Surprenez-le, surprenez-la en changeant de cadre, de coiffure, de look, pour marquer la coupure de vos anciennes habitudes amicales. Il/elle doit vous voir d'un œil neuf.
- Affichez rapidement et clairement vos intentions grâce au langage du corps, dont je vous expose toutes les clés au chapitre suivant.
- Intéressez-vous aux autres. Sans pour autant vous jeter au cou d'inconnus, ne soyez plus suspendu(e) à ses lèvres, mais prêtez une attention toute particulière aux autres autour de vous, surtout ceux ou celles qui semblent avoir déjà une inclinaison en votre faveur. Si vous êtes désiré(e) par d'autres, vous n'en serez que plus précieux(se) à ses yeux.

Tout mais pas ça !

En mode « drague », on amène la conversation sur le terrain de l'intime et des valeurs, mais on s'abstient formellement :

- de parler de ses ex, fussent-ils nombreux, charmants, ou au contraire inexistants ;
- de ses échecs (et de ses succès !) sentimentaux ou sexuels ;
- de dérouler son CV, de demander le sien à son partenaire ;
- de ne parler que de soi ;
- de le/la bombarder de questions façon inquisition : une conversation est un échange agréable, un ping-pong plaisant, pas un interrogatoire de police ;
- de parler sans discontinuer pendant 10 minutes (c'est soûlant).

Homme ou femme, pas les mêmes moteurs

Plus vous valorisez quelqu'un, plus son intérêt pour vous croît. Or, les hommes et les femmes ne se sentent pas valorisés par les mêmes choses. Voici un bon principe qui va beaucoup vous servir ici :

- Un homme a besoin de sentir qu'il peut vous rendre heureuse
- Une femme a besoin de sentir que vous la trouvez intéressante.

La clé du cœur d'Elsa

Elsa est une jeune femme d'une trentaine d'années, active et indépendante, elle travaille dans l'aménagement du territoire, un milieu très masculin, où elle aime être féminine. Mais il n'est pas facile de la séduire. Elle est souvent courtisée et reste la plupart du temps sur ses gardes.

Olivier travaille dans la fonction publique. Ils se rencontrent un matin lors d'un week-end organisé par des amis communs. Elle est arrivée tôt la veille, lui très tard et leur première rencontre se passe autour de la table du petit déjeuner. Ce sont les deux premiers et seuls levés.

Elle voit arriver un homme qui, physiquement, n'est pas spécialement son type. Elsa a une certaine carrure et respire la santé et lui est plutôt chétif. Il arrive avec une tête pas fraîche, vêtu d'un vieux T-shirt plus très blanc. Pour l'instant, rien ne prédispose à une belle rencontre. Et pourtant !

Olivier, fraîchement sorti de ses entraînements aux exercices de la `methode-florence.fr`, va user et abuser de l'incroyable écoute. C'est la première fois qu'il l'utilise, nous confie-t-il. Et elle tombe KO en moins de 45 minutes !

Explications :

Après les présentations, Elsa l'interroge, assez banalement, sur son métier. Et voici ce qu'il répond, nous écrit-il dans son témoignage :

« Plutôt que de te répondre sur la nature de mon travail, laisse-moi tout d'abord m'intéresser au tien. Mais ne me dit pas ce que tu fais, je dois deviner. »

Et le voici parti avec ses questions étonnantes où il cherche à cerner sa personnalité. Elle coordonne actuellement un projet de démolition de tours de vingt-cinq étages dans un quartier sensible. Lui peine joyeusement à cerner son métier alors il l'invite à lui glisser des indices ici et là. Le jeu est palpitant. Elle lui parle démolitions, lui alors la surnomme « Nikita ». Ils se cherchent et s'amusent beaucoup.

Olivier utilise l'incroyable écoute car il profite de ce petit jeu pour chercher à la comprendre et elle adore cela. Elle est prise ! Il s'est intéressé à elle sous l'angle de ce qui la motivait, la passionnait, la faisait rire, la révoltait. Elle a dû parfois réfléchir à certaines questions qu'elle ne s'était même pas posées elle-même, sur son amour des grands espaces, ce qu'elle aimait dans les quartiers, pourquoi elle restait à ce poste.

Elle est tombée amoureuse. Tellement fortement que, quelques mois plus tard, quand l'histoire d'amour se terminera, elle mettra des mois à l'oublier. Lui était finalement un vrai séducteur. Il avait tout compris de cette technique formidable qui fait fondre ses interlocutrices. Et Elsa n'était pas encore la femme de sa vie, nous confie-t-il.

Ce qui signifie que, dans les premiers temps d'une relation :

- Une femme devra se montrer sous son jour le plus positif : facile à satisfaire (on ne parle pas de sexe ici évidemment), enthousiaste, heureuse d'être là.
- Un homme exprimera son intérêt pour sa compagne, en lui demandant ce qu'elle pense de tel ou tel sujet et en écoutant attentivement ses réponses.

Pour séduire une femme

Souriez en la regardant avec admiration. Soulignez les traits de sa personnalité en marquant à quel point cela la rend spéciale par rapport aux autres (femmes) : « C'est formidable de rencontrer une femme qui sait apprécier les bonnes choses », « Je suis impressionné par tel talent, c'est rare ». Intéressez-vous à ce qu'elle pense : « Que pensez-vous de ce vin ? », et si vous comprenez vite que l'œnologie est loin de ses préoccupations, demandez-lui ce qu'elle aime boire ou manger. Ou si vous vivez une situation particulière, vous êtes dans un contexte qui sort de l'ordinaire, vous pouvez également demander : « Que penses-tu de cette situation ? ».

Le plus important : intéressez-vous à ce qu'elle aime. Vous aurez ainsi l'occasion de créer de la complicité car elle va laisser s'exprimer ses plus profondes émotions.

Faites ressortir sa féminité

Faites en sorte qu'elle se sente consciente et heureuse d'être une femme ! Bien amenée, c'est une attitude rare, d'autant plus surprenante et bienvenue. Il ne s'agit pas de la draguer à l'ancienne avec des remarques déjà trop entendues sur son physique sexy, mais de faire ressortir, au cours de la conversation, en lui posant des questions sur elle, sa vie, son parcours, ce qu'elle a de plus particulièrement féminin.

Montrez que vous vous intéressez à son point de vue en tant que femme :

- « Je suis curieux d'entendre le point de vue d'une femme comme toi sur ce sujet ».
- « J'apprécie la compagnie d'une femme. C'est un autre point de vue sur la vie. C'est enrichissant » (ou rassurant, différent, plus nuancé… à vous de trouver ce que son point de vue personnel a de particulier).

Faites craquer un homme

- Interrogez-le sur ses motivations, ses moteurs, ses valeurs, le pourquoi de ses décisions.
- Exprimez votre plaisir d'être en sa compagnie en souriant, en riant à ses plaisanteries, en abusant des expressions approbatrices : « J'aime beaucoup... », « Je suis heureuse que... », etc.
- Intéressez-vous à ce qu'il sait faire : « Où as-tu appris à faire... ? », « Qu'aurais-tu fait dans cette situation ? », etc.

Et le plus important, qui vaut pour les deux sexes : intéressez-vous à ce qui le/la passionne, à ce qui l'anime dans la vie. Vous aurez ainsi l'occasion de créer de la complicité et de le voir s'exprimer sur ce qui le fait « courir ». Ce qu'il dira vous intéressera mais, de plus, il vous sera gré de le faire parler de ce qu'il aime tant. La logique amoureuse veut qu'on aille vers l'autre. Lui montrer de l'intérêt, c'est déjà rentrer dans cette logique. Dans les exercices d'autocoaching de la méthode florence, je pousse mes clients dans ce sens-là, je les encourage à communiquer, à écouter l'autre pour rentrer chaque fois un peu plus intensément dans l'échange. Celui-ci peut rester simple, mais l'autre se sent compris. C'est là l'essentiel.

Charlène, amoureuse d'un de ses bons amis

Charlène a 31 ans. Elle n'a visiblement pas de problèmes particuliers pour séduire... sauf celui qui lui plaît ! Eh oui, elle est tombée amoureuse d'Ugo, un de ses amis qu'elle fréquente depuis quatre ou cinq ans. Ils ont une belle relation amicale où ils se faisaient part de leurs déboires amoureux jusqu'à un « week-end canoë » ensemble où elle s'est rendue compte que c'était l'homme de sa vie. « Mais comment le séduire ? nous écrit-elle sur le site `love-intelligence.fr`, voilà quatre mois que je bouillonne intérieurement. Faut-il que je me déclare ? »

Le conseil de la coach

Pour séduire un ami, il faut respecter une règle : créer une rupture dans son propre comportement pour que l'autre arrête de vous considérer comme son meilleur pote.

Je réponds au coaching e-mail de Charlène et lui recommande par écrit trois orientations :

- de ne plus accepter les plans de dernière minute avec lui tard le soir. De ne plus accepter de simples cinés ou plans bar/drague.
- de se faire distante pour créer le manque. C'est à lui de l'appeler dorénavant et de chercher à comprendre pourquoi elle ne l'appelle plus comme avant.
- d'être ultra féminine sans pour autant être provocante, la prochaine fois qu'elle le voit.

Instiller le doute

Je décourage Charlène de faire une déclaration, c'est trop brutal et rarement efficace dans un tel contexte. Il faut en revanche que la rupture dans son comportement soit telle qu'Ugo en vienne à douter de ce qu'il se passe en elle.

Quand Ugo lui demande ce qu'il se passe, elle lui répond simplement : « Je ne sais pas très bien, je me sens une autre femme en ce moment et j'ai moins envie qu'avant d'être qu'entre copains. » Laissons déjà Ugo réfléchir à cela.

Ce qui compte pour Charlène, c'est de semer une certaine ambiguïté pour que, doucement, Ugo en vienne par lui-même à comprendre qu'il se trame quelque chose. Il faut que cette idée fasse son chemin dans son esprit.

On ne lâche rien, pas maintenant !

Charlène nous réécrit deux semaines plus tard pour nous raconter qu'Ugo est furieux, qu'il lui en veut de sa distance et de son changement d'attitude. C'est, je crois, très bon signe. Il est nécessaire qu'il comprenne que sa Charlène n'est plus son meilleur pote, mais une femme que l'on séduit. Je recommande à Charlène de tenir son cap, de ne rien lâcher. De ses écrits je perçois qu'elle est très importante pour lui. Et, pour Charlène, c'est une évidence : ils sont faits pour être ensemble. Moi je crois en leur histoire. Je l'amène à réfléchir sur le fait qu'elle peut encore durcir sa position et ne plus l'appeler, ou rester très distante. Surtout, ne pas se confier pour que cette histoire ne s'ébruite pas jusqu'à ses oreilles. Les grandes vacances arrivent et Charlène est prête à accepter l'invitation annuelle de leur groupe d'amis. Je l'amène à lui faire prendre conscience de ses besoins. Elle réalise qu'au fond, elle n'a aucune envie de partir à six dans un appart en Espagne pour sortir tous les soirs et voir son Ugo draguer les étrangères comme l'année précédente.

Troisième acte : entrée de la nouvelle Charlène

Finalement, à la rentrée, Ugo a invité Charlène au restaurant. Elle nous a écrit la veille pour nous demander conseil. Je propose à Charlène de réfléchir à ce qu'être une femme veut dire par rapport à être une bonne copine. Qu'est-ce que cela veut dire en termes de posture face à l'autre ? Je la laisse méditer puis l'aide un peu. Elle parvient finalement à créer un léger mystère autour de cette nouvelle Charlène. Car elle est une nouvelle Charlène. La bande de potes ne l'amuse plus, les histoires amoureuses ultra courtes non plus. Je lui dis qu'elle a tout en mains pour séduire Ugo. Je lui propose d'être assez peu volubile et de laisser son Ugo venir à elle, lui poser des questions, s'intéresser. L'histoire se termine bien même si cela a pris encore un peu de temps. Car il fallait qu'Ugo mûrisse. Il a pris peur de l'engagement. Il est tombé amoureux de Charlène à la rentrée mais a compris que « ça pouvait être la dernière ». Leur histoire n'a pas démarré comme prévu. Ugo n'était pas prêt. Ce n'est que quelques mois plus tard, tandis que Charlène commençait à en avoir d'autres en tête, qu'il l'a embrassée fougueusement alors qu'elle sortait un matin de chez elle.

Chapitre 7

Le langage du corps, une arme fatale

Dans ce chapitre

- Tout ce qu'il faut savoir sur le langage du corps, sans pour autant vous transformer en automate !
- Vous apprendrez à repérer les gestes de la drague, pour savoir si votre cible est sensible à votre charme
- Vous allez faire parler votre voix, sans prononcer un mot
- Vous saurez tout des zones de confort

Laissez parler votre corps

Le langage du corps, les émotions et les sentiments qui se lisent sur notre visage sont décisifs à 55 % dans les jugements portant sur la sympathie. Lors des premières secondes d'une rencontre, c'est comme un flash qui nous parvient, une couleur, un style, une aura. On perçoit la personne globalement, sans intervention de la raison : ce sont d'abord nos sens qui sont mobilisés.

LE SAVIEZ-VOUS ?

Lorsque vous dites quelque chose, la compréhension de votre message ne dépend pas seulement des mots que vous choisissez. Ils sont même relativement peu importants. En effet, ils ne comptent que pour 7 % dans la compréhension de votre message. Le reste passe par :

- le langage du corps,
- les mimiques,
- la manière dont vous hocherez la tête ou pas,
- les mouvements des mains,
- et à 38 %, par le ton de votre voix !

LE SAVIEZ-VOUS ?

C'est Albert Mehrabian, professeur de psychologie à l'Université de Californie à Los Angeles, qui a formulé en 1965 ce principe que l'on appelle aujourd'hui la « règle des 7 %-38 %-55 % ». Et si cette règle est bien entendu à prendre avec circonspection si vous êtes conférencier ou enseignant – car dans ce cas, le sens des mots choisis importe réellement –, elle s'applique particulièrement bien au domaine de la drague !

Les bases du « body langage »

Les attitudes positives, qui marchent en toutes occasions :

- Se tenir droit et en position ouverte : le buste « ouvert » droit (les bras décroisés) ;
- Une attitude avenante ;
- Afficher un sourire ;
- Établir un contact visuel : regardez la personne dans les yeux !

Tableau 7-1 : Les attitudes positives et négatives en Amour

Les attitudes positives en amour	*Les attitudes négatives en amour*
Le regard	

Les attitudes positives en amour	*Les attitudes négatives en amour*
La posture	

La gestuelle	

Le sourire	
	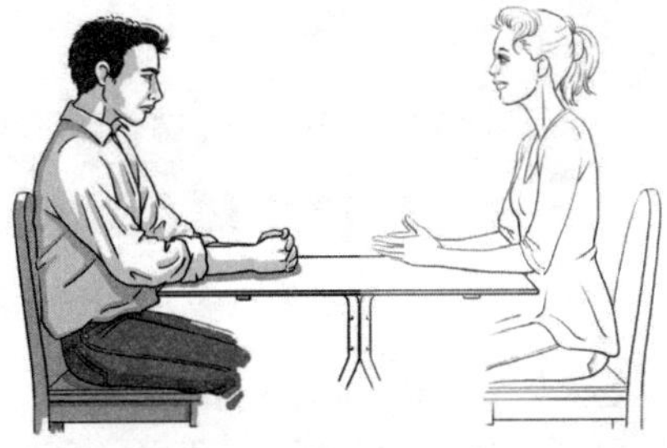

Lorsqu'on passe à la séduction

- **Plongez vos yeux dans les siens**, d'abord rapidement, jamais trop longuement si vous n'avez pas encore entamé la conversation. Faites des pauses. Ne fixez pas votre cible sans répit ou sans expression non plus : vous auriez l'air d'un(e) psychopathe, mais faites-le tout de même assez longtemps pour que vos intentions d'engager la conversation soient claires. Lorsque vous parlez ensemble, regardez-le, regardez-la en faisant sourire vos yeux en les rendant pétillants, vifs, complices ou coquins.

- **Souriez. Souriez encore. Souriez plus.** Puisque vous êtes heureux(se) de rencontrer cette personne et de converser avec elle : affichez cet état sur votre visage. Inutile de rire aux éclats, mais illuminez votre visage d'un beau sourire à la fin de certaines phrases par exemple.
- **Touchez vos cheveux, rajustez vos vêtements :** le cerveau préhistorique de votre partenaire enregistre inconsciemment une invitation à faire de même.
- Lorsque la conversation est bien entamée et que vous glissez vers des sujets plus intimes, **rapprochez-vous, penchez-vous vers lui, vers elle :** réduisez la distance.

Soyez attentif(ve) aux signaux que votre cible vous renvoie : copie-t-il / elle vos gestes ? S'est-il / elle rapproché(e) ?

LE CONSEIL DE FLORENCE

Dans ce cas (seulement), trouvez des raisons au cours de la conversation pour lui toucher la main ou le bras « accidentellement ». Excusez-vous d'un sourire et observez sa réaction. Si il ou elle sourit également, vous êtes sur la bonne voie. Même si c'est une mauvaise habitude, pas terrible au niveau de la séduction, il faut avouer que les fumeurs partent sur ce sujet avec une longueur d'avance, et mille prétextes tout trouvés pour effleurer les mains de leur future conquête. Ne vous mettez pas à fumer pour autant, mais sachez saisir l'occasion quand elle se présente.

Les avantages imprévus de la galanterie à la française

POUR LES HOMMES

Les règles de la galanterie sont riches d'occasions de faire subtilement se rencontrer vos corps, en tout bien tout honneur, lorsque par exemple vous lui ôtez son manteau ou vous la guidez dans une foule. Vous en trouverez les essentiels au chapitre suivant.

Si vous n'êtes pas encore dans la situation adéquate (bar, restaurant, promenade…), empruntez-lui quelque chose, de préférence son stylo, surtout si vous en profitez pour noter son numéro. Si vous êtes un peu effronté(e), empruntez-lui son téléphone portable pour y entrer directement votre numéro.

La drague au travail

Si vous êtes sur votre lieu de travail, évitez les effleurements qui, dans certains cas, pourraient s'apparenter à du harcèlement. Si l'un(e) de vos collègues vous plaît, flirtez plutôt du regard, soyez spirituel(le) quand vous travaillez ensemble sur un dossier ou bien trouvez une occasion sympathique pour proposer une activité ou un rendez-vous à l'extérieur : ne tentez rien sur place ! La drague au travail étant un exercice courant, aussi risqué qu'excitant, lisez la section qui lui est consacrée, chapitre 12.

Encore plus de marge de manœuvre pour elles !

À ce petit jeu presque innocent, les femmes ont l'avantage : on les soupçonne rarement de vouloir abuser physiquement des hommes. Elles ont donc plus de liberté pour inventer toutes sortes d'occasions pour toucher l'objet de leur attention, fussent-elles de grandes timides.

- Tendez-lui un journal pour lui montrer un article intéressant.
- Demandez à voire sa montre, si elle est originale. Il devrait vous tendre le poignet avec diligence, que vous pouvez alors prendre dans votre menotte pour observer ce bijou sous toutes ses coutures.
- Si vous portez des lunettes tous les deux, faites une remarque amusante sur la vie dans le flou, et demandez à essayer ses montures, pour voir si elles vous vont. Faites de même avec ses lunettes de soleil.
- Mettez à profit les situations dans lesquelles vous avez réellement besoin d'un coup de main : votre « détresse » fait vibrer le chevalier qui dort en lui, et vous donne tous les prétextes pour effleurer les bras et les mains de votre sauveur. Une technique inusable pour les femmes de petite taille, qui ont toujours du mal à attraper les produits situés en haut des rayonnages quand elles font leurs courses. Pour les plus grandes : lorsque vous fréquentez un univers masculin, un magasin de bricolage par exemple (un garage automobile, etc.), véritables nids de gentlemen au grand cœur, ils se feront un plaisir de vous aider à charger ce grand seau de peinture dans votre Caddie !

Diane et le bras secourable

Diane, une grande chipie de 35 ans, a une technique formidable pour voler un moment tout à fait propice au badinage. Au cours de ses soirées, il arrive toujours que quelqu'un de sa bande propose de « bouger » vers un autre bar, une autre soirée. Perchée sur ses hauts talons, elle s'approche de sa cible, soupire, et lance, en toute « innocence » : « Je risque de me fouler une cheville sur ces pavés. Pourrais-tu me donner le bras ? Je crois que je vais avoir besoin d'un pilote. » Le pilote en question est toujours trop heureux de se voir offrir une occasion en or de jouer les gentlemen. Toute la subtilité de Diane est ensuite de ne plus rien tenter de trop sexy : c'est à l'homme d'agir. Elle se contente d'engager une conversation en cherchant à comprendre la personnalité à qui elle a affaire. Même les plus distants (en fait, surtout eux) n'y résistent pas.

La synchronisation ou l'effet miroir

La synchronisation est un moyen d'être littéralement en phase avec quelqu'un, en lui renvoyant une image miroir de lui-même. Cela aide à dissiper sa méfiance naturelle et envoie à son cerveau un message de confort et de bien-être à la fois rassurant et très engageant.

Comment ça marche ?

Pour être en synchronisation, il est nécessaire de s'accorder à l'autre, c'est-à-dire de faire les mêmes choses (bouger la main gauche s'il bouge la main gauche) et de refléter l'autre (se mouvoir comme si on était son reflet dans le miroir : bouger la main gauche s'il bouge la droite). On aura tendance à s'accorder avec quelqu'un lorsqu'on est à côté de lui et à le refléter lorsqu'on est en face de lui. Ceci dit, l'objectif n'est pas d'imiter l'autre en le singeant mais en se synchronisant avec lui. Restez discret(ète). De toute façon, c'est un réflexe assez automatique.

Ces signaux non verbaux sont nécessaires pour se sentir à l'aise et se rapprocher de l'autre plus rapidement. Respectez néanmoins votre rythme. Soyez en phase avec le degré d'intimité de votre relation.

Voici divers éléments de synchronisation possible :

- La position du corps et les gestes ;
- L'inclinaison de la tête ;

- L'expression du visage ;
- L'humeur ;
- Le ton et volume sonore de la voix ;
- La vitesse d'élocution ;
- La respiration.

Bonne nouvelle : c'est quasiment instinctif : rassurez-vous, vous n'aurez pas à vous focaliser sur ces gestes lors de vos rencontres, la synchronisation se fait de manière assez inconsciente et naturelle. Notre cerveau possède en effet des neurones-miroirs, dévolus normalement à l'apprentissage, qui nous amènent naturellement à reproduire les gestes et émotions des personnes dont nous nous sentons proches – ou dont nous voulons être proches.

Aiguisez votre sens de l'observation, devenez un profiler

Ses gestes, ses positions, ses mots peuvent vous en apprendre long sur son caractère et son mode de vie. Observez sa façon d'être, de parler, de se comporter. Vous apprendrez ainsi beaucoup sur cette personne.

Se tient-elle droite ou a-t-elle tendance à rentrer les épaules ? Utilise-t-elle un niveau de langage courant ou a-t-elle un vocabulaire soutenu ? Fait-elle de longs gestes déliés ou au contraire secs et rapides ?

Toutes ces informations, notre cerveau les perçoit et nous indique naturellement comment ajuster notre comportement. Je n'aime pas trop l'idée de changer de comportement en fonction de son interlocuteur. Néanmoins, vous remarquerez que vous n'aborderez pas un timide comme un fort en gueule, sans même vous en rendre compte. Un simple « Salut ! » vous assure mieux l'attention de quelqu'un qui utilise habituellement un langage familier qu'un « Ravi(e) de faire votre connaissance, Untel », qui lui paraîtra ampoulé. Vous pourrez prendre votre temps avec une personne qui n'économise pas ses paroles et ses gestes, tandis que celle qui semble avant tout rechercher l'efficacité s'agacera de ne pas savoir où vous voulez en venir, etc.

Le regard, une arme fatale !

Vous êtes déjà en pleine conversation avec quelqu'un qui vous plaît ? Vous sentez qu'il/elle n'est pas tout à fait insensible à votre charme ? Osez le/la regarder dans les yeux. Il/elle ne détourne pas tout de suite le regard ? C'est très bon signe. Tout en parlant, continuez à regarder cette personne droit dans les yeux et avec chaleur. Il faut véritablement plonger dans son regard. Quand on séduit, que l'on est amoureux ou dans une situation très agréable, le diamètre de nos pupilles s'élargit. L'autre, de manière inconsciente, le perçoit et cela nous rend plus attirant.

Vous pouvez donc jouer de vos prunelles pour conquérir l'élu(e) de votre cœur. Pour dilater vos pupilles, promenez de temps à autre votre regard sur son visage en passant de sa bouche à ses yeux (c'est un jeu érotique que conseillent certains psys américains pour créer le désir en l'autre).

Attardez-vous sur les zones que vous trouvez particulièrement séduisantes avant de replonger vos yeux dans les siens. Attention toutefois à ne pas descendre votre regard trop bas, surtout face à une femme, vous passeriez pour un rustaud !

Un exercice qui vous en apprendra beaucoup sur le langage du corps

Partout où vous en avez le loisir, observez attentivement les gens autour de vous et tentez de repérer comment ils se sentent, vis-à-vis de quel interlocuteur ils ont des atomes crochus. Recherchez les indices de leurs sentiments dans leur façon de se comporter et dans leurs gestes. En apprenant à les repérer sur des inconnus, vous saurez déceler ces mêmes gestes chez celui ou celle qui vous intéresse.

Les signes que vous devez chercher

Vous vous demandez si votre approche est la bienvenue, si telle ou telle personne est libre, si elle apprécie votre conversation… Voici les clés pour savoir si vous devez « y aller », continuer, persévérer, ou au contraire abandonner (poliment) le navire.

Comment savoir si quelqu'un est libre ?

C'est assez facile : ceux qui aimeraient être séduits le montrent le plus souvent !

- Ils ont fait un effort vestimentaire, les hommes sont rasés, ont mis une chemise, quelque chose d'un peu différent du quotidien. Les filles ont mis des boucles d'oreilles, sont coiffées, ont mis du rouge à lèvres. Reconnaissez-le, on ne s'apprête pas ainsi pour beurrer des sandwichs ! C'est un effort pour être remarqué : remarquez-le donc, on vous en saura gré.
- Ceux et celles qui aimeraient qu'on les aborde se tiennent droits, semblent un peu aux aguets et regardent souvent autour d'eux. Profitez-en pour croiser leur regard (en souriant).

Comment savoir si vous lui plaisez ?

Cherchez un faisceau d'indices, plutôt qu'un seul. Repérez en trois au minimum, plus si possible avant d'enclencher la vitesse supérieure.

Il ou elle :

- Vous regarde quand vous parlez ;
- Vous sourit ;
- Imite certains de vos gestes, votre position ou vos intonations de voix ;
- Rit avec vous ;
- Se touche le visage, les cheveux, les vêtements quand vous lui parlez ;
- Se rapproche de vous, ou avance ses jambes, ses bras ou ses mains dans votre direction ;
- Vous touche « accidentellement ».

Bastien se demande quand il peut embrasser une fille

Bastien est un jeune séducteur en herbe de 21 ans. Un physique à la Éric Cantona, du bagout, des étoiles dans les yeux, et un aplomb naturel qui fait des ravages en boîte. Sa technique, piquée dans une série TV (*How I Met Your Mother*, si vous voulez tout savoir) : aborder toutes les filles qui lui plaisent, avec le sourire, une bonne dose d'humour et de franchise, à la manière de Barney, l'un des personnages de la série. Les deux ou trois premiers rejets ont été un peu cuisants, mais maintenant, il n'y pense plus guère. Si cette fille n'a pas envie de parler avec lui, se dit-il à juste titre, une autre sera peut-être charmée. Et c'est effectivement ce qu'il se passe. Mais une chose l'intrigue encore, et il nous pose par écrit la question : comment savoir si c'est le bon moment pour l'embrasser ?

Voici mon conseil, si la jeune femme montre au minimum trois ou quatre des symptômes suivants, il y a de grandes chances pour qu'elle soit bien disposée à votre égard :

- Elle est tournée vers vous et sourit en vous regardant dans les yeux, ou en regardant votre bouche ;
- Elle se recoiffe ou se touche les cheveux ;
- Elle avance ses mains ou ses bras sur la table, vers vous, ou ses jambes sous la table, toujours vers vous ;
- Elle se caresse les bras ;
- Elle touche son visage ;
- Elle vous touche accidentellement.

Bastien, vous devez voir à présent où elle veut en venir, n'est-ce pas ? Dans ce cas, un peu de retenue, l'attente rend les moments [illegible]ivent encore meilleurs.

Il faut entrer progressivement dans son jeu. Pas trop vite, pour qu'elle n'ait pas l'impression que tout est déjà gagné. Ce ne serait plus drôle (pour elle).

Prenez le temps de « faire le miroir », histoire d'entrer progressivement dans sa zone de confort sans la faire fuir. Vous pouvez aussi effleurer ses bras, ses mains, ses cheveux. Sans vous y attarder. Ce qui fonctionne bien : remettre une mèche de cheveux en place. Si elle vous laisse faire, c'est très bien parti ! C'est aussi le moment de la rassurer, et de faire passer le message : « Oui, vous me plaisez. » Baissez la voix pour qu'elle se rapproche, et dites-le-lui à l'oreille. Car, du creux de l'oreille à la bouche, il n'y a que dix centimètres…

Comment savoir si « c'est plié » (ou mal engagé)

LE CONSEIL DE FLORENCE

C'est tout simple, c'est l'inverse ! Il ou elle :

- Regarde ailleurs, dans la salle, derrière votre épaule ;
- Ne sourit pas ;

- Se détourne de vous ;
- Bâille ;
- Croise les bras ou a les mains dans ses poches ;
- Serre son sac, son manteau contre lui (en fait, c'est souvent contre elle).

Dans ce cas : la personne est clairement tendue et n'est pas à votre écoute : essayez de la mettre à l'aise, en souriant et en changeant votre approche. Si les symptômes persistent, allez, toujours très poliment, voir ailleurs, où l'herbe est plus verte !

La zone de confort

LE SAVIEZ-VOUS ?

Suivant les rapports qui existent entre deux personnes, celles-ci vont être plus ou moins proches physiquement lorsqu'elles interagissent. On parle alors de distance sociale, qu'on appelle aussi « proxémie ». Elle varie suivant les pays et les situations. Si l'on prend nos pays d'Europe latine en référence, ces distances vont être plus importantes dans le Nord de l'Europe et plus encore en Asie où le contact physique est très peu fréquent. À l'inverse, la distance entre les corps est réduite dans le Sud, et particulièrement sur le continent africain, où les rapports humains peuvent être très proches sans manquement à la bienséance.

Sous nos latitudes, voici globalement les distances à respecter, selon la profondeur de vos relations :

- La sphère intime, de 15 centimètres à 45 centimètres, est celle de la famille, mais aussi celle des amoureux. On la franchit pour se chuchoter des choses agréables à l'oreille, pour se toucher, pour s'embrasser.
- La sphère personnelle, de 45 centimètres à 1,20 mètre, dans laquelle gravitent vos amis.
- La sphère sociale, de 1,2 à 3,6 mètres, entre vous et une simple connaissance.
- La sphère publique, à plus de 3,6 mètres, dans laquelle vous cantonnez les stricts inconnus.

Passez la frontière invisible

Chacune d'elles est limitée par une sorte de frontière invisible qu'il vous appartient de passer avec succès, en y entrant très progressivement, avant de vous y installer…

Ceci est particulièrement vrai pour les hommes qui, en entrant trop vite dans la sphère personnelle, ou la sphère d'intimité d'une femme, peuvent paraître envahissants, voire menaçants.

Mon conseil, pour les deux sexes : prenez votre temps et « validez » chacune de ces frontières invisibles en vérifiant que votre partenaire est aussi à l'aise que vous. Vérifiez qu'il/elle :

- Ne recule pas ;
- Continue à sourire ;
- Ne croise pas soudainement les bras ;
- Ne se détourne pas ;
- Continue à vous regarder.

Dans le cas contraire : reprenez vos distances et intéressez-le / détendez-la en utilisant la technique de l'incroyable écoute (voir chapitre 6).

La voix

Si vous avez une belle voix, que vous soyez un homme ou une femme, vous avez, peut-être sans le savoir, un pouvoir irrésistible sur le sexe opposé. C'est particulièrement vrai en ce qui concerne les hommes, puisqu'une voix grave est l'un des caractères sexuels secondaires les plus reconnaissables.

Une voix grave est indéniablement virile et extrêmement séduisante, que vous demandiez l'heure ou que vous déclariez votre flamme. Si vous avez la chance d'être dans le registre des barytons ou des basses, et avez par ailleurs des complexes sur votre physique, rassurez-vous immédiatement et passez à l'action : vous avez l'un des charmes plébiscités par les femmes.

Modulez !

Même si vous n'êtes pas doté à l'origine d'une voix « en or », vous pouvez cependant en jouer d'une manière tout à fait convaincante.

Comme à la radio : la moindre banalité modulée par une voix chaleureuse, teintée d'une pointe d'amusement ou d'ironie peut devenir diablement sexy, peu importe le sujet ! Prenez modèle sur les animateurs radio, surtout ceux qui officient dans les tranches du soir ou de la nuit, qui infléchissent leur voix pour créer de l'intimité avec leurs auditeurs. N'hésitez pas à copier leurs effets :

- Ralentissez votre débit ;
- Baissez la voix ;
- Faites des pauses dans vos phrases ;
- Murmurez, chuchotez ;
- Donnez une couleur plus sexy à votre voix, votre rire, vos soupirs, vos « hum hum »...

Quand ce que vous dites ne compte (presque) pas !

Un « Ce que vous me dites me laisse de marbre », ironique et prononcé en se penchant vers votre interlocuteur(trice), les yeux dans les yeux, avec un demi-sourire aura un effet infiniment plus spectaculaire qu'un « Je vous écoute attentivement » lancé du fond d'une chaise, les bras croisés.

Ne pas se casser la voix

Si, en enregistrant par exemple un message d'accueil sur votre répondeur téléphonique vous vous êtes trouvé une voix haut perchée, désagréable, dissonante ou atone, voici trois conseils pour vous doter d'une voix de velours :

- Chez vous, enregistrez-vous, avec un dictaphone par exemple. Enregistrez-vous assez longuement, plusieurs fois, lisant le même texte. Vous verrez qu'avec de l'entraînement, vous commencerez à naturellement améliorer votre diction et votre timbre, ainsi que les modulations de votre voix au fil des écoutes.
- Un orthophoniste peut parfois, en quelques séances, régler non seulement d'éventuels défauts de prononciation (qui peuvent être charmants par ailleurs, alors n'en faites pas trop !), mais aussi la « musique » de votre voix.
- Dans de nombreuses villes ont lieu des stages courts (une journée ou deux) d'initiation à la technique vocale Mathias Alexander. Élaborés par ce comédien en réponse à des problèmes d'aphonie rencontrés durant sa carrière d'acteur, ces exercices vous apprennent à poser votre voix, à moins la fatiguer si vous exercez un métier où l'on parle beaucoup (commercial, professeur), et surtout à lui trouver sa vraie tonalité.

Chapitre 8

Pour les hommes, trouvez votre profil de dragueur

Dans ce chapitre

- Bad boy
- Gentleman
- Latin lover
- Figure paternelle
- Intello urbain ou artiste tourmenté
- Tendre nounours
- Comique touchant

Vous allez trouver quel profil de dragueur vous correspond le mieux : bad boy, gentleman, latin lover, homme-enfant, Pygmalion, artiste un peu névrosé, bon vivant ou nounours à cajoler ?

Pour chacun de ces cas, je vous indique quels sont les ressorts de votre séduction, comment déployer tout votre charme et sur quel type de femmes vous allez faire tout votre effet !

Un savoir-faire ancestral

En matière de drague active, les hommes possèdent indéniablement une longueur d'avance sur les femmes : ce sont eux en effet qui ont eu l'apanage de l'initiative pendant des siècles ! Ils peuvent donc se reposer sur un riche panel de techniques éprouvées, de rôles à endosser, d'exemples dont s'inspirer.

Elles adorent !

De cette galerie de personnages, parfois caricaturaux dans les œuvres de fiction, se dégagent pourtant des profils d'hommes qui plaisent véritablement aux femmes d'aujourd'hui. Stars incontestées de ce palmarès, les irrésistibles bad boys sont talonnés de près par leurs jumeaux inversés, les inoxydables et parfaits gentlemen. Presque aucune ne leur résiste !

Entre ces deux grands pôles, opposés dans leur style mais à la séduction quasi universelle, existent des genres particuliers, qui font aussi craquer les femmes :

- Le latin lover, spécialité du Sud… qui se fait romantique exalté au Nord ! L'un et l'autre savent déclencher les passions torrides.
- Le pygmalion et le protecteur au grand cœur, deux figures paternelles qui comblent celles qui cherchent maturité et sécurité.
- L'intello urbain et son confrère l'artiste tourmenté dont elles seront la muse attentive.
- Le doux nounours et l'homme-enfant, qu'elles veulent cajoler, materner ou dominer.
- Le bon vivant solaire et le comique attachant qui feront fondre les plus distantes !

Déterminez votre type de séduction

Vous pouvez vous reconnaître dans l'un de ces portraits. Si vous vous rêviez bad boy à la Sean Penn et que vous êtes en réalité un grand romantique, sachez qu'en laissant parler vos tendances naturelles, vous allez séduire beaucoup plus sûrement que si vous jouez un rôle qui n'est pas le vôtre.

Ce petit panorama des grandes figures de la séduction masculine va vous ouvrir les yeux : vous pouvez vous en inspirer en y apportant ce qui vous rend différent des autres. Prenons le latin lover, par exemple. On lui accorde :

- L'empressement,
- La détermination,
- Le bagout,
- La passion.

Si ce sont des qualités que vous sentez en vous, ce sont celles sur lesquelles il faudra appuyer pour vous transformer en bête de charme.

Être un beau gosse ne suffit pas !

Vous êtes grand, beau et souriant ? Vous pensez partir gagnant ? Ne croyez pas pour autant que c'est dans la poche ! Cela ne suffit pas : une belle gueule n'est pas un passeport pour la drague. Si elle donne un indéniable coup de pouce, sachez qu'Alain Delon ou George Clooney ne sont pas sortis du lot uniquement parce qu'ils étaient beaux, un atout beaucoup plus répandu qu'on ne le pense chez les hommes. L'un et l'autre ont du chien, un charme tout personnel et unique. L'un joue sur le mystère et un magnétisme quasi animal, l'autre sur une attitude et une gestuelle pleine d'humour et de recul qui sont l'apanage du vrai gentleman. C'est seulement à la condition de cultiver ses aspérités que l'on peut marquer les esprits !

Le bad boy, un rebelle qu'elles veulent apprivoiser

Qui est-il ?

C'est le ténébreux, le rebelle, l'homme mystérieux et imprévisible qui fascine tant de femmes. Toujours occupé à autre chose qu'à draguer, il est libre, indépendant : il n'a besoin de personne et c'est justement ce qui le rend si désirable !

Ses modèles

Les acteurs Sean Penn et James Dean, le comique américain John Belushi, Rhett Butler, le héros d'*Autant en emporte le vent*, les stars du rap et du rock Snoop Dog, Pete Doherty, le superhéros Wolverine, le commissaire San Antonio, personnage haut en couleur des romans de Frédéric Dard…

Ce qu'on attend de lui

N'OUBLIEZ PAS

- L'assurance avant tout ;
- L'indépendance dans sa vie matérielle et affective ;
- Le succès auprès des femmes : le bad boy ne peut pas être un looser sentimental !

- Une bonne dose de mystère : il parle peu. S'il s'épanche sur ses sentiments, c'est pour mieux séduire ;
- Un métier en accord avec son style : reporter, skipper ou militaire, il pratique un métier d'action et de voyage ;
- Qu'il soit sportif, baroudeur ou électron libre, son look est à part et reflète son mode de vie, indépendant, iconoclaste et viril ;
- Ce n'est pas un ours pour autant, car en vrai séducteur, il connaît les attentes des femmes et sait en jouer ! Il n'est pas avare de compliments, par exemple, et auprès de lui, les femmes se sentent très désirables.

Comment ça marche ?

L'objet du désir

Le bad boy représente un défi pour les femmes : inaccessible, il est depuis longtemps l'objet du désir. Plus il reste silencieux, plus on lui accorde une intelligence et une profondeur qu'il ne possède pas forcément : son silence entretient un mystère très intrigant !

Frisson garanti !

Le bad boy est le piment de la vie amoureuse ! Parce qu'il n'est pas toujours disponible, ne justifie pas ses absences, ni son emploi du temps, parce qu'il lui résiste et peut aussi la rendre malheureuse, le bad boy fournit à une femme plus que son content d'émotions fortes : il l'emmène très haut, car quand il est avec elle, il la fait vivre à cent à l'heure, puis la laisse au trente-sixième dessous, lorsqu'il ne donne plus de nouvelles. Elle devient alors accro à ce yo-yo émotionnel, les moments forts partagés venant compenser au centuple l'attente, la jalousie, le doute. Avec lui, heureuse ou malheureuse, elle ne s'est jamais sentie aussi vivante !

Le syndrome de l'infirmière

Le bad boy provoque chez celle qui l'aime l'envie irrépressible d'être celle qui le rendra heureux, celle qui lui apportera la stabilité, voire, si c'est vraiment un mauvais garçon, celle qui le fera rentrer dans le droit chemin. Elle doit apprivoiser cet animal sauvage : la voilà investie d'une mission valorisante !

C'est pour vous si...

- Vous concevez la séduction au pluriel : vous aimez les femmes, sans qu'elles vous soient indispensables ;
- Vous êtes plutôt pas mal physiquement, et portez avec allure la barbe de trois jours ;
- Votre métier vous fait bouger, voyager ;
- Vous êtes plutôt silencieux de nature ;
- Vous n'êtes pas particulièrement ponctuel ;
- Vous êtes capable de gestes fougueux, virils, fous et provocants avec le corps des femmes.

À réserver à certains types !

- Ne jouez au bad boy que si vous avez les moyens d'incarner le personnage !
- Ne le faites que si votre nature est réservée sinon vous n'y arriverez pas ;
- Prenez garde à l'accumulation des conquêtes, qui émousse le discernement : le jour où celle que vous cherchez secrètement se présentera, vous ne saurez peut-être pas la reconnaître, faute d'avoir appris à passer du temps, tout le temps nécessaire à l'éclosion d'une relation avec une femme !

À quel genre de filles ça plaît ?

Le bad boy plaît à quasiment toutes les femmes, à un moment ou un autre de leur vie, parce qu'il incarne un fantasme romantique de danger et de liberté. Avec lui, elles ont l'impression d'être une vraie femme, aimée pour sa féminité, aussi intensément que l'héroïne d'un film !

Celles qui leur résistent : les bad girls et les femmes fatales, qui savent reconnaître en eux leurs alter ego. Parce qu'elles pratiquent la séduction sur un mode très proche, elles connaissent ses ficelles. Sur elles, le « mystère » ne prend pas ! Avec ces femmes, développez plutôt la complicité, en leur montrant que vous aussi, vous les avez percées à jour. Votre rencontre pourrait faire des étincelles !

Comment drague un bad boy ?

- Contrairement à ce qu'on pourrait imaginer, notre mauvais garçon préféré n'est pas négligé, au contraire : il soigne son look un poil rebelle !
- Il joue beaucoup sur le regard, un regard assuré, qui affiche clairement son désir.
- Si la femme qui lui plaît ne prend pas les devants (c'est souvent le cas, aura oblige), il s'adresse à elle laconiquement et fermement pour lui signifier qu'elle lui plaît, puis s'en va ailleurs voir si l'herbe est plus verte et les filles plus jolies. C'est elle qui doit lui courir après !
- Il ne répond pas forcément à ses appels, ou rappelle à 21 heures alors qu'on l'attend à 17 heures, bref : il est imprévisible, voire irrespectueux !
- Il l'emmène AILLEURS. Il choisira un concert de rock plutôt qu'un restaurant romantique, une balade à moto plutôt qu'une visite d'expo, une boîte underground plutôt qu'une soirée salsa, une virée en voilier plutôt qu'un week-end à la campagne. L'essentiel est de la dépayser !
- Que lui dit-il ? Rien, pas grand-chose, le moins possible !

Pour aller plus loin

Attention cependant : si vous jouez (ou êtes) un bad boy, comprenez que les femmes qui restent avec vous sont fascinées à la fois par le mystère qui émane de vous et la vie tumultueuse que vous leur promettez. Mais elles ne vous aiment pas pour ce que vous êtes vraiment, parce que vous ne leur permettez pas de vous connaître. Donc vous êtes souvent déçu par le peu qu'elles ont à offrir !

Le vrai danger du bad boy, pour lui-même, c'est de se reposer sur sa séduction facile et de ne pas plus se remettre en question. Révélez l'homme passionnant qui sommeille en vous.

Trop de distance et vous la perdez de vue !

L'un des risques d'une drague à la bad boy est que la femme se lasse de votre manque d'attention. L'absence est un aphrodisiaque à manier avec précaution si vous ne voulez pas qu'elle vous oublie purement et simplement, ou qu'elle en ait marre de vous attendre en angoissant. Le jour où vous rencontrez une femme qui vous touche vraiment, inspirez-vous de l'incroyable écoute, pour la garder longtemps !

Ne trichez pas sur vous-même

Là encore : ne trichez pas ! Si vous rêvez d'être un bad boy, mais que cela ne correspond pas à votre personnalité fondamentale, vous avez d'autres atouts et c'est sur ceux-là qu'il faudra jouer. Ne mentez pas : cela n'en vaut surtout pas la peine : c'est une posture intenable sur la longueur, qui fatigue, ennuie et ne construit rien. On n'est plus au XVIIe siècle où don Juan se déguisait suivant la femme qu'il voulait séduire ! Au contraire, il est beaucoup plus grisant, efficace (et gratifiant !) de séduire avec ses propres armes. Le bénéfice : si la femme que vous avez en face de vous vous plaît réellement, vous commencez votre relation en toute sincérité… et c'est la clé d'une belle histoire.

S'inspirer du charme du bad boy pour réveiller sa séduction

LE CONSEIL DE FLORENCE

Vous n'avez pas du tout la fibre du mauvais garçon ? Vous pouvez tout de même vous en inspirer pour réveiller le tigre qui dort en vous. Retenez-en le mystère et l'indépendance, deux ingrédients absolument essentiels de la séduction masculine, et laissez tomber les travers du style : sachez vous engager quand vous sentez que c'est le moment !

Plaire en étant un pur gentleman, what else ?

Qui est-il ?

LE SAVIEZ-VOUS ?

C'est un genre des plus irrésistibles ! Le pur gentleman est LE rêve, celui de l'homme idéal, à la fois viril et attentionné. Un gentleman est digne en toutes circonstances, à l'écoute des autres, galant avec toutes les femmes, courtois avec chacun. Il est respectueux envers celle qu'il convoite, mais aussi envers les autres. Il ravit les cœurs avec grâce, sans trop en faire, car il sait aussi instaurer de la distance quand elle est essentielle. Vous le trouvez ennuyeux ? Pas du tout ! Les femmes, elles, sont chavirées par ses égards, sa virilité et sa classe. Il reste mystérieux et très attirant, car, pudique, il ne se confie qu'à une minorité choisie, et pratique plutôt l'écoute que la confidence.

Ses modèles

George Clooney, bien entendu ! Mais aussi d'autres acteurs au charme classique et irrésistible comme Cary Grant et Jean Rochefort, le chanteur et séducteur si « eighties » Brian Ferry, les personnages de roman, Cyrano de Bergerac, Arsène Lupin, ou encore de dessins animés cultes comme le Capitaine Flam…

Ce qu'on attend de lui

N'OUBLIEZ PAS

- L'assurance avant tout ;
- L'indépendance dans sa vie matérielle et affective ;
- Une bonne dose de mystère : il s'épanche rarement sur ses sentiments ;
- Politesse, courtoisie, ponctualité, générosité et galanterie ;
- Un look classe, digne et impeccable.

Comment ça marche ?

Le mec idéal

Un gentleman plaît aux femmes tout simplement parce que c'est un mec bien ! L'assurance que lui donne son mode de vie et ses bonnes manières, alliées à sa galanterie, ne peuvent que faire fondre ces dames.

Une virilité subtile mais très présente

N'OUBLIEZ PAS

Auprès d'un gentleman, les femmes se sentent plus « femmes » que jamais. C'est l'effet magique de la galanterie, une manière redoutablement efficace et agréable de remettre un zeste de différenciation sexuelle dans les gestes du quotidien.

Il assure et rassure

Si elles craquent en effet à une période de leur vie pour un bad boy, c'est avec un gentleman qu'elles choisissent de rester ! Son assurance les charme et les enveloppe d'une manière rassurante et extrêmement glamour.

C'est pour vous si…

LE CONSEIL DE FLORENCE

- Vous avez de bonnes manières ;
- Vous soignez votre apparence ;
- Vous ouvrez, tenez la porte aux dames naturellement ;

- Vous n'avez jamais accepté qu'une fille vous invite au restaurant ;
- Coucher pour coucher ne vous intéresse pas, mais vous aimez séduire ;
- Vous êtes d'une honnêteté chevaleresque.

À quel genre de filles ça plaît ?

À toutes les femmes, ou presque : le gentleman est l'homme idéal, à qui elles pardonneront d'éventuels défauts, parce qu'il saura les rendre heureuses. Avec lui, elles se sentent en confiance, valorisées et très féminines ! Plus les femmes sont bien dans leur tête, plus elles désirent rencontrer cet homme équilibré avec qui elles sentent qu'elles peuvent s'épanouir.

Comment séduit un gentleman ?

- À celle qu'il vise, il prodigue des égards plus appuyés qu'aux autres, une attention plus soutenue.
- Il engage la conversation, demande son numéro, la fait danser, la raccompagne en tout bien tout honneur pour la laisser rêveuse… et un peu frustrée.
- Il ne la harcèle jamais et sait garder une certaine distance.
- Il sait la faire parler d'elle, de ses passions (il a tout compris à l'écoute active, voir chapitre 6).
- Il sait la surprendre sans la déstabiliser.
- Il pense aux fleurs et au champagne, mais pas dès le premier rendez-vous.

Pour aller plus loin

On ne naît pas gentleman, on le devient

Être un vrai gentleman n'est pas une question d'origine, d'argent ou de pedigree, mais un état d'esprit au quotidien : le gentleman est honnête et sincère et se soucie des autres. Ce doit être une tendance naturelle chez vous, complétée par vos actes, vos décisions, votre éducation, pour ne pas avoir à tricher sur vous-même. L'impératif : être dans le vrai et ne pas mentir. Ne jouez pas un rôle, mais adoptez les principes de la galanterie si vous sentez en vous la fibre d'un gentleman qui ne demande qu'à se révéler.

Figure 8-1 : Un vrai gentleman tient la porte aux femmes.

Un vrai gentleman ne se laisse pas marcher sur les pieds

Ne confondez pas l'attention avec l'excès de gentillesse (où vous finissez toujours par vous faire marcher sur les pieds). Trop gentil, elle ne vous trouvera pas viril et sans personnalité. Comblez ses désirs mais aussi les vôtres. Sachez les exprimer, vous n'en serez que plus viril à ses yeux.

Un vrai gentleman n'est jamais ennuyeux

Ne soyez pas non plus trop prévisible : comme celui de la piraterie, le code de la galanterie n'est pas un carcan, mais un guide de conduite qui donne le ton général. Inventez, surprenez-la !

Laissez aussi apparaître vos défauts : ils vous rendent d'autant plus attachant qu'ils sont assumés. Car à trop vouloir être parfait, vous risquez de paraître trop lisse et de chasser tout naturel dans vos opérations de séduction. Sachez que s'il y a bien une chose qu'accepte une femme sous votre charme, ce sont des défauts masculins bien assumés !

Faites entrer la séduction du gentleman dans votre vie (et dans la sienne)

On vous dit fiable parce que vous êtes respectueux, ponctuel, impeccable. Mais vous vous sentez peu sûr de votre capacité à plaire, peut-être même un peu fade ou coincé.

- Inspirez-vous de la séduction du gentleman pour vous persuader de l'effet irrésistible de la galanterie à la française.
- Donnez un tour chevaleresque et romantique à votre vie, en cultivant l'élégance aussi bien physiquement que dans vos actes, au quotidien. C'est irrésistible. Il vous suffit de vous porter un peu plus vers les autres et d'intégrer comme très viriles et très séduisantes ces qualités qui sont déjà en vous, mais dont vous ne soupçonniez pas l'effet !

La galanterie est toujours de mise !

- Un galant homme raccompagne toujours une femme jusqu'à chez elle. À pied, l'homme marchera sur le côté « rue » du trottoir, pour prévenir tout risque venant de la chaussée.
- En voiture, il lui ouvrira la portière avant de monter lui-même. À l'arrivée, il est censé descendre de la voiture en premier pour lui ouvrir la portière, mais de nos jours, les femmes n'ont pas la patience d'attendre que l'homme fasse le tour de leur carrosse et ont souvent sauté de l'auto dès le moteur coupé.
- Dans un endroit privé ou connu, chez lui ou chez elle, un homme ouvrira la porte et s'effacera pour la laisser passer devant lui. S'ils se trouvent dans un endroit public, un bar qu'il ne connaît pas, par exemple, l'homme précédera la femme pour s'assurer que l'endroit est convenable.
- Il aide la femme à enlever son manteau, paie le vestiaire, et fera le même chemin en sens inverse au moment de partir. C'est un plaisir, ne vous en privez pas !
- Au restaurant, un homme tirera légèrement le siège pour inviter une femme à s'asseoir et le repousse quand elle s'assoit. Quand toutes les femmes sont installées, les hommes s'assoient à leur tour. Les hommes servent à boire, et leur offrent les plats en premier (si le service n'est pas à l'assiette). Ils attendront qu'elles commencent à manger avant d'attaquer leur plat. Et, bien entendu, il est entendu qu'ils paient l'addition avant que les femmes n'aient à sortir leur porte-monnaie.
- Un homme se chargera bien évidemment des valises, bagages ou paquets lourds de sa compagne. Dans un train ou un avion, il propose aussi aux inconnues de les aider à placer leurs bagages dans les compartiments élevés. La règle s'applique aussi aux personnes âgées.
- Dans un escalier, il la précède à la fois en montant, pour lui éviter toute mauvaise rencontre, mais surtout pour que son regard ne se trouve pas juste au niveau des fesses de la dame ! En descendant, même règle, sans histoire de postérieur exposé : il doit également la précéder pour pouvoir la rattraper si elle trébuche.

Le latin lover, le chéri de ces dames

Qui est-il ?

Il incarne la passion ! Romantique en diable, c'est l'idole des midinettes dans le monde entier. Plutôt italien, espagnol, méditerranéen, il s'épanouit au soleil, mais s'exporte aussi sous des latitudes plus fraîches en prenant alors la forme du romantique exalté, plus pâle, mais pas moins attirant. C'est en 1920 qu'il commence sa riche carrière de séducteur, sous les traits de la star du cinéma muet Rudolf Valentino, dont chaque apparition déclenchait l'hystérie de ses fans féminines.

Rudolf Valentino, le premier latin lover

Né en 1895 à Tarente en Italie, le jeune Rudolf Valentino émigre aux États-Unis en 1913, où il devient danseur professionnel, puis acteur quatre ans plus tard. Il joue d'abord de petits rôles au cinéma muet, avant d'exploser dans le film *Les Quatre Cavaliers de l'apocalypse*, suivi de son rôle le plus célèbre, dans *Le Cheik* de George Melford sorti en 1921. À 26 ans, il y gagne son statut de sex symbol et de latin lover. Les hommes le détestent (ils quittent la salle lors des scènes d'amour) et lui reprochent d'être trop joli garçon pour être un « vrai mâle », alors que les femmes l'adulent, poussant des cris ou s'évanouissant pendant les projections !

Mais Rudolf Valentino n'aura profité de son succès que peu de temps : une septicémie l'emporte à l'âge de 31 ans. Ses funérailles à New York rassembleront plus de 100 000 personnes, essentiellement des femmes, donnant lieu à de véritables scènes d'hystérie. La presse américaine fera ses choux gras de la vague de suicides de femmes éperdues après sa mort.

Ses modèles

Roméo (celui de Juliette) est le premier d'entre tous. Suivent les acteurs au charme latino comme Antonio Banderas, Yves Montand ou Xavier Bardem, des chanteurs de charme comme l'Italien Eros Ramazzoti, et les Espagnols Julio et Enrique Iglesias, ou le Français Dany Brillant, et Tino Rossi, véritable tombeur latino dans sa jeunesse avant de devenir l'inoubliable interprète de *Petit Papa Noël*.

Ce qu'on attend de lui

- De la passion ;
- De la détermination : le latin lover sait ce qu'il désire et le manifeste clairement !
- D'indéniables qualités sociales : il ne peut être réservé ou renfermé sur lui-même ;
- De la sensualité ;
- Du bagout ;
- Un look plutôt sexy.

Comment ça marche ?

Moins féminin et certainement moins gominé que son compère des années folles, le latin lover version 2011 a mis un tigre dans son moteur pour correspondre aux fantasmes des femmes d'aujourd'hui. Son credo : monsieur connaît les dames et ce qui les fait rêver et il le fait savoir ! L'œil de braise a remplacé l'œil de velours : il promet plaisir et romance ici et maintenant, plutôt que l'amour éternel. Il ne roucoule plus sous les fenêtres, mais il murmure à l'oreille des midinettes des tirades autrement plus sensuelles que celles de ses chastes ancêtres. Romantique lui-même, il aime les femmes, toutes les femmes, qui le lui rendent bien !

C'est pour vous si...

- Vous avez fait au moins un compliment aujourd'hui ;
- Vous êtes volubile, avez du bagout, de l'éloquence, de la tchatche !
- Vous avez un peu un cœur d'artichaut : vous tombez amoureux chaque semaine ;
- Vous soignez votre look, vos cheveux sont impeccables, vous avez un faible pour les bijoux ;
- Vous vivez entouré de femmes : vous aimez et respectez votre mère, vos grands-mères, vos sœurs, vos cousines ;
- Vous avez de nombreuses amies féminines avec qui vous sentez que cela pourrait basculer. Clairement, avec elles, vous n'adoptez pas le rôle du meilleur copain, car en toute fille vous voyez une conquête potentielle ;
- Vous n'avez pas peur d'avouer vos sentiments ;
- La séduction est essentielle à votre vie : vous lui consacrez beaucoup de temps.

À quel genre de filles ça plaît ?

Moins universel que le gentleman, le latin lover est cependant l'archétype de l'homme passionné qui va ravir le cœur de presque toutes les femmes. Un bémol : il ne plaira pas aux jeunes intellos de 25 ans, qui lui préfèrent un homme qui leur apportera soit une élévation spirituelle, soit le frisson du danger. Les intellos de 40 ans en revanche se laisseront séduire avec plaisir par un homme qui les reconnecte avec leur propre féminité et leur sensualité : la magie du latin lover fait vibrer la femme qui sommeille en elles !

Comment drague un latin lover

- Il n'hésite pas à sortir le grand jeu ! Dîner dans un restaurant romantique, voiture de sport, sorties inattendues, week-ends romantiques à la campagne… Il ne reculera devant rien pour l'impressionner !
- Il fait le siège de celle qu'il vise : il l'attend par surprise en bas de chez elle avec une brassée de fleurs.
- Il joue du regard, de braise, toujours, et plein de désir.
- Puis il passe directement à l'attaque : les compliments sont son arme secrète : « Tu es la femme la plus fatale à mes yeux », « Jamais une femme ne m'a fait autant d'effet… » Il roucoule dans son cou, murmure à son oreille qu'elle est la plus belle.
- Il la porte aux nues et lui prodigue ses attentions jusqu'à ce qu'elle craque : bouquet de fleurs, pétales de rose sur le lit, petits cadeaux bien pensés, bouteille de champagne au frais.
- Il peut avouer ses faiblesses, et surtout sa faiblesse pour elle.

Pour aller plus loin

Restez dans le vrai

Apprenez à identifier ce qui est particulier, physiquement, chez la femme qui est en face de vous (son regard, ses lèvres…). Soyez toujours dans le vrai. Elle doit ressentir que vous l'avez beaucoup regardée, étudiée et que vous avez noté chez elle ce dont elle est fière. Relisez le paragraphe sur les compliments du chapitre 1 pour saisir leur importance dans le mécanisme de la séduction, et rappelez-vous : chaque femme est unique et aime qu'on remarque pourquoi.

Restez dans le domaine de la séduction

Vous n'êtes ni un meilleur ami, ni un chevalier servant qui rapplique pour changer une ampoule dans son appartement. Vous n'êtes pas un héros du quotidien, mais un amant de rêve ! Vos attentions doivent rester de l'ordre du romantique : il vous faut ravir son cœur (et son corps). Si elle a un boulot prenant, des enfants à charge ou une vie qui manque d'éclat, vous allez la faire chavirer en ajoutant une touche de glamour et d'imprévu à sa vie.

Misez sur les dîners surprenants, les promenades au clair de lune… Vous êtes celui qui prodigue du bon temps, un temps où elle va se sentir « femme séduisante », et c'est inestimable ! Si elle est déjà très courtisée, étonnez-la.

Parlez-lui du trouble qu'elle provoque en vous.

Vous êtes un homme, viril et sûr de lui, s'adressant à une femme sexy. Bannissez les surnoms affectueux mais régressifs : ma petite poule adorée, mon petit chat, mon bébé… Valorisez-la en l'appelant : ma princesse, ma beauté, ma reine, ma perle…

Restez concentré

Le latin lover aime séduire et a du mal à passer une journée sans roucouler. Pourtant, pour que cela marche vraiment, vous devez combattre votre tendance à la dispersion. Concentrez-vous sur une femme à la fois, car si vous bradez vos compliments (vous faites le même à toutes les filles, ou vous draguez plusieurs femmes dans la même soirée), elles ne vont pas du tout apprécier ! Chaque femme veut une part exclusive de vous. Si elles surprennent vos œillades à une autre, elles vous rangent alors dans la catégorie des prédateurs, qui cherchent à établir leur tableau de chasse plutôt qu'à vivre de belles histoires et vous devenez beaucoup moins attirant.

Elle vous résiste ?

Toutes ne tombent pas pour le latin lover et son équivalent nordiste et romantique. Parfois, vous sentez que vous piquez sa curiosité, et pourtant, elle vous résiste. C'est peut-être à ce moment précis d'ailleurs que vous vous prenez le plus au jeu ! C'est alors qu'il faut vous intéresser aux profils du bad boy et du gentleman, pour faire entrer un peu de réserve dans votre stratégie :

- Absentez-vous, faites-vous plus rare : vos roucoulades et vos attentions vont lui manquer.
- Faites légèrement planer le doute, en levant le pied sur les attentions, la passion : laissez-la venir à vous avant de reprendre votre sérénade.
- Gardez en tête que vous êtes un amant passionné et non son chevalier servant, un autre rôle tout aussi séduisant, mais dont les moteurs sont différents. Ne mélangez pas tout, ne soyez pas trop gentil ou trop à son service. Vous offrez du rêve, de l'amour et des instants passionnés. Pas une vie quotidienne emplie de doux bonheur.

Les figures paternelles : le pygmalion

Qui est-il ?

Le mot pygmalion désigne aujourd'hui celui qui forme ou modèle une autre personne selon ses désirs : le manager d'un artiste, mais aussi le séducteur sûr de lui et un peu plus âgé, qui, fort de son bagout, son réseau, sa culture, fascine les femmes les plus jeunes, les plus naïves, qu'il « guide » et conseille, émerveillées, dans la vie.

Le pygmalion ne charme pas par son physique, mais par sa maturité, sa connaissance de la nature humaine, son intelligence de vie et ses qualités intellectuelles. Il peut être tout à fait quelconque physiquement, s'il travaille son élégance : on ne prend pas en effet pour mentor un type en jean troué et T-shirt, question de crédibilité.

Pygmalion et la femme idéale

La légende antique raconte l'histoire du sculpteur Pygmalion, qui, dégoûté par les femmes de son époque, s'est voué au célibat pour se consacrer à son art. Mais il sculpte la statue d'une femme idéale, si belle qu'il en tombe éperdument amoureux. Touchée par ses sentiments intenses, Aphrodite, déesse de l'amour, donne vie à la statue. Pygmalion épouse la statue devenue femme parfaite, et ô bonheur (car c'est une légende), ils vivent ensuite heureux et quasiment sans histoire.

Ses modèles

Serge Gainsbourg, Woody Allen, le professeur Higgins du film *My Fair Lady*, l'écrivain Arthur Miller (troisième mari de Marilyn Monroe), le producteur de cinéma et industriel millionnaire Howard Hughes qui a lancé et séduit le gotha des actrices de l'âge d'or hollywoodien…

Ce qu'on attend de lui

- De l'assurance ;
- Une culture classique très étendue ;
- Une grande capacité d'écoute ;

- Un bon réseau social ;
- De l'expérience ;
- De la pondération et de la retenue.

Pygmalion, une pièce en cinq actes, une histoire d'amour et une fable sur le snobisme anglais

Dans la pièce classique de George Bernard Show, reprise plus tard en comédie musicale sous le titre *My Fair Lady* avec Audrey Hepburn dans le rôle-titre, le professeur Higgins est un expert en phonétique, célibataire endurci, riche, assez âgé et misogyne par-dessus le marché. Il fait le pari avec l'un de ses amis tout aussi snob que lui qu'il arrivera à transformer une modeste marchande de fleurs à l'accent banlieusard, Eliza Doolittle, en une créature assez raffinée pour passer pour une duchesse dans le monde qu'ils fréquentent. À force de cours de diction, de danse, de maintien, de bonnes manières, Eliza se métamorphose effectivement en très chic dadame le temps d'un soir. Bien entendu, pendant tout le processus, Eliza et le professeur auront eu le temps de tomber amoureux l'un de l'autre, le Pygmalion en étant le plus surpris et le plus bouleversé, d'ailleurs.

Comment ça marche ?

Le pygmalion révèle les femmes à elles-mêmes

LE SAVIEZ-VOUS ?

Il fascine les femmes par sa culture, son aisance sociale, son intelligence. Il est passionnant, brillant intellectuellement : son discours est plein d'assurance et il a des avis tranchés. Lorsqu'il drague, il pratique l'écoute active et s'intéresse avec tact à la femme qui est avec lui. Il lui pose des questions précises, qu'elle-même ne s'est jamais posées : en un mot, il la révèle à elle-même sur un plan personnel. Elle se sent plus brillante et plus intéressante que jamais.

Grâce à lui, elles évoluent

N'OUBLIEZ PAS

Le pygmalion n'est pas un bon copain qui écoute les problèmes quotidiens des femmes qu'il rencontre. Il élève immédiatement le débat à un niveau intellectuel et émotionnel plus profond. Lorsqu'elles sont auprès de lui, les femmes donnent enfin le meilleur d'elles-mêmes, car il les pousse et les encourage, avec exigence et fermeté : deux ingrédients qui l'empêchent de tomber dans la catégorie du bon pote attentif. Pour maîtriser les subtilités de l'écoute active, relisez le chapitre 6.

C'est pour vous si...

- Vous êtes très cultivé, spécialiste d'un domaine pointu ;
- Vous faites preuve d'une grande ouverture d'esprit ;
- Vous avez du goût et aimez faire partager vos découvertes ;
- Vous faites preuve de maturité ;
- Vous aimez prendre les choses en main, diriger, organiser ;
- Vous exercez un métier plutôt intellectuel, vous êtes consultant, coach, DRH ou bon manager ;
- Vous êtes élégant, ou prêt à le devenir ;
- Vous êtes un peu intimidé par les femmes qui sont vos égales ;
- Vous êtes plus à l'aise avec les femmes plus jeunes que vous.

À quel genre de filles ça plaît ?

Le pygmalion éblouit les jeunes femmes qui font un complexe intellectuel, mais également les femmes cultivées, parfois peu sûres d'elles, ou en pleine remise en question personnelle ou professionnelle. Elles recherchent auprès de lui une validation, mais il leur offre encore plus : il va leur servir de révélateur. Elles admirent sa culture, son aisance de tous les instants, et sont très flattées de son attention.

Comment drague le pygmalion

- Il n'hésite pas pour aborder une femme qui lui plaît car il le fait sous l'angle intellectuel, ou professionnel : « Vous êtes une femme tout à fait intéressante, hors du commun, racontez-moi un peu ce qui vous a poussé à choisir cette voie… ».
- Il l'écoute avec attention et lui montre qu'il l'a percée à jour. Si elle est par exemple à un tournant de sa vie, et doit faire des choix, il l'aide à comprendre ce qui est bon pour elle, à trouver sa voie. Là est la clé du pygmalion !
- Il l'initie à des sujets qu'elle ne connaît pas. Il prescrit les films à voir, les livres à lire, les restaurants et bars à fréquenter, il l'emmène dans des endroits originaux auxquels tout le monde n'a pas accès.
- Il lui présente son réseau, lui fait rencontrer des gens tous plus intéressants les uns que les autres (mais moins que lui !).

- Il l'étourdit de nouveauté et lui permet d'aborder en toute confiance un monde riche de possibilités.
- Il la rassure dans les moments de doutes, mais pas trop, car son pouvoir de séduction dépend aussi de l'insécurité de la femme qu'il convoite.
- Il ne se montre jamais impatient : il laisse à ses relations le temps de prendre une tournure romantique.
- Sa voix est essentielle à sa séduction, parce qu'il parle beaucoup. Elle doit être grave, posée, rassurante.

Pour aller plus loin

Soyez clair dans l'expression de vos désirs

Les vrais intellos peuvent parfois avoir du mal à passer en mode physique. Mais le pygmalion n'est pas tant un intello qu'un grand connaisseur de la nature humaine.

- Soyez clair dès le début de votre relation sur vos intentions en mettant une touche de désir dans votre regard, tout en conservant une distance physique de bon aloi.
- Complimentez-la sur son physique sur un ton badin et léger pour bien lui faire comprendre que ce n'est pas l'essentiel de ce qui vous intéresse chez elle.

Ce qu'elle aime chez vous, c'est votre assurance, votre connaissance de la vie, votre culture. Vous casseriez votre image de séducteur en montrant de l'hésitation ou de la timidité dans l'expression de votre désir.

Affirmez votre côté séducteur en gardant de l'emprise sur elle

Lorsque vous percevez qu'elle est sensible à votre charme (relisez le chapitre 7 sur le langage du corps pour ne pas vous tromper), prenez les choses en main et exprimez votre désir clairement, avec un peu de fermeté, qui n'empêche pas le romantisme.

Ne lui dites pas : « Vous me troublez », mais « Je vous trouve particulièrement séduisante ce soir » en la regardant dans les yeux. Prenez-lui la main pour l'embrasser (eh oui, le bon vieux baise-main, réalisé avec une lenteur pleine de promesses, fait encore beaucoup d'effet !). Demandez-lui avec une pointe d'ironie : « À qui voulez vous plaire ? ». De cette façon, vous ne vous montrez pas en position d'éventuelle faiblesse, mais au contraire, encore une fois, vous êtes celui qui valide ses choix, tout en la poussant à se révéler plus encore.

Dites-lui qu'elle a les qualités que vous aimez chez une femme, mettez le doigt sur son charme physique particulier, celui qui n'appartient qu'à elle.

Cultivez le détachement

Le pygmalion n'est PAS un latin lover ! Il doit cultiver le détachement, une certaine distance, et parfois un brin d'ironie.

ATTENTION

S'il manifeste son trouble, sa dépendance ou pire, de la jalousie, il tombe instantanément de son piédestal. C'est l'un des écueils majeurs de ce type de séduction. En effet, le pygmalion a une certaine tendance à séduire à bon compte, en visant des femmes qu'il estime moins assurées que lui. Plus jeunes, moins cultivées, elles le regardent forcément comme le messie… Le charme est brisé si la dépendance s'inverse.

Passez au niveau supérieur

LE CONSEIL DE FLORENCE

Aux pygmalions serial séducteurs, je conseille vivement de passer à une matière humaine plus sérieuse en visant des femmes qui seront leurs égales. Car il est facile d'être le pygmalion d'une femme de 15 ans de moins que soi. Le risque que prend aussi le pygmalion, c'est de voir sa création lui échapper, reprendre son indépendance une fois lancée dans la vie. Élevez l'enjeu : la partie en sera plus compliquée, mais bien plus passionnante, à tous points de vue !

Annie Hall prend son envol

La séduction du pygmalion est l'un des thèmes du film *Annie Hall*, comédie hilarante, dépressive et multi oscarisée de Woody Allen sortie en 1977. Woody y joue le rôle d'Alvy, un intellectuel névrosé new-yorkais qui se retourne avec nostalgie sur sa rupture avec Annie Hall, une jolie provinciale maladroite et sapée comme un sac lorsqu'il la rencontre. Il la guide alors dans le New York intello des années 1970, façonne ses goûts, ses rencontres, sa vie, et écrit avec elle l'histoire classique du créateur amoureux de sa créature. Elle le quitte lorsqu'elle devient, grâce à ses conseils, indépendante et pleine d'assurance. Alvy reste alors sur le carreau, car tout au façonnage d'Annie Hall, il n'a pas pris la peine d'évoluer lui-même et de changer. Annie a dépassé son maître et a appris à voler de ses propres ailes ! C'est souvent le lot des pygmalions.

Les figures paternelles : le protecteur au grand cœur

Figure paternelle par essence, le protecteur au grand cœur incarne la force tranquille. Il fait preuve de sang-froid et de maîtrise. Il prend le temps de s'occuper de la femme qu'il aime. Son calme a un effet bluffant sur les femmes, qu'il hypnotise littéralement. C'est auprès d'eux qu'elles veulent se blottir et passer le reste de leurs jours. C'est un style un peu daté, mais qui peut encore faire recette auprès de certaines, si l'on a conscience des écueils possibles de ce style de séduction.

Ses modèles

Les acteurs Clint Eastwood, Henry Fonda ou Viggo Mortensen, le pilier de la TV française Michel Denisot, le rugbyman Sébastien Chabal…

Ce qu'on attend de lui

- De l'assurance ;
- De la pondération que l'on sent dans ses actes, ses gestes, sa voix ;
- Une capacité à résoudre les problèmes du quotidien ;
- Un tempérament plutôt monogame ;
- De l'expérience, de la maturité ;
- De la pondération et de la retenue.

Comment ça marche ?

Une séduction préhistorique, mais efficace

Il est viril sans trop en faire, puisqu'il joue sur un registre ancestral où le devoir de l'homme est justement de protéger sa femme et ses futurs enfants. Rassurant, il inspire confiance aux femmes qui peuvent sans peine imaginer un avenir commun avec lui. Montrez-lui que vous êtes un homme solide sur qui l'on peut compter ! En amour, on n'a jamais fait mieux que la confiance.

Il simplifie le processus de la séduction

Tout devient plus simple quand les rôles sont clairement établis. Auprès du grand protecteur, elles baissent la garde et rendent les armes rapidement, pour revenir à une séduction assez traditionnelle dans laquelle les tâches ne prêtent pas à confusion. Chacun sait ce qu'il/elle a à faire : à elle la douceur et la fragilité, à lui la solidité et l'assurance.

C'est pour vous si...

- Vous faites preuve de maturité ;
- Vous aimez prendre les choses en main, diriger, organiser ;
- Vous aimez rendre service, soigner, protéger ;
- L'honnêteté et la bonté sont pour vous des vertus cardinales ;
- Vous avez une grande confiance en vous. Si ce n'est pas le cas, et que vous êtes intimidé par les femmes, rassurez-vous : maintenant que vous avez conscience du charme du grand protecteur, vous savez tout ce que vous allez pouvoir apporter à vos conquêtes !

À quel genre de filles ça plaît ?

S'il sait faire preuve de discernement, le protecteur au grand cœur attirera plutôt celles qui lui conviennent : les femmes fragiles et pleines de douceur qui le compléteront à merveille.

Attention au syndrome du saint-bernard

Méfiance cependant : son grand cœur et son désir de protéger les faibles peuvent l'attirer vers des cas compliqués, des femmes clairement en détresse qui ont effectivement besoin d'aide, non pas celle d'un amoureux, mais de professionnels (médecin, assistante sociale ou autre). Dans ce cas, le jeu est faussé dès le départ, puisque vous estimez qu'elle devra vous aimer en retour de vos attentions. C'est une situation dangereuse, menant immanquablement à des déceptions cuisantes. Car ce démarrage amoureux déséquilibré va à l'inverse de la séduction, dans laquelle la réciprocité entre les partenaires est un élément clé.

Comment drague le protecteur au grand cœur ?

- Il se repose sur l'action plutôt que sur les paroles. S'il apprécie une femme, il le lui montre en lui rendant des services, et devenant son chevalier servant.
- Mais il sait aussi l'écouter avec bienveillance.
- Ses gestes et ses paroles lui donnent l'impression qu'elle est précieuse.
- Il sait trouver mille et une occasions de lui faire sentir qu'il est là pour elle.
- Il résout ses problèmes quotidiens avec facilité.
- Il est très physique : il la prend dans ses bras, l'enveloppe dans sa veste si elle a froid.
- Sa voix est essentielle à sa séduction : elle doit être grave, posée, rassurante.

Pour aller plus loin

Sachez garder de la distance

Prenez votre temps pour connaître celle qui vous plaît avant d'en devenir le preux chevalier. Contrairement aux bad boys, pour qui l'instauration de la distance fait partie des techniques de séduction, il ne s'agit pas de jouer au chat et à la souris, histoire de la fasciner plus encore. En toute honnêteté, il s'agit pour vous de vous laisser le temps d'évaluer cette femme à l'aulne de ce qu'elle vous apporte.

Laissez-la se dévoiler à vous

Rappelez-vous : même si, dans votre cas particulier, les rôles sont bien déterminés, un jeu de séduction est toujours donnant-donnant. Elle doit elle aussi y apporter sa part d'attention, d'affection et de douceur, faute de quoi vous serez en train :

- De vous faire avoir, par quelqu'un qui profite de vous si ce n'est pas la bonne personne ;
- Si c'est bien elle qu'il vous faut, de gâcher vos premiers moments en ne lui permettant pas d'exprimer ce qu'elle peut vous offrir.

N'ayez pas peur de vous confier

LE CONSEIL DE FLORENCE

Si vous êtes un homme fiable avec de vraies valeurs familiales : parlez-en, elles vont adorer. Pas de la famille que vous souhaitez fonder avec elle (alors que vous ne la connaissez que depuis quelques minutes), mais de vos frères, vos sœurs, vos parents, vos neveux et du plaisir que vous avez à les fréquenter. Même aux yeux d'une femme qui ne veut pas d'enfants, un homme attaché à la famille, doux et rieur avec les enfants, est immédiatement paré d'un solide capital sympathie.

L'intello urbain et l'artiste tourmenté en quête de leur muse

Qui sont-ils ?

Aux antipodes de la séduction virile du super protecteur ou du bad boy, voici deux frères jumeaux qui jouent sur une corde complètement différente ! Créatifs, intellos, prolixes sur leur parcours, leurs sentiments, ils sont aussi en proie au doute, tourmentés par les enjeux du monde ou de leur art. Ils ont besoin d'une présence féminine pour apporter équilibre et sérénité à leur vie. Ils cherchent leur muse… et la trouvent !

Leurs modèles

Woody Allen (encore !), Johnny Depp, le chanteur Benjamin Biolay, le réalisateur américain au débit-mitraillette Quentin Tarantino, le comique français volubile Gad Elmaleh, le héros de BD torturé Batman.

Ce qu'on attend de lui

N'OUBLIEZ PAS

- Un esprit brillant ;
- Du bagout ;
- De l'intensité, de la profondeur, de la sensibilité ;
- Un certain détachement vis-à-vis du matériel ;

- Une activité en accord avec son style, dans le domaine des arts, du cinéma, du journalisme, de la littérature ou de la musique, mais aussi de la recherche ou de la politique : une activité qui prête aux grands questionnements !
- Un look iconoclaste, avant-gardiste, pointu, élégant ou très typé, mais en aucun cas fade.

Comment ça marche ?

L'imagination au pouvoir

LE SAVIEZ-VOUS ?

Son discours est passionnant, sa fragilité émeut. Il n'est pas un homme-enfant, parce qu'il garde son indépendance (il vit pour sa passion) et ça le rend d'autant plus attirant. Il donne à la femme qu'il drague le rôle d'une complice intelligente qui la valorise et la fait rêver.

Il réveille son instinct maternel, mais pas seulement

En proie au doute permanent, notre intello urbain a besoin d'être rassuré sur un mode tout à fait physique. Son détachement des impératifs matériels en fait un type un peu lunaire, que les femmes ont envie de protéger. Il peut parler sans ciller de ses doutes, de ses incertitudes, éventuellement de ses ratages avec humour, et ce, sans pour autant renoncer à sa virilité, car il sait se montrer passionné dès que l'occasion se présente.

C'est pour vous si...

LE CONSEIL DE FLORENCE

- Vous êtes très cultivé, que vos références soient classiques ou issues de la pop culture, du moment qu'elles sont pointues.
- Vous êtes très soigné physiquement, tendance dandy.
- Vous n'avez pas peur de montrer votre côté féminin et fragile.
- Vous êtes volubile, voire bavard.
- Vous aimez la compagnie des femmes, mais pouvez aussi vous en passer : vous n'êtes pas dépendant.
- Vous êtes convaincu que la virilité ne dépend pas de votre compte en banque.
- Vous avez relativement confiance en vous, mais vous avez des hauts et des bas.
- Vous êtes combatif, sur le plan des idées.

À quel genre de filles ça plaît ?

N'OUBLIEZ PAS

Hormis les femmes fragiles, qui recherchent une sécurité que vous ne pouvez bien évidemment pas leur offrir, vous pouvez charmer une bonne partie de la gente féminine. Il vous faut cependant du solide :

- En jouant sur un mode charmeur et sensuel, vous ferez tomber les femmes de tête, les business-women, les intellos, parce que vous apportez une fantaisie bienvenue à leur vie.
- En proie à vos affres coutumières, vous ferez craquer celle en qui sommeille une infirmière, qui se fera une joie de vous apporter le réconfort que vous recherchez.
- Fuyez les jeunes filles en fleur, les romantiques et les femmes fragiles, même si elles vous attirent : vous vous déstabiliseriez mutuellement !

Comment drague un artiste tourmenté / un intello urbain ?

LE CONSEIL DE FLORENCE

- En deux temps ! Il doit faire apparaître toutes les facettes de sa personnalité, qu'il soit en plein boum ou au contraire en grave récession personnelle : elle doit entrevoir une faille où elle aura un rôle important à jouer.
- Il parle beaucoup et bien de son art, du monde, de la société.
- Il connaît son environnement à fond et emmène sa future conquête à la découverte de territoires inconnus.
- Lorsqu'elle est accrochée par son discours, il lance tout de go une remarque très sensuelle sur l'effet qu'elle lui fait, puis reprend son discours et n'y revient pas.
- Il ne doit surtout pas être prévisible.

Pour aller plus loin

Laissez-la s'exprimer

LE CONSEIL DE FLORENCE

S'il veut qu'elle reste plus longtemps qu'une simple aventure, il devra s'intéresser à elle, à son opinion, à ses avis. Le seul risque : trouver LA femme qui lui conviendra vraiment, avec qui il mènera une vie riche aussi bien intellectuellement que sentimentalement. Cela ne devrait pas poser de problème, car l'intello urbain / l'artiste tourmenté a la capacité de parler de ses émotions. L'enjeu sera de lui rendre la pareille : lui offrir une oreille attentive, et se taire un peu, pour la laisser s'exprimer !

Un tendre nounours ou un homme-enfant à cajoler

Qui sont-ils ?

Les paragraphes précédents vous ont désespéré, vous ne vous reconnaissez pas dans ces flots de testostérone, de virilité exacerbée et portée en bandoulière ? Vous n'aimez pas être dans une séduction de conquête, mais dans la complicité et la douceur ? Rassurez-vous, nombreuses sont les femmes qui aiment prendre les devants et trouver elles-mêmes l'objet de leur désir. Les hommes-enfants et les grands nounours comblent leur besoin de tendresse quasi fusionnelle.

Leurs modèles

Les homme-enfant : l'acteur Léonardo DiCaprio, le héros du film fantastique de Tim Burton *Edward aux mains d'argent*, le grand blond avec une chaussure noire, l'acteur Michael Cerra au charme fragile dans le film *Scott Pilgrim contre le monde*, le héros de BD Spirou.

Côté nounours : les acteurs Seth Rogen (l'un des acteurs fétiches du réalisateur Jude Apatow), Vincent Lindon, José Garcia, ou encore le très débonnaire lieutenant Colombo.

Ce qu'on attend de lui

N'OUBLIEZ PAS

- De la douceur avant tout ;
- Une tendance à la volupté ;
- De l'intensité, de la profondeur, de la sensibilité ;
- Une séduction trouble pleine d'ambiguïté.

Comment ça marche ?

Vous attendrissez

Votre fragilité mise en exergue en appelle directement à l'instinct maternel des femmes que vous rencontrez. Elles veulent vous protéger, et si vous vous débrouillez bien, vous leur donnez un rôle très gratifiant : vous avez besoin d'elles pour vivre, elles vous en sont reconnaissantes.

C'est pour vous si...

- Vous aimez la tendresse physique, les bisous, les câlins.
- Vous avez besoin qu'on vous écoute, qu'on vous comprenne et qu'on vous rassure.
- Vous êtes un peu flemmard et aimez qu'on s'occupe de vous.
- Vous aimez la compagnie des femmes et vous ne pouvez pas vous en passer.

À quel genre de filles ça plaît ?

L'instinct maternel sommeille dans toutes sortes de femmes. Il n'y a pas de profil particulier : vous allez leur plaire si elles ont une nature cocooning et sont un peu mamans dans l'âme… à cette période particulière de leur vie. Pour ne pas vous tromper, engagez la conversation et voyez ce qui la fait vibrer : sa douceur et son attention seront un indicateur de sa capacité à vous comprendre.

Vous pouvez même tenter votre chance avec des battantes, qui pourront au premier abord vous paraître impressionnantes, si vous parvenez à trouver en vous-même ce que vous allez pouvoir leur apporter. Relisez pour cela le chapitre 2, pour savoir ce que vous devez faire ressortir de votre personnalité.

L'homme-enfant et le doux nounours, s'ils sont en paix avec eux-mêmes, peuvent apporter un monde de douceur et de bien-être à des femmes en demande de tendresse, et c'est sur ce mode qu'ils devront jouer !

Comment draguent un homme-enfant / un tendre nounours ?

- Ils soignent leur physique : ce n'est pas parce qu'ils laissent aux femmes les manœuvres d'approches qu'ils doivent pour autant se laisser aller, au contraire : leur séduction passe éminemment par le physique, et par le toucher tout particulièrement. Ils mettront le paquet sur leur peau, leurs cheveux, leurs mains, et porteront des matières qui donnent envie de s'y attarder.
- Ils jouent aussi du regard, dans lequel ils font passer aussi bien le désir que la douceur.
- Pour faire mouche, ils doivent révéler, progressivement, leur fragilité et leur besoin d'elle. S'ils agissent trop vite, ils pourraient passer pour des amants passionnés de type latin lover, un style qui demande un tel déploiement d'énergie qu'ils en seraient vite submergés.
- À l'inverse de la séduction très affirmée du bad boy ou du latin lover, leur douceur désarmante leur permet une approche beaucoup plus rapide dans la zone de confort de leur cible : leurs manières câlines sont un sésame magique contre les barrières de protection des femmes. Moins menaçants, ils deviennent intimes plus rapidement.

Pour aller plus loin

Ramener la séduction au cœur du débat

Le danger que courent l'homme-enfant et le nounours est de ne pas être pris au sérieux. C'est pourquoi il leur faut rapidement remettre la séduction au cœur du débat, par le jeu des regards, du toucher, tout en subtilité, afin que la femme qu'ils visent puisse passer elle-même en mode séduction active sans avoir peur d'un rejet.

Évitez l'exclusive

Vous devez, au moins dans les premiers temps, vous garder de montrer toute l'étendue de vos sentiments, même (et surtout) s'ils sont très forts. Décompressez et remettez les choses en perspective en vous intéressant à d'autres femmes, sans pour autant vous jeter à leur cou, ou vous mettre à draguer à tout-va, soudainement, juste pour le sport (ça n'est pas votre genre). Pour qu'elle tienne à vous, ne vous livrez pas trop vite : vous perdriez de la valeur à ses yeux.

Savoir évoluer

Si la séduction de l'homme-enfant, ou celle du nounours peut donner de bons résultats épisodiquement, elle s'épanouit rarement dans une relation à long terme. Relisez le chapitre 4 pour comprendre ce que les femmes attendent des hommes en matière de séduction : la passivité ne fait pas recette !

Trouvez votre point d'équilibre

Afin qu'elle ne se lasse pas de son rôle de régente de votre vie et de votre cœur, sachez mettre le doigt sur ce que *vous* lui apportez. Apprenez à le mettre subtilement en valeur : c'est votre pouvoir. Il apportera équilibre et harmonie à votre relation.

Comique touchant ou bon vivant : faites-la fondre !

Qui est-il ?

À la fois drôle et touchant, sa bonne humeur est contagieuse. Il pratique l'humour avec finesse, plutôt à ses propres dépens qu'à ceux des autres. Autour de lui, les visages s'illuminent. Tous et toutes recherchent sa compagnie, tout simplement parce que l'on se sent bien auprès de lui !

Ses modèles

Les comiques et hommes de télévision français comme Antoine de Caunes, Édouard Baer, Alain Chabat, le personnage de Wayne dans le film culte des années 1990 *Wayne's World*, les acteurs et comiques américains Ben Stiller et Adam Sandler.

Ce qu'on attend de lui

- Du bagout, de la drôlerie ;
- De la bonne humeur ;
- Des gestes chaleureux ;
- De l'aisance en société ;

- Assez d'aplomb pour draguer celle qui lui plaît ;
- Il n'a pas de look particulier : en costard comme Édouard Baer ou en jean et T-shirt comme Adam Sandler, c'est son sourire et ses gestes qui sont les plus éloquents.

Comment ça marche ?

Le centre de l'attention

LE SAVIEZ-VOUS ?

Un homme à la bonne humeur contagieuse et qui a l'art et la manière de faire rire les autres est en position de force en société. On dit qu'il a un charme solaire, car il rayonne littéralement. Il est au centre de l'attention, on va rechercher sa compagnie, parce qu'elle fait du bien.

ATTENTION

Lorsqu'on veut draguer, cependant, être drôle, ça n'est pas raconter des blagues, mais diffuser une irrésistible bonne humeur autour de soi. À bannir absolument : les blagues en série, surtout salaces, et tout ce qui se moque de quelqu'un d'autre que soi-même.

C'est pour vous si...

LE CONSEIL DE FLORENCE

- Vous pratiquez avec talent l'humour pince-sans-rire ou l'autodérision.
- Vous êtes d'un naturel chaleureux.
- Vous aimez la bonne chair, le bon vin, la belle vie, et avez plein de copains.
- Vous êtes bavard et sociable.
- Vous êtes actif et aimez prendre les choses en main : vous aimez par exemple organiser des soirées.
- Vous êtes capable, si le jeu en vaut la chandelle, de mettre la pédale douce sur votre côté comique pour révéler votre côté charmeur.
- Vous êtes, bien sûr, très souriant.

À quel genre de filles ça plaît ?

N'OUBLIEZ PAS

Vous plaisez à toutes, mais en particulier... aux femmes mariées qui s'ennuient ! Attention cependant à la manière dont vous abordez chaque type de femme : vous devez adapter votre attitude et votre discours à celle que vous visez. Une grande timide aura peut-être des réticences à partager immédiatement toute l'attention que vous générez en public. À elle, dédiez plutôt de petites « private jokes » personnelles glissées au creux de son oreille qui doivent rester votre secret.

Comment drague un bon vivant / un comique attachant ?

- Son charme naturel ne doit pas lui faire oublier qu'il est en période de séduction : cela mérite un effort particulier. Une femme n'a pas envie de sortir avec un clown. En costume parfaitement chic, Antoine de Caunes ou Pierre Desproges n'en sont que plus piquants.
- Sa chaleur, son sourire et ses manières avenantes sont ses atouts séduction par excellence. Il s'en sert avec chacun : avec celle qui lui plaît, c'est ce qu'il mettra en avant, encore un peu plus qu'habituellement. Elle mérite ce petit supplément de chaleur qui la fera se sentir privilégiée.
- Son sourire est le précurseur de ceux des autres. Par le jeu des hormones-miroir, s'il sourit, sa cible lui sourira aussi.
- Il sait se séparer de sa bande d'amis le moment venu, pour passer du temps avec sa dulcinée… Mais pas chaque fois qu'elle en fait la demande : il se garde des soirées pour lui !
- Au moment crucial, il doit savoir passer sur un mode personnel et non plus public : ce qu'il dit à une femme qui lui plaît est très privé, presque secret. Elle sera d'autant plus flattée d'être traitée différemment des autres, plus intime. En restant au niveau de la taquinerie sympathique, on n'émeut pas. Relisez le chapitre 1 sur les mécanismes de la séduction pour savoir quand partager autre chose que des éclats de rire.

Pour aller plus loin

N'invitez pas vos copains à vos rendez-vous amoureux

Elle n'a sans doute pas envie de se laisser embrasser sous l'œil goguenard de votre habituel aréopage de copains enthousiastes. Prenez du champ, pour qu'elle soit à l'aise, et ne racontez pas vos avancées à vos amis, fussent-elles d'un haut pouvoir comique.

N'en faites pas trop

Si vous avez l'habitude de « faire le show », pour la drague, mettez une sourdine à vos exploits habituels. Faites entrer l'innocence, la sincérité et la candeur dans votre répertoire, vous la ferez complètement fondre. Elle saura voir que vous changez de registre pour elle, et cela va l'intéresser. Encore une fois, soyez vous-même, comme vous l'êtes, en privé. Juste… le meilleur de vous-même.

Une variante pour les plus jeunes : plaire en étant caustique et spirituel à la David DeAngelo

LE SAVIEZ-VOUS ?

Spirituel et caustique est la traduction de « cocky and funny », un style de drague théorisé par David DeAngelo, l'un des pick-up artists (les fameux artistes de la drague) les plus connus au monde (voir chapitre 5).

DeAngelo : la drague est un état d'esprit

David DeAngelo est le pseudonyme d'Eben W. Pagan, coach en séduction américain, considéré comme l'un des membres les plus influents de la communauté des pick-up artists. Il est l'auteur d'un livre phénomène *Double Your Dating* (en Français, *Doublez votre drague*), et d'une newsletter américaine distribuée à plus d'un million d'abonnés, dans laquelle il développe des techniques de drague, dont la plus connue est le fameux « cocky and funny ». L'humour, l'indépendance, mais aussi le bon temps passé avec les femmes sont au cœur de son approche. Il soutient aussi, et je le rejoins sur ce point, que l'on n'est pas attiré par d'éventuelles ressemblances ou affinités de caractère, mais par des émotions partagées. Il se distingue des autres pick-up artists comme Mystery, plus portés vers l'action, par son accent mis sur l'attitude, l'assurance et l'état d'esprit interne du séducteur.

Effronté mais charmant

LE SAVIEZ-VOUS ?

Sur un mode léger, le dragueur spirituel et caustique branche les filles avec pour but de les déstabiliser un peu, tout en les faisant rigoler, pour dépasser leurs barrières sociales, obtenir d'abord un sourire, puis bien sûr un numéro de téléphone, un rendez-vous… Sachant qu'une jolie fille se fait brancher au strict minimum trois ou quatre fois dès qu'elle sort, la plupart sont blasées par les approches lourdingues : « Hé mademoiselle, vous êtes vraiment charmante ! », ou encore : « Vous êtes tellement belle, est-ce que je peux vous payer un verre ? ». Les femmes charmantes le savent déjà, celles qui ne le sont pas ne vous penseront pas sincère. Il vous faut donc :

- Vous distinguer ;
- La surprendre.

Et, pour David DeAngelo, se montrer suffisamment effronté pour déstabiliser la belle, qui se sentira obligée de répliquer, voire d'y mettre du sien pour vous charmer. C'est ce que les artistes de la drague appelleront un « Neg Hit », une remarque négative, à enrober d'une touche d'humour, bien sûr.

Le double effet d'une remarque piquante

Non seulement ne pas commencer par un compliment, mais par une remarque déstabilisante, incite la femme en face de vous à chercher à se justifier, mais ce type d'entrée en matière est aussi une manière de surmonter sa peur de l'échec. Elle fournit à ces hommes plutôt jeunes, clients des techniques des PUA – et, il faut le dire, plutôt inexpérimentés – une parade à l'angoisse qui les submerge lorsqu'ils croisent une jolie fille, en la taquinant un peu, histoire de la faire descendre de son piédestal. L'idée n'est pas mauvaise, et elle peut aussi être mise en œuvre par les filles. Elle permet de briser la glace !

Concrètement, ça donne quoi ?

À une femme que vous croisez plusieurs fois dans un centre commercial :

> – Vous : J'ai très bien vu votre manège. Je vois bien que vous êtes folle de moi, mais arrêtez de me suivre !
>
> – Elle : Mais je ne vous suis pas !
>
> – Vous, après une pause pendant laquelle vous l'avez bien regardée : Bon, vous n'avez pas l'air d'une psychopathe. Vous m'êtes même plutôt sympathique. Allez, venez, je vous offre un café, vous me raconterez pourquoi vous me suivez depuis deux heures.

Caustique mais pas arrogant

Attention : être spirituel et caustique, c'est une question de légèreté. L'agressivité ou les vannes permanentes sont proscrites. Il ne s'agit pas de raconter des blagues mais de la faire sourire et douter légèrement. Êtes-vous sérieux ? Est-ce que vous vous intéressez à elle ou pas ? Lorsque l'affaire est bien menée, elle devrait, piquée au vif, essayer par elle-même d'attirer votre attention.

De même, une seule petite pique suffit pour briser la glace. Arrêtez-vous tout de suite après, et revenez en mode « charmant ». Vous ne devez ni la choquer, ni la vexer ou la mettre en colère.

C'est pour vous si…

- Vous êtes jeune (je ne connais en effet aucun homme de plus de 30 ans attiré par ce genre de drague !).
- Vous avez du bagout et de la repartie.
- Vous n'avez pas peur du rejet.

- Vous voulez pratiquer la drague à l'état pur, simplement pour elle-même.
- Vous êtes attiré par les femmes mais vous n'avez pas envie de verser dans le compliment banal.
- Vous avez un look et une voix plutôt remarquables.
- Vous maîtrisez le langage du corps (sinon, voyez le chapitre 7).
- Vous avez très envie de draguer des inconnues en boîte, dans les bars, dans la rue.

À quel genre de filles ça plaît ?

N'OUBLIEZ PAS

C'est une technique qui donnera des résultats spectaculaires sur les plus jeunes femmes, celles qui sortent en boîte par exemple, et qui sont habituées à se faire draguer. Sur les femmes plus mûres, la méthode aura moins de succès, parce qu'elles ont assez d'expérience pour voir venir de loin, et l'œil amusé, ces soupirants d'un soir, armés de leur méthode. Sachez-le, c'est à votre personnalité véritable qu'elles s'intéressent plus qu'à votre technique de dragueur. L'autre écueil est celui des geekettes, ces filles qui passent leur temps sur Internet, qui ont parcouru les forums des PUA et en échangent les meilleurs passages avec leurs comparses accompagnés de commentaires parfois cruels. Il est vrai que certains de ces sites destinés aux apprentis dragueurs peuvent être savoureux, tant par leur look que par leur contenu.

Dr House à la limite du genre

Véritable tête à claques et pourtant si séduisant, le Dr House, de la série TV du même nom, remporte la palme du style *cocky and funny*, poussé à son extrême. « Caustique et spirituel », devient chez lui « odieux mais hilarant », dans cet épisode où il asticote le Dr Cuddy, sa supérieure hiérarchique. Pour les télé-phobes, on précisera que Cuddy et House finiront en effet par se tomber dans les bras, après maintes péripéties, suspense oblige.

– Cuddy : House, j'ai une faveur à vous demander…

– House (en criant pour que tout le monde entende) : Ah non ! Je ne coucherais pas avec vous ! Une fois ça suffit !!

Le conseil du coach

Après une première réponse écrite de ma part, Vanessa vint me voir. L'objectif de coaching que nous avons défini ensemble était de trouver une réponse claire à cette question difficile : j'y vais ou je n'y vais pas ?

Étant donné sa personnalité à elle tout aussi libre et entière, il fallait qu'elle vive cette histoire. Je compris qu'elle était tombée sur « un gros morceau », un de ces hommes dont l'indépendance et la joie de vivre harnachées au cœur pouvaient faire fondre toutes celles pour qui la liberté est une valeur profonde. Elle me disait : « Je comprends que si je poursuis l'histoire avec lui, une nuit avec lui c'est douze heures d'enchantement et trois lendemains de malheur à attendre de ses nouvelles. »

Elle sortit de notre entretien avec la conviction suivante : j'y vais ! Mais je me fais respecter !

Ma mission était la suivante : que je l'aide à vivre cette histoire sans qu'il ne la quitte au bout de dix jours, et c'est ce qu'il allait se passer si elle continuait à trop l'envahir par ses demandes et sa soif de sa présence. Il fallait qu'elle prenne un peu de recul et qu'elle sache comment « se faire aimer longtemps » de cet électron libre.

La tactique Vanessa

Elle y retourna avec beaucoup de finesse et leur histoire commença. Elle usa et abusa de l'incroyable écoute. Personne ne s'était intéressé à lui comme cela. Et, étonnamment, lui non plus. Il chercha des réponses aux questions de Vanessa et il apprit à mieux se connaître. Il tomba vraiment amoureux d'elle. Il ne la sentait pas dépendante, il comprit qu'elle l'aimait pour ce qu'il était au plus profond de lui et il lui dit que cela le faisait chavirer.

Néanmoins, son fonctionnement n'avait pas changé. Au lieu d'accepter ses absences et silences, nous convînmes Vanessa et moi qu'il fallait le faire s'exprimer sur ce sujet pour qu'elle ne passe pas sa vie à l'attendre. Nous avions préparé un entretien afin qu'elle puisse vraiment l'amener à s'exprimer sur sa manière de fonctionner, non pas s'ajuster mais le comprendre… pour vivre la situation sans incompréhension.

J'amenais aussi Vanessa à s'affirmer sur le respect qu'il lui devait. Je crois qu'aucune femme ne lui avait jamais parlé avec cette maturité-là et il accepta de se livrer et de respecter quelques principes simples de communication entre eux. Cet homme était bien incapable de mensonge. Vanessa fut, je crois, très heureuse de l'intensité de leur histoire. Il l'emmena dans ses expéditions, il lui parlait de la nature, de la beauté de l'effort, des peuples et peuplades. Lui aimait cette Vanessa tout aussi riche intérieurement et sensible aux mêmes valeurs que lui.

Mais… C'était une femme qui aimait construire. Elle vint me revoir deux ans plus tard pour accoucher de sa décision difficile de le quitter. Elle souhaitait vivre en couple, sous le même toit. Et son homme en était bien incapable. Elle avait absorbé la substantifique moelle de son histoire et le meilleur était derrière elle. Il était donc temps de tourner la page. Lui était triste car il l'aimait. Mais elle ne voulait pas qu'il change. Elle savait qu'il en était incapable et ne voulait pas l'obliger à renier sa vraie nature.

Jérôme, la séduction par l'humour

Voici un cas de coaching par e-mail auquel `love-intelligence.fr` a apporté son conseil.

« Je suis une femme mariée et je suis tombée sur Jérôme, un célibataire endurci de 35 ans. Nous avons passé le week-end avec mon mari et des amis. Lui seul était l'objet désiré et recherché par tout le monde. Spirituel sur lui-même et ses déboires sentimentaux ou professionnels, il n'a pas arrêté de nous faire rire. Le problème, c'est que j'en suis tombée amoureuse. Pourtant, c'est un énorme looser. Il n'a pas de job depuis longtemps et a monté un projet de boîte qui ne voit pas vraiment le jour. Mais comme il rigole de lui-même et de son parcours chaotique de ces deux dernières années, c'est touchant. Et la manière dont il parle de lui est si drôle. Il parle aussi de sa passion artistique et sa quête perpétuelle d'art et de littérature… toujours en se moquant de lui-même. Nous nous sommes revus trois fois et avons fait l'amour fougueusement. Je suis raide dingue. Je suis prête à tout. Au secours ! »

Le mari d'Audrey est très sérieux et il lui est apparu soudain si ennuyeux au regard de son Jérôme dont la vie n'est qu'humour et fantaisie.

Un mois plus tard, Audrey voulait tout quitter pour son amant. Jérôme, s'il voulait bien s'amuser avec elle et vivre une histoire d'amour, ne souhaitait pas pour autant prendre une mère de deux enfants sous sa responsabilité. Il avait été catégorique.

Audrey s'apprêtait à mal interpréter le rôle de Jérôme dans son histoire. Ce n'était pas son mari qui était ennuyeux (comme elle le pensait lors de son histoire avec Jérôme), c'est Audrey qui s'ennuyait dans la vie. Son mari avait pour sa part une vie riche et aimait sa famille. Audrey ne s'était pas encore « trouvée ». Elle accusait son mari de tous les maux alors que c'était à elle de moins attendre de son mari pour s'épanouir dans la vie. Son mari avait encore beaucoup à lui apporter, car c'était quelqu'un de cultivé et de très ouvert sur de nombreux domaines. Elle mit du temps à le comprendre, mais quand elle comprit que la réussite de son couple était dans l'effort qu'elle pouvait fournir pour recréer un lien d'intimité avec lui, elle comprit qu'il fallait donner à son couple une seconde chance.

Jérôme a eu un effet déclencheur sur la vie d'Audrey mais je ne m'épanche pas sur son cas car nous ne serions pas dans le bon chapitre.

Je vous raconte cette histoire, car Jérôme est le « séducteur comique et touchant » par excellence. Il se trouve que par la suite ce Jérôme est venu en coaching après une conversation avec Audrey. Il voulait arrêter ce genre d'histoires qui ne mènent nulle part et il cherchait la femme de sa vie.

Jérôme aime les femmes et les fait rire. Il est victime de son succès et fait tomber radicalement TOUTES les femmes. Il manie à merveille l'autodérision. Sa technique est redoutable : il séduit une jeune femme en la faisant rire puis il s'y intéresse énormément (encore un qui a tout compris de l'incroyable écoute) et cela les fait craquer. Mais il s'en veut finalement de rendre malheureuses ces femmes à qui il ne veut rien promettre.

Jérôme manquait alors de maturité pour comprendre ce que pourrait lui apporter une vraie relation amoureuse – autre que le plaisir de la conquête pour la conquête. Il a fallu beaucoup d'échanges entre nous pour lui faire toucher du doigt qu'une relation pouvait être extrêmement belle s'il décidait :

1) De plonger dedans à corps perdu ;

2) De s'intéresser à des femmes qui le feraient grandir.

Pour Jérôme, la phase de séduction ne posait aucun problème. La gageure pour lui était la construction d'une relation. Nous avons pris conscience ensemble que c'était d'une femme pygmalion dont il avait besoin : une femme mûre qui cerne ses capacités et son potentiel et qui lui donne confiance… et idéalement l'aide à avancer dans la vie. Quand il comprit cela, il orienta naturellement ses discussions lors de ses sorties sur des sujets peut-être un peu différents, il fut certainement plus curieux d'un autre type de femmes. Et, peu de temps plus tard, il tomba amoureux d'une femme plus mûre que les autres, très indépendante, qui cherchait à le comprendre. Du haut de mon expérience, l'issue de cette histoire est très logique : tout homme (ou femme) qui sait ce qu'il veut (non pas en terme d'attirance mais de « ce qui est bon pour lui ») prend le bon chemin pour y parvenir – c'est pourquoi dans la `methode-florence.fr` je consacre l'étape 2 à cette question cruciale : « Qui est à même de me rendre heureux(se) en amour ». Dès que vous avez la réponse à cette question, cela change tout ! Cette nouvelle petite amie de Jérôme l'aida à se trouver, à devenir lui-même, en mieux. Un bouleversement de sa vie, de ses valeurs, de ses attentes, qui lui fit un bien fou.

Chapitre 9

Pour les femmes, trouver son profil de séductrice

Dans ce chapitre :

- Femme fatale, femme sexy, femme idéale, petite chose fragile, femme de tête ou belle naturelle… Vous allez trouver le profil de séductrice qui vous correspond
- Pour chacun de ces cas, je vous indique qui vous allez faire craquer, et comment
- La séduction au féminin : moins évidente, mais tout aussi efficace

Après le chapitre consacré aux figures classiques de la drague masculine, on se pose logiquement la question : ont-ils leurs équivalents féminins ? Oui, mais ils diffèrent sur un point fondamental. Alors que la drague, chez les hommes, est considérée comme une activité virile, signe de succès, son équivalent féminin a provoqué pendant des siècles la colère des censeurs. Elle s'est donc développée d'une manière moins frontale dans l'expression de ses désirs. Elle semble plus passive, alors qu'elle est en vérité plus subtile mais tout aussi active que celle des hommes. Parce qu'elle est plus diffuse, on peut avoir du mal à en identifier les ressorts. Ils sont bien présents, pourtant, tout aussi puissants que ceux de la séduction au masculin !

Trouvez votre style !

Femme fatale, femme sexy, *girl next door*, certaines sont devenues des modèles mythiques, amplement repris par le cinéma et la littérature. D'autres, comme la femme parfaite, la femme de tête ou la femme fragile, sont des cas que j'ai pu rencontrer en séance de coaching.

Sept modèles à la loupe

Voici les portraits de sept femmes qui séduisent. Ce sont des femmes types, brossées à grands traits. À chacune sa méthode de séduction, ses atouts, ses limites, et le type d'hommes qu'elles font craquer. Toutes ont une séduction qui leur est propre, dans laquelle vous pourrez vous reconnaître. Dans ces cas, lisez nos conseils pour aller plus loin, et laissez s'épanouir la séductrice qui dort en vous !

La femme fatale

Qui est-elle ?

La femme fatale est la version parlante de la vamp du cinéma muet. Manipulatrice, insatiable et dangereusement séduisante, elle est supposée réduire ses soupirants à l'état d'esclaves. L'archétype apparaît au cinéma, comme un avertissement, dès les premiers signes d'émancipation de la femme. La femme fatale dérange parce que sa séduction est active : elle sait jouer de son physique (le regard, des tenues toujours glamour et recherchées) pour se faire remarquer.

Une femme déterminée

Elle impressionne les hommes par son assurance. Elle sait surtout faire monter la tension sexuelle, puis joue sur le mystère et l'absence pour créer une dépendance chez l'homme, qui court, bien entendu, à sa perte. Celui-ci est considéré comme une proie, ou comme l'instrument d'une autre conquête, d'une vengeance à accomplir, ou d'une revanche à prendre sur le monde. C'est Rita Hayworth dans *La Dame de Shanghai*, un classique absolu du genre, signé par Orson Welles en 1947. On a oublié aujourd'hui son aura maléfique pour en garder l'image d'une beauté ravageuse, auréolée de mystère, sûre de son sex-appeal, à l'élégance sombre.

Ses modèles

Les actrices Sharon Stone, Catherine Deneuve, Carole Bouquet, les sulfureuses antihéroïnes de BD Poison Ivy et P'Gell.

Les clés de son pouvoir de séduction

N'OUBLIEZ PAS

- L'assurance ;
- L'élégance ;
- Le mystère ;
- Le détachement.

Irrésistibles femmes fatales

- Ce sont les versions féminines de James Bond, tombeuses irrésistibles et dangereuses au palmarès impressionnant.
- La biblique et sulfureuse Lilith drague tout ce qui bouge. Adam est sa première conquête, puis lorsqu'il la chasse du paradis, tombent alors diables, succubes et démons, et quelques démones pour faire bonne mesure.
- Cléopâtre, reine d'Égypte, mariée successivement à ses deux frères, pas exactement une beauté foudroyante, mais un esprit acéré, séduit César puis Marc Antoine et changera le cours de l'histoire.
- Diane de Poitier, maîtresse successivement de François Ier puis de son fils Henri II, de vingt ans son cadet, mêle intrigue, amour, culture et politique de haut vol à la Renaissance.
- La marquise de Merteuil, héroïne du roman *Les Liaisons dangereuses* de Pierre Choderlos de Laclos, libertine militante et manipulatrice accomplie, sévit et séduit à outrance au XVIIIe siècle.
- Mata Hari, tour à tour écuyère, danseuse exotique et espionne, aventurière flamboyante aux cent cinquante conquêtes sera hélas fusillée par les Français pour trahison en 1917.
- Lana Turner, Rita Hayworth, et Gene Tierney, stars hollywoodiennes des films noirs des années 1940-1950, brisent les cœurs et font tomber les têtes respectivement dans *Le facteur sonne toujours deux fois*, *Gilda* et *Péché mortel*.
- Nico, mannequin, actrice, chanteuse et muse, envoûte toute la planète pop des sixties : Alain Delon, mais aussi les musiciens John Cale, Jim Morrison des Doors, Iggy Pop, Brian Jones des Rolling Stones et Tim Buckley, ainsi que le réalisateur Philippe Garel. Lou Reed lui écrit la chanson culte *Femme fatale*, qu'elle interprète avec le Velvet Underground.
- Jessica Rabbit, la pulpeuse épouse du lapin Roger, une femme fatale version cartoon aux courbes atomiques, déclenche catastrophes et fureur érotique dans *Qui veut la peau de Roger Rabbit*.
- Sharon Stone, beauté polaire (mais incendiaire) armée d'un pic à glace, inflige une déculottée à ses amants et aux spectateurs transis du film *Basic Instinct* dans les années 1990, relançant la mode des blondes dangereuses.
- Aujourd'hui, les femmes fatales ne tuent plus, mais peuvent néanmoins afficher de somptueux tableaux de chasse du type : deux icônes du rock'n'roll, deux stars de la chanson française, un avocat en vogue et en rollers, un philosophe médiatique assorti de son père, un chef d'État membre du G7…

Comment ça marche ?

Faites-les rêver !

La séduction de la femme fatale opère sur le plan de l'imaginaire : elle incarne la promesse d'aventures passionnées, où la part de jeu est primordiale.

De l'allure, encore de l'allure, toujours de l'allure !

Exit le laisser-aller en jean et cheveux raplapla : la femme fatale est sophistiquée, cela va sans dire. Mais ce n'est pas tout : son assurance désarçonne les hommes, avant de les flatter profondément, lorsqu'elle daigne s'intéresser à eux. La femme fatale joue ensuite :

- Sur le mystère (elle n'en dit pas trop sur elle-même) ;
- La tension sexuelle (tout en allusions subtiles) ;
- La gestion de l'absence (disparaître pour laisser le manque s'installer).

Elle porte parfois l'estocade finale : faire entrevoir (mais pas trop !) des zones de fragilité d'autant plus émouvantes qu'elles ne se révèlent qu'aux hommes « de confiance », qui ont alors l'impression d'être élus, d'être les seuls à la comprendre, à lui être utiles.

Pour l'amour du jeu

La femme fatale doit avant tout avoir hautement confiance en sa capacité de séduction. Elle sait ce qui plaît, et ce qui LUI plaît. Elle prend l'initiative de la drague, et les hommes, ravis, se laissent faire car elle incarne la promesse d'aventures passionnées. Le genre, assez technique, demande un peu de maîtrise et donc de maturité… mais pas trop non plus ! On est plus fatale à 30 ans qu'à 20 ans. Tout simplement parce que ce type de séduction reste une sorte de jeu (et que les femmes ont de moins en moins envie, avec l'âge, de jouer, de ne pas être « vraies »). On s'habille fatale, on vit fatale, on est fatale pour un temps, parce que c'est amusant et très excitant.

Accros à l'adrénaline !

Pour ces femmes, c'est surtout la phase d'approche qui est excitante. Elles aiment par-dessus tout le rush d'adrénaline qu'elles ressentent lorsqu'elles touchent au but. C'est ce moment de basculement vers l'inconnu qui les fait vibrer. En cela, elles sont parfaitement en phase avec les hommes qu'elles convoitent.

Bacall allume Bogart

C'est encore dans le cinéma hollywoodien des années 1940, plus précisément dans *Le Port de l'angoisse*, un film de Howard Hawks, qu'on trouvera l'exemple le plus fracassant d'entrée en matière par une femme fatale. Lauren Bacall demande simplement une allumette, et tout est joué. La séquence est sur Internet. Tapez « Lauren Bacall + Anybody got a match » dans un moteur de recherche… et admirez le travail : Humphrey Bogart s'enflamme en exactement 34 secondes !

Lauren Bacall, divine en tailleur clair, attend dans une pénombre qui, elle le sait, la met en valeur. Elle prend les devants : elle parle la première, et demande une allumette, alors qu'Humphrey Bogart ne l'a pas encore vue. C'est une attaque surprise, qui devrait le désarçonner. Dans ce cas, Bogart, qui en a vu d'autres, ne se démonte pas et lui jette une boîte d'allumettes avec désinvolture. Elle allume sa cigarette avec lenteur, laissant à Bogart le temps de la regarder de la tête aux pieds. Troublé, il rajuste son pantalon en un geste à la connotation sexuelle flagrante. Elle lui lance un premier regard, suivi d'un deuxième plus long, plus appuyé, sans équivoque. Elle lâche un « merci » assez cavalier, puis, par un effet miroir, elle lui renvoie sa boîte d'allumettes. Elle prouve ainsi qu'elle joue à son niveau, et qu'ils se sont bien compris. Enfin, elle disparaît sans se retourner, laissant planer un mystère lourd de tension érotique.

En 34 secondes :

– Elle a capté l'attention de Bogart.

– Elle lui a signifié son intérêt par son regard appuyé.

– Elle a créé une complicité avec lui en imitant son geste.

– Elle a entamé un premier échange, même s'il est silencieux, qui dit : « Je suis à ta hauteur, je joue à ton niveau » ou plus : elle lui propose un challenge.

– Elle l'a laissé très intrigué, avide d'en savoir plus, en ne se dévoilant pas immédiatement. C'est à lui de jouer la deuxième manche.

Magistral, non ? Le tout, sans décolleté vertigineux ni minijupe !

C'est pour vous si…

- Vous avez réellement confiance en vous ;
- Vous êtes indépendante, que ce soit au niveau financier ou amical ;
- En amour, vous ne souhaitez appartenir à personne ;
- Vous êtes sophistiquée dans votre apparence ;
- Vous aimez le jeu, vous aimez en définir les règles et gagner ;
- Vous savez créer de la distance et du mystère ;
- Vous n'êtes pas une bavarde !

Les hommes qu'elle attire

N'OUBLIEZ PAS

L'effet « femme fatale » fonctionne formidablement avec des hommes qui ont du répondant et qui sauront, à leur tour, alimenter son désir de passion. La rencontre de ces deux types de séducteurs, aussi joueurs l'un que l'autre, produit de belles étincelles.

Les femmes fatales ont tendance à impressionner fortement les hommes sur qui elles choisissent d'exercer leur talent de séductrices chevronnées. Leur incroyable assurance peut d'ailleurs leur jouer des tours. Certains hommes peuvent être en effet trop intimidés par ces amazones de la drague pour oser les aborder, ou même pour répondre à leurs avances ! Ils se contenteront de les regarder de loin, et de rêver.

METHODE-FLORENCE.FR

Isa, trop glaciale pour attirer les hommes

Je m'appelle Isa, j'ai 34 ans et pas mal d'histoires à mon actif, mais toujours courtes. Comme je me plaignais souvent que les hommes n'osent pas m'aborder, mes copines m'ont dit que je paraissais inaccessible. J'ai eu un déclic lors d'un exercice de coaching de l'étape 3 de la `methode-florence.fr`. J'ai compris comment, moi, la glaciale paraît-il, je pouvais adopter une attitude moins distante sans me trahir. Je me suis décidée à révéler la facette de ma personnalité que j'assumais le moins lorsque je rencontrais des hommes. En fait, je n'ai jamais assumé mes origines sociales très modestes et je sais que les gens autour de moi n'ont jamais pu deviner d'où je venais. J'en faisais une fierté. Depuis ce déclic, j'ose de plus en plus aborder le sujet et dire enfin, justement, ce que j'ai caché bêtement trop longtemps. C'est fou l'effet produit. Je sens que je suis beaucoup plus accessible et que mon frein principal est levé. Cela me rend vraiment heureuse d'avoir compris quel était mon problème. En fait, je me cachais !

Comment drague une femme fatale ?

LE CONSEIL DE FLORENCE

- Elle est élégante et sophistiquée en toutes circonstances, et affiche un style bien à elle.
- Elle joue de son regard, d'une manière assez directe.
- Elle ne lâche pas sa proie, le suit du regard jusqu'à ce qu'il soit troublé.
- Elle n'hésite pas : si un homme lui plaît, elle peut prendre l'initiative d'engager une conversation (attention : plus elle sera courte, plus elle sera efficace).

- Elle place d'emblée la conversation sur un terrain ambigu, plein de sous-entendus voilés, qui font douter son interlocuteur. Il doit se demander : « Est-ce qu'elle joue, ou est-ce qu'elle s'intéresse à moi ? », sans en trouver la réponse.
- Elle laisse planer les silences, les questions sans réponse et reste mystérieuse sur elle-même : elle ne fait pas de confidences.
- Elle cultive l'ironie et le recul.
- Elle accroche, fascine, envoûte puis disparaît ! Elle ne rappelle pas, n'attend pas, ne modifie son emploi du temps pour personne. Viendra, viendra pas ? Elle sait faire monter un suspense très cinématographique.
- Elle ne s'affiche jamais comme « disponible » ni comme « en demande d'attention », mais génère l'intérêt en restant énigmatique.

Pour aller plus loin

Un rôle difficile à maintenir sur la longueur

Avec le temps, cependant, un si haut niveau d'intensité dans les relations est difficile à maintenir, et la femme fatale peut avoir tendance à se lasser rapidement, pour recommencer une nouvelle partie avec un autre homme, afin de ressentir à nouveau ces sensations fortes dont elle est accro.

L'autre écueil est celui de la femme fatale se transformant soudainement en douce compagne, oubliant ainsi les promesses torrides que son style de séduction laisse imaginer.

Certaines des femmes que nous recevons en coaching chez Love Intelligence découvrent que la raison première de leurs échecs sentimentaux réside dans le jeu des apparences qu'elles mettent en place lors des premières rencontres. Elles se montrent par exemple extrêmement froides, fières et indépendantes. Elles attirent ainsi des hommes qui aiment ce genre de femmes. Mais, passés les premiers baisers, ces hommes se retrouvent face à des femmes tendres, dévouées et prêtes à tout pour les voir le plus souvent possible.

La dichotomie entre « ces deux femmes » est criante, le fossé trop profond. L'homme est déçu. Il recherche une femme forte qui a de l'emprise sur lui, ce qu'il ne trouve plus en en elle.

Sachez enrichir votre palette

Si vous vous sentez femme fatale, c'est que vous avez déjà une certaine maîtrise de la séduction. Gardez en tête qu'il s'agit d'un jeu, et pratiquez-le avec une dose d'humour et de légèreté. Il vous permet de faire connaissance avec les hommes qui vous plaisent. Mais ne négligez pas notre chapitre 2, qui vous donnera des clés pour séduire également en étant simplement vous-même. Vous aurez alors tous les atouts en main lorsque vous rencontrerez un homme différent, qui fera vibrer une nouvelle corde en vous…

La femme sexy

Qui est-elle ?

À l'opposé de la femme fatale, la femme sexy ne joue pas sur le mystère : ses atouts sont mis en avant de façon tout à fait frontale ! C'est bien connu, après le sourire, les hommes, ces animaux dont la vue est le sens le plus développé, regardent chez les femmes leur silhouette, leur décolleté, leurs fesses et leurs jambes. Sachant cela, la tentation est forte de sortir le grand jeu pour attirer leur attention.

Ses modèles

Les actrices Brigitte Bardot, Scarlett Johansson, Monica Bellucci, Beyonce, Megan Fox, Christina Hendricks (qui joue la sublime Joan Harris dans la série *Mad Men*), la meneuse de revue Dita Von Teese, Natacha hôtesse de l'air (l'héroïne de BD), Betty Boop.

Les clés de son pouvoir de séduction

- Le désir avant tout !
- Et au choix : l'innocence, l'humour ou au contraire une certaine malice.

Comment ça marche ?

En soi, une femme, même très belle, n'est pas sexy. C'est un artifice qui demande un effort particulier. Vous choisissez vos vêtements, vos escarpins, votre maquillage, votre coiffure en fonction de leur effet. Et ça marche : vous visez sous la ceinture et c'est très efficace (pour la drague directe, pas pour trouver l'homme de sa vie).

Sexy ou glamour ?

Nous ne parlons pas ici du glamour, une qualité qu'ont certaines femmes sensuelles, pleines de charme et d'éclat – le mot glamour est étymologiquement lié au mot « magie ». Le glamour ensorcelle l'imaginaire quand le sexy enflamme les hormones. Ici, il s'agit plutôt de jouer sur l'animalité toute primitive des hommes en montrant (ses jambes), en dénudant (sa peau, ses épaules, son décolleté), et en additionnant les indices sexuels pour que le message soit visuellement clair : vous êtes disponible et en recherche d'un partenaire. Car c'est ce que le cerveau de l'homme va retenir de votre aspect.

C'est quasi imparable !

Être sexy est une méthode qui porte ses fruits instantanément :

- Elle envoie aux hommes un message de disponibilité sexuelle qui parle à leur cerveau le plus primaire : c'est un signal qu'ils interprètent comme une avance.
- C'est aussi une méthode éprouvée par les femmes timides ou peu sûres d'elles : elle dispense censément de faire le premier pas.
- Vous êtes sexy, vous attirez l'attention et les hommes viennent à vous : il ne vous reste plus qu'à faire votre choix.

C'est pour vous si...

- Vous aimez qu'on vous regarde ;
- Vous êtes à l'aise avec la sexualité ;
- Vous aimez vous apprêter ;
- Vous aimez votre corps ;
- Vous assumez le fait que vous attisez le désir des hommes avant tout.

Le genre d'hommes qu'elle attire

Qui vous aborde ? Un peu tout le monde, voire, n'importe qui ! En priorité, ce sont les plus hardis, ceux qui n'ont rien à perdre et ceux qui draguent facilement. Les hommes timides ne vous aborderont pas : ce sera à vous de trouver l'audace de faire le premier pas. Dans ce cas, vous devez avoir confiance en vous, être à l'aise avec l'image que vous projetez.

LE CONSEIL DE FLORENCE

Certains hommes (et femmes) peuvent associer allure sexy et manque de cervelle. Ce n'est pas une surprise. VOUS savez que ce n'est pas vrai, alors mettez également en valeur vos autres atouts en faisant un tour au chapitre 2 ; car un homme une fois focalisé sur votre décolleté le sera moins sur le charme de votre conversation. Ce qu'il va désirer, c'est vous amener à coucher avec lui plutôt qu'établir une relation plus durable. Si c'est effectivement ce que vous recherchez, n'hésitez pas !

Comment drague une femme sexy ?

- Elle drague peu, ou presque pas, puisqu'on vient la draguer !
- Elle met en valeur ses atouts physiques plus particulièrement associés à la féminité : cheveux, peau, décolleté, maquillage…
- Une fois apprêtée, elle n'a plus grand-chose à faire, sinon à repousser les prétendants !
- C'est là qu'elle doit faire preuve de discernement, et user d'astuces pour encourager ceux qu'elle préfère tout en repoussant les fâcheux. Une opération délicate !

Savoir doser votre effet : où placer le curseur ?

LE CONSEIL DE FLORENCE

La femme sexy l'est d'autant plus qu'elle maîtrise son effet. La clé de cette séduction est un bon dosage entre ce qui est dévoilé et ce qui est caché : de quoi attirer l'œil, et suggérer la suite, tout en laissant une part à l'imagination de votre partenaire !

Canons, cagoles, bombasses, pin-up et louloutes

Chaque région a son idiome… et son idée du sexy. En règle générale, n'hésitez pas à forcer la dose dans le Sud et évitez le noir de la tête aux pieds, sous peine de passer pour un pingouin endeuillé. Dans le Nord, couvrez-vous un peu plus si vous ne voulez pas :

a) attraper une pneumonie

b) passer pour une traînée. Jouez alors sur un maquillage de pointe et travaillez votre jeu de jambes, collants sublimes à l'appui.

Une touche d'humour et ils ne vous quittent plus !

Les grandes gagnantes du style sexy sont les femmes qui conjuguent physique renversant et humour ravageur. Rien ne fait plus craquer les hommes ! Attention, il faut bien sûr jouer tout en finesse. Comme chez les hommes, l'autodérision est l'humour qui fonctionnera le mieux. Un côté pince-sans-rire les épatera tout autant. Si vous êtes sexy et avez un petit clown qui sommeille en vous, laissez-le s'exprimer. Vous allez surprendre et vous rendre irrésistiblement attachante. Inspirez-vous de Carole Lombard, Louise Bourgoin, ou encore la sublime et hilarante Cameron Diaz.

La grande blonde avec une robe noire

En 1972, dans le film *Le Grand Blond avec une chaussure noire*, Mireille Darc apparaît dans une robe Guy Laroche parfaitement chic, à manches longues et col montant, presque austère lorsqu'elle fait face à la caméra. Elle se retourne et, ô surprise, révèle un décolleté absolument vertigineux dans le dos. L'épisode est à la fois drôle, élégant, plus que suggestif, et témoigne d'un solide sens de l'humour. Pierre Richard, bien entendu déjà troublé par la belle blonde en perd complètement les pédales autant que sa fameuse chaussure.

Pour aller plus loin

Est-ce bien vous ?

Si ce n'est pas votre style habituel, l'œil exercé des hommes verra que vous avez voulu trop en faire, et peut en tirer la conclusion que vous êtes en demande ce soir, ce qui n'est pas très flatteur, et du même coup vulnérable, un sentiment que vous ne voulez pas dégager.

Ajoutez un ingrédient touchant

Amusez-vous à doser et varier vos effets. Quand vous associez détails sexy à l'élégance ou à l'innocence, vous avez beaucoup plus d'impact : vous laissez planer un mystère, vous faites entrer une part d'émotion.

Vous « touchez » votre cible encore plus sûrement qu'en ne sollicitant que ses instincts plus physiques. C'est la séduction de Marilyn Monroe, sexy en jean presque sans le vouloir, et celle de Jane Birkin, qui opère dans un registre réellement émouvant, petite femme fragile qui assume complètement son côté sexy. Un pull qui glisse pour dénuder par intermittence la peau d'une belle épaule intrigue et attire tout autant qu'un décolleté pigeonnant. Qui peut alors s'empêcher de regarder ce qui est dévoilé « innocemment » ?

Bien associer votre personnalité à votre look

Il est important de projeter une image de vous qui est vraie : être une femme sexy signifie aussi que vous êtes à l'aise avec l'idée de la sexualité. Si ce n'est pas vrai, vous délivrez une fausse promesse, ce qui induit vos partenaires en erreur quant à vos motivations. Dans ce cas, apprenez à mettre en valeur vos atouts autres que physiques. Lorsque vous aurez gagné en confiance, vous serez à même de jouer subtilement sur ce registre parfois délicat à maîtriser.

Avec un peu d'expérience, en revanche, et une assurance bétonnée, vous saurez captiver les regards, sélectionner vos « cibles » et les attirer à vous pour nouer une véritable relation. Pour donner de la profondeur à vos rencontres, pratiquez l'incroyable écoute, détaillée au chapitre 6.

La femme idéale

Qui est-elle ?

La femme idéale a toutes les qualités : belle, intelligente, sportive, facile à vivre, elle manie même l'humour avec finesse. Dotée d'un sens aigu de l'observation, d'une bonne écoute et d'une grande maîtrise d'elle-même, cette grande généraliste sait discerner chez l'homme les traits de la femme dont ils rêvent secrètement. En contrôlant l'image qu'elle renvoie, elle parvient à donner l'impression qu'elle est « l'élue », celle qui les satisfera en tout point.

Ses modèles

Isabelle Giordano, Grace Kelly (actrice devenue princesse), Sophie Marceau, Kate Middleton, Halle Berry, Gwyneth Paltrow, Nathalie Baye, Eva Longoria, la reine Amidala (l'un des personnages de la saga *Stars Wars*).

Les clés de son pouvoir de séduction

- La culture ;
- L'élégance ;
- La féminité ;
- L'adaptabilité ;
- Le sourire et la bonne humeur.

Comment ça marche ?

Les femmes idéales ont le pouvoir de deviner et devancer les désirs profonds des hommes. Il ne s'agit pas pour autant de femmes médium ou de télépathes, mais elles sont tout de même dotées de capacités d'observation et d'analyse très développées. Et c'est aussi un travail de tous les instants : leur image, leur physique sont soignés et sous contrôle permanent. Elles sont impeccables en toutes circonstances, adaptables en un clin d'œil. Leur cible propose soirée en boîte ou un week-end à la campagne ? Aucun problème : elles ont une parka dans le coffre et des escarpins dans la boîte à gants de leur voiture. Elles sont attentives : un geste ou une conversation va les renseigner sur ce qu'aime, ce que veut l'homme qui est en face d'elles.

La femme idéale est finalement un peu lisse. Car elle cherche à s'adapter à l'autre. Et elle veut être idéale… pour plaire. Ce qui est une démarche qui porte ses fruits dans la séduction mais peut décevoir par la suite. Car un homme peut craquer pour un modèle de femme parfaite qui répond à TOUS ses critères. Mais on aime densément une *personnalité*. Quand cette femme se marie, on l'appelle « madame formidable ». Elle mène tout parfaitement : sa carrière, ses enfants, son couple. Et puis, heureusement, une ou deux décennies plus tard, la vie fait son œuvre et ses aspérités se révèlent… enfin… il était temps !

C'est pour vous si…

- Vous avez une éducation assez policée ;
- Vous avez fait des études supérieures ;
- Vous avez beaucoup de cordes à votre arc (plutôt classique) : littérature, théâtre, danse, piano, équitation ;
- Vous avez le sens de la famille ;
- Vous possédez une palette complète de qualités sociales et relationnelles ;
- Vous soignez votre physique ;
- Vous êtes Mrs Perfect, alias Mme Formidable !

Les hommes qu'elle attire

Tous les hommes peuvent craquer, y compris des spécimens assez extraordinaires ou très convoités, pour cette femme parfaite qui sait mettre en avant tout ce qui justement leur plaît, et bien plus ! Mais nous verrons plus loin que s'ils craquent, faute d'aspérités auxquelles se raccrocher, ils ne restent pas forcément longtemps à ses côtés.

Sur le long terme, la femme idéale séduit avant tout et surtout les hommes qui veulent « construire » : clairement, ils sont à la recherche de la mère de leurs enfants !

Comment drague la femme idéale ?

- C'est une femme sociable : elle mène une vie riche qui lui offre de nombreuses rencontres.
- Elle soigne son physique, sa tenue, toujours impeccable.
- Elle maîtrise l'art de la conversation. Il est agréable de discuter avec elle, on se sent bien.
- En une phrase, elle réussit la performance de faire preuve de son humour, de ses excellentes manières et éventuellement de sa culture, le tout sans se vanter !
- Elle pratique également ses talents d'écoute pour déceler ce qui va plaire à celui qu'elle vise.
- Elle peut proposer des sorties étonnantes, toujours en lien avec les passions de son interlocuteur. Elle sait être originale.
- Elle prend son temps et garde ses distances : la femme idéale n'est pas une femme facile.
- Mais je vous rassure, la femme idéale n'existe pas.

Pour aller plus loin

Le danger de la perfection

Séduire en étant une « femme idéale » exige finesse et confiance en soi. Mais si on ne pense qu'à son image de femme parfaite et qu'à l'autre, pour lui faire plaisir, on s'oublie soi-même. C'est un travail souvent inconscient : ces « femmes idéales » peuvent avoir connu des parcours affectifs difficiles, avec une relation compliquée envers un ou des parents exigeants.

Les hommes se construisent quand ils trouvent leur place et se sentent utiles dans une relation. Ils ont besoin d'aimer une femme qui se livre telle qu'elle est… brute en quelque sorte. S'ils ne sentent rien de vulnérable, aucune place pour l'intimité, ils ne peuvent pas s'abandonner non plus : ils auraient peur d'être jugés.

Ce sont celles à qui l'on dit : « Tu es parfaite, femme idéale, je t'ai toujours admiré, je suis amoureux de toi. » Et puis, après quelques semaines de relation : « Je ne comprends pas ce qu'il se passe mais je ne suis pas aussi amoureux que ce que je croyais. Je te quitte, je suis désolé. » Cela donne des situations assez curieuses, avec des femmes qui, sous une surface parfaite, manquent d'assurance et ne pensent pas pouvoir séduire en montrant leur propre personnalité. C'est étonnant car, pourtant, elles semblent enchaîner les succès… mais de courte durée.

Cinq pistes pour faire pétiller la femme idéale

1. Votre look est classique ? En soirée, osez porter des accessoires romantiques ou sexy. Puis essayez en journée !

2. Lorsque vous sentez que vous vous animez lors d'une conversation qui vous passionne, ne vous bridez pas : parlez de vos passions, elles vous donnent de l'éclat.

3. Exceptionnellement, donnez sa chance à ce type drôle, mais qui n'est pas votre genre, et qui vous drague.

4. Autorisation de bouder : vous n'êtes pas en forme ce soir ? Faites-le savoir et ne répondez pas à ses invitations.

5. Jouez les princesses : pour une fois, osez demander qu'on exécute vos quatre volontés. C'est vous qui décidez ce que vous allez faire, quand et comment.

Affirmez votre différence

Il vous faut maintenant savoir séduire en restant vous-même, c'est-à-dire prendre conscience des atouts qui sont réellement les vôtres (et vous en avez !), savoir les mettre en valeur, et prendre et assumer vos petits défauts avec bonne humeur. Rendez-vous aux chapitres 2 et 3 ! Vous êtes sur la bonne voie.

Si vous n'avez pas de défaut apparent, vous pouvez paraître trop impressionnante pour l'autre. Or, vous en avez forcément. Apprenez à les connaître, à les apprivoiser, à en parler avec humour.

La petite chose fragile

Qui est-elle ?

À l'opposé des femmes qui maîtrisent tout, il est des femmes qui séduisent sans coup férir, et sans même y penser, en laissant apparaître au grand jour leur fragilité. Inscrites dans un schéma particulier de relations hommes-femmes, ces petites choses fragiles trouvent leur écho masculin chez les hommes protecteurs, dont elles valorisent les qualités « paternantes ». C'est un cas à part dans la séduction : ces deux types complémentaires savent généralement se reconnaître et la fragilité de l'une fait instantanément vibrer la fibre protectrice de l'autre.

Ses modèles

Charlotte Gainsbourg, Kristen Dunst, Vanessa Paradis, Audrey Hepburn, Cendrillon.

Les clés de son pouvoir de séduction

- La fragilité ;
- La sincérité ;
- La douceur ;
- La féminité ;
- L'écoute.

Comment ça marche ?

Elle les fait fondre

Son terrain n'est pas celui du sexe ou de l'intellect – ce qui ne l'empêche pas d'être sexy ou intelligente ! –, mais son charme se niche ailleurs. En ne cachant pas sa fragilité et son besoin d'être protégée et rassurée, elle touche directement, sans user d'artifices, le cœur des hommes les plus sensibles à ces qualités extrêmement féminines.

La femme fragile est aussi dotée de belles capacités d'écoute et de compréhension. Elle séduit tout autant par sa douceur, qui transparaît dans ses gestes, sa voix, son attitude face à la vie.

Grâce à elle, ils sont forts

C'est auprès d'une femme qui sait montrer sa fragilité que ces hommes au grand cœur se sentent les plus forts, les plus virils, en un mot, les plus « hommes ». Mieux que quiconque, elle leur donne le sentiment d'avoir trouvé leur place et d'être utiles.

C'est pour vous si…

- Vous n'avez pas peur d'exprimer votre fragilité ;
- Vous ressentez le besoin de vous sentir protégée ;
- Vous ne trichez jamais.

Les hommes qu'elle attire

Si vous vous sentez « femme fragile », ne changez rien car vous êtes craquante pour LA catégorie d'hommes qui vous convient : les protecteurs au grand cœur, mais aussi tous ces hommes qui aiment se sentir à leur place à côté de ces femmes qui expriment le besoin qu'elles ont d'eux.

Pas forcément le prince charmant, mais celui qui saura « être là » pour vous. Reste à dénicher la perle rare… Vous lancer à l'assaut d'une caserne de pompiers peut être une solution, prier saint Bernard en est une autre. Le chapitre 10 vous aidera à multiplier les rencontres, pour vous donner la chance de le rencontrer. Une fois en sa présence, vous saurez vous reconnaître !

Comment drague une femme fragile

Fragile n'est surtout pas synonyme d'inactive ou de transparente ! La femme fragile sait prendre son destin en main quand l'heure est à la séduction.

Elle soigne elle aussi son physique, sans trop en faire dans le registre sexy, mais en mettant en valeur toute la douceur de son regard, un élément essentiel de son charme et toute la douceur de son corps.

Son look s'accorde à sa personnalité en jouant plus sur les transparences que sur le cuir et les talons aiguilles.

En soirée, elle peut aborder un homme en lui disant : « Vous m'avez l'air sympathique. Vous voulez bien me prendre sous votre aile ? Je ne connais personne ici, et vous avez l'air comme un poisson dans l'eau. » Effet garanti !

Elle pratique avec maestria l'incroyable écoute, et n'hésite pas à partager ses impressions et sentiments.

Sa voix est un atout séduction puissant, car elle sait faire sonner la phrase la plus banale comme une douce confidence.

Elle ne joue pas au chat et à la souris, ne lance pas de piques, ni d'allusions dans la conversation, n'a pas non plus besoin d'effets de jambes ou de décolleté. C'est en restant elle-même et en ayant une formidable qualité d'empathie et d'écoute qu'elle touche le plus sûrement.

Pour aller plus loin

Si c'est vrai, allez-y !

Faites-vous confiance, ne mentez pas et restez vous-même : vous avez un grand potentiel de séduction qui ne demande qu'à s'exprimer. Laissez-vous guider par vos émotions : votre flair saura vous entraîner vers la bonne personne.

Fragile mais pas nunuche, ni pleurnicharde

Attention, séduire en laissant s'exprimer la femme fragile qui est en soi ne veut pas dire que vous allez le faire craquer en lui racontant vos malheurs depuis votre plus tendre enfance. Relisez le chapitre 5 pour vous rappeler des vertus hautement séduisantes de la retenue et du mystère. Ne vous dévoilez que progressivement, c'est le secret d'une histoire qui dure.

À pratiquer tous les jours !

Alors que vous êtes vive et pleine de repartie avec vos copines, vous vous paralysez quand un homme vous approche ? Malaise ? Manque d'habitude ? Timidité ? Voici trois conseils pour être à l'aise avec les hommes :

1. Fréquentez des hommes qui vous sont sympathiques et qui ne vous attirent pas afin de travailler votre relationnel dans un contexte amical.

2. Privilégiez les activités de loisirs mixtes.

3. Engagez chaque jour de petites conversations avec les commerçants, les enseignants (si vous êtes à l'école), les voisins, les hommes de votre famille, sur des sujets anodins et sans risque : c'est le fameux chit-chat à l'américaine, qui, je vous le promets, va faire faire un bond en avant à votre sociabilité, et donc, à votre charme.

Exercez-vous ensuite à l'incroyable écoute auprès de ces mêmes hommes.

Lorsque la bonne personne se présentera, vous serez prête à l'échange, au dialogue, et donc à la séduction.

La femme de tête

Qui est-elle ?

La femme de tête est une battante, libre, indépendante, qui mène sa vie à sa guise. Elle sait ce qu'elle veut, et se donne les moyens de l'obtenir ! En amour comme dans la vie, elle a un sacré caractère, et c'est ce qui fait tout son charme. Sa force suscite l'admiration, sa vivacité est contagieuse. Avec elle, pas question de s'ennuyer ou de ronronner dans une histoire plan-plan : c'est un moteur lancé à plein régime !

Ses modèles

La journaliste Clélie Mathias, la sportive Laura Flessel, les chanteuses Madonna, Missy Elliot et les personnages de série : Carrie Bradshaw (*Sex and the City*), Sarah Connors (héroïne des *Chroniques de Sarah Connors* et la saga des *Terminators*), Buffy (contre les vampires).

Les clés de son pouvoir de séduction

- L'assurance ;
- La passion ;
- La sincérité ;
- L'indépendance.

Comment ça marche ?

Elle polarise l'attention

Une femme de tête est une femme qu'on remarque ! Plus vive, plus active, plus passionnée qu'aucune autre : ni les hommes ni les femmes ne peuvent passer à côté. Elle aime être au centre de l'attention, s'y sent bien, et prend souvent les rênes de la conversation.

Elle déclenche l'admiration

La femme de tête séduit parce qu'elle est entière et vraie. Les hommes sensibles à son charme particulier admirent sa force de caractère, son pouvoir de conviction, et savent deviner en elle un réservoir de passion amoureuse qui ne demande qu'à s'exprimer.

Avant même d'entrer dans le jeu de la séduction, sa nature ardente envoie un message subliminal aux hommes, chargé d'adrénaline.

C'est pour vous si…

- Vous êtes fière de votre caractère ;
- Vous avez des convictions fortes ;
- Vous avez réellement confiance en vous ;
- Vous êtes indépendante d'un point de vue financier ;
- Vous ne trichez pas.

Les hommes qu'elle attire

Les hommes réellement séduits par une femme de caractère sont de deux types :

- Les hommes sûrs d'eux-mêmes qui n'ont rien à prouver et qui voient en elle une égale. Leur rencontre fera des étincelles.

- Les hommes au caractère plus doux, qui seront en admiration devant elle. Ils la placeront sur un piédestal. Ils peuvent lui plaire parce qu'ils lui apportent douceur et stabilité. Mais la plupart du temps, la femme de tête met un certain temps à les apprécier car elle peut, au début, voir en eux des faibles ou des suiveurs. Cela ne l'intéresse pas, car elle estime, parfois à tort, que leur relation manque de confrontation. Attention, car ces hommes sont plus riches qu'ils n'en ont l'air ! À cette femme pressée, je conseille de prendre le temps de creuser et creuser encore pour s'assurer qu'un trésor de personnalité et de complémentarité ne se cache pas en eux.

Comment drague une femme de tête ?

- Elle féminise son look tout en restant fidèle à son style personnel.
- Elle possède un bon réseau de relations, de par ses nombreuses activités, dont elle se sert pour multiplier les rencontres.

- Elle aime séduire « en action », au travail, dans ses loisirs : elle propose à sa cible un rendez-vous plein de mouvement et d'interactions, lui demande de l'accompagner à un salon, un meeting, une action caritative, parce que ce sont les terrains sur lesquels elle est la plus à l'aise. Il la verra impliquée, passionnée : rayonnante !
- Elle injecte une dose de légèreté dans la conversation en pratiquant l'humour sur elle-même, la meilleure manière de ne pas passer pour une femme inaccessible.
- Son arme fatale pour lui signifier qu'il lui plaît : le silence ! Pour lui, et lui seulement, elle coupe ostensiblement son téléphone en le regardant dans les yeux, prend le temps d'une conversation, s'intéresse à lui et… le laisse parler. Il aura tout le temps, plus tard, de découvrir à quel point elle est formidable, s'il n'en est pas déjà absolument convaincu. Cette petite bulle de temps « à deux » qu'elle va lui consacrer restera gravée dans sa mémoire comme un instant unique et précieux !

Pour aller plus loin

Dans « femme de tête », il y a « femme »…

Vous avez une personnalité marquante, un caractère fort et vous le savez ? Inutile de vous brider pour vous conformer à un modèle plus « normal ». Entreprenante, courageuse, pleine de gouaille, de repartie féroce, de vivacité… Ce ne sont pas des qualités traditionnellement associées à la féminité, et pourtant, ce sont celles qui émanent de vous, et font de vous une personne unique. Chérissez-les, car elles vous rendent terriblement attirante !

Pensez simplement à repérer chez vous vos autres qualités plus particulièrement féminines, pour les mettre, elles aussi, en valeur.

Relisez le chapitre 5 pour vous aider à trouver ce qu'il y a de tout particulièrement féminin chez vous. Votre sourire, votre voix, votre regard sur la vie, votre parcours.

Sortez de votre carapace

Pour vous sentir parfaitement bien dans votre peau, offrez-vous un moment d'introspection : faites un tri honnête entre ce qui vous correspond profondément, ces traits particuliers qui, vous le savez, sont des qualités qui vous sont propres, et ce qui fait partie d'une « carapace » que vous vous seriez construite pour masquer, par exemple, un malaise en société.

Plus vite, plus fort… Moins naturelle ?

Repérez les situations qui vous font perdre les pédales :

Si, lorsqu'un homme qui vous plaît s'approche ou lorsque vous passez un entretien,

- vous parlez soudain plus vite ;
- vous adoptez un vocabulaire plus « branché » ;
- vous riez plus fort…

… c'est que vous n'êtes plus naturelle. Votre mécanisme d'autoprotection s'est mis en marche et vous empêche d'être vous-même. Entraînez-vous à repérer ces attitudes, très différentes de celles que vous adoptez lorsque vous êtes à l'aise avec des proches : mesurez les inflexions de votre voix et modifiez-les en conséquence dans les situations où vous vous sentez en porte-à-faux. En dehors de ces cas particuliers, votre spontanéité est l'un de vos charmes les plus évidents : ne le masquez pas en essayant de vous conformer à un modèle qui ne vous ressemblerait pas.

Caractère fort ou caractère de cochon ?

ATTENTION

Attention cependant : lorsque nous parlons de « femme de tête », ce n'est pas un euphémisme pour « râleuse perpétuelle » ou « mégère tyrannique ». Un caractère fort n'est pas une licence pour être insupportable ! Si, lorsqu'on vous dit que vous avez un caractère entier, vous ne voyez pas l'admiration briller dans les yeux de votre interlocuteur, il peut être temps de vous poser des questions. Feriez-vous partie de ces femmes guerrières, en opposition éternelle avec le sexe opposé, voire avec le reste du monde ? Si c'est le cas, et que votre objectif est de séduire, un travail sur vous-même serait un préalable fructueux.

N'OUBLIEZ PAS

La séduction ne peut s'épanouir dans un contexte agressif. L'idée est bien de s'approcher de l'autre, et non de le menacer. Je comprends que certaines n'aiment pas du tout l'idée du « prince charmant », mais il faut faire attention néanmoins à ne pas créer un climat électrique tout le temps, car ce climat amuse les hommes un temps mais cela les use aussi !

Laissez apparaître votre fragilité

LE CONSEIL DE FLORENCE

Avis aux battantes : vous avez ces qualités parce que vous avez une certaine exigence envers vous-même, avec parfois pour corollaire une exigence très forte vis-à-vis de votre partenaire, ou peu de tolérance pour la fragilité ou l'abandon.

Or, la séduction se joue également à ce niveau. Apprenez à laisser paraître ce que vous considérez peut-être comme des faiblesses. C'est aussi ce qui permet aux hommes de se connecter à vous à un niveau plus émotionnel. L'expérience d'Aron, au chapitre 1 vous en dira long sur l'effet magique du « lâcher-prise ».

La belle naturelle, et sa cousine américaine, la « girl next door »

Qui est-elle ?

Féminine sans être apprêtée, sympathique avec chacun, accessible, la belle naturelle est une fille qui séduit justement par sa « normalité ». La version française de la fameuse *girl next door* américaine. C'est la voisine, jeune, jolie, vive et sympathique, sans prétention, dont on tombe amoureux en la croisant dans la cage d'escalier : un véritable archétype des comédies du cinéma US. Les Français, ces incorrigibles romantiques, lui octroient une once de glamour supplémentaire : un peu de mystère, un côté éthéré, une charmante bizarrerie ou encore un zeste d'ironie… peu importe, du moment qu'il apporte un peu de magie, et pique la curiosité de ces messieurs.

Ses modèles

Les actrices Audrey Tautou, Meg Ryan, Kate Winslet, Jennifer Aniston, Katie Holmes.

Les clés de son pouvoir de séduction

- Le sourire ;
- Un physique avenant ;
- La spontanéité ;
- La fraîcheur.

Comment ça marche ?

Facile à approcher sans être une fille facile

La belle naturelle est une femme qui ne fait pas peur aux hommes. Elle n'est pas glacée comme peut l'être la femme fatale, ni entourée d'une armée de courtisans comme la femme sexy. Elle n'est ni trop apprêtée, ni trop brillante, ni trop volubile : en un mot, sa normalité rassure et permet aux hommes de l'approcher sans l'angoisse d'être ou ne pas être… à la hauteur. Avec elle, ils pensent être en terrain connu : elle ressemble à leur sœur ou à leurs bonnes copines, dans une version juste un peu plus attirante !

Ils osent être eux-mêmes

Tout dans le style et les manières de la belle naturelle incite à la détente. Auprès d'elle, pensent les hommes, ils n'ont pas besoin de jouer un rôle ou de se donner un genre. Pas besoin d'appliquer des « techniques », inutile de rouler des mécaniques pour séduire cette femme, qui elle-même n'en fait pas trop. Par mimétisme, ils se mettent au diapason et laissent parler leur véritable personnalité.

C'est pour vous si…

- Vous êtes plutôt jolie.
- Vous savez être féminine tout en restant naturelle.
- On vous dit sympathique.
- Vous avez un caractère affable et liez facilement une conversation.
- Vous êtes souriante et spontanée.

Les hommes qu'elle attire

La belle naturelle attire les hommes bien dans leur peau, tout aussi sympathiques qu'elle, qui voient en elle une égale. Elle séduit aussi les grands timides, les romantiques et les bons vivants. Elle offre en revanche peu de prise aux amateurs de sensations fortes à la recherche de mystère et de passion.

Comment drague une belle naturelle / une girl next door ?

Attention, il ne faut pas croire que la belle naturelle séduit sans lever le petit doigt !

- Pour qu'on la remarque, elle doit justement dégager un petit plus qui la fera sortir du lot.
- Le physique est essentiel : elle doit mettre en avant sa beauté « au naturel ». De beaux cheveux, des sourcils parfaits, un grain de peau lumineux, tout cela s'entretient, avec soin, lorsqu'on a décidé de séduire.
- Qu'elle soit d'un naturel calme ou au contraire plein de vivacité, sa posture et ses gestes doivent être avenants, sans aguicher.
- Si elle se tient en retrait, les bras croisés, le regard baissé, ça ne peut pas marcher ! Une belle naturelle est au minimum aimable et souriante, affable dans ses manières. Elle y met de la douceur, parfois une charmante lenteur qui envoie un message rassurant aux hommes : prenez votre temps pour me faire la cour !
- Son sourire est contagieux, elle en use et abuse. On vient à elle tout naturellement.
- Elle sait lier une conversation sur un mode détendu qui permet ensuite aux hommes de prendre les choses en main.

Pour aller plus loin

Se placer tout de suite sur le terrain de la séduction

Si vous êtes trop « normale », trop naturelle, vous risquez de passer à côté d'un des ingrédients essentiels de la séduction : la tension créée par le désir. Pour séduire, même au naturel, vous devez avoir cette petite flamme en vous qui insuffle une touche de magie à vos rencontres. Il faut les rendre exceptionnelles, les sortir des rencontres du quotidien !

Soignez le physique

Si l'on n'a pas le minois frais de la belle naturelle « idéale », celle des comédies romantiques, ou sa chevelure de rêve, alors on opte pour des tenues féminines, en les choisissant près du corps, sans être moulantes, et en jouant sur de jolis accessoires. Les robes, les jupes, les jolies sandales, même toutes simples, signalent aux hommes que vous êtes une femme désirable.

Ne pas jouer les bonnes copines

L'un des écueils de la séduction de la belle naturelle ou de la *girl next door* est d'être justement dans un rapport trop amical, dénué de sexualité ou de mystère. Vous devenez finalement la bonne copine. Une fois installé, ce type de relation est difficile à transformer en relation romantique.

Changez votre regard, changez son regard sur vous

Vous êtes une femme plutôt sympathique et accessible au naturel, envers tous et toutes. Pour qu'il n'y ait pas de méprise, vous devez impérativement changer votre attitude quand celui qui vous plaît vous approche. Ne minaudez surtout pas, ce n'est pas votre genre, mais plongez votre regard dans le sien et souriez. Il faut qu'il sente qu'avec lui, il se passe quelque chose de spécial, qu'il est différent des autres à vos yeux. S'il ne comprend pas ou hésite, donnez-lui quelques indices en lui faisant un compliment, ou en lui disant tout simplement que vous êtes heureuse de le voir, lui.

Accessible, mais pas disponible

Les hommes viennent facilement à vous parce qu'ils se sentent à l'aise auprès de vous. Ne soyez pas pour autant toujours disponible pour eux. En leur ayant facilité l'approche, vous avez presque « grillé » une étape du jeu de la séduction. Vous devez alors leur laisser le temps de vous conquérir, faute de quoi vous deviendriez une proie facile, dont ils se désintéresseraient aussi rapidement qu'ils vous ont abordée. Relisez le chapitre 5, pour comprendre l'effet magique du mystère en séduction !

La couguar et la MILF

Ce chapitre ne serait pas complet sans deux des grandes figures de la drague de nos jours, deux personnages féminins objets de tant de fantasmes, la couguar et la MILF, qui, à plus de 40 ans (beaucoup plus parfois), continuent de séduire en particulier des hommes beaucoup plus jeunes qu'elles.

Elles ne scandalisent plus

Le thème avait déjà été abordé en 1967 dans le film *Le Lauréat*, de Mike Nichols, où le jeune Benjamin (Dustin Hoffman), devenait l'amant de Mrs Robinson (Anne Bancroft) avant de séduire sa fille, sur l'air de la célèbre chanson de Simon & Garfunkel. À l'époque, on avait crié au scandale. Aujourd'hui, les stars s'en fichent et s'affichent.

Mais lorsque Madonna, Demi Moore, Claire Chazal ou Laurence Ferrari se sont affichées avec leurs jeunes boyfriends (même si Édith Piaf était pionnière en la matière), c'est toute une génération de femmes qui s'est décomplexée. Les séries *Couguar Town* dont le sous-titre est : « 40 ans est le nouveau 20 ans », *Sex in The City*, ou *Desperate Housewives* ont également participé à cette deuxième libération de la femme.

La MILF, un fantasme adolescent et accessible

MILF est l'acronyme de « Mom I'd Like to Fuck » (soit littéralement « mère que j'aimerais baiser »). Quand un jeune homme dit d'une femme que c'est une MILF, il parle donc d'une femme sensiblement plus âgée que lui – qui pourrait être sa mère, et dont il connaît peut-être même les enfants – et qu'il trouve sexuellement attirante. La MILF est d'abord un fantasme : on peut en rêver, mais on ne passe pas forcément à l'action avec elle.

La couguar, une féline séductrice

À l'origine, le couguar est un grand félin sauvage du Nord américain, mais depuis quelques années, le terme désigne aussi une séductrice d'un nouveau genre. La couguar est une femme d'âge mûr – bien plus de 40 ans – qui « utilise » son âge (sa maturité, son assurance, le soin qu'elle porte à sa tenue, le fantasme sexuel qu'elle inspire) comme un moyen de séduction pour sortir avec des hommes plus jeunes qu'elle.

La couguar est censée avoir une sexualité sans tabou, enrichie par une longue expérience. Elle propose une relation plus légère et plus libre qu'une femme de 20 ou 30 ans car elle n'est pas obnubilée par son désir d'avoir des enfants ou de construire une relation stable. Elle veut s'amuser, prendre du plaisir. Sachant que le nombre de partenaires potentiels de son âge est limité (les plus « qualifiés » étant déjà mariés), elle s'autorise à draguer des hommes plus jeunes, à la fois par goût et par nécessité : ce sont eux qui sont les plus disponibles, et parfois, les plus volontaires. On les appelle alors des « lionceaux », ou « *toy boys* ». En VF : des hommes-objets.

Couguars et fières de l'être ?

D'abord péjoratif, le terme « couguar » est apparu dans un magazine canadien chroniquant la vie d'un quartier de nuit, puis le terme a vite trouvé un écho sur les forums internet. Il désignait alors des femmes seules, âgées, un peu désespérées, qui draguaient de façon furtive, en fin de nuit, des hommes plus jeunes dans certains bars précis, à la manière des félins qui fondent sur des proies jeunes, affaiblies ou sans défense. Aujourd'hui, le terme a évolué. Certaines femmes, peu nombreuses, le revendiquent effectivement, d'autres s'en agacent, mais on voit poindre à présent une nuance d'admiration dans les nombreux articles qui lui sont consacrés.

En réalité, si les relations entre une femme et un homme plus jeune qu'elle sont de plus en plus admises, elles restent encore assez rares. L'INSEE indique ainsi une faible (mais constante) augmentation des mariages où la femme est la plus âgée, mais ils sont toujours dix fois moins nombreux que ceux où l'homme se trouve une épouse beaucoup plus jeune que lui. Enfin, pour tordre le cou au dernier mythe sur les couguars : la grande majorité d'entre elles avouent que leur relation a été initiée par leur jeune compagnon et d'une manière très déterminée ! Alors, lionceau ou couguar, qui chasse vraiment l'autre ?

MILF, couguar, ou juste une femme comme les autres ?

Couguar ou MILF, ces termes, de l'ordre du fantasme, s'appliquent surtout à une catégorie de femmes physiquement exceptionnelles, très soignées, matériellement à l'abri de tout souci. *Quid* des autres ? Des femmes « normales », celles de tous les jours, pas forcément riches ou belles, mais encore séduisantes ? Auront-elles le droit à leur part de gâteau ? La réponse est oui. Internet aidant, cette tendance leur offre de nouvelles possibilités de drague que leurs mères n'auront jamais connues.

Et pour celles qui, ayant passé la quarantaine ou plus, préfèrent un homme plus âgé ou du même âge qu'elles ? Tant mieux aussi : car au cours de ce nouveau brassage des cartes, chacun a bien plus de chances de trouver son bonheur…

Et vous, quelle séductrice êtes-vous ?

Les grands classiques que nous venons de détailler sont des pistes pour vous aider à trouver le type de séduction avec lequel vous serez la plus à même de faire des étincelles. Ce ne sont pas des recettes exactes et immuables. Vous pouvez être un jour « fatale », un jour « sexy ». Mais restez proche de vos tendances naturelles : vous n'en séduirez que mieux !

Inutile d'en faire des tonnes pour plaire, en vous déguisant par exemple en femme ultra sexy si cela vous ne correspond pas. Votre charme est éclatant quand, débarrassée des artifices avec lesquels vous n'êtes pas à l'aise, vous laissez parler votre vraie nature. En effet, lorsque l'on est en confiance, on irradie naturellement. Ce n'est qu'ainsi qu'on peut avoir avec l'autre un véritable échange et créer par la même occasion un lien de qualité !

Magali, sexy et romantique

Magali est une jeune femme d'une trentaine d'années, souriante et dynamique, pour qui la féminité ne semble avoir aucun secret. Perchée sur ses talons hauts, j'ai face à moi une femme élégante, qui semble maîtriser à la perfection les codes de « la femme sexy ». Décolleté plongeant, vêtements près du corps, lèvres habillées d'un rouge flamboyant, je fais face à une femme qui, on le sent tout de suite, est très à l'aise avec son corps et avec l'image qu'elle renvoie.

Elle me confie très vite que séduire pour elle n'est pas un problème, que les hommes viennent à elle très facilement, « le plus dur ce n'est pas de les attirer, c'est de les garder ! » me dit-elle en souriant. Elle me raconte qu'elle a toujours été très coquette, très féminine et qu'elle aime attirer les regards des hommes, « même si ça ne va pas plus loin, j'aime sentir que je plais, qu'on me désire ! ». Je sens chez Magali, une forte personnalité, une femme qui sait ce qu'elle veut, qui se sent bien dans sa tête et dans son corps.

Son problème ? Ses relations amoureuses ne s'inscrivent jamais dans la durée : elles tournent court. Je sens derrière son discours une certaine incompréhension et une véritable attente. « Je ne comprends pas, au début tout se passe bien, ils sont prévenants, charmés puis quand la relation commence à devenir sérieuse, il n'y a plus personne ! » me dit-elle. Magali me fait part de son désir d'avoir « une vraie relation », de construire : « quand je vois ces couples heureux et complices autour de moi qui sont ensemble depuis deux, trois ans, voire plus, ça me donne envie ! Moi aussi je veux ça ! » me dit-elle.

Je la trouve touchante, je sens chez elle un grand besoin d'affection et d'attention. Je cherche à en savoir plus sur la manière dont se passent ses relations, la manière dont elle aborde la séduction et l'amour. Elle me dit être assez « cash » dans sa manière de séduire : « Quand un homme me plaît, il le sait assez rapidement, à quoi bon perdre du temps. » J'en profite pour lui dire que l'amour a justement besoin de temps pour naître et s'épanouir ! Je lui fais comprendre que la condition *sine qua non* pour tisser un lien de qualité et durable avec un partenaire est l'intimité, la complicité. Je la mets aussi face à la contradiction que peuvent percevoir les hommes et donc les déstabiliser entre son attitude très sexy, sa manière de séduire assez « cash » et agressive et son besoin immense d'affection, d'amour et d'engagement rapide. Je l'encourage à adopter une attitude plus douce, moins frontale avec les hommes et plus en adéquation avec ses envies et attentes profondes.

Je la rassure en lui disant qu'il n'est pas question qu'elle se transforme du tout au tout et abandonne cette allure sexy qui la caractérise si bien mais qu'elle parvienne à en jouer sans en abuser ! Magali comprend qu'elle ne doit pas voiler son style sexy mais travailler via quelques exercices de ma méthode à dévoiler d'autres facettes de sa personnalité, comme son humour, son intelligence ou son côté romantique, que j'ai eu le plaisir de découvrir, et ne pas hésiter à laisser planer un peu de mystère.

J'ai suivi Magali pendant quelques séances et elle m'a avoué se sentir encore mieux dans sa peau lors de ses sorties depuis nos entrevues qu'elle ne l'était déjà auparavant. Elle est parvenue à comprendre de jolies choses sur sa propre personnalité. Elle a su en livrer toute la saveur et est aujourd'hui engagée dans une relation où elle se sent totalement épanouie avec un homme qu'elle aime et qui lui a demandé tout récemment d'emménager avec lui.

Troisième partie

Drague pratique : où faire des rencontres ?

Dans cette partie…

Je suis sûre que vous bouillez à présent d'aller tester vos capacités de drague enfin mises à jour ! Il vous faut faire des rencontres, en nombre ! Et vous savez quoi ? Quels que soient votre milieu, votre personnalité, votre mode de drague, vous allez découvrir de véritables viviers de célibataires qui, comme vous, rêvent de belles rencontres !

Chapitre 10

Plan d'action : comment transformer son environnement en vivier de targets !

Dans ce chapitre :

- Mettre au point son plan d'action
- Élargir son réseau
- Découvrir la drague permanente

Parce que la drague est une démarche active, vous allez mettre en place un véritable plan d'action pour faire des rencontres qui comptent.

Les célibataires : une nation dans la nation

En avril 2009, le quotidien *Le Figaro*, en recoupant plusieurs études de l'INSEE, annonçait entre 13 et 15 millions de célibataires en France, soit 21 % de la population. Plus que le nombre total d'habitants du Portugal, une véritable nation dans la nation.

Que nous disent ces chiffres ?

- Vous n'êtes pas seul(e)s ! Être célibataire n'est plus ni une exception, ni une tare ! 14 millions de personnes ne peuvent pas avoir quelque chose qui cloche !
- Vous avez plusieurs millions de cibles potentielles à votre disposition qui n'attendent que vous ! Ce chapitre va vous aider à aller à leur rencontre.

Action !

En surfant sur Internet, j'ai retenu, sur un site de rencontres, cette petite annonce qui contenait en quelques lignes toute la problématique de ce chapitre :

« Salut ! Je m'appelle Franck, j'ai 34 ans. J'habite un petit village de 200 âmes perché à 1 000 mètres d'altitude donc peu propice aux rencontres, alors je me lance ! », assortie d'une photo d'un type au sourire irrésistiblement sympathique et à la carrure impressionnante. Son profil, bien rédigé et plein d'humour a dû susciter nombre de vocations d'alpinistes débutantes ! Contournant le handicap de sa situation très isolée, Franck a choisi Internet pour se donner la chance de rencontrer une femme partageant son goût pour la nature et les grands espaces.

En postant son annonce sur le Web,

- Il entame une démarche active : il est déterminé à trouver celle qui fera son bonheur (et réciproquement) ;
- Il se lance dans l'inconnu, il ose s'exposer au regard des autres ;
- Il multiplie les chances de rencontres ;
- Il prend un risque : que ça marche !

L'immense majorité d'entre nous sommes dans des situations beaucoup plus propices aux rencontres que ne l'est Franck. Et pourtant, faute de motivation, de détermination, de savoir-faire, nous passons à côté de belles histoires, tout simplement parce que les rencontres ne se font pas ! Alors après avoir pomponné votre physique, votre ego, appris la technique imparable de l'incroyable écoute et déchiffré le langage du corps, trouvé le style de séduction qui VOUS va, il est temps à présent d'élargir votre terrain de jeu pour vous donner toutes les chances de succès.

Une démarche volontaire

ATTENTION

Tordons immédiatement le cou au vieil adage qui voudrait qu'on ne trouve l'amour que lorsqu'on ne le cherche pas. Si, sur la foi de ce poncif usé jusqu'à la corde, vous décidiez de rester chez vous à attendre que le prince charmant ou la femme de vos rêves vienne frapper à votre porte… Vous risquez d'attendre longtemps ! Séduire exige en effet de sortir de sa coquille et de son quotidien bien confortable. Vous devez décider de vous lancer dans l'inconnu pour que l'exceptionnel arrive !

Les dragueurs aguerris et les grandes séductrices sont tout sauf des êtres passifs. Leurs succès sont à la mesure de leur détermination. Ils ne réussissent jamais par hasard, mais bien parce qu'ils s'en donnent les moyens.

Un petit plus de magie, pour tous !

Même si vous envisagez la séduction comme un exercice tout en subtilité et en retenue, ou encore si vous préférez vous faire draguer plutôt que de passer vous-même à la manœuvre, votre détermination reste le déclencheur de vos futures histoires. C'est bien à vous qu'il appartient de créer ou de laisser venir ces petits moments magiques, où le trouble apparaît et se transforme en séduction.

Ils ne peuvent arriver :

- Si vous restez chez vous ;
- Si vous ne répondez pas aux avances que l'on vous fait ;
- Si vous ne regardez pas autour de vous pour croiser un regard ;
- Si vous n'engagez pas la conversation, ou fuyez quand on vous adresse la parole.

Projetez-vous dans un avenir radieux. Acquérir la motivation qui vous donnera le courage de vous lancer est à la portée de tous : il suffit de penser au résultat ! C'est tout. Il n'y a pas d'autre secret !

Votre plan d'action

Quel que soit votre style de séduction, passif ou actif, à chaque rencontre que vous faites, vous augmentez vos chances de succès. Vous devez donc mettre en œuvre un véritable plan d'action pour multiplier les occasions de rencontrer de nouvelles têtes. En tenant compte :

- Du temps dont vous disposez ;
- De vos goûts et de vos moyens ;
- Du potentiel-rencontre de vos sorties.

Visez au minimum une centaine de rencontres

Rencontrer cent personnes pour n'en garder qu'une, cela peut paraître extravagant ou effrayant. Cent personnes ! Rassurez-vous : ce n'est pas si difficile. En revanche, c'est absolument nécessaire. Voici pourquoi : sur cent nouvelles personnes dont vous allez faire la connaissance, vous allez en moyenne être attiré(e) d'un point de vue romantique par dix d'entre elles tout au plus. Elles ne seront peut-être pas toutes les dix sensibles à votre charme. Mais, parmi ces dix personnes, il se trouvera peut-être celui ou celle avec qui vous allez vivre une belle histoire.

- Prenez votre agenda-drague en main et vous allez forcément obtenir des résultats ;
- Laissez faire le hasard et vous réduirez considérablement vos chances !

Une seule rencontre ne suffit pas !

Aymeric est un jeune homme de 24 ans, très impressionné par les femmes, et très romantique, il n'a pas encore eu de véritable copine, et, à 24 ans, il commence à trouver le temps très, très long. Il a décidé récemment de prendre sa vie sentimentale en main, et de se donner enfin les moyens de rencontrer quelqu'un « qui compte ». Mais son côté très romantique, très exclusif dans ses attentions, lui a joué des tours ! Il a d'abord repéré une certaine Anne-Laure, une nouvelle collègue de travail, sur qui il a concentré ses efforts de drague pendant… six mois, avant de renoncer, faute d'intérêt de la part de la jeune femme. Puis, lors d'un vernissage, il a rencontré Emmy, sur qui il s'est focalisé pendant encore trois mois, se désintéressant alors de toute sortie à laquelle Emmy n'apparaîtrait pas. Après trois mois de drague, Emmy s'est hélas avérée beaucoup moins intéressante que ne le pensait Aymeric. Il s'est alors aperçu qu'absorbé par la poursuite d'Emmy, il avait raté mille et une opportunités de rencontrer d'autres jeunes femmes infiniment plus en phase avec lui. À présent, à chacune de ses sorties, il prend la peine de bavarder avec toutes les filles qui lui paraissent dignes d'attention. Il reste un incorrigible romantique, mais sans exclusivité !

Pour les débutants et les timides

Pour que ce soit moins impressionnant, fixez-vous un objectif hebdomadaire, mettons quatre rencontres par semaine si vous débutez, que vous pouvez réaliser en un seul soir en vous rendant à l'anniversaire d'un ami. En un an, vous aurez rencontré déjà deux cents personnes et dépassé votre objectif !

Si vous êtes un véritable animal social

Vous êtes sociable, bon vivant ou avez des tendances mondaines ? Votre seul souci sera de savoir prendre le temps avec chacun(e) pour ne pas rater la perle que vous cherchez ! Vous avez certainement envie d'être étonné(e). Mais pour cela, il faut que vous « creusiez » un peu plus loin qu'une joute verbale classique où vous savez que votre opinion sera faite en moins de 5 minutes. Dorénavant, prenez le temps de vous laisser émouvoir pour de bon ! Vos rencontres n'en seront que plus riches.

Chaque rencontre est un cadeau

Prenez chaque nouvelle rencontre comme un cadeau. Chaque fois que vous rencontrez une nouvelle personne, qu'elle soit votre genre ou non, dressez vos antennes et intéressez-vous à sa personnalité.

- C'est un excellent exercice d'entretien de vos techniques de drague nouvellement acquises.
- Vous risquez de découvrir quelqu'un d'intéressant. Ami(e) ou amant(e), vous ne le saurez qu'en prenant véritablement le temps de le ou la connaître.
- Il ou elle vous présentera peut-être celui ou celle qui fera tilt !

Le facteur temps : boostez votre agenda-drague !

Commencez par éteindre la télé, et comptez, une fois la TV éliminée de votre vie sentimentale, le nombre de soirées dont vous disposez par semaine. Réservez celles que vous souhaitez à vos amis habituels ou famille, et dévouez le reste à votre recherche de M. Charmant (ou de Mlle Craquante).

Objectif : rencontres

Admettons que vous trouviez deux occasions de sortie par semaine, et qu'à chacune de ces sorties, vous soyez en présence de cinq personnes du sexe opposé, vous devriez avoir rencontré cinq cents inconnu(e)s au bout d'un an ! Cela laisse rêveur, n'est-ce pas ? Même sur une hypothèse basse d'une sortie par mois – dans ce cas, ne la ratez pas, et rendez-vous à celles qui ont le plus de potentiel –, vous pouvez miser sur les vacances et les grands rassemblements (anniversaires, mariages, festivals) pour générer un grand nombre de nouvelles connaissances.

Créez un profil sur Facebook

Le plus fameux des réseaux sociaux n'est pas seulement le moyen de cultiver vos relations en ligne et d'échanger avec vos amis. Nous reviendrons sur son utilité en tant qu'outil de drague au chapitre 11 (draguer sur Internet), mais dès à présent, en créant votre profil sur Facebook et en prenant soin d'afficher et de manifester vos goûts personnels, vous allez commencer à recevoir de nombreuses invitations à des événements en lien avec vos passions, ou des sorties festives près de chez vous : vernissages, afterworks, apéritivos, rassemblements en tous genres… Il y en a forcément un pour vous, et ce, quasiment chaque soir !

Dans chaque grande ville, vous avez des rassembleurs qui en ont fait leur métier : ils organisent des soirées, des afterworks, des apéritifs de 19 heures à minuit. Et ils ont, évidemment, tellement d'amis sur Facebook qu'ils ne les connaissent pas tous. Donc, cherchez à les identifier. Renseignez-vous et rentrez dans leurs cercles de nombreux amis !

Deux règles d'or

- Vous *devez* sortir pour augmenter vos chances de succès.
- Ne sortez que dans les environnements qui vous plaisent et dans lesquels vous êtes à l'aise.

Choisissez vos sorties en fonction de votre personnalité et de vos goûts. Les bars et les boîtes sont certes des lieux de drague classiques, mais ne vous y précipitez pas si ce n'est pas votre truc. Vous auriez l'air mal à l'aise ou emprunté, pas attirant(e) pour un sou ! Or vous devez absolument être en confiance pour séduire.

Sortez pour vous faire plaisir

Consultez la presse locale, les cityguides de votre ville sur Internet (à Paris : `paristribu.com`, `sortiraparis.com`, en régions : `cityvox.fr`, `maville.com`), ou les sites communautaires comme `onvasortir.com`, qui propose à de parfaits inconnus de se retrouver sur des sorties découverte en groupe, pour ne pas sortir seul.

Soyez curieux et créatif

Vous aimez cultiver votre jardin plutôt que passer vos soirées en boîte de nuit : visez les événements botaniques (comme le très beau festival des jardins de Chaumont sur Loire), les bourses aux plantes dans les quartiers voisins, l'inauguration d'un jardin collectif en ville. Vos sorties peuvent être pleines d'imagination : l'important est qu'elles soient nombreuses, et présentent un véritable intérêt pour vous. Dans un environnement qui vous stimule, vous trouverez tout naturellement des sujets de conversation pour aborder celui ou celle qui vous plaît : vous partagez une passion !

Ce n'est pas une histoire d'argent

Ne restez pas chez vous en pensant qu'il faut nécessairement dépenser de l'argent pour mettre son nez dehors ! Là encore, les vernissages d'expo sont les plans drague préférés des célibataires. Mais vous pouvez aussi :

- Participer à des flash-mobs, ces rassemblements éclairs concoctés à l'avance sur Internet autour d'un thème.
- Vous investir dans une action caritative ou militante.
- Vous rendre aux nombreux concerts et animations gratuits qu'offrent la plupart des communes en saison estivale.
- Vous inscrire à un cours gratuit des universités populaires, participer à un café des sciences ou un café-philo.

Toujours en suivant vos goûts et vos envies !

Allez à sa rencontre !

Votre plan d'action, s'il est conçu pour vous faire plaisir tout en multipliant les rencontres, doit aussi être riche d'occasions romantiques.

Privilégiez les sorties favorables aux échanges

En dressant votre plan d'action, optez de préférence pour les sorties qui offrent de vrais moments d'échange et de conversation. Une grande expo à laquelle on se rendra avec une copine n'est par exemple pas aussi riche de rencontres potentielles qu'un vernissage dans une petite galerie bondée, où le simple fait de se faufiler jusqu'au bar est une aventure palpitante qui fournit dix occasions de s'adresser à de parfait(e)s inconnu(e)s.

Favorisez les environnements mixtes

Si vous êtes un homme, passionné par l'informatique et les jeux vidéo, vous avez déjà dû vous apercevoir que les activités qui vous fascinent ne sont pas les plus pratiquées par la gent féminine. De même, mesdames, s'il y a quelques hommes hors du commun qui se piquent de broderie dans votre cours du jeudi soir, avouez que l'ambiance n'est pas franchement riche en testostérone. Ne laissez pas tomber ces activités qui vous épanouissent, mais remontez d'un niveau en participant également aux instances des structures qui hébergent votre club. Vous ferez la connaissance des filles du cours de danse africaine du mercredi, ou des gars du club d'échecs du samedi. Une bonne occasion de mélanger les talents avec créativité.

Arrêtez les soirées entre copains / entre copines

ATTENTION

Une fois de temps en temps, c'est agréable de sortir uniquement entre mâles ou entre copines. Mais n'en faites pas une habitude ! Cela vous coupe du sexe opposé, laisse libre cours aux grandes diatribes du type « toutes les femmes sont… », « tous les mecs sont… », qui créent un clivage artificiel « eux contre nous » et inversement. Vous aimeriez rencontrer l'âme sœur ? Commencez par fréquenter assidûment le sexe opposé ! Les groupes d'amis mixtes sont toujours plus fertiles en séduction. Au sein d'un groupe mixte d'amis de longue date, même si vous ne draguez pas ouvertement, vous aurez cent fois plus d'occasions exercer votre séduction, votre galanterie et votre esprit qu'auprès d'un groupe uniquement constitué de copains ou copines de même sexe que vous.

Dix occasions de faire de nouvelles connaissances à explorer

- Les anniversaires d'amis de vos amis ;
- Les déménagements et les pendaisons de crémaillères ;
- Les fêtes de quartier (fête des voisins, etc.) ;
- Les rencontres sportives mixtes (voile, natation, endurance, marathons, défis sportifs à l'échelle d'une ville) ;
- Les réunions de parents d'élèves, fêtes d'écoles, portes ouvertes du collège de vos ados ;
- Les inaugurations de restaurants, bars, lieux culturels, expos ;
- Les formations professionnelles, stages et salons dans le cadre du travail ;
- Les balades organisées en rollers, à pied ou en vélo ;
- Les petits et grands festivals (musique, cinéma de genre, arts de la rue, arts numériques, théâtre : toutes les cultures sont représentées !) ;
- Le bénévolat et le volontariat dans l'une des 1 000 000 associations de France.

Élargissez votre réseau

Le célibat comme une fête !

Votre célibat est une occasion formidable d'élargir votre réseau de connaissances. Voici comment procéder :

- Organisez des dîners, des soirées, chez vous, auxquels vous demanderez à vos amis de venir avec une bouteille et quelqu'un que vous ne connaissez pas, célibataire, bien sûr et du sexe opposé.

  Cette démarche extrêmement sympathique vous permet non seulement de découvrir les amis de vos amis, mais aussi d'aborder des personnes que vous ne connaissez pas bien, mais qui vous plaisent, en leur proposant la soirée comme une manière ludique de rencontrer de nouvelles têtes.

- Soyez clair(e) dans votre invitation. Adressez-vous à chaque personne individuellement, et non à la cantonade. Expliquez-leur le concept : « J'invite une dizaine d'amis vendredi soir chez moi pour fêter le beaujolais nouveau / les 5 ans du chat / la sortie de mon album autoproduit / l'arrivée du printemps (choisissez quelque chose de léger). Chacun amène une bouteille, une quiche ou une salade et quelqu'un que je ne connais pas. Ça te dirait de te joindre à nous ? Tu dois juste trouver une bouteille et un(e) inconnu(e) d'ici vendredi ! ».

Pensez à la musique, aux couverts… et laissez quelques éléments en suspens pour les invités qui arriveront les premiers et seront ravis de donner un coup de main. Bouteilles à déboucher, huîtres à ouvrir, cocktail à confectionner, disques à sélectionner : formez des groupes d'action assortis, attelez-les à une tâche : les langues se délient, votre fête est lancée !

Si vous n'avez que peu de foi en vos talents d'hôte, transformez le dîner en apéro-rencontre avant une sortie à l'extérieur, comme un concert, ou une pièce de théâtre…

L'un des bénéfices annexes est que l'on vous invitera en retour !

Impliquez vos amis

N'ayez pas peur d'exprimer clairement à votre entourage que vous êtes célibataire et n'entendez pas le rester. Demandez-leur de vous faire rencontrer des gens que vous ne connaissez pas, dites-leur : « Je ne vous en voudrais pas si vous me présentez quelqu'un qui ne me plaît pas du tout »… et tenez parole !

C'est important ! Ils peuvent parfois hésiter en pensant que telle ou telle personne pourrait ne pas vous convenir. Rassurez-les sur ce point : cette personne aura peut-être un(e) autre ami(e) qui sera celui ou celle que vous attendez !

Faites-en vos messagers

Quand vous calez au moment de vous déclarer, ou n'osez pas vous lancer auprès d'une personne qui vous plaît, ayez recours à la bonne vieille méthode du messager. Ça n'est pas réservé aux élèves de collège et aux pièces de théâtre. C'est aussi très efficace dans la vraie vie ! Rappelez-vous : l'aveu de l'attirance est un facteur décisif dans la naissance des sentiments.

Faites passer votre message par une personne de confiance. Il va de soi que le message, comme le messager, doivent rester subtils. Votre ami(e) pourra profiter d'une conversation anodine, pour faire part à votre cible d'une remarque valorisante que vous avez faite à son sujet :

- « À ce propos, Pierre, tu sais que mon amie Mathilde a été très impressionnée par ton sang-froid l'autre soir ! Elle ne tarissait pas d'éloges sur ta maîtrise de la situation ! »
- « Vous savez, Mathilde, que mon copain Pierre vous a trouvé éblouissante lors de notre dernier dîner : il était complètement emballé par votre point de vue sur cette question. »

Votre ami doit lui faire comprendre que vous vous intéressez à lui (ou à elle) sans l'exprimer clairement.

Blind dates : rencontres entre inconnus

Partie intégrante du folklore amoureux des États-Unis, le principe des *blind dates* commence à faire son chemin en France. Ce sont littéralement des rendez-vous à l'aveuglette, où les protagonistes ne se sont jamais rencontrés auparavant. Le *blind date* classique est celui organisé par des amis bien intentionnés, qui décident de mettre en contact deux personnes qu'ils estiment susceptibles de se trouver des atomes crochus. En Amérique, ce genre de rencontre est si ancré dans les mœurs qu'il existe tout un rituel du *blind date* : c'est l'homme, à qui l'on aura donné le numéro de la femme, qui doit l'appeler pour l'inviter, au restaurant par exemple, où ils pourront faire connaissance, et plus si affinités. C'est le point de départ d'une pléiade de comédies romantiques au cinéma, qui ne trouvent généralement que peu d'écho auprès du public français. Et pour cause ! Le concept arrive tout doucement en France, souvent repensé par des agences de rencontres sous la forme de *speed dating* amélioré. On est loin de l'effet surprise originel du *blind date* à l'américaine !

Célib's only !

De plus en plus d'événements sont conçus par des professionnels pour favoriser les rencontres entre célibataires. Ils sont efficaces, car ils vous mettent directement en contact avec des célibataires uniquement, en recherche de l'âme sœur eux aussi. Plus de méprise possible : chacun sait pourquoi il est là. La prise de contact en est grandement facilitée. Comment draguer lors d'un événement réservé aux célibataires ? On vous dit tout au chapitre 12 : l'aborder.

La drague permanente

Que vous choisissiez d'aider le hasard, simplement en étant déterminé(e) à élargir votre réseau, ou que vous entriez dans une démarche plus ciblée, en participant à des événements pour célibataires, vous devriez augmenter considérablement le nombre de rencontres que vous allez faire prochainement. Plus vous les provoquerez, plus vous avez de chances de tomber sur celui ou celle qui fera battre votre cœur.

La séduction naturelle est la plus efficace

Une fois établi votre plan d'action pour augmenter le nombre de vos rencontres, je vous recommande vivement de vous replonger de temps à autre dans les chapitres précédents : ils vous rappellent que la séduction est une attitude, un état d'esprit à pratiquer au quotidien. Il vous suffit de trouver le type de séduction qui vous correspond vraiment pour faire des étincelles.

Des résultats (presque) sans effort

En appliquant les techniques détaillées dans les deuxièmes et troisièmes parties de ce guide, vos rencontres se feront tout naturellement. Elles vous demanderont de moins en moins d'effort, car ce sont les gens qui viendront à vous. Mettez à profit l'incroyable écoute, soyez attentif(ve) au langage du corps : vous saurez les retenir !

Chapitre 11

Draguer sur Internet en se faisant plaisir

Dans ce chapitre :

- Choisir son site pour bien draguer sur Internet : Facebook, sites de rencontre, etc.
- Savoir se présenter, ne pas se perdre dans les milliers de profils proposés, contacter quelqu'un

Draguer sur Internet vous paraît encore un peu intimidant ? Ce chapitre va vous libérer de vos appréhensions et vous aider à trouver LE site qui vous convient.

Vous allez apprendre tout ce qu'il faut savoir pour créer un profil à succès et réussir vos rencontres sur Internet, puis dans la vraie vie !

Choisir son site pour draguer sur Internet

Internet change radicalement la donne en matière de séduction, mais avec une dizaine d'années de recul et des milliers de belles histoires témoignant de son efficacité, je préfère le considérer plutôt comme un générateur de connexions, un nouveau terrain de jeu amoureux ouvrant de belles perspectives. C'est un outil formidable pour entrer en contact avec tous ceux qui sont, au même moment, dans une recherche identique à la nôtre dans un périmètre géographique proche.

Que vous soyez en recherche très active d'un(e) partenaire, ou que vous aimiez laisser une part au hasard, il y a forcément un site qui vous convient.

Essayez-en plusieurs, et amusez-vous !

N'OUBLIEZ PAS

Les sites de rencontres, c'est comme dans la vie, il faut rencontrer plusieurs personnes avant de trouver celui ou celle qui vous convient. Faites-le en vous amusant et en vous disant que les premiers rendez-vous ne donneront pas forcément grand-chose. Soyez léger !

Le fait de s'inscrire sur un site de rencontres ne suffit pas à faire pleuvoir des célibataires intéressants, il faut encore plaire et trouver quelqu'un qui vous plaît ! Créez déjà des liens avec ceux qui sont sympathiques, vous découvrirez peut-être des merveilles peu à peu, au fil des rendez-vous.

La loi du zapping

Internet demande une certaine habitude, et une certaine prudence au début (avant d'être aguerri). Car, sur le long terme, les sites de rencontre, grâce à leur efficacité, peuvent engendrer un sentiment d'addiction et de dépendance ! Le risque, c'est qu'on y pratique vite la loi du zapping : je te contacte, je te zappe. Je te rencontre, puis je te zappe… Leur côté très consumériste et commercial peut en rebuter certains et certaines. Mais la loi du zapping est la conséquence du volume de personnes inscrites, spécifique aux sites de rencontres sur Internet. Et la facilité avec laquelle on l'accepte dépend de l'état d'esprit que l'on adopte.

On peut par exemple tourner ce jeu de « je te contacte / je te zappe » ainsi : le fait de choisir QUI rencontrer et avec QUI poursuivre peut nous donner la sensation de devenir l'acteur de son choix amoureux et d'avoir la puissance de dire oui ou non.

Facebook

Difficile d'échapper au phénomène Facebook. Vous êtes près de 19 millions à déjà l'utiliser en France. Le principe est simple : une fois inscrit, son profil créé, chaque utilisateur est libre de constituer son réseau en invitant des amis ou en demandant à faire partie des amis d'une autre personne. Le but ? Communiquer sur tout et sur rien, sur sa vie (en temps réel), sur ses goûts, ses projets… Mais aussi partager de la musique, des photos, ou adhérer à autant de groupes plus ou moins sérieux existants sur Facebook.

Or, comme sur toute plate-forme dont la vocation première est de relier des gens aux quatre coins du monde, la drague en naturellement devenue l'un des usages, vue l'immensité du champ des possibles.

Facebook, inventé pour draguer

Mark Zuckerberg n'avait pas 20 ans lorsqu'il a développé Facebook avec trois de ses camarades, Dustin Moskovitz, Eduardo Saverin et Chris Hughes, lors de ses études à l'université d'Harvard. Ni particulièrement sociable, ni beau comme un dieu, il ne fait pas partie des étudiants populaires sur qui les filles se retournent. Plaqué par l'étudiante qu'il a néanmoins réussi à séduire, il se venge en créant, le soir même, Facemash, un jeu qui permet de noter les plus jolies filles du campus à partir du trombinoscope du site internet de son université. Succès et scandale instantanés ! Il modifie alors son programme et, toujours à partir des photos du trombinoscope, monte un site interne à Harvard permettant aux étudiants d'entrer en contact les uns avec les autres de se raconter leur vie, avec le secret espoir de se rapprocher de celle qu'il convoite, mais qui le snobe. Le 4 février 2004, la première version de Facebook est lancée. D'abord réservée aux étudiants d'Harvard, elle s'étend avec succès aux autres universités prestigieuses des USA (l'Ivy League), avant de s'ouvrir au reste du système scolaire, américain puis international, et enfin au grand public en 2006. La suite, à moins d'avoir hiberné ces dernières années, est connue de tous...

C'est pour qui ?

Véritablement pour tous, quel que soit votre âge ou votre style de drague.

Les ami(e)s de mes ami(e)s deviennent mes cibles

Le concept de Facebook repose notamment sur la reconstitution virtuelle de groupes d'amis existant déjà dans la vie. Par ricochet, des personnes jusqu'alors inconnues apparaissent comme proches une fois qu'elles se retrouvent parmi les « amis » de vos meilleurs copains !

La rubrique « vous connaissez peut-être », qui apparaît sur votre page d'accueil, vous aide à repérer les personnes avec qui vous avez beaucoup d'amis en commun. Quoi de plus engageant pour favoriser les rencontres ? Nombreux sont ceux qui font connaissance sur Facebook, prenant appui sur cette amitié commune, pour finir par se rencontrer vraiment autour d'un café.

Facebook, accélérateur de rencontres

Le grand avantage de Facebook pour séduire ? La possibilité de prendre contact simplement, avec humour et décontraction : un naturel propice à la naissance d'une précieuse complicité.

L'autre avantage, c'est d'être un peu en terrain connu, car les membres révèlent beaucoup d'eux, en remplissant au quotidien (voire plusieurs fois par jour) leur statut, leur dernier groupe de fan ou encore les photos de leurs vacances en famille ou entre amis : très utile pour rebondir sur des intérêts communs et s'assurer l'intérêt de son interlocuteur.

Enfin, l'enjeu est moindre. Car, si après quelques échanges, vous décidez de boire un verre, mais que ça ne donne pas grand-chose, vous pouvez au mieux rester « amis sur Facebook », au pire les supprimer de vos contacts.

Comment draguer sur Facebook ?

Voici quatre points essentiels pour draguer soit des proches, soit de complets inconnus sur Facebook :

1. Les pokes ;
2. Les applications et événements ;
3. Les groupes ;
4. Tu connais Florence (ou Émilie, ou Martial), moi aussi !

Je te poke, tu me pokes

Un « poke », c'est quoi ? Littéralement, « *to poke* » c'est faire une « pichenette », toucher du bout des doigts. Geste innocent s'il en est, « poker » (version franglaise) est devenu une redoutable arme de séduction sur Facebook et prend entre membres un sens troublant et inédit. « Poker » quelqu'un sur Facebook revient à lui faire un clin d'œil virtuel. Si la personne répond positivement, par un « poke back », c'est un peu comme si elle soutenait votre regard : une invitation à la séduction.

La suite prend alors un tour similaire à la vraie vie : les internautes peuvent s'échanger quelques messages, s'envoyer des fleurs virtuellement ou s'inviter à participer à une application.

Les applications : la drague est aussi un jeu !

Facebook met à la disposition des utilisateurs une infinité de programmes permettant aux inscrits d'entrer en relation de façon ludique. Le site permet même de créer, au gré de ses envies, un quiz, un jeu ou une application à partager avec ses amis ou l'ensemble du public.

Invitez-la/le à rejoindre l'application « Quel personnage de série aimeriez-vous être ? » par exemple, ce qui vous permet de commenter vos résultats respectifs.

Les groupes

Pour aller plus loin, proposez-lui d'intégrer le groupe que vous avez créé du type « Les joyeux fêtards de la rue Lepic », ou un groupe que vous avez rejoint et qui pourra le/la faire rire aussi. L'humour est la norme sur Facebook ! Le nom du groupe en question peut à lui seul faire passer un message. Si par exemple vous l'invitez à rejoindre « Tu préfères un mec comme moi en jean, ou le prince charmant de Disney en collants ? », elle saisira deux messages : vous avez de l'humour, et son prince charmant, c'est peut-être vous !

Tu connais Florence ? Moi aussi !

Je rencontre tant de personnes célibataires qu'ils/elles me demandent souvent si je peux les mettre en relation. Et comme ce n'est pas mon métier principal, je ne peux me laisser déborder par ces demandes. Alors j'ai appris (et ça m'a bien plu !) que certaines personnes étaient entrées en relation via mes deux pages Facebook simplement en disant : t'aimes bien l'approche de Florence (ou autre) et si on prenait un café ? Je sais notamment que Corine (39 ans) et Mathieu (44 ans) sont ensemble par ce biais et cela me rend bien heureuse !

Les commentaires, une discussion plus intime

Attention, si vous visez une personne qui a déjà beaucoup d'amis dans son réseau, vos invitations risquent d'être noyées parmi des centaines de spams. Dans ce cas, commentez plutôt directement ses statuts, ses photos, des ajouts. Le rapport est alors beaucoup plus personnel et il/elle sera beaucoup plus attentif(ve) à votre réaction.

Passez du virtuel au réel

Enfin, concrétisez votre rencontre en l'invitant à vous rejoindre sur tel événement Facebook auquel vous participez, dans la vie réelle évidemment !

Rejoignez un groupe, participez à un événement, créez une nouvelle liste invitant vos amis à participer à votre anniversaire par exemple, et en leur précisant qu'ils peuvent venir avec du monde… Vous verrez que les occasions ne manquent pas de faire de belles rencontres !

La révolution mobile

Avec la généralisation de l'utilisation des réseaux sociaux sur les appareils mobiles de nouvelle génération, on voit maintenant apparaître des sites comme Foursquare ou l'application Facebook lieux, qui permettent de géolocaliser les membres de son réseau, avec, bien entendu, une application toute trouvée à la drague, puisque vous saurez bientôt, en entrant dans un lieu, quels célibataires s'y trouvent. Et vous pourrez, s'ils sont inscrits sur le même réseau que vous, consulter leur profil en temps réel. Efficace pour certains, effrayant pour d'autres !

Les sites de rencontres

C'est pour qui ?

Véritablement pour tous, quels que soient votre âge, votre orientation sexuelle ou votre manière de séduire. Globalement, si vous avez un travail prenant, êtes d'un naturel plutôt timide ou si vous n'appréciez pas les soirées ou les boîtes de nuit, c'est un excellent moyen de faire des rencontres. Vous pouvez :

- Y faire des rencontres en douceur en vous cherchant des affinités personnelles ou culturelles (`Pointscommuns.fr`) ;
- Mettre les hommes qui vous plaisent dans votre panier (`adopteunmec.com`) ;
- Choisir parmi des millions (`meetic.com`) (plus de 2 millions de français connaissent une personne qui s'est mariée grâce à Meetic*) ;
- Ou retrouver une communauté de « célibataires exigeants » (`attractiveworld.net`).

Cela prend du temps, mais c'est très efficace !

Ces sites restent le moyen moderne le plus efficace pour faire des rencontres, alors n'hésitez plus : lancez-vous ! Il est vrai que chatter avec différentes personnes qu'il faut préalablement sélectionner vous prendra du temps. Mais, parmi tous les services de rencontres qui existent en France, c'est le moyen qui s'avère le plus générateur d'histoires d'amour sur le long terme. Alors avec un peu de persévérance, vous parviendrez forcément à vivre de belles histoires.

* Source Ipsos : Étude réalisée en février 2009 auprès d'un échantillon de 953 individus majeurs.

Drague en ligne : la réalité plus efficace que la fiction

Adrien, 27 ans, se trouve hyperbanal. Il ne voit pas pourquoi une fille s'intéresserait à lui. Ni canon, ni boudin, ni grand, ni petit, il n'a pas l'impression d'avoir une vie passionnante, ne se trouve ni plus ni moins intelligent qu'un autre, et s'avoue un peu complexé sur le marché concurrentiel de la drague ! Alors il brode un peu lorsqu'il drague en ligne : quelques centimètres en plus, des conquêtes imaginaires, histoire de convaincre les filles qu'il est un tombeur. Mais lorsqu'il contacte une fille, il avoue que ça marche rarement comme il l'espère. Et il fait très peu de rencontres.

Adrien est pourtant un homme qui aurait plein de choses intéressantes à dire sur lui, mais rien n'en transparaît dans son profil qu'il m'envoie. Il omet l'essentiel : qu'il est un homme fiable, autonome, généreux, joyeux, et même assez drôle. Il ne parle pas de ce qu'il aime. L'on ne sait pas qu'on peut compter sur lui (la grande qualité que lui reconnaissent ses copains). Bref, aucune aspérité ne ressort de son annonce. Par exemple, on peut écrire qu'Adrien est un as du brunch du dimanche : cela donne un bon indice sur SA personnalité et cela lui permet d'avoir un premier point d'accroche dans son annonce qui le rend moins lisse. Sa photo ne montre ni son sourire, ni ses belles épaules. Rédiger un profil qui laisse transparaître ce qui nous rend unique permet de tomber sur des personnes plus en phase avec soi-même !

Adrien a corrigé le tir, et les contacts et dialogues en ligne qui ont suivi ont pris une autre tournure, plus vraie, mais aussi plus fun, car libérés de la pression de jouer au cador, Adrien laisse son humour désarmant s'exprimer en toute liberté. Les femmes savent lire entre les lignes, entendre les non-dits, repérer les décalages entre un discours et une attitude : vous ne pourrez pas les mener en bateau longtemps si vous prétendez être quelqu'un d'autre que vous-même.

Les grands généralistes ont la cote

Les sites de rencontres qui fonctionnent bien en France restent cependant assez généralistes, car il leur faut être en mesure de garantir un certain nombre de personnes en ligne au moment où vous vous connectez. Néanmoins, il existe des sites qui fonctionnent sur des critères spécifiques, malgré un nombre d'inscrits restreints, où vous pourrez peut-être trouver ce que vous recherchez : c'est le cas des sites de rencontres en fonction d'une minorité ou d'une religion comme `jdate.com` pour les Juifs, `theotokos.com` pour les catholiques, `inchallah.com` pour les musulmans, `aziaclub` pour des rencontres asiatiques, ou encore une préférence pour un certain physique, une orientation politique.

Les sites peu connus ou nouveaux peuvent être décevants par le peu de nombre de profils inscrits ET actifs sur le site dans votre ville à l'instant où vous vous connectez. Une étude meetic de 2009 réalisée auprès de 1000 anciens clients meetic a montré que la distance qui sépare 73 % des anciens membres de meetic était de moins de 50 km. Pensez donc à vérifier, avant de vous inscrire sur un site, qu'il y a des personnes de votre tranche d'âge et de votre type de profil pas trop loin de chez vous.

Le prix

La majorité des sites sont payants dès que vous voulez aller un peu plus loin que la consultation de profils. Cela oscille entre 10 et 40 euros par mois. Attention, quand vous vous inscrivez, à la période d'engagement à laquelle vous souscrivez. Et pensez à vous désabonner quand vous ne souhaitez plus « jouer », car le désabonnement implique toujours une action de désinscription de votre part.

Identifiez « The Right One » parmi ceux ci-dessous, suivant vos aspirations :

Be 2 et son test de personnalité atypique

Deux points forts chez Be 2 : une approche psychologique *via* un test sérieux qui offre la possibilité de faire la connaissance un peu plus approfondie d'une personne qu'un site basique. Le volume des personnes inscrites vous permet de ne pas vous ennuyer dans le chat : si vous vous connectez à 23 heures, il y aura toujours du monde sur le site. Leur public est assez jeune et ils ont une belle ouverture à l'international pour les membres aventuriers et motivés, prêts à franchir une ou plusieurs frontières pour trouver un(e) partenaire au goût d'ailleurs.

Points communs : un site par affinités culturelles

Points communs est un site original de rencontres par affinités culturelles. Les membres échangent sur des thèmes culturels répartis en quatre grands pôles d'intérêts : Cinéma, Musique, Littérature et Médias. On peut ainsi discuter de ses goûts, réagir à des commentaires laissés par d'autres membres, partager ses lectures, conseiller des films, des artistes ou des nouveautés et proposer des sorties culturelles. Favoriser ainsi l'échange, la discussion et la rencontre entre membres à partir d'intérêts culturels et non plus seulement sur des critères physiques ou sociaux, c'est une belle idée alors que de nombreux sites de rencontres se ressemblent.

Nice People : des rencontres multi-attentes !

Site de rencontres francophone (belge au départ et français maintenant), Nice People est un site gratuit où vous pouvez faire des rencontres amoureuses ou même amicales ou coquines. Vous pourrez consulter les annonces, profils, photos mais aussi des vidéos en ligne. On le mentionne parce qu'il est simple, vraiment convivial. Il y a du monde, un vrai chat et il est gratuit.

TiiLT à été créé en 2010. Son originalité, c'est que tout se fait en live : dans la page d'accueil, un mur d'infos affiche les dernières activités des membres, la mise à jour des photos et des profils sont validés immédiatement. L'ambiance générale est plutôt conviviale notamment grâce au fait que les membres peuvent créer un mur d'images pour mettre en avant leurs centres d'intérêt, leurs passions. Le service est gratuit pour les filles et les hommes peuvent contacter les filles gratuitement. Le service est également disponible via des applis sur iPhone et Android.

Adopteunmec.com : pour les filles décomplexées

Amusant pour sa forme (un supermarché en ligne) autant que pour son ton léger, `adopteunmec.com` met les filles aux commandes : ce sont elles qui choisissent les hommes-objets qu'elles désirent mettre dans leur panier. La suite, dialogue, séduction, rencontre, se déroule comme sur les autres sites. Comme il est gratuit, il draine beaucoup de jeunes dragueurs et dragueuses, et le ton y est très décontracté. Ce qui n'empêche pas les rencontres vraies et signifiantes. Très bien pour débuter si vous avez moins de 40 ans et une bonne dose d'humour.

Parship et son côté exigeant

Parship est un site internet de rencontres discret pour des célibataires cultivés (plutôt au-dessus de 40 ans), à la recherche d'une relation sérieuse. C'est un site avec un test psychologique qui permet d'établir un rapport détaillé de votre personnalité, de vos attentes et de vos habitudes en matière de vie à deux. Il suggère donc des propositions de profils en affinité avec votre personnalité. Il s'attache à vos aspirations, à votre perception de la vie, à vos centres d'intérêts, vos attentes… et c'est pour cela qu'on l'aime bien.

Attractive World et son côté VIP

Attractive World est un des premiers sites pour célibataires avec une sélection à l'entrée. Ce sont les membres déjà inscrits qui cooptent les nouveaux membres en votant pour admission, ou non, dans ce club qui se veut sélect à tous points de vue : niveau d'études, revenus, physique… C'est le principe, appliqué à la drague, des réseaux sociaux où chacun se choisit. Et l'originalité du site réside dans le fait que les membres (mais aussi les responsables du site) organisent des événements pour se rencontrer.

Meetic

Je termine par le fameux Meetic ou Meetic Affinity (c'est plus ou moins la même chose) : il faut bien comprendre qu'un site n'existe et ne vit que si le volume d'inscrits par région est suffisant pour permettre de chatter à 22 heures en espérant trouver des personnes avec les critères que vous recherchez (âge, CSP, critères de personnalité…) autour de chez vous. Seuls les grands sites ne sont pas décevants de ce point de vue-là. Les garanties de sécurité : une centaine de modérateurs sont à l'œuvre pour éviter les débordements et les comportements incorrects. Si vous êtes victime de quelqu'un qui se comporte mal, vous pouvez le signaler très rapidement grâce au lien « signaler ce profil », présent sur la page de tous les membres. Si un membre vous ennuie vous avez la possibilité de le « blacklister ».

Flash ! Un microcoup de foudre signé Meetic

Sur Meetic, vous avez plusieurs manières de signaler votre intérêt.

Visitez un profil. Tout simplement ! L'auteur du profil le saura, et viendra probablement visiter le vôtre, par curiosité.

Dialoguez par chat. Sur chaque profil, vous pouvez envoyer une demande de contact. Si la personne est en ligne, vous pouvez démarrer une discussion par chat (une conversation en ligne, plus ou moins immédiate, suivant votre rapidité de frappe).

Envoyez un message plus long. L'équivalent d'un e-mail, si vous êtes plus littéraire. Votre correspondant le trouvera quand il se connectera. Pour ceux et celles ayant des qualités épistolières plus avancées que le simple langage SMS, de toute façon à proscrire. N'oubliez pas : si vous utilisez des termes qui montrent que vous vous êtes intéressé(e) à son profil, vous aurez plus d'impact. Vous pouvez retrouver les conseils de Meetic sur `http://meetic.fr/misc/advice.php`.

Envoyez un flash. C'est l'équivalent d'un clin d'œil virtuel que vous envoyez aux célibataires connectés dont le profil vous plaît. Vous pouvez « flasher » un(e) inconnu(e), et continuer votre chemin, sans attendre de réponse. Une attitude coquine et malicieuse !

Flash back ! On vous renvoie votre flash ? Envoyez une demande de contact et commencez à chatter. On VOUS flashe ? Vous pouvez soit répondre dans l'instant (vous êtes courtois(e), emballé(e) ou pressé(e)), ou vous faire un peu attendre, histoire de cultiver le mystère. Répondez soit par un flash, ou mieux, par une demande de contact ou un message sympa, plus constructifs pour entamer une relation.

N'OUBLIEZ PAS

Il y a quatre grandes sortes de sites de rencontres, selon moi :

- Ceux qui s'affichent clairement « charme, rencontres coquines, adultère » ;
- Ceux qui s'affichent « rencontre », un point c'est tout ! c'est vous qui faites le reste, ce sont les sites généralistes : Meetic, Be 2, Tiilt, etc.
- Ceux qui s'affichent « rencontres sérieuses » : Parship, Meetic Affinity
- Et les sites qui souhaitent regrouper une communauté bien particulière ou une minorité.

Une tendance forte est de s'inscrire sur plusieurs sites (et vous pouvez profiter des offres d'essais proposées) pour jongler entre eux.

Les affinités de Sarah

Sarah, 41 ans, célibataire depuis un an, a décidé de tenter sa chance sur Internet. Ne sachant par quel bout commencer, elle choisit Meetic, et concocte un peu hésitante un profil assez sympathique. À sa grande surprise, les demandes de contacts sont nombreuses dès sa première heure, alors qu'elle n'a pas encore mis de photo sur son profil. Un peu décontenancée par l'afflux des prétendants, elle demande par chat à deux d'entre eux : mais qu'est-ce qui vous a attiré sur mon profil ? Réponse des intéressés : le fait qu'elle soit une femme, dans une tranche d'âge allant de 25 à 45 ans ! Manquant de pratique, elle en vient à penser que les hommes connectés sur Meetic sont tous désespérés au point de se jeter sur la première venue ! Très peu flattée d'être distinguée par des hommes si peu exigeants, elle s'apprête à se déconnecter quand apparaît un message d'un certain Dany, dont le titre reprend avec humour l'une des passions dont elle parle dans sa courte présentation, la musique traditionnelle, et inclut son pseudo. Et c'est avec un certain soulagement et une bonne dose de reconnaissance qu'elle entame la conversation avec Dany. Depuis ce démarrage, Sarah a fait plusieurs rencontres sur Meetic, puis s'est également inscrite sur Tiilt. Car de plus en plus de personnes jonglent avec deux sites de rencontre.

Les blogs, forums, sites passion

Pour qui ?

Pour ceux et celles qui ont une passion et savent la partager sur Internet. Ils/elles ont un charmant petit côté geek et sont souvent des pionniers du Web, mais pas seulement. Créateurs ou animateurs de blogs, forums, webzines, ils en profitent pour dialoguer avec d'autres passionnés… et faire de belles rencontres.

Comment procéder ?

Très activement, très volontairement, passez du virtuel au réel ! Organisez ou participez à des rassemblements autour de votre passion et invitez les lecteurs de votre blog, forum, webzine à venir vous rencontrer. Donnez particulièrement rendez-vous à ceux ou celles qui sont vos plus fervents correspondants.

Essentiel : savoir se présenter

Que vous soyez sur Facebook, sur Meetic, Nice People, Tiilt ou Be 2, ou que vous vous présentiez sur votre propre blog, optimisez votre présentation pour générer des rencontres !

Créez un profil fidèle à ce que vous êtes, et attractif à la fois !

N'OUBLIEZ PAS

Sur tous les sites, les basiques à ne jamais oublier :

- Gardez en tête que c'est la première chose que les autres célibataires verront de vous. Pour autant, il ne s'agit pas de tricher en vous grandissant de quelques centimètres ou en vous retirant quelques kilos, ce qui pourrait vous valoir des surprises en cas de rencontre « IRL », c'est-à-dire « dans la vraie vie » (*in real life*).
- Si vous avez des complexes, ne le faites pas sentir dans votre profil et mettez en valeur vos autres atouts (vous en avez forcément !) : regard, sourire, élégance...
- Soyez toujours bref(ve), positif(ve) et tourné(e) vers l'avenir dans les descriptions de votre personnalité, de votre entourage, de votre environnement.
- Choisissez bien vos mots car tous ces éléments ont leur importance pour permettre à votre interlocuteur de déterminer vos valeurs, vos centres d'intérêts communs.
- Relisez votre texte, soignez l'orthographe, bannissez le langage SMS.

Sur les sites de rencontres

Ils sont dédiés à la séduction et à la rencontre : vous devez donc particulièrement soigner la manière dont vous vous présentez aux autres. Un profil complet, sincère et intéressant génère beaucoup plus de contacts qu'un profil laissé en friche ou au contraire trop stéréotypé.

Comment mettre en avant sa personnalité ? Plusieurs éléments peuvent s'intégrer à cette partie de votre profil :

- Votre caractère, tout d'abord : honnête, romantique, sérieux ou joueur, calme ou dynamique, posé ou aventureux, attentionné, spontané, courageux, plutôt timide mais très drôle, franc, sachant prendre des initiatives, etc.

- Votre environnement : les sorties que vous appréciez (êtes-vous plutôt discothèque ou cinéma, musée ou balade en forêt, restaurant ou pique-nique...).
- Votre profession : ce n'est pas une obligation. Évoquez-la si vous souhaitez qu'elle donne des indices sur votre personnalité (par exemple : vous êtes pompier => vous êtes courageux ; vous êtes esthéticienne => vous aimez prendre soin de vous, etc.).
- Vos loisirs (lecture, sport, shopping, cinéma, etc.), pour lesquels des précisions peuvent être utiles (exemple : littérature classique – n'hésitez pas à citer quelques titres – randonnées en montagne ; évoquez votre plus grand frisson ; etc.).
- Votre relation aux autres (les amis, la famille).

Sachez que toutes ces données ont leur importance, puisque c'est grâce à elles que votre éventuel interlocuteur saura si, comme lui, vous aimez l'aventure et les sorties entre amis, ou le romantisme des soirées à deux au coin du feu (ou pourquoi pas les deux). Et plus vos centres d'intérêt seront proches, plus vous avez de chances que votre premier contact se passe bien.

Soyez toujours positif(ve) !

Les célibataires qui verront votre profil s'intéresseront sans doute plus à une description du type :

« Amoureux de la nature et des balades en forêt, je suis assez dynamique, mais je sais me montrer romantique et honnête avec la personne qui partage ma vie. Je suis entouré d'amis que j'aime beaucoup, mais mon bonheur ne saurait être parfait tant que je n'aurai pas fait votre connaissance. »

... qu'à une description du style :

« Après de nombreuses relations qui ne m'ont mené à rien, et parce qu'une profession exigeante ne me laisse que peu de temps libre, je commence à perdre espoir et à ne plus croire en l'amour. J'espère que vous saurez raviver en moi cette flamme presque morte et que vous apporterez à nouveau la joie dans ma vie. »

Bref, sachez vous mettre en valeur, et dites-vous toujours que l'on attire plus facilement les gens vers soi lorsque l'on est souriant et que l'on a l'air heureux.

Bien choisir sa photo

Pour ce qui est de votre photo, là encore, prenez le temps de faire les choses bien :

- Choisissez de préférence une photo de vous dans une situation qui vous met à votre avantage, où vous avez l'air gai(e) et sympathique.
- Préférez le portrait à un cliché pris de loin, même s'il met en avant votre physique avantageux. Toutefois, n'optez pas pour un Photomaton, sur lequel vous risquez d'avoir le teint blême et l'air crispé. Dites-vous aussi que le cadre dans lequel vous vous trouvez sur la photo aura presque autant d'importance que vous, et sera étudié afin d'en tirer des informations : montrez-vous lors de vos activités préférées, celles qui vous résument le mieux.

Si vous ne disposez pas de photo qui vous semble adéquate, n'hésitez pas, à l'aide d'un proche ou d'un spécialiste, à prendre de nombreux clichés de vous, afin de trouver celui qui vous paraîtra être le plus à même d'attirer l'attention sur vous. Quoi qu'il arrive, évitez de vous prendre vous-même en photo, le bras tendu devant votre miroir.

La règle d'or pour votre photo est que vous devez être souriant(e) ! Vous donnerez ainsi beaucoup plus envie de vous contacter.

Gardez une tenue décente !

Même pour draguer le temps d'une aventure d'un soir, une photo dénudée fait immanquablement cheap. Et, souvent, elle est refusée par les modérateurs. Rappelez-vous que tout le monde peut s'inscrire sur un site de rencontres et voir votre profil : la femme de votre vie, l'homme de vos rêves, mais aussi vos profs, votre boss, vos parents, vos collègues.

Messieurs, évitez de vous montrer torse nu. Vous vous donnez l'image d'un dragueur de pacotille macho et imbu de lui-même. Préférez une photo de vous en chemise, voire en costume, ce qui vous donnera un air sérieux, posé et viril, et mettra les femmes en confiance.

Aux femmes, on déconseille vraiment de prendre des poses « sensuelles » ou de trop exalter vos formes pulpeuses, le meilleur moyen pour attirer ceux que vous ne recherchez pas forcément. Préférez une tenue qui corresponde à votre caractère.

Comment choisir son pseudo

Un dernier détail, qui à vrai dire n'en est pas un : lorsque vous allez vous inscrire, il vous faudra trouver un pseudo. Celui-ci aura presque autant d'importance que votre photo. Il doit donc vous mettre en valeur, vous distinguer des autres. Exit donc les mimicool06, superhotbabe et autres misterladykiller. Optez plutôt pour un pseudo qui mette en avant un goût qui vous est propre ou qui sorte un peu de l'ordinaire, comme missjazzy, lerougeetlenoir ou encore nothingelsematters, par exemple.

ATTENTION

Si le site sur lequel vous êtes inscrit(e) ne tolère pas un pseudo déjà utilisé par un autre membre, évitez de singulariser le vôtre en rajoutant un chiffre ! Par exemple, évitez de vous appeler Laetitia27 si le prénom Laetitia est déjà pris. Les chiffres ont un côté banal, et vous ne l'êtes pas, n'est-ce pas ? Préférez un adjectif à la suite de votre prénom qui vous qualifie. Vous êtes unique, vous n'êtes pas un numéro !

Cinq annonces qui fonctionnent

Patrick, 32 ans

J'aime partager des instants romantiques et tendres, précieux et magiques. J'aime créer de nouvelles saveurs (et j'en ai fait mon métier, je suis pâtissier). J'aime ce qui est beau et bon, mais je suis surtout gourmand de la vie. J'aime aussi la lecture, les promenades en forêt, les week-ends en amoureux, et jouer de la guitare. Mais surtout, j'aimerais vous rencontrer, car je cherche l'amour avec un grand A !

Jonathan, 41 ans

Je suis un homme qui, avant tout, aime la vie. J'ai le goût de l'aventure, je suis curieux de tout, et curieux de VOUS ! Je pratique la randonnée, la planche à voile ; mon métier de commercial m'amène à découvrir de nouveaux pays et de nouveaux horizons. Je me suis inscrit ici pour rencontrer de nouvelles têtes, et pour peut-être faire LA rencontre qui va changer ma vie. Alors, si vous êtes vous aussi curieuse, si vous êtes une aventurière féminine, n'hésitez pas à me contacter ! Je réponds toujours.

Johanna, 47 ans

Plutôt talons que baskets, un peu fashion victim, un mariage loin derrière moi, une carrière originale au cœur de l'actualité, je n'ai plus rien à me prouver et j'ai la chance de vivre ma vie avec peu de contraintes.

J'aime aller à la rencontre des autres, venus de tous horizons ! Douce, élégante mais très vive et alerte, je suis attirée par des hommes actifs qui ont une vraie personnalité, un vécu, de belles valeurs, des expériences riches et dont l'activité principale n'est pas de pianoter sur ce site de rencontres.

Me voici prête à vivre une belle relation joyeuse et pleine d'action. Les prises de tête, éloignez-vous !

Christelle, 34 ans

« On ne devrait jamais sortir indemne d'une rencontre, quelle qu'elle soit, ou du moins en sortir inchangé. » Sylvie Germain

Si comme moi vous êtes d'accord avec cette citation, n'hésitez pas à me contacter, et qui sait, peut être que ce sera la rencontre qui changera notre vie ! Je suis quelqu'un d'ouvert, j'aime les conversations authentiques où l'on peut partager et se confier, je sais être à l'écoute. Mes amis disent de moi que je suis tendre, attentive, sérieuse, généreuse aussi… J'aime danser (je fais du flamenco), bricoler, aller au cinéma, mais tout ce que je pourrai vous dire pour me décrire ne vaudra pas une vraie conversation, alors j'attends d'avoir de vos nouvelles !

Nathalie, 28 ans

Petit bout de femme, souriante et artiste, cherche à partager sa nuit ou sa vie avec prince pas si charmant ! Si vous avez de l'humour, que vous êtes ouvert, je serais ravie de partager avec vous ma passion pour l'art contemporain et la photographie… ou simplement un bon dîner ou une bonne soirée ! Si vous êtes intéressé… et un peu prince sur les bords, je serais enchantée de vous rencontrer.

PS : je chausse du 39.

Pierre reformule, et ça va mieux

Pierre nous a écrit : « J'ai décidé de changer mon annonce sur un site de rencontre où je m'étais inscrit. J'ai repris l'idée de la logique amoureuse que j'ai trouvée dans la `methode-florence.fr`, qui veut qu'on aille vers l'autre, vers ses différences et donc j'ai tourné mon annonce dans ce sens en disant que c'était ça qui m'intéressait : « découvrir les différences de l'autre ». J'ai eu trois fois plus de femmes intéressées qu'avant, avec en plus des messages d'un autre ton. Elles étaient moins méfiantes ! Elles voient bien, maintenant, que je m'intéresse à elles, et que je ne suis pas qu'un coup d'un soir. »

Affiner ses recherches

Vous vous êtes inscrit(e), vous avez choisi votre pseudo avec soin, avez fait de vous une description qui éveille l'intérêt, et vous allez pouvoir vous lancer à la recherche de celui ou de celle qui vous plaira. Or, vous allez bien vite constater que les célibataires sont très nombreux, et que vous n'aurez à priori que l'embarras du choix, surtout si vous êtes une femme. Et il ne s'agit évidemment pas de consulter tous les profils un à un en espérant tomber rapidement sur le bon. Il faut d'abord savoir chercher.

Comment sélectionner les bons profils ?

On vous demandera souvent sur quels critères vous souhaitez sélectionner des profils.

Ces quelques conseils peuvent vous être utiles :

Visez « large »

Ne partez pas avec trop d'a priori. Sachez ce que vous attendez d'une relation, mais ne vous laissez pas tromper par le côté réducteur de ces fiches de renseignements. Ce sont des instants figés, écrits, destinés à vous donner une idée de la personne à travers des informations minimales, mais cela ne reflète en rien la complexité d'une personnalité.

Moins grand...

Certaines femmes souhaitent trouver un homme d'au moins 1,80 mètre. Elles seront alors tentées d'écrire « minimum 1,80 mètre »... Mais supposons que, parmi les profils alors laissés de côté, l'un soit celui d'un homme d'1,78 mètre convenant par ailleurs parfaitement à ce que la demoiselle recherche : quel dommage de passer à côté de ce prince charmant pour deux misérables centimètres !

Moins jeunes...

Même idée pour les hommes, qui ont souvent tendance à chercher des femmes plus jeunes qu'eux, et qui, lorsqu'ils sont âgés de 40 ans par exemple, cherchent une compagne ayant « au maximum 35 ans » : c'est le meilleur moyen de passer à côté d'une véritable bombe de 36 ans !

Ne soyez pas trop exigeant(e)

Exemple : « Je recherche un homme d'environ 30 ans, grand, plutôt blond aux yeux bleus et ayant un physique sportif. Je voudrais qu'il soit viril mais romantique, honnête avec moi et qu'il sache me surprendre. J'aime les hommes qui ont un sens de l'humour très développé, donc hommes trop sérieux s'abstenir. Il doit avoir le sens des responsabilités et une bonne situation professionnelle, sans pour autant être trop indépendant. Il n'aimera de préférence pas le football et saura m'aider à entretenir le foyer, etc. » Certes, vous savez ce que vous voulez, et c'est bien, mais mettez-vous à la place des personnes qui vous liront. Avec de tels critères, ou vous donnez l'impression d'être imbu(e) de vous-même, ou vous donnez aux autres le sentiment qu'ils ne seront jamais assez bien pour vous.

Trop peu de profils vous interpellent ou s'intéressent à vous ?

Posez-vous les questions suivantes :

- Ne suis-je pas trop exigeant(e) ?
- Ai-je suffisamment passé de temps à screener les profils ?

Rencontrer du monde *via* un site demande d'investir son temps : il faut contacter, écrire un message très personnel en lien avec ce qui est écrit sur la fiche de la personne, être original dans ses écrits. Mais, à nouveau, attention : allez sur des sites qui « vivent » et où les interactions sont nombreuses. Sinon, vous allez vous épuiser sur des fiches mortes. Attention également aux faux profils sur certains sites : très attractifs, ils ne répondent plus quand on est abonné. Revoyez peut-être aussi vos exigences. Peut-être Gérard68 est-il plus âgé que le prince de vos rêves, mais ceci lui confère sans doute un peu plus d'expérience. Luciefanderock a certes quelques rondeurs, ce qui d'habitude ne vous plaît que moyennement, mais le beau sourire qu'elle arbore sur la photo est, avouez-le, tout à fait craquant, et vaut bien que vous lui donniez une chance.

Ce que vous devez garder à l'esprit, c'est que les profils ne sont destinés qu'à vous donner une idée de la personne à qui vous avez affaire. Il est possible que l'humour d'Untel ne se révèle que lors des discussions, et que la voix d'une autre, entendue peut-être tout d'abord au téléphone, suffise à effacer le fait que vous n'aimiez pas sa coiffure sur la photo.

Réussir votre première prise de contact

Vous avez finalement ajusté vos critères de recherche, et avez choisi quatre ou cinq profils susceptibles de vous intéresser. Il est temps de passer à l'étape suivante, à savoir la première prise de contact. Alors, l'angoisse vous envahit : Que devez-vous écrire ? Comment lui donner envie de répondre ?

Soyez assez bref / brève

Un court message suffira à faire comprendre que vous vous intéressez à ce profil et que vous aimeriez en savoir plus sur cette personne.

- Trop de familiarité dès le premier message pourrait déplaire.
- Faites référence dans votre message à ce qui aura retenu votre attention dans ce profil en particulier.

Un exemple : « Bonjour ! Vous semblez beaucoup apprécier la cuisine, je suis moi-même assez doué derrière les fourneaux, peut-être pourrions-nous échanger quelques trucs ? »

En personnalisant ainsi votre message, vous montrerez à votre interlocuteur que vous n'envoyez pas systématiquement le même message à tous les célibataires dont le profil vous plaît, et que c'est cette personne en particulier qui a retenu votre attention.

- N'oubliez pas de terminer votre message par une question ouverte et personnalisée : votre interlocuteur sera plus enclin à vous répondre !

- Vouvoiement ou tutoiement : cela dépend de l'ambiance du site sur lequel vous vous êtes inscrit(e). En règle générale, garder un minimum de distance peut mettre votre interlocuteur en confiance : ne brûlez pas les étapes.
- Évitez de noyer votre interlocuteur de questions, vous risqueriez de paraître trop curieux et la personne à qui vous vous adressez risquerait de se sentir envahie dans son intimité. Une ou deux questions, et encore une fois de préférence en rapport avec le profil de la personne, suffisent amplement. Il faut qu'elle ait envie de répondre.
- Souvenez-vous que rien n'est gagné d'avance : si la personne accepte de vous parler, ce n'est pas encore dans la poche, vous devez la séduire ! Évitez donc les messages trop poussifs ou « rentre-dedans », et commencez doucement.

Évitez les messages obscurs ou incompréhensibles

Par exemple : « La rancœur n'est pas la clé de tout, et l'oubli favorise paradoxalement les prises de conscience les plus subtiles ; celles-ci qui mènent à la quintessence même de la réflexion, lorsque tout est joué, et que plus rien ne peut nous atteindre » – que voulez-vous répondre à cela ?

Évitez aussi les longues envolées lyriques. Ceci est un peu caricatural, mais ça peut arriver. De même, rédiger un poème d'amour en guise de premier message serait vraiment prématuré, vous en conviendrez.

Si ça ne marche pas

Si votre message reçoit une réponse négative, n'insistez pas, et surtout, ne le prenez pas mal. Cela ne tient pas qu'à vous, et il est probable que vous connaissiez plusieurs échecs de ce genre : c'est assez courant. En effet, si dans la vie de tous les jours, on ne plaît pas toujours à tout le monde, il va sans dire que c'est identique sur la Toile, surtout lorsqu'on ne voit de la personne qu'un profil ou un court message.

On ne peut gagner chaque fois du premier coup, c'est la règle du jeu des relations amoureuses, et il faut l'accepter. Restez positif(ve), ne vous découragez pas, et profitez-en au besoin pour peut-être améliorer votre premier message.

On vous contacte !

Si la personne qui vous a contacté ne vous intéresse pas vraiment

Dans un premier temps, regardez-y de plus près, peut-être qu'elle a tout de même des qualités intéressantes, peut-être que cela vaut le coup de lui laisser une chance. Soyez curieux(se) : lisez son profil avant de le/la zapper sur la foi d'une photo ou d'un premier message !

Si elle ne vous intéresse vraiment pas, ne vous murez pas dans le silence. Vous n'aimeriez pas que l'on ne vous réponde pas, alors comportez-vous en conséquence. Restez courtois(e) et aimable, faites preuve de tact, et précisez à votre correspondant que vous ne souhaitez pas donner suite. Inutile de lui faire perdre du temps en lui laissant miroiter quelque chose, pas même une pseudo-amitié (à moins que vous n'y teniez vraiment).

Par exemple, vous pouvez vous exprimer ainsi : « Bonjour. Merci pour votre message. Vous semblez être quelqu'un de sympathique, mais je dois vous avouer que vous n'êtes pas tout à fait mon type d'homme / de femme. Cela dit, je vous souhaite bon courage pour la suite de vos recherches. »

Évidemment, si vous êtes noyé(e) sous un tas de messages qui ne vous intéressent pas, rien ne vous oblige à prendre le temps de répondre à tout le monde. Le Net n'est pas aussi formel que ça !

La personne qui vous écrit est susceptible de vous intéresser

N'hésitez pas à le lui signaler ! Exemple : « Bonjour ! Je suis touché(e) que vous m'ayez contacté(e), et je serais moi aussi ravi(e) de partager quelques astuces de cordon-bleu avec vous. J'aime beaucoup la cuisine japonaise, je fais d'excellents sushis. Et vous ? »

Vos échanges avant la rencontre doivent être rapides

Suivez à peu près ce schéma :

1. Un message personnalisé de prise de contact ;
2. Une discussion par chat sur le site de rencontre ;
3. Passez très vite 5 minutes au téléphone pour vous assurer qu'il ou elle vous plaît et découvrir sa voix ;
4. Préparez la rencontre.

Les femmes prennent contact les premières

Si tout se passe bien et que l'échange par e-mail est positif, vous aurez tôt ou tard envie d'aller plus loin. Dans ce cas, n'hésitez pas, mesdames, à demander à vos cibles un numéro de téléphone et à les contacter en premier.

Pourquoi ? Souvenez-vous que vous ne connaissez encore que très peu la personne à qui vous avez affaire, et qu'il est donc préférable que vous ayez son numéro à lui, plutôt que l'inverse. Cela relève du bon sens et se produit de toute façon le plus souvent ainsi.

Les conversations téléphoniques vous permettront de mieux faire connaissance avec votre correspondant, ne serait-ce que parce que vous sentirez au son de sa voix quelles sont ses réactions. Est-il gêné, coincé, timide, ou au contraire, posé, amusant, réconfortant ?

Organiser et préparer votre rencontre

Vous en savez un peu plus l'un sur l'autre, et vous semblez vous apprécier mutuellement, il va donc être temps de passer à l'étape suivante, la rencontre.

Ne restez pas dans le virtuel trop longtemps, limitez vos échanges (pas plus de trois ou quatre fois). Sinon on se met à fantasmer sur l'autre et le décalage se creuse entre l'idée qu'on se fait de lui et la réalité.

Car, même si vous connaissez beaucoup de détails de la vie de votre correspondant, vous ne l'avez pas vu. Dites-vous bien qu'au final, vous ne le connaissez qu'à travers le prisme, souvent déformant, de la Toile ou du téléphone, et que seules les rencontres en chair et en os seront vraiment décisives, puisque vous verrez votre correspondant tel qu'il est et se comporte réellement.

Où se donner rendez-vous ?

Le premier rendez-vous doit impérativement se tenir dans un lieu public, et ce pour des raisons évidentes de sécurité. Le choix de l'endroit est à votre convenance, qu'il s'agisse d'un café, d'un parc, d'un musée…

- En règle générale, évitez le bistrot du coin, que vous connaissez peut-être bien et où vous avez des habitudes, mais qui ne sera sans doute pas très approprié à un premier rendez-vous.

- La bonne option : un rendez-vous en accord avec vos goûts communs. Si vous êtes tous les deux fans de l'art de la Renaissance, pourquoi ne feriez-vous pas une balade dans une exposition ou un musée ?
- N'oubliez pas de prévoir un moyen de vous reconnaître : livre à la main, écharpe rouge, etc. C'est amusant et romantique !
- Pour ne rien laisser au hasard, vous pouvez aussi avertir un proche de votre rendez-vous avec votre contact internet.
- En aucun cas, ce premier rendez-vous ne devra avoir lieu chez l'un ou l'autre.
- Évitez les rendez-vous sur le lieu de travail de l'un d'entre vous, vous ne savez pas sur qui vous allez tomber.
- L'option du dîner peut être tentante, mais si vous vous apercevez au bout de quelques minutes que vous ne vous entendez pas si bien finalement, la perspective de passer près de deux heures à se regarder dans le blanc des yeux sans rien avoir à se raconter n'est sans doute pas la plus réjouissante ! La règle de la première rencontre *via* Internet, c'est de boire un verre ! Ensuite, rien ne vous empêche de poursuivre par un restaurant.

Réussir votre premier rendez-vous

Vous l'avez compris, vous n'avez rien à perdre à rencontrer votre correspondant, bien au contraire. Vous pouvez être un peu intimidé(e) ou même angoissé(e), vous vous demandez si vous allez vous plaire, et c'est normal. Mais détendez-vous et allégez l'enjeu :

- Vous ne devez pas trop attendre de ce rendez-vous. Vous y allez « pour voir », pour faire une rencontre. Si vous vous retrouvez en face d'un Apollon dont le physique époustouflant n'a d'égal que sa plume, fluide et légère, c'est que vous avez de la chance, et c'est tant mieux pour vous.

  Mais il est fort possible que la personne qui se trouve devant vous ne soit pas tout à fait à la hauteur de ce que vous vous étiez imaginé.
- Si c'est le cas, pensez que, si vous avez accepté ce rendez-vous, c'est que cette personne devait en valoir la peine. Et il est probable qu'après quelques minutes ensemble, ses petits défauts s'effacent à vos yeux pour ne vous laisser voir que l'homme/la femme que vous pouvez avoir envie de connaître, vous verrez ensuite. C'est là où l'incroyable écoute rentre en jeu : cherchez à connaître la personne *via* ses motivations, ses moteurs de vie. Ainsi, vous êtes dans une belle disposition d'ouverture d'esprit et si la personne ne vous plaît pas, vous n'aurez aucun regret car vous aurez mis toutes les chances de votre côté pour voir ce que la personne a « dans le ventre ».

- S'il/elle ne vous plaît vraiment pas : dites-lui poliment qu'il/elle n'est pas la personne que vous recherchez… Mais, par acquis de conscience, prenez le temps de discuter pour vous découvrir avant de prendre une décision.

Carole renoue avec sa féminité… et le succès

Carole a 59 ans, et cela fait bientôt quinze ans qu'elle est divorcée. Depuis son ex-mari, elle a eu une histoire d'amour de trois ans, suivie de quelques histoires assez peu épanouissantes. Ce qui lui pèse surtout, c'est de ne plus avoir de vie sexuelle depuis trois ans maintenant. « Et à mon âge, c'est compliqué de rencontrer des célibataires », me dit-elle.

Carole vient me voir en dernier recours, car elle ne croit plus tellement qu'une belle histoire d'amour puisse encore lui tomber dessus. Elle est assez épanouie dans sa vie professionnelle mais malheureuse en amour. « Ce n'est pas faute d'avoir essayé, mais ça ne marche pas et, finalement, je ne me sens plus reconnue dans ma féminité car les hommes ne cherchent même plus à coucher avec moi ! » Je l'écoute me raconter ses tentatives infructueuses pour rencontrer de nouvelles têtes, la déception qu'elle a essuyée en découvrant que la plupart des hommes de son âge ne s'intéressaient qu'aux femmes de quinze ans de moins qu'eux… Pourtant, Carole est une belle femme à mes yeux, elle est vive et pleine d'esprit, mais surtout très souriante. Je me dis qu'elle peut vraiment rendre un homme heureux et qu'il n'est pas trop tard, il suffit de trouver un moyen efficace pour rencontrer le bon !

Le conseil du coach

C'est alors que je lui demande si elle s'est déjà inscrite sur un site de rencontres : « Non jamais ! Mais je veux bien que vous m'aidiez, j'en avais envie justement. » Elle est prête parce qu'elle n'a rien à perdre. Et nous créons ensemble son profil sur un site que je lui recommande. À ses premiers flashs, elle est surprise de voir qu'elle peut encore plaire. Au bout de neuf jours, elle fait sa première rencontre : Thierry, un homme de son âge avec qui elle n'aura jamais de deuxième rendez-vous. Suivent de multiples rencontres avortées.

Des aventures courtes au début…

Puis on travaille avec Carole sa manière de s'ouvrir à l'autre. Elle se sent aussi plus détendue. Et voilà qu'elle mène alors à la suite deux histoires, courtes, certes, mais qu'on peut néanmoins qualifier d'histoires. Le premier point très positif, c'est qu'elle a retrouvé une sexualité. Elle a complètement oublié que c'était le désert de Gobie dans sa vie il y a encore moins d'un mois. Elle m'exprime toute son impatience à trouver un homme qui lui convienne. Elle est déçue : « C'est dur me dit-elle, je ne trouve pas encore l'amour que je cherche. » Moi, je vois le changement… et je remarque après quelques semaines que Carole a complètement oublié qu'un mois auparavant, aucun homme ne traversait sa vie. Ses rencontres la déstabilisent, car il n'y a pas de sentiments amoureux échangés mais beaucoup de respect et, finalement, après quelques temps, l'envie de se revoir. Et je la vois rassurée sur ses qualités et son pouvoir de séduction.

… et une belle histoire

Ce n'est qu'au bout d'un an que Carole fait la connaissance de Jean-Pierre, un homme séduisant, de quatre ans son aîné. Elle la tient, son histoire d'amour ! Cela fait maintenant presque trois ans qu'ils sont ensemble et Carole ne regrette pas les heures qu'elle a passées derrière son clavier. Les heures au café chic de son quartier à siroter un verre avec un inconnu. Les moments intimes sous la couette avec des hommes qu'elle voyait pour la deuxième ou troisième fois… et qui, le plus souvent ne la rappelaient que pour lui proposer la même chose… ou ne la rappelaient pas. C'est aussi ça, la réalité des sites de rencontres…

Mais force est de constater qu'avec un peu de persévérance, la plupart des gens que j'accompagne dans cette démarche parviennent à leurs fins. Le site de rencontres est parfois un excellent moyen pour « remettre le pied à l'étrier ».

Quatrième partie

Programme de drague en 4 étapes

Dans cette partie…

Que vous l'ayez repéré(e) sur Internet, sur Facebook, dans la rue ou dans une soirée, vous allez devoir l'aborder, le/la séduire, laisser votre séduction parler… Pour de vrai ! Cette fois, ce n'est plus un entraînement ! Rassurez-vous dès à présent : je vous conseille dans chacune de ces étapes et pour ne rien laisser au hasard, je vous aide à corriger le tir si ça ne tourne pas comme prévu. Lancez-vous !

Chapitre 12

Étape 1 : l'aborder

Dans ce chapitre :

- La bonne approche pour chaque situation !
- Dans la rue, en bars/boîtes, dans un événement pour célibataires, au cours d'activités, au boulot, à l'étranger…

Vous allez connaître toutes les approches pour draguer en toutes situations : dans la rue, dans les bars et en boîte, au cours d'activités de loisirs, vie associative, vie culturelle, à la fac, au lycée, au boulot ou à l'étranger !

Avec mes astuces, plus question d'avoir peur ou d'être intimidé(e) !

Faire face à toutes les situations

Ce qui différencie un grand séducteur d'un simple amateur, c'est aussi sa capacité à repérer une occasion-drague, dès qu'elle se présente. Pas d'hésitation, pas de tergiversation, tel un scout, il est toujours prêt ! Parce qu'on ne sait jamais quand le hasard va frapper, ni où et quand vous allez tomber sur cette femme qui vous troublera plus que les autres, cet homme qui vous fera vibrer comme jamais, voici nos conseils pour draguer en tous lieux, en toutes circonstances.

Chaque fois : vous aurez un objectif à atteindre et les moyens pour y parvenir. Suivez la méthode !

Bien observer pour trouver la bonne personne

La drague comme la séduction est une question d'éveil. Bien souvent, tout ce qu'il manque pour commencer à entrer dans l'univers de la séduction, c'est juste la bonne ouverture aux autres ! Levez la tête, levez les yeux, et osez croiser le regard des autres, vous trouverez bien plus d'intéressés ou d'intrigués que vous ne le pensiez !

Fiez-vous à votre instinct

N'OUBLIEZ PAS

Est-ce la bonne personne ? Vous ne le saurez pas si vous ne vous lancez pas et n'engagez pas la conversation. Mais lorsque vous commencez à regarder autour de vous, votre instinct vous signale déjà :

- Les personnes que vous aimeriez rencontrer : faites un pas vers eux.
- Celles qui semblent aimables, curieuses, bienveillantes ou intéressantes : vous vous sentirez bien en leur compagnie
- Celles qui semblent intéressées par vous : laissez-les vous approcher.

LE CONSEIL DE FLORENCE

Les rencontres sont plus de l'ordre du ressenti que de la réflexion. Laissez-vous porter !

- Ne portez pas de jugement avant d'avoir vraiment fait la connaissance de quelqu'un.
- Ne vous posez pas trop de questions avant d'aborder un inconnu(e), distinguez « mauvais feeling » de « jugement intempestif » (votre instinct vous trompe rarement).

L'attitude : in the mood for love

Vous avez remarqué, il suffit d'une chanson romantique, sexy ou endiablée entendue le matin à la radio pour vous mettre d'humeur badine, le sourire aux lèvres, le clin d'œil facile. C'est cette disposition d'esprit qu'il vous faut aller chercher au fond de vous quand vous vous lancez ! Un grand sourire fonctionne systématiquement. La bonne humeur, elle aussi, est quasi impérative, car elle est tout simplement CONTAGIEUSE.

Le langage du corps est essentiel !

Avant d'aborder des inconnus, relisez le chapitre 7 sur le langage du corps : vous y trouverez des indications bien utiles pour savoir si vous devez poursuivre votre entreprise de conquête ou au contraire battre en retraite. Il contient aussi de précieuses indications sur les zones de confort, la proximité entre deux êtres.

Cependant, n'essayez pas de modifier vos propres gestes pour faire passer tel ou tel message : vous y perdriez beaucoup trop en naturel ! Pensez simplement aux attitudes simples : sourire, se tenir droit(e), décroiser les bras.

Draguer dans la rue

Ce qu'il faut savoir

C'est une pratique ludique, qui demande du temps. Vous pouvez passer un après-midi de loisirs à flâner dans les rues à la recherche d'une aventure… Sans savoir si vous aurez du succès : draguer dans la rue est une des techniques les plus drôles, mais aussi les moins efficaces ! Il vous faut une bonne dose d'aplomb, de créativité et de bonne humeur, car vous devez être à même de savoir accepter un rejet avec humour.

Pour qui ?

Plutôt masculine, elle est réservée à ceux qui ont la tchatche facile, quoiqu'elle puisse aussi fonctionner pour des femmes bien dans leur peau, d'humeur enjouée et sociables. Comme elle ne saurait se passer d'une pointe de jeu et d'humour, ne draguez pas dans la rue si vous êtes du type silencieux, profond ou réservé !

- Gardez en tête que c'est un moment de jeu, une sorte de pari, et que les conséquences, si vous ne marquez pas de points aujourd'hui, ne sont pas graves du tout !
- À ce jeu, vous devez être le premier, la première à vous amuser si vous voulez que ça marche.

Vos cibles

Les inconnues qui ont du temps devant elles ! Les femmes qui flânent, les touristes, les femmes qui font du shopping. Préférez les femmes qui se promènent seules, car à deux ou plus, elles pourraient ne pas avoir envie de laisser voir à leurs copines qu'elles se laissent draguer par le premier venu.

Accessoirisez votre drague

Lorsque vous portez une tenue un peu originale, ou mieux, que vous vous promenez avec quelque chose qui pourra servir de sujet de conversation, vous augmentez formidablement vos chances de créer un lien avec celui ou celle que vous visez. Essayez :

- Un chien ;
- Une poussette avec un enfant dedans (vos nièces, neveux, enfants de vos amis si vous n'avez pas vous-même de progéniture à promener). C'est un « accessoire » quasi imparable pour les hommes !
- Un vélo un peu sympa, un skate pour une jeune fille, des rollers ;
- Des disques (les vinyles se voient infiniment mieux qu'un paquet de CDs), des livres ou des Bds ;
- Un casque de moto, de vélo, une raquette de tennis, des clubs de golf...

Votre objectif

Obtenir un contact : son numéro, son adresse e-mail, son profil Facebook pour lui proposer un rendez-vous par la suite

Comment procéder ?

1. Établissez le contact

Rappelez-vous : elle ne vous connaît ni d'Ève ni d'Adam. Ne l'approchez pas brusquement, ne l'apostrophez pas quand elle est de dos. Soyez souriant, toujours. Entrez dans son champ de vision, croisez son regard, souriez en levant les sourcils : ce faisant, vous lui indiquez que vous allez lui parler. Approchez-vous et dites : « Bonjour » !

2. Rassurer, banaliser, faire (sou)rire

Vous devez lui prouver que vous ne lui voulez pas de mal. Ne la serrez pas de trop près, conservez une distance sociale acceptable. Souriez encore et encore. Dédramatisez en engageant immédiatement la conversation. Au lieu de lui dire : vous me plaisez, je veux parler avec vous, commencez par lui demander un conseil : vous la valorisez.

3. Faites durer le plaisir, en l'interrogeant sur elle-même

Demandez-lui l'adresse d'un café sympa aux alentours : vous savez qu'il y en a un, mais vous ne le retrouvez pas.

- Si elle vous dit qu'elle n'en connaît pas, demandez-lui si elle vient d'arriver, si elle est en vacances. Depuis quand, pour combien de temps, ce qu'elle a vu de joli dans le coin. Vous connaissez ces endroits, poursuivez la conversation en essayant d'en savoir plus sur elle.
- Si elle vous indique un café sympa, embrayez sur ses qualités de city guide : « Vous vivez ici depuis longtemps ? », « Vous pouvez peut-être me conseiller pour mon installation ici. Vous aimez quels quartiers ? Vous sortez où le soir ? ».

Mettez-y toute votre bonne humeur : elle doit penser qu'avec vous, on ne s'ennuie pas. Vous devez impérativement lui faire passer un bon moment qui sera… trop court !

4. Tirez votre révérence avec son numéro

Lorsqu'elle commence à prendre goût à votre conversation (observez le langage du corps !), dites-lui que vous devez partir, car on vous attend, mais que ce petit moment en sa compagnie vous a fait plaisir, ou que le fait de rencontrer une vraie « locale » vous a ravi.

Si elle vous paraît très souriante, très à votre écoute, demandez-lui son numéro de téléphone pour l'appeler : vous devez aller tester ensemble les bonnes adresses que vous venez d'échanger. Ne banalisez pas votre drague : même si ce n'est pas vrai, dites-lui que vous ne faites jamais ça, mais que vous la trouvez différente. Si elle vous paraît hésitante, demandez-lui son e-mail, ou si elle a un profil sur Facebook, pour pouvoir échanger de bons plans sorties ou l'inviter à votre prochaine pendaison de crémaillère.

Elle hésite ? Ayez le culot d'insister : « Si on ne peut pas faire connaissance en parlant plus longtemps, comment savoir si on va bien s'entendre ? ».

Elles draguent aussi dans la rue

Draguer dans la rue est une démarche féminine bien plus rare. Une femme a besoin en général de se sentir dans un environnement de confiance pour se jeter à l'eau. Elle a aussi besoin souvent d'un peu plus de temps pour déployer sa séduction. Mais quand l'occasion se présente, les femmes peuvent aussi faire preuve d'imagination.

Jouez la carte chevaleresque

C'est la tactique qui fonctionne le mieux ! Demandez de l'aide à ce bel inconnu. N'importe quoi, pourvu qu'il puisse vous porter secours :

- Demandez-lui votre chemin, l'adresse d'un café sympa, d'un bon restaurant.
- Demandez-lui de vous aider à vous garer (vous êtes moyennement douée en créneau, en tout cas avec cette nouvelle voiture).

Proposez-lui un café pour le remercier de son aide. S'il ne peut pas, demandez-lui son numéro pour l'inviter une autre fois. Rappelez-vous : les hommes adorent se faire draguer !

Au supermarché

Variante amusante de la drague de rue, la drague au supermarché n'est pas seulement un cliché des comédies romantiques ! Elle demande sang-froid et à propos, ainsi qu'une bonne dose d'humour. Visez les personnes dont le contenu du Caddie est celui d'un(e) célibataire. Les situations propices à la drague sont innombrables, il faut juste oser se lancer. Une seule règle à ce jeu drôlissime : le culot.

Le plus difficile n'est pas d'engager une conversation, mais de penser à embrayer sur une invitation à se revoir lorsque vous percevez un intérêt. En général, on n'est pas préparé et on laisse filer sa cible faute d'à-propos. Demandez TOUJOURS si la personne habite le quartier. Depuis longtemps ? Demandez-lui en rigolant si elle vous recommande tel ou tel plat congelé que vous sortez de votre Caddie ? Que fait-il/elle quand il/elle ne fait pas les courses ? bars ? boîtes ? concerts ? sport ? Justement vous allez à… Aimerait-il/elle vous rejoindre ? Etc.

Draguer dans les bars et en boîte

Ce qu'il faut savoir

Les bars et boîtes sont les lieux de drague par excellence. Elle y est plus aisée, parce que l'on part du principe que les gens se retrouvent en boîte ou dans les bars pendant leurs moments de détente, et pour certain(e)s, pour draguer ou se laisser séduire. L'atmosphère est donc propice aux rencontres, à vous de jouer !

Pour qui ?

Pour tous ceux et celles qui sont à l'aise dans ces lieux : ceux qui aiment parler, rencontrer de nouvelles têtes, ceux et celles qui aiment danser, se coucher tard… mais pas seulement, puisque vous pourrez également sauver la soirée de votre cible s'il/elle n'aime pas non plus danser.

- Choisissez le type d'établissement qui VOUS ressemble.
- Sélectionnez les soirées où il se passe quelque chose. Même le sympathique bistro de votre quartier organise des événements et les annonce sur Facebook. Un vernissage, un petit concert, un karaoké, un afterwork le jeudi soir… Vous aurez l'embarras du choix.
- Si vous êtes un peu timide ou pas à l'aise seul(e) dans un bar (c'est surtout vrai pour les femmes), allez-y avec un ou une amie ou mieux, un couple d'amis, que vous n'aurez aucun regret à laisser roucouler quand vous aurez repéré votre cible.
- Ne restez pas dans votre coin, ne restez pas planqué(e) derrière un barrage d'amis : vous êtes là pour faire des rencontres. L'atmosphère s'y prête, partez à l'aventure.

Draguer au resto ?

Difficile de draguer au resto. À moins de repérer un ou une solitaire qui pourrait vous en être reconnaissant(e) de lui tenir compagnie, en général, on va au resto avec des personnes que l'on connaît, dans le but de bavarder tranquillement. Laissez de côté les tablées déjà constituées pour vous concentrer sur les personnes seules. Dans ce cas, approchez-vous doucement et invitez-le/la à votre table sous prétexte de vous tenir compagnie mutuellement.

Si vraiment l'un(e) des convives d'une grande tablée vous tape dans l'œil, faites-lui porter discrètement, par le personnel de service, un petit mot sympathique, en ayant eu soin auparavant de vérifier si votre cible n'est pas déjà séduit(e) par l'un(e) de ses ami(e)s.

Votre cible

Sortez vos antennes et observez :

- Qui s'est mis sur son trente et un ;
- Qui se tient droit (e) et sourit beaucoup ;
- Qui balaie la salle du regard au lieu de se concentrer sur ses amis.

Ce sont ces personnes-là qui ont envie de faire des rencontres !

Votre objectif

L'approcher, commencer à créer à un lien, lui proposer de vous revoir.

Comment procéder ?

1. Jouer du regard pour l'intriguer

Prenez impérativement le temps de croiser son regard une première fois, puis de le/la regarder dans les yeux, plusieurs fois, avant de vous en approcher. De cette manière, vous créez une première connexion, vous l'intriguez et vous lui faites savoir, sans parler, que vous vous intéressez à lui/elle. Vous rend-il/elle votre regard ? C'est bon signe. Passez à l'étape suivante.

Ne ratez pas votre entrée

En bar, en boîte, en soirée, faites une entrée remarquée. Au lieu de foncer tête baissée vers vos amis ou le bar :

- Engagez-vous dans l'entrée ;
- Faites une pause. Parcourez l'assistance du regard. Laissez à chacun le temps de VOUS voir ;
- Faites un petit signe de la main, de la tête à ceux que vous connaissez, un sourire intrigué ou coquin à ceux que vous ne connaissez pas, mais dont vous croisez le regard ;
- Rejoignez enfin vos amis en prenant tout votre temps : vous venez de faire une entrée de star.

2. Isolez avant d'attaquer

Aborder de but en blanc un groupe où se trouve votre cible demande d'avoir déjà un peu de pratique en matière de drague. C'est possible – mais dans ce cas, adressez-vous à l'ensemble du groupe, profitez-en pour dire quelque chose d'amusant, ou posez une question qui vous rend sympathique, avant de disparaître : on vous demande, ailleurs. Vous créez l'intérêt, puis le manque, vous vous en servirez quand vous aurez isolé celui ou celle qui vous plaît.

« Bonjour, c'est quoi, ces boissons curieuses que vous avez commandées ? C'est fort ? » Si l'un(e) approche son verre : « Je peux goûter ?... Pas mal, je vais en commander un. » Rendez-lui son verre. « On dit que si on boit dans le verre de quelqu'un, on connaît ses pensées. » Plongez votre regard dans celui de votre cible. « Pardon, je file, on m'attend. Je vous ferai goûter le mien pour qu'on soit à égalité. » Et éclipsez-vous vraiment, vous le/la retrouverez plus tard dans la soirée.

Benjamin les saoule

Benjamin aime à penser qu'il est un vrai séducteur. Il drague dans les bars, à grand renfort de tournées et de défis festifs. « Je les fais boire un peu », fanfaronne-t-il. Sa méthode, petit bras de toutes les façons, comporte aussi une facette des moins reluisantes que Benjamin oublie de préciser : lui aussi, aligne les verres, pour alimenter son humeur festive, se donner le courage d'aborder certaines filles, pour se donner un genre aussi. Sauf qu'au final, il est plus saoul qu'il ne devrait quand se présente une certaine Julie, qui lui fait de l'effet depuis longtemps. Dans l'ivresse du moment, il pense pouvoir l'aborder et la séduire, « comme les autres ». Mais il a depuis longtemps dépassé le stade de la désinhibition (un à deux verres, pas plus), pour atteindre celui de l'agressivité. Et quand Julie le renvoie dans ses cordes assez brutalement, il le prend mal et le lui fait savoir sans grâce. Ses SMS d'excuses le lendemain resteront sans effet : il s'est grillé pour de bon. Pour Benjamin, c'est le déclic : il comprend que les vrais séducteurs (et séductrices !) aiment opérer sans adjuvant, au contraire. On assure mieux lorsque l'on sait ce qu'on fait et ce que l'on raconte. Et puis, lorsqu'on a connu le rush incroyable du succès en matière de drague, on a tendance à le préférer à tout autre piment… C'est une adrénaline en soi !

Quand votre cible s'éloigne de son groupe, pour commander un verre par exemple, c'est à ce moment que vous devez agir. Demandez-lui son aide pour attirer l'attention du barman : « À deux, on y arrivera mieux. » Mettez un enjeu : le premier qui réussit offre le verre SUIVANT (pas celui-ci) à l'autre.

Vous pouvez utiliser une once d'autorité pour l'écarter de son groupe, après un jeu de regards appuyés : « Venez par ici un instant, j'ai besoin :

- d'un avis féminin/masculin ;
- d'arguments frappants pour attirer l'attention du barman. »

Ou encore, si vous avez remarqué des regards insistants, prenez votre voix la plus mystérieuse, la plus impérieuse, toujours à voix basse. « Si vous restez avec vos copains, vos copines, on ne va jamais pouvoir faire connaissance. Venez, j'aimerais vraiment vous offrir un verre au bar. »

Draguer ses copines pour l'intéresser

Un grand classique : dans un bar ou en boîte, les hommes peuvent commencer par draguer les copines de leur cible, histoire de nourrir en elle une pointe de jalousie ou de curiosité. Si elle est d'humeur compétitive, elle viendra plus naturellement à vous pour vous prouver qu'elle est la plus digne d'intérêt.

Vous venez souvent ici ?

Usée jusqu'à la corde, cette bonne vieille phrase d'approche ? Détrompez-vous : réinterprétée, modulée, mais surtout pas utilisée telle quelle, elle a encore un grand potentiel ! Essayez :

« Je viens ici presque tous les week-ends et je ne vous ai jamais vu(e). Où est-ce que vous vous cachiez ? »

« C'est la première fois que je viens, et vous avez l'air d'être ici comme un poisson dans l'eau. Vous me faites faire un tour des lieux ? »

« Vous n'avez pas l'air d'être un(e) habitué(e) des lieux. Je me trompe ? »

« Tu dénotes un peu dans le décor. C'est ta première fois ici ? »

Quand vous abordez quelqu'un, inutile de chercher à être absolument original(e), il suffit d'être souriant(e) et de dire un peu n'importe quoi pour créer un premier contact. C'est la conversation à suivre qui a de l'importance, pas la première phrase.

Fondez-vous sur votre profil de dragueur (chapitre 8) ou de dragueuse (chapitre 9) pour orienter votre approche.

3. Dans un bar, faire durer (un peu) la conversation pour connaître ses goûts

Dans un bar, qui se prête aux conversations, vous pouvez faire durer le plaisir. Relisez le chapitre 6, sur l'incroyable écoute : vous devez, au bout d'une dizaine de minutes, cerner pourquoi cette personne qui vous intéresse est différente des autres. Au bout de 20 minutes, si vous sentez que vous pouvez prolonger cette conversation, vous allez comprendre ce qui la motive et la fait avancer. Vous allez vous servir de ce savoir nouvellement acquis très bientôt.

Au cours de la conversation regardez comment il / elle se comporte. Captez les signaux qui vous confirment que vous pouvez aller plus loin (chapitre 7). Vous pouvez vous en servir pour décider si vous devez :

- Vous approcher et donner un tour plus intime à votre conversation ;
- Prendre un peu de distance physique et le/la détendre.

3bis. En boîte, créez une complicité physique

En boîte, laissez tout simplement tomber toute idée de conversation trop prolongée : la musique est trop forte. Créez une autre sorte de connivence : un rapprochement physique, qui passe par le sourire avant tout, le contact visuel, et les petites aventures à deux que vous allez créer : faites-lui régulièrement changer de décor : « On va danser, on va fumer une cigarette dehors, boire un verre… ». Faites-le/la bouger souvent.

Bougez, circulez !

Ne restez pas dans le même endroit toute la soirée.

- Dans un bar, circulez entre les tables, le comptoir, et ne restez pas collé(e) aux murs : vous feriez tapisserie. Ne tournez pas le dos non plus aux endroits les plus actifs de la pièce. Évitez également les coins : on se dirigera plus facilement vers vous si vous êtes au cœur de l'action que si vous êtes bien calé(e) au fond du bar.
- Dans une boîte : en début et en fin de soirée, le vestiaire est l'endroit où se nouent les rencontres, s'échangent les regards puis les numéros de téléphone. Quand la fête bat son plein : le bar et le dancefloor sont une évidence, mais vous ferez des détours fructueux par le coin fumeur, les couloirs qui mènent aux pièces annexes (toilettes, deuxièmes salles, chill out, fumoir, vestiaire). La musique y est moins forte, et l'on a plus de chances d'y échanger quelques mots. Le mot d'ordre est : ne restez pas en place !
- Dans une soirée privée, chez des amis, tout se passe dans la cuisine !

Observez ses réactions, lisez le langage de son corps pour savoir si vous pouvez vous rapprocher, lui prendre le bras, la main, la taille, lorsque vous vous déplacez du bar au dancefloor. Vos échanges verbaux étant limités au strict minimum, faites-les compter en y incluant un maximum de référence au « nous » : « J'ai l'impression que nous sommes les seuls à nous amuser ici, à apprécier cet endroit, qu'on est un peu perdus tous les deux… »

4. Savoir disparaître à temps pour créer l'envie de se revoir

Il/elle vous plaît vraiment, et vous aimeriez passer toute la soirée, voire toute la nuit ou toute votre vie ensemble ? Résistez à la tentation, et faites-vous rare : en disparaissant au moment le plus chaud, vous allez créer un désir irrésistible de vous revoir.

Ne partez pas sans avoir :

- Fait part du plaisir que vous a procuré cette rencontre, de la bonne soirée que vous avez passée.
- Proposé une occasion de vous revoir : si vous avez bien œuvré, vous devez à peu près cerner la personne qui est en face de vous. Suggérez :
  - à un(e) sportif (ve) une séance de tennis, de surf, de street golf, de footing, d'équitation… ;
  - à une personne festive, un anniversaire, une crémaillère, une autre sortie en boîte, une after, une sortie dans un bar ;
  - aux passionnés(e)s de culture : un concert, un festival, un vernissage.
- Obtenu son numéro de téléphone, son e-mail ou le nom de son profil Facebook pour lui envoyer une invitation.

Les écueils classiques de la drague en bar, boîte, soirée

Le premier écueil est de viser quelqu'un qui n'est pas libre, ou n'est pas dans l'état d'esprit propice à la séduction. Il ou elle a plaisir à parler avec vous, mais d'ici 30 minutes, son ou sa partenaire va rappliquer et vous aurez perdu votre temps. Les personnes engagées adorent entretenir parfois l'équivoque. Renseignez-vous bien pour ne pas perdre votre temps et faites demi-tour avec tact s'il le faut.

Un autre écueil est de draguer tout ce qui bouge de façon visible dans un périmètre restreint. Trop visible, vous allez vous griller auprès de ceux et celles qui préfèrent avoir l'exclusivité d'une personne. Avant de trouver la bonne personne à qui parler plus longuement, il vous faut bien butiner, mais une fois que vous avez repéré votre cible, ne vous intéressez pas autant à elle qu'à trois autres personnes. Il faut que cette personne perçoive qu'elle vous a touché(e), spécifiquement, ce soir-là. Cependant, vous pouvez aller converser joyeusement avec une personne du sexe opposé juste après avoir pris le téléphone de votre cible (converser, pas vous jeter à son cou ni danser lascivement). Vous démontrez alors à votre cible que vous êtes une personne indépendante, appréciée, bien entourée, bien intégrée : vous n'en êtes que plus désirable.

Draguer dans un événement pour célibataires

Ce qu'il faut savoir

Les soirées ou événements pour célibataires demandent un minimum de préparation :

- Parce que quasiment tous les participants sont là pour les mêmes raisons que vous : pas de suspense, mais un grand nombre de rencontres potentielles. Il s'agit de les réussir.
- Parce que vous n'aurez que peu de temps pour intéresser celui qui retient votre attention, vous devez être percutant(e) pour que la conversation se poursuive. Dans ces endroits, chacun butine…
- Parce que vous allez forcément être en concurrence avec les participants du même sexe que vous.

Stressé(e) ?

- Il n'y a pas d'enjeu : le nombre de soirées dédiées aux célibataires est si important que vous pouvez vous permettre quelques ratés. À moins d'un hasard ahurissant, ce n'est pas à la première soirée de la sorte que vous rencontrez l'homme ou la femme de votre vie ! Vous n'êtes là que pour faire des rencontres, vérifier que vous êtes nombreux et nombreuses dans votre cas, en rire, passer un bon moment !
- Allez-y avec un(e) ami(e) célibataire. Partager cette expérience avec quelqu'un qui vous connaît bien vous donnera du cœur au ventre.
- Détendez votre corps : décroisez les bras, respirez tenez-vous droit(e), souriez, pensez à n'importe quel succès récent, dans quelque domaine que ce soit.
- Ce n'est pas parce que sortir reste un jeu que vous ne devez pas mettre toutes les chances de votre côté : faites un effort vestimentaire, mettez en valeur votre féminité si vous êtes une femme : vous vous sentirez d'autant plus attirant(e).

Pour qui ?

Pour les célibataires qui ne veulent pas le rester. Que l'on ait envie de multiplier les contacts histoire de vivre à fond autant d'aventures que possible, ou bien au contraire, que l'on soit dans une recherche plus ciblée de « la bonne personne », les soirées pour célibataires vous offrent un maximum de contacts en un minimum de temps !

Elles fonctionnent mieux si vous vous sentez bien dans votre peau (relisez les chapitres 2 et 3), et si vous êtes prêt(e) à révéler une part de votre personnalité, pour permettre à ceux et celles que vous rencontrez de s'attacher à vous.

Votre cible

C'est le moment rêvé pour creuser un peu et essayer de découvrir quelle est la vraie personnalité de chacun. Puisque tout le monde est présent pour faire des rencontres, pensez « découverte », prenez-vous pour un explorateur, une exploratrice de l'âme humaine, histoire de ne pas rater une belle rencontre tout simplement, parce que la personne en face de vous ne s'est pas tout à fait bien présentée, et que celle d'à côté semble avoir un ramage et un plumage plus à votre goût. Rappelez-vous : chaque rencontre est un cadeau, à vous de découvrir ce qu'il y a à l'intérieur !

Votre objectif

Si votre objectif est de débuter une belle histoire d'amour, faites bien attention à ne pas accumuler les petites discussions de 5 minutes où vous ne vous donnez justement pas plus de temps pour vous faire une opinion. Concentrez-vous sur quelques personnes en essayant de découvrir qui elles sont, vraiment. Si vous ne trouvez pas la perle rare ce soir, au moins, vous vous serez fait une idée plus précise de ce que vous cherchez. Vous aurez de toute façon certainement rencontré des personnes intéressantes et exercé vos talents de séduction et d'écoute.

Comment procéder ?

1. Établissez un contact en toute simplicité

LE CONSEIL DE FLORENCE

Détendez-vous : tout le monde est là pour faire des rencontres. Votre phrase d'accroche ne compte donc pas. Soyez simplement aimable, ouvert(e) et souriant(e) : c'est ce qui marche ! Commencez par :

- « Bonjour, je m'appelle… Je vous ai trouvé sympathique quand vous êtes arrivé(e). C'est un début, non ? »
- « Bonjour, c'est la première fois que je participe à un événement comme celui-là, ça m'intimide un peu. Vous avez l'air à l'aise. Vous avez une astuce pour me mettre sur la bonne voie ? »

2. L'incroyable écoute est votre atout maître !

LE CONSEIL DE FLORENCE

Relisez le chapitre 6 : il contient toutes les clés pour orienter la conversation vers une découverte mutuelle pleine de potentiel. Si vous participez à une soirée de *speed dating*, le temps est compté. Faites savoir à vos cibles que vous avez une personnalité riche, qu'il ou elle probablement également, et que 7 minutes, c'est bien trop court pour savoir si l'on s'entendra bien. Il faudra vous revoir !

3. Vous n'avez pas à vous soucier de récupérer son numéro de téléphone

LE CONSEIL DE FLORENCE

Généralement, les soirées pour célibataires offrent un service de mise en relation pour ceux qui désirent se revoir. Vous découvrirez le lendemain, ou parfois le soir même, le nom de ceux ou celles à qui vous avez plu, assorti de leurs coordonnées. Votre seul souci est donc de faire bonne impression !

- Souriez ;
- Adoptez une attitude corporelle engageante ;
- Écoutez, posez des questions ;
- Sachez vous raconter (mais pas trop), en laissant percevoir que vous avez encore bien d'autres choses plus passionnantes à révéler. Révisez avant de vous rendre à votre soirée ce que vous pouvez confier de vous-même à cette première prise de contact. En gros : comment vous voulez vous présenter au monde. Ne mentez jamais, mais ne parlez pas non plus de vos échecs. Accentuez le positif : mettez en valeur tout ce qui est beau en vous !

4. Le premier VRAI rendez-vous

Lorsque vous avez les coordonnées de celui ou celle qui vous a plu, et réciproquement, battez le fer pendant qu'il est chaud : n'attendez pas et appelez pour proposer un rendez-vous. C'est plutôt les hommes qui sont censés rappeler, mais ça n'est pas une règle d'or.

Évitez de proposer un restaurant pour un vrai premier rendez-vous. C'est en effet un peu trop statique, et… sans échappatoire ! Dites-vous qu'il s'agira de votre premier réel contact et que la légèreté doit primer ! Optez pour une activité que vous aimez tous les deux, plutôt en journée, qui fournira assez de sujets pour déclencher une conversation animée. Un billard, un bowling, un festival, une foire à la brocante, une convention de BD, un footing, une balade en bord de rivière, en centre-ville… Soyez créatif(ve) ! Vous pourrez toujours décider d'aller dîner ensemble si la journée s'avère passionnante !

Draguer au cours d'activités de loisirs, vie associative, vie culturelle mais aussi à la fac, au lycée

Ce qu'il faut savoir

Votre vie est riche d'activités ? Profitez-en : c'est un moyen idéal de faire des connaissances et de vous découvrir mutuellement à travers des passions communes ! Cette drague est d'autant plus facile que les liens sont déjà créés. Pas de problème d'approche : vous vous connaissez déjà et bénéficiez d'un environnement générateur de moments partagés. Vous allez griller quelques étapes : c'est presque la voie royale !

Pour qui ?

Pour tous ! Quel que soit votre type de séduction, vous pourrez le mettre à l'œuvre ! Les moments d'intimité sont toujours nombreux : déplacements, préparation d'un projet, compétitions…

Votre cible

Vérifiez toujours que celui ou celle qui vous plaît est célibataire. Pas la peine en effet de sortir votre grand jeu si vous n'avez aucune chance parce que son cœur est pris !

Votre objectif

Vous ne devez pas rester en terrain neutre : dès que possible, placez-vous dans le registre de la séduction. Puis, le moment venu, proposez-lui un rendez-vous en dehors de vos activités favorites.

Comment procéder ?

1. Faites entrer la séduction dans votre relation !

Pour ne pas vous enliser dans une relation d'amitié, il est impératif de créer une atmosphère de séduction dans vos rapports, bien différente de ceux que vous avez avec les autres personnes de votre groupe. Relisez le chapitre 1 sur les mécanismes à l'œuvre lorsque naît l'attirance entre deux personnes.

- Montrez des signes d'intérêt ;
- Créez une rupture dans vos relations : inspirez-vous du cas coaching de Charlène à la fin du chapitre 6.

Il a déjà mon numéro, maintenant, il va m'appeler

J'ai observé, parmi les personnes ayant mis en œuvre ma méthode, que ceux qui parviennent à faire rire l'autre de manière efficace, y arrivent parce qu'ils révèlent des facettes étonnantes de leur personnalité. Ils s'y entraînent lors des exercices en ligne et apprennent à en jouer à merveille. Quand ils décident alors de passer à la pratique, j'observe que cela peut provoquer un changement dans leur approche. Certains nous confient qu'ils deviennent plus sympathiques grâce à cela et j'en suis toujours la première surprise et ravie. Comme cette jeune femme, très timide à l'origine, qui a témoigné sur `methode-florence.fr` :

« Je suis amoureuse de mon dentiste et j'ai appris qu'il était célibataire. En faisant une simulation dans l'étape 3 de la méthode, j'ai eu un déclic sur l'approche à adopter : je lui dis la vérité… mais avec de l'humour. J'ai donc décidé, moi qui suis un peu timide, de lui avouer que je m'étais renseignée sur lui et que j'avais appris qu'il était célib'. Je lui ai dit avec un peu d'humour que je pensais, bien sûr, à mes copines, étant donné que pour moi, c'était cuit, puisqu'il avait ausculté de près mes gencives, mes caries, et qu'il avait même rencontré ma folle de mère lors du premier rendez-vous… Et je l'ai fait rire ! Comme il ne me proposait rien, je lui ai dit avant de sortir de son cabinet que je ne lui donnais pas mon téléphone, évidemment puisqu'il ne me l'avait pas demandé… et là, il me répond que son assistante l'a déjà. Il m'a envoyé un SMS le lendemain et une histoire est en train de commencer… »

2. Prenez votre temps

Trouvez les occasions qui vous permettront de mettre en pratique l'incroyable écoute. Vous pouvez prendre votre temps : votre activité vous offre toutes sortes de moments que vous pouvez mettre à profit pour vous engager dans des conversations pleines d'intimité.

3. Sortez-le/la de son contexte

Pour savoir si vous l'intéressez, reportez-vous aux indices détaillés dans le chapitre 7 sur le langage du corps pour jouer sur du velours.

Rappelez-vous : personne n'aime séduire ou se laisser conquérir sous les yeux d'un public curieux. Isolez toujours votre cible avant de lancer vos filets ! Proposez-lui soit une sortie rien que vous deux, ou profitez justement de votre activité pour planifier une escapade en duo. Puisque vous vous connaissez bien, vous pouvez, cette fois, proposer un resto, histoire de continuer en toute intimité ces conversations passionnantes que vous avez entamées.

Une variante : à la fac, au lycée

Les paramètres sont les mêmes, que vous soyez dans un milieu associatif, culturel, ou suiviez des cours à la fac ou au lycée, si vous avez la chance d'être dans les mêmes cours. Sinon, vous devez en passer par la case prise de contact : profitez des nombreux moments de flottement dans les emplois du temps (intercours, pause déjeuner) pour l'aborder. La technique est la même que celle des bars et boîtes, en plus intello ! Vous hésitez ? Procédez à l'ancienne, en lui faisant passer un petit billet doux, ou en le déposant sur son plateau au self. Si cela vous paraît trop romantique, pas dans votre nature, abordez-le/la avec un flyer pour une soirée étudiante ou une activité à laquelle vous participez.

Draguer au boulot

Ce qu'il faut savoir

Un adage assez cru prévient les dragueurs et dragueuses des dangers de la séduction au boulot. Et pourtant : un salarié sur deux avoue avoir déjà eu une romance avec un(e) collègue ! La drague au travail est donc plus qu'une réalité marginale, c'est un phénomène de société !

Pourquoi ça marche ?

- Parce que c'est un véritable vivier de rencontres potentielles.
- Parce qu'on y passe la moitié de son temps : les relations ont le temps de s'y épanouir. On y tisse des liens particuliers. Vos collègues et vous-même faites comme partis d'un même club, complices en quelque sorte d'un mode de travail, si ce n'est d'un mode de vie.
- Vous vivez des moments forts ensemble : vous surmontez certaines épreuves parfois difficiles, un nouveau patron qui réoriente toute la stratégie de l'entreprise, la crainte de licenciements, des négociations difficiles. Ou au contraire vous remportez un superbe contrat ou avez organisé ensemble un événement vraiment réussi.
- Parce qu'au travail, on se police un peu, on est plus courtois. Mais, surtout, on voit l'autre au quotidien avec ses jours « avec » et ses jours « sans »… On ne se leurre donc pas sur lui/elle. On a tout le temps d'y

penser et d'y repenser… Bref, en général, quand on passe à l'attaque, on y va en connaissant assez bien notre cible et la raison pour laquelle elle nous plaît.

- Parce que les relations amoureuses au travail ont le goût délicieux de l'interdit et du secret ! Elles sont d'autant plus excitantes !

Pour qui ?

Uniquement pour ceux et celles qui savent garder un secret, opérer en toute discrétion. Vos conditions de travail comme votre réputation en dépendent !

- Une aventure au travail peut également éveiller des soupçons de favoritisme dans le cas d'un rapport hiérarchique entre les deux partenaires, qui décrédibiliseraient le supérieur, mais aussi le subordonné dont les contributions et tous les avancements seraient sujets à caution.
- Si vous êtes déjà dans une relation, soyez encore plus prudent(e). Les ragots circulent extrêmement vite et peuvent rapidement atteindre le conjoint officiel.

Votre cible

Tant que vous restez discret(e), vous pouvez draguer n'importe qui ! Surtout, faites en sorte de garder le silence sur vos conquêtes au travail. Pas de confidences donc, aussi tentant que cela puisse être, à vos amis ou collègues préférés. Attention : n'accumulez pas les conquêtes dans la même entreprise, ou pire, dans le même service. Vous passeriez pour une « consommatrice » ou un goujat ! L'astuce : variez les plaisirs en profitant des formations, des opérations de relations publiques, des cocktails d'inaugurations, de vos liens avec vos clients et fournisseurs pour vous intéresser au personnel des entreprises proches de la vôtre.

Votre objectif

En prenant votre temps, favorisez les moments complices, puis, lorsque vous sentez que la relation est prête à prendre un tour plus romantique, sortez votre cible de son contexte.

1. Différenciez votre relation

LE CONSEIL DE FLORENCE

Faites-lui comprendre que votre rapport n'est pas le même qu'avec les autres : soyez plus souriant(e), plus détendu, lancez un compliment quand vous êtes seuls. Il y a des moments et des lieux plus propices au badinage :

- La fameuse machine à café ;
- La photocopieuse ;
- L'espace fumeur pour les accros à la nicotine ;
- Les archives et espaces de stockages dans lesquels tout le monde a besoin de repères, d'un coup de main pour trouver ce qu'il/elle cherche.

Nouvelles technologies, nouvelles règles de drague au boulot !

Le mail professionnel

Quand vous draguez un(e) collègue par e-mail, oubliez les formules de politesse classiques pour des tournures plus humoristiques et amicales, par exemple : « Bonjour vous ! Je reviens vers toi concernant le dossier Dubos [...]. Bonne journée ensoleillée. » Signé de votre prénom avec un petit smiley.

À vous ensuite de faire évoluer l'e-relation en correspondant régulièrement avec elle (réaction à un podcast, à un blog mis en lien...).

Le portable (SMS)

Vous avez accès à son numéro de portable ? Oubliez l'appel prétexte et préférez le SMS qui se prête particulièrement à des échanges plus intimes.

Soignez particulièrement ces messages qui doivent être courts et malicieux. Le but est de titiller, éveiller l'intérêt, semer progressivement le doute sur vos sentiments à son égard. Après quelques échanges, en fonction du ton adopté et de l'évolution du contenu écrit par le destinataire, vous saurez s'il (elle) est intéressé(e). Lisez, à la fin du livre, les dix commandements de la drague par SMS.

La messagerie instantanée

Un prétexte rêvé pour « chatter ». Mais attention : on devient vite accro à la petite enveloppe clignotante en bas de son écran. Et cela devient prenant... et visible ! La dépendance est un peu dangereuse et fortement risquée dans ce cas précis.

Nos conseils

Évitez tant que possible de lier vos outils professionnels à la sphère privée. Si les échanges commencent à se faire trop familiers, basculez vers votre messagerie privée (si vous êtes autorisé(e) à la consulter depuis votre poste de travail).

Correspondez en gardant toujours à l'esprit que votre message peut être lu par un tiers.

Coupez le son de l'alerte de votre messagerie instantanée / portable / mail.

2. Créez des opportunités de rencontres

Continuez ensuite à rechercher les espaces de familiarité, les moments informels plus prolongés :

- Les déjeuners entre collègues ;
- Les déjeuners en tête à tête ;
- Les activités proposées par votre comité d'entreprise.
- Vous avez tout votre temps pour rendre l'atmosphère de plus en plus « caliente » : votre cible sera là demain, après-demain, les semaines suivantes. Allez piano, mais crescendo.
- Pour réussir vos moments en tête à tête, relisez les chapitres précédents : sachez vous dévoiler, l'interroger sur ses passions en dehors du travail.
- Mettez davantage l'accent sur qui vous êtes réellement et ce qui révèle votre singularité. Bref, profitez-en pour vous montrer sous un jour nouveau, vous lui suggérez ainsi que vous avez une vie riche en dehors du bureau !

Gêne avouée…

« Très amoureux d'une nana au boulot, je ne supportais plus d'être gêné chaque fois que je la croisais. Comme j'ai lu que lorsque deux personnes sont attirées l'une par l'autre, le trouble, la gêne sont très positifs et qu'il faut en jouer, ça m'a complètement libéré et j'ai profité de ces moments ultra gênants pour créer de l'intimité entre nous et faire de l'autodérision. Je lui ai dit à un moment où on se retrouvait seuls que je me sentais drôlement gauche en sa présence et qu'il était temps que ça s'arrête, et je lui ai demandé si elle avait un conseil. Elle a été elle-même embarrassée sur le coup, mais elle m'a écrit un e-mail l'après-midi et je lui ai alors raconté par écrit tout ce que j'étais en dehors du boulot, en reprenant l'un des conseils de la `methode-florence.fr`. Et notre histoire a commencé. »

3. Il/elle réagit à votre opération-séduction ? Sortez-le/la de son contexte

Vous voyez que celui ou celle qui vous plaît réagit favorablement. Il/elle vous rend vos sourires, reste plaisanter avec vous au-delà de la simple courtoisie de mise au travail. Vous jouez du regard et rencontrer une réponse pétillante ? C'est le moment de sortir votre histoire du contexte du travail.

Vous avez eu le temps de découvrir ce qui lui plaît : proposez-lui une sortie. Évitez le resto pour une première, mais visez plutôt une activité autre que celles offerte par le cadre du travail, pleine de possibilités romantiques : balade à pied, à cheval, à moto, à vélo, marché du dimanche matin, découverte d'un quartier, d'une ville, d'une expo, de la côte, des raretés architecturales ou de la campagne environnante…

Gare au harcèlement sexuel au travail !

L'autre ne semble pas intéressé(e) ? Si vos avances s'avèrent inefficaces, n'insistez *jamais*, surtout si vous disposez d'un poste supérieur.

Gardez à l'esprit qu'en étant trop entreprenant, vos gestes ou paroles pourraient être mal interprétés et vous valoir, même si la pratique est rare, une plainte pour harcèlement sexuel ou un signalement auprès du service des ressources humaines (ou équivalent). C'est très différent de tout autre cadre. Vous ne pouvez pas trop insister si l'autre personne ne répond à aucun de vos signaux.

Oubliez-la, elle reviendra peut-être vous chercher, par elle-même, si vous jouez à nouveau l'indifférence.

Sept conseils pour que la relation se passe bien

1. Restez toujours discret.
2. N'ayez jamais de gestes ambigus envers votre partenaire sur le lieu de travail.
3. Restez fidèle à votre manière de travailler : restez concentré(e), assidu(e), performant(e).
4. Continuez à travailler en équipe et à faire circuler l'information.
5. Ne vous enfermez pas dans votre « binôme ». Restez objectif quant aux performances de votre partenaire.
6. N'intervenez pas en cas de conflit entre votre partenaire et un tiers (collègue, direction).
7. Déterminez ensemble comment vous allez vous comporter au travail, pour qu'il n'y ait pas d'ambiguïté. Si vous sentez que votre relation est durable, mais pose un problème de conflit d'intérêts ou de confidentialité avec vos fonctions respectives, il est de votre

responsabilité d'aller vous en entretenir avec la direction. Ensemble, vous pourrez alors envisager un réaménagement de postes ou une mutation dans un autre service ou groupe de travail.

Draguer à l'étranger : jouez la « french touch »

Ré[illegible]ez-vous, s[illegible]fiers, lecteurs, vous êtes perçus à l'international c[illegible]des rois de [illegible]duction sans avoir l'air d'y toucher ! C'est un peu un cl[illegible]hé, bien sûr, ma[illegible]nul ne sert de surjouer cette « french touch » pour affirmer votre potenti[illegible] de séduction à l'étranger : Français, vous avez cela en vous ! Pour approfondir le sujet, vous pouvez lire l'avis d'une étrangère sur la drague à la française : Elaine Sciolino, *La Séduction : How the French Play the Game of Life*. En attendant, voici quelques pistes.

L'apparence

Pour les étrangers, la France, c'est Paris, et Paris, c'est la mode, le glamour. L[illegible]rchétype du French lover possède donc une garde-robe irréprochable [illegible] non ostentatoire. Ce qui fait son charme réside dans sa capacité à n[illegible] jamais en faire trop. Il n'est pas trop excentrique comme ses confrères anglais, ni trop pomponné comme le séducteur italien… Il exploite le potentiel érotique des bons classiques : un pantalon décontracté, une chemise simple sans cravate et de belles chaussures de ville pour vous, monsieur. Un trench et juste un soupçon de maquillage pour vous, mademoiselle. Et une coiffure qui n'est jamais figée, laquée, structurée. Et surtout r[illegible] de trop visible : pas de marque apparente, jamais de couleurs qui ne [illegible]as ensemble, peu de paillettes, pas de gel dans les cheveux…

Ce qui bluffe les étrangers, c'est que les Français savent être si classes, naturels et élégants [illegible]t en ayant l'air de sortir du lit.

L'attitude

Le Français maîtrise le manuel du savoir-vivre. Il est charmant avec les femmes, il est galant, tient la porte, offre des fleurs, paie le restaurant, donne le bras… Il a un sourire naturel, confiant et rieur. Il aime organiser des rendez-vous romantiques, des promenades bucoliques. Il est fin gastronome et sait préparer un dîner en amoureux qu'il concocte lui-même…

POUR LES FEMMES

Quant aux Françaises, ce sont des beautés mystérieuses, qui savent trouver le juste milieu entre naturel et sophistication. Elles gardent leur classe en toutes circonstances et ne se conduisent pas comme des allumeuses, mais elles deviennent joueuses si le cœur leur en dit.

L'approche

Si vous draguez en utilisant votre « French touch », sachez tout d'abord que votre réputation vous précède. Vous avez un accent à couper au couteau ? C'est sexy. Vous n'êtes jamais sorti de votre Creuse natale ? C'est sexy aussi ! Attention tout de même à rester cohérent(e) avec cette image : on aborde sa cible avec franchise, mais sans vulgarité. On n'oublie pas de déployer son esprit (sans faire trop pédant), on est sûr de soi, et le tour est joué !

Les techniques pour vaincre la peur

Si, malgré votre préparation, vous hésitiez encore à aborder des inconnu(e)s, voici les trucs pour surmonter votre appréhension et faire fi de votre timidité naturelle, ou circonstancielle (vous êtes l'aise dans votre travail, vos relations sociales, mais vous vous paralysez au moment de la drague).

LE CONSEIL DE FLORENCE

Abordez quelques inconnus qui ne vous impressionnent pas tant que ça pour vous « faire la main ». C'est très facile !

Faites descendre l'enjeu : il s'agit simplement de se sourire et se regarder, d'abord, puis de se saluer, et si la personne réagit positivement, d'engager la conversation. Dites-vous qu'elle fera la moitié du chemin à votre rencontre.

Visez toujours l'objectif : concentrez-vous sur le but à atteindre.

Avant d'aborder quelqu'un, répétez un geste de victoire que vous avez pu faire lors d'un succès dans un quelconque domaine : sportif, professionnel... Comme par exemple serrer le poing, mais évitez de lever les deux bras en l'air puis de vous rouler par terre.

Enfin : ne réfléchissez pas trop avant d'aborder quelqu'un. Si vous hésitez trop longtemps, votre corps secrète trop d'adrénaline, et cela va vous rendre inquiet(ète), sur la défensive : il/elle vous plaît ? Jetez-vous à l'eau !

Chapitre 13

Étape 2 : tenir les 20 premières minutes, et c'est dans la poche !

Dans ce chapitre :

- Vous allez éveiller un intérêt chez votre cible en moins de 5 minutes, l'accrocher vraiment en 20 minutes
- Ensuite : vous jouerez sur du velours pour décrocher un numéro de téléphone ou un deuxième rendez-vous

Ça y est, vous l'avez abordé(e), vous affichez votre plus beau sourire… Et là, vous avez un blanc, la conversation tourne court, au mieux, vous arrivez à avoir un échange aimable, mais n'arrivez pas à vous lancer sur un terrain plus intime. Ne vous affolez pas, on est tous un jour passé par là, jusqu'à ce qu'on comprenne ce qui différencie un échange poli d'une conversation à haute teneur en séduction.

Trois moments clés

1. Le signal

Dès que vous sentez l'intérêt pour votre cible s'épanouir en vous, un intérêt plus que poli, allumez votre moteur, redressez-vous et pensez « séduction ». Votre corps se redresse, votre sourire se fait plus éclatant, votre œil plus coquin.

2. Laissez le trouble s'installer, et savourez-le

Appréciez ce moment si particulier, quand vous vous dites : « Tiens, cette personne me fait de l'effet. » Laissez le trouble s'installer en vous, et savourez-le. C'est le moment où les silences sont plein de sens et où les regards parlent. Où l'on sent aussi la séduction monter en soi. C'est un rush d'hormones qu'il faut laisser circuler en soi.

3. Il/elle vous plaît : créez du lien

Provoquez la même montée de trouble chez votre interlocuteur en créant une connexion intime entre vous :

- Par la conversation… mais aussi par vos silences ;
- Par vos gestes.

Nouez de la complicité en moins de 5 minutes

Il/elle vous plaît ? Demandez-vous « pourquoi ». Essayez de le découvrir en lui posant des questions qui vous permettront d'aller rapidement au fond des choses. Qui est cette personne, qu'a-t-elle d'unique ? Qu'est-ce qui la fait vibrer, qu'est-ce qui lui plaît, la passionne, l'agace ?

Prenez appui sur votre environnement immédiat pour l'amener à se découvrir dès les premières minutes de conversation. Par exemple :

- « Vous avez l'air de vous ennuyer ici… Si je pouvais vous transporter ailleurs d'un coup de baguette magique, vous choisiriez quelle destination ? »
- « Vous avez l'air de vous libérer complètement sur le dancefloor. Vous pensez à quoi quand vous dansez les yeux fermés ? »
- « Pourquoi es-tu venu(e) t'installer dans cette région ? Qu'est-ce qui t'a attiré(e) ? »
- « Tu fêtes la fin des examens ? Et après ? Tu as des projets pour la suite ? Non, pas ce soir, dans la vie ! »
- « J'ai été attiré(e) par ta joie de vivre, elle est communicative et m'a donné envie d'en savoir plus sur toi. Quel est ton secret ? »

N'hésitez pas à vous appuyer sur votre ressenti lié aux sentiments de cette personne : a-t-il/elle l'air d'être heureux(se), timide, bien dans sa peau ? de s'amuser ? de s'ennuyer ? d'être fatigué ? d'être dans la lune ? Demandez-lui pourquoi avec sollicitude.

Comment provoquer l'amour en moins de 2 heures

Je vais vous raconter l'histoire de Nowel que je viens tout juste de lire sur `methode-florence.fr` et qui m'a beaucoup surprise. Nowel a 35 ans et est célibataire. Elle a eu trois longues histoires d'amour en 15 ans, mais ce n'était jamais la bonne personne. La voilà célibataire depuis quelques mois et elle veut prendre le temps de comprendre qui lui convient. Elle reçoit les 5 étapes chez elle, elle s'attaque directement dans l'après-midi à l'étape 4 (comment faire les bonnes rencontres) et s'amuse à réaliser quelques exercices sur la complicité à créer lors d'un premier rendez-vous. Intriguée par les idées développées sur l'intimité, elle décide, le soir même, de mettre en pratique ce qu'elle a lu alors qu'elle dîne avec un type qu'elle croise de temps à autre dans un cadre professionnel. Ils se voient amicalement deux ou trois fois par an depuis des années mais il n'est pas du tout son genre. Lui est « bonne patte » et répond à ses questions intimes. Il s'amuse de la voir farfouiller en lui ses motivations dans la vie. Elle nous confie qu'il la taquine même sur son côté Mireille Dumas. Mais, comme vous l'aurez compris, c'est le début d'une histoire d'amour. « Que s'est-il passé pendant ce dîner ? L'incroyable écoute a fait son œuvre. Ce garçon que j'avais classé dans la catégorie « copain boulot » s'est transformé en « homme de ma vie ». Tout s'est ouvert entre nous pendant le dîner… Je l'ai écouté attentivement et l'ai trouvé dix fois plus intéressant qu'il ne m'avait jamais paru auparavant. » Lui s'est tout d'abord étonné de cette attitude. Nowel l'a interpellé. Il en a profité pour la questionner également et ce qu'elle lui a confié l'a touché… Bref, le cercle vertueux de l'incroyable écoute s'est mis en marche.

Trouvez des points communs… ou pas !

Que vous ayez des points communs ou pas, utilisez rapidement « nous » dans la conversation. Cherchez ce que vous partagez, dans vos expériences de vie, dans vos goûts. Si vous n'en trouvez que peu, passez en mode « attirance des contraires », mais toujours en utilisant le « nous ». Par exemple : « Avec des modes de vie aussi opposés, c'est curieux qu'on se soit rencontrés. »

Vous n'avez pas à être conventionnel(le)

Rien ne vous oblige à commencer par un début « normal » d'une conversation. Brûlez les étapes et entrez directement dans le vif du sujet.

« Je suis un peu nul(le) au démarrage d'une conversation. Si on sautait directement au milieu et que vous me racontiez vos dernières vacances, comme si on se connaissait depuis longtemps ? »

Après les 5 premières minutes

Au bout de 5 minutes, vous devez être parvenu(e) à trouver un « point d'accroche », le départ d'une conversation qui devrait rouler tout naturellement, et dans la bonne humeur. Il est temps à présent d'y faire entrer la notion de séduction. Vous allez devoir signaler subtilement votre attirance pour provoquer un doute chez votre interlocuteur, qui doit alors se demander : « Est-ce que je lui plais ? Est-ce qu'il/elle me drague ? » À ce stade, je ne peux que vous inciter à relire le chapitre 1, sur les mécanismes de la séduction ! Rappelez-vous :

- L'échange de confidences et la création de l'intimité ;
- Les compliments et l'aveu de l'attirance ;
- Suivis d'un long regard en silence.

Le corps parle

Votre message va passer d'abord par votre regard, vos gestes, votre sourire. Ce sont eux qui vont semer le premier doute.

Les compliments

Ils valident chez votre cible à la fois l'idée de son propre pouvoir de séduction – une sensation qui donne des ailes, mais aussi son premier sentiment, mais pas entièrement : « On dirait que je lui plais, mais je n'en suis pas sûr(e). »

Le ton de la confidence

Baissez la voix. Pour trois raisons :

- Vous calmez votre rythme intérieur. Plus posé(e), vous êtes plus mystérieux(se) ;
- Vos confidences sont presque des murmures : c'est le ton de l'intimité ;
- Vous devrez vous rapprocher pour vous entendre.

Le silence est d'or

Vous êtes à cours d'idées ? Cela n'a aucune importance. Laissez planer les silences. Ils en disent long ! Mais faites-en des silences sexy. Souriez et regardez-le/la dans les yeux brièvement. C'est un clin d'œil amoureux, très furtif, qui devrait encore augmenter son trouble. Combler à tout, il n'y a rien de pire.

Cinq gestes incontournables

Je ne recommande pas de trop se fixer sur le langage du corps, car à trop vouloir se contrôler, on en devient artificiel (les hommes politiques sont un bon exemple ! Ils ont tellement travaillé leur *body langage* que rien d'émouvant n'émane d'eux). Observez les autres couples dans leur parade amoureuse pour que votre inconscient enregistre les gestes qui crient « séduction » sans un mot. Le moment venu, vous saurez les repérer chez celui ou celle qui vous plaît. Vous-même adopterez ces gestes sans même vous en rendre compte.

1. Passez la main dans vos cheveux ;
2. Touchez votre visage ;
3. Jouez du regard : baissez et levez les yeux, parcourez des yeux le visage de l'autre ;
4. Tenez-vous les bras, mettez vos mains sur vos hanches, à votre ceinture ;
5. Dans un moment de passion, touchez son bras ou prenez sa main : attention, pas de mains baladeuses !

Votre corps est très malin. Il vous fait faire, sur vous-même, les gestes que vous aimeriez que l'on vous fasse. Et vous savez quoi ? Il y a de grandes chances que cela marche, parce que le cerveau de votre cible est lui aussi doté de neurones miroirs qui tendent à reproduire les gestes, mais aussi les sentiments des personnes en face de nous. Pratique, non ? Alors détendez-vous et laissez votre corps montrer, sans un mot, votre attirance, pour qu'elle vous soit retournée.

Une surprise bienvenue pour Sabine

Sabine est ergothérapeute. Célibataire et plutôt bien dans sa peau, elle ne se pose pas trop de questions quant à la drague. Sa séduction est tellement instinctive qu'elle ne sait pas très bien comment elle opère, ni quand. Rodée au langage du corps de par son métier, elle rit d'elle-même lorsqu'elle se surprend à se toucher le visage ou les cheveux quand elle est avec un homme auquel elle n'avait pas pensé en tant qu'amant potentiel. Elle apprécie cette petite trahison de son corps sur son intellect. « C'est le signal, dit-elle. Ce signal, je ne le cherche pas : je le laisse venir, et quand il frappe, mon cœur bat plus fort. Chaque fois, c'est une surprise. Une bonne surprise. Quand je m'en aperçois, je suis ravie. Cela veut dire que je ne maîtrise pas tout, que cet homme, en face de moi, provoque quelque chose en moi, et ça m'amène à me demander ce qui me plaît en lui. Alors je m'y intéresse de plus près, et à partir de là, tout est possible. »

Battez le fer pendant qu'il est chaud

Vos 20 premières minutes de conversation sont le début d'une histoire. Si vous voyez que l'intérêt de votre cible commence à s'éveiller, il est temps de jouer « tactique ». Il est extrêmement tentant, quand ça commence à coller entre vous, de rester parler des heures les yeux dans les yeux, voire de se pencher encore un peu plus, pour diminuer l'espace entre vos lèvres et les siennes. Si vous voulez une histoire d'un soir, continuez, vous touchez au but ! Le chapitre suivant vous en dira plus sur ce moment clé.

Si, au contraire, vous vous imaginez déjà faire un petit bout de chemin ensemble, vous allez devoir refréner vos ardeurs pour cette fois. Laissez monter la tension jusqu'à ce que vous soyez vous-même à deux doigts de craquer complètement : c'est le moment de lui demander son numéro, ou de décrocher un autre rendez-vous. Comment ? C'est assez facile à ce stade : vous vous entendez déjà si bien… Alors, dites-le-lui !

Dosez suivant le degré d'intérêt de votre interlocuteur(trice)

Vous le/la sentez séduit(e), allez-y franchement : vous en brûlez d'envie tous les deux ! Fixez un prochain rendez-vous sans attendre ET prenez ses coordonnées pour ne pas vous rater.

METHODE-FLORENCE.FR

Elle insiste, il craque

Voici un témoignage complet provenant de `methode-florence.fr`.

À un pot de fin d'année de notre entreprise, j'ai failli manquer l'occasion du siècle et l'idée de dire à l'autre ce qui nous plaît chez lui m'a sauvée. Je ne faisais qu'apercevoir Fabien dans nos séminaires, et à ce pot, on a enfin pu discuter. On se plaît de toute évidence. Mais je sens que Fabien ne sait pas trop comment avancer ses pions. Cette occasion-là ne se représentera pas et, à un moment, il me dit un peu sèchement qu'il doit partir, il est tard et il fait du sport tôt le lendemain matin. Il me salue et s'en va… Je regrette alors de ne pas avoir envoyé un message plus clair ou de ne pas avoir pris les devants. Je me souviens de la méthode, qui dit qu'un passage incontournable de la séduction est de dire à l'autre ce qui nous plaît en lui. Je m'en veux énormément, mais voilà que je le vois revenir après quelques minutes : il est tard, la porte du bâtiment a été fermée à clé par le gardiennage et il cherche quelqu'un pour lui ouvrir la porte. D'humeur tellement joueuse de le revoir, je lui dis alors en riant : « Vous devez rester, puisque le destin et moi-même le veulent ainsi. Pas d'échappatoire, et je préfère discuter avec vous plutôt qu'avec n'importe qui d'autre ! » Et Fabien cède, il ne sortira qu'une heure et demie plus tard, complètement sous le charme je crois, et ayant zappé la perspective de son réveil matinal du lendemain ! Je bénis cette porte fermée et vos conseils car nous vivons une belle histoire.

Pour être sûr(e) de le/la revoir

LE SAVIEZ-VOUS ?

Pensez à présent aux films romantiques. Pourquoi sont-ils palpitants ? Parce que, dans le scénario, un obstacle s'oppose à l'union des héros, quelque chose dont ils vont devoir triompher. Le principe est le même dans la vraie vie. Si vous voulez donner de la densité à cette relation naissante, mettez-y un premier obstacle : la contrainte du temps.

Lorsque vous avez obtenu son numéro, vous devez absolument le/la laisser partir, changer d'endroit, ou bien rejoindre vos amis dans le bar, la fête dans laquelle vous vous trouvez.

Ne faites pas disparaître la tension en restant papoter « pour rien »

Si vous continuez à parler avec votre cible lorsque vous avez passé le cap du numéro ou du rendez-vous, la tension que vous avez réussi à créer va s'évanouir ! En effet, à présent tout(e) tourné(e) vers l'expectative de vous voir bientôt sous un jour romantique, votre cible va commencer à anticiper, dans ses questions, dans ses actes, ce prochain rendez-vous, diluant peu à peu son impact.

Alors, ne vous grillez pas à ce moment-là, et disparaissez. Ou bien rejoignez un autre groupe, si vous êtes en sorti(e). Vous pouvez de temps à autre chercher son regard et lui sourire de loin, mais ne retournez pas lui parler. Faites un signe de connivence en partant, ou dites-lui rapidement au revoir, mais pas plus.

Savoir créer du manque, c'est aussi montrer son indépendance : il n'y a rien de plus sexy !

Chapitre 14

Étape 3 : assurer le deuxième rendez-vous

Dans ce chapitre :

- Vous allez savoir ce qu'il faut organiser pour que le deuxième rendez-vous se passe bien, et ce qu'il faut laisser au hasard !
- Vous allez apprendre comment vous rapprocher émotionnellement de votre cible... Si bien et si près que je vous donne la recette pour un baiser fougueux : vous allez en avoir besoin !

Vous avez décroché un deuxième rendez-vous ? Bravo ! Vous stressez un peu ? Pas de panique, réjouissez-vous, au contraire : vous avancez à grands pas. Le deuxième rendez-vous est souvent un beau moment, en tout cas une étape importante dans votre entreprise de séduction. Si vous vous plaisez mutuellement, vous pouvez lâcher la bride et savourer votre attirance. Si vous hésitez, vous pouvez vous faire une meilleure idée de qui est vraiment ce presque inconnu qui vous fait vibrer ou cette femme intrigante qui vous charme tant. Voici nos conseils pour faire de ce deuxième rendez-vous un moment qui compte... et efficace.

Ce qu'il faut organiser pour que le deuxième rendez-vous se transforme...

Un rendez-vous un tant soit peu romantique fait toujours battre le cœur plus vite. Avant ce rendez-vous, on a du mal à s'empêcher d'imaginer à l'avance ce que l'on dira, ce que l'on fera, à quel moment. Or, ce sont surtout les détails pratiques qu'il faut anticiper, comme le lieu de rencontre, votre moyen de transport (pour éviter les galères de taxi introuvable alors que vous brûlez de rentrer chez vous, par exemple), votre tenue. C'est ce qui doit occuper votre esprit en préparant votre rendez-vous, pas son déroulement possible.

Trouvez le lieu idéal

Le conseil de Florence

Changez de cadre pour donner une nouvelle impulsion à votre histoire. Si, la première fois que vous vous êtes rencontrés, vous étiez dans un bar ou un restaurant, ne renouvelez pas l'expérience : vous vous retrouveriez, géographiquement, à la case départ, un peu obligés de repasser par les étapes de votre rencontre. Proposez plutôt une balade ou une activité génératrice de moments d'exception. Une fête foraine à l'ancienne, une expédition dans un quartier inconnu (pour votre cible), une virée en bord de mer, s'il est assez proche, le choix est vaste : soyez créatif(ve) !

Troublant et original : le rendez-vous de Clotilde

Clotilde est projectionniste. Elle a revu Raphaël, le fils d'un ami de sa famille, dans le cinéma où elle travaille. Ils se sont naturellement mis à parler de cinéma, lorsque Raphaël lui a appris qu'il souhaitait orienter son activité professionnelle vers cette branche.

Clotilde voulait revoir Raphaël mais elle trouvait un peu surfait de l'inviter à regarder une séance. Elle lui a donc suggéré d'assister à une projection depuis la cabine. Ce qui est resté une expérience insolite et troublante, pour l'un comme pour l'autre.

Faut-il anticiper ou non ?

Pas de scénario tout prêt

N'oubliez pas

Interdisez-vous d'imaginer la façon dont cela va se passer. Il est même préférable de ne pas en parler avec vos ami(e)s. N'échafaudez pas de scénarios. Cela ne ferait que décupler votre stress. Au contraire, pensez à autre chose, détendez-vous. Il s'agit de mieux connaître l'autre, pas de passer un examen ! Plus vous serez à l'aise, plus le rendez-vous sera agréable pour vous deux et… plus il/elle sera susceptible de succomber !

Votre priorité : être à l'aise

Habillez-vous de façon appropriée à l'activité que vous avez prévue, sans en faire trop. Soignez votre tenue mais veillez à vous sentir parfaitement à l'aise. Votre mise doit être propre, valorisante et confortable.

- Évitez d'étrenner de nouvelles chaussures !

Quel est l'enjeu ?

Ne vous fixez pas de but immédiatement. Laissez vos objectifs flous. Vous pouvez penser que vous revoir seuls après vous être abordés, vous oblige à aller plus loin : l'embrasser, coucher ensemble pour la première fois. Détrompez-vous, il n'y a aucune règle ni obligation dans ce domaine. Suivez votre feeling !

- Si vous hésitez encore à passer à l'acte, parce que vous n'êtes pas sûr(e) de ses sentiments ou des vôtres à son égard, choisissez un lieu approprié pour un vrai rendez-vous qui vous permettra de mieux vous cerner, sans obligation romantique. Une rencontre en journée, une balade suivie d'un verre dans un petit café sympa par exemple est tout à fait appropriée.
- Si au contraire vous sentez que c'est déjà chaud bouillant entre vous, faites encore pencher la balance dans le bon sens en choisissant un cadre riche en émotions, qui devrait provoquer un emballement des corps et des sentiments. Pensez mouvement, couleurs chaleureuses, lumières flatteuses… Un vrai cadre de cinéma !
- Ne partez pas en vous disant : c'est aujourd'hui que je l'embrasse ! Vous y penserez sans cesse pendant votre rendez-vous en cherchant le moment propice, et passeriez à côté de la partie la plus importante de votre rendez-vous : créer une connexion émotionnelle. Dites-vous bien que quand elle est présente, elle rapproche naturellement les cœurs et les corps. Prenez votre temps : appréciez le moment !

Samira, pragmatique avec option romantique

Samira et Stéphane commencent à bien se connaître. Les associations dont ils sont tous les deux présidents organisent souvent des actions conjointes. Mais rien ne se passe ! Elle n'en peut plus ! Elle fait donc les étapes 4 et 5 de la methode-florence et nous laisse un témoignage où elle explique comment elle a subtilement fait évoluer cette relation qui ne progressait jamais. À chaque rencontre, leur intérêt mutuel a graduellement monté, car l'un et l'autre ont su dévoiler subtilement leur attirance. Samira a prêté à Stéphane son livre préféré, en lui expliquant pourquoi cette histoire d'enfants adoptés se recréant une famille la touchait particulièrement. Stéphane, sur un mode plus léger, a multiplié les sourires et les petites marques d'attention qui ne trompent pas : il reprend par exemple la conversation là où ils l'avaient laissée à leur dernière rencontre. Récemment, ses attentions se sont faites plus précises. Lors de leur pause cigarette, il remarque qu'ils fument les mêmes cigarettes. Elle lui en offre une, et lui tend la flamme de son briquet pour l'allumer. Il prend alors ses mains dans les siennes pour abriter cette petite flamme vacillante. Tout un symbole !

Si elle avait encore un doute sur son attirance, Samira est à présent fixée. Reste à sauter le pas, car chaque fois qu'ils se rencontrent, c'est toujours au cours de réunions de travail, ou d'événements festifs. Samira est cependant encore hésitante, car elle trouve que Stéphane est très charmeur avec toutes les femmes, et elle n'aime pas les dragueurs professionnels. Elle aimerait mieux le connaître avant de passer aux choses sérieuses. Il est jeune et fougueux et ils sont tous les deux assez connus dans leurs milieux respectifs... Aura-t-il assez de réserve et de discrétion pour commencer une éventuelle liaison ? Elle ne veut pas lui donner un rendez-vous trop romantique, sinon, il se figurerait qu'elle lui est déjà acquise, mais trouve le juste milieu : un déjeuner de travail sur un événement qu'ils préparent en commun, suivi de la visite du lieu où il doit se dérouler. Si ça se passe bien, se dit-elle, la guinguette située juste à côté sera le cadre idéal d'un verre en fin de journée...

Créez de l'intimité

N'OUBLIEZ PAS

Rappelez-vous bien ce principe, faites-en votre adage de drague, et tout fonctionnera à merveille : l'intimité est nécessaire pour faire naître le désir. Se sentir proche de quelqu'un conditionne en effet notre attirance pour lui ou pour elle, bien plus que sa simple apparence physique ou une admiration intellectuelle.

ATTENTION

Attention, n'inversez pas la vapeur : ne croyez pas que parce que VOUS vous sentez proche de votre cible, qu'elle ressent nécessairement la même chose. C'est à vous de faire naître ce sentiment en elle. Ne brûlez pas cette étape. Si vous faites attention, au cours de votre conversation, à la manière dont votre cible se confie de plus en plus à vous, vous êtes sur la bonne voie : vous avez compris ce principe absolument ravageur.

Donnez aussi un peu de vous-même

Si le catalyseur de la rencontre est souvent l'attirance physique, pour aller plus loin dans votre relation, qu'elle soit de courte ou de longue durée, vous allez devoir créer de la complicité. Vous avez effleuré le caractère de la personne lorsque vous l'avez rencontrée. Allez plus en profondeur cette fois :

- Pour savoir s'il/elle vous plaît vraiment. Prenez votre temps : chaque rencontre est une occasion d'affiner votre talent à discerner la véritable personnalité de l'autre.
- Pour le/la mettre à l'aise et lui permettre de se rapprocher de vous à tous points de vue.
- De la même manière que vous en apprenez sur elle/lui, vous devez laisser apparaître quelque chose d'authentique de vous-même.

Abandonner la représentation, être soi

Au cours de ce deuxième rendez-vous, il vous faudra vraiment essayer de baisser complètement votre garde, de vous débarrasser de votre bouclier émotionnel, pour que quelque chose puisse advenir. Car, voyez-vous, ce moment est celui où vos corps, vos esprits et vos émotions s'acclimatent l'un à l'autre après avoir été attirés. C'est le prélude à un rapprochement plus important. Laissez libre court à votre inclinaison, et manifestez-la. Si vous restez sur la réserve, ou si vous jouez un rôle, il ne va rien se passer.

Concrètement, comment procède-t-on ?

Parlez, échangez, regardez-vous, riez ensemble, et quand l'occasion s'en présente, profitez de ces moments pour vous toucher, les bras, les mains.

Rappelez-vous : une femme a besoin de se sentir intéressante, un homme a besoin de sentir qu'il a les capacités de vous rendre heureuse.

Parlez de tout de qui vous intéresse, de tout ce qui l'intéresse. Vous ne menez pas un interrogatoire de police pour savoir si vous allez passer le restant de vos jours ensemble. Considérez ce deuxième rendez-vous comme une première occasion d'écrire une histoire commune. Chaque couple, fut-il fugace, a ses mythes fondateurs, qui seront chéris par la suite. Vous allez commencer à les créer, sans même vous en rendre compte, si vous vous laissez porter par le moment. Détendez-vous et amusez-vous !

L'homme doit montrer à la femme qui lui plaît qu'elle est unique à ses yeux. C'est essentiel, que vous vouliez la séduire pour toujours ou pour la nuit. Elle vous fera confiance parce qu'elle se sentira reconnue pour ce qu'elle est, elle se sentira comprise. Elle ne veut surtout pas faire partie d'une longue liste de vos conquêtes, mais être celle qui vous marquera pour longtemps, même si, au final, elle ne veut passer qu'une nuit avec vous.

- Montrez-lui qu'elle est votre priorité en ce moment.
- Faites-lui comprendre que vous n'en avez pas rencontré d'autres comme elle.
- Ne lui proposez pas une soirée où vous la noyez dans une mailing list de cinq ou six de vos amies.

Les femmes dans l'échange, les hommes à la hussarde !

Les femmes pratiquent la conversation comme un échange. Quand une personne parle, elles écoutent et s'attendent à ce que la parole leur soit explicitement donnée une fois que l'interlocuteur a exprimé son point de vue.

Cela se fait au moyen de questions du type : « Et toi comment vas-tu ? », « Et toi, qu'en penses-tu ? », « Pourquoi aimes-tu ceci ou cela ? ».

- Ne faites pas de monologue ;
- Posez-lui des questions ;
- Écoutez ses réponses jusqu'au bout (!) avant de rebondir sur ce qu'elle dit ;
- Évitez de faire l'éloge de vos amies.

Les hommes pratiquent la discussion à la hussarde. Ils s'attendent à être interrompus par leur interlocuteur, c'est pour eux le signe que vous vous intéressez à ce qu'ils disent !

- Intervenez dans la conversation pour reconnaître ses succès ;
- Puis, exposez votre propre point de vue sur le sujet.

Ne jugez pas trop vite

Intéressez-vous à lui, à elle, réellement. C'est le moment de vérifier si votre attirance naturelle a un fond. Pourquoi vous plaisez-vous ? Essayez de le découvrir ! C'est une manière de faire un compliment qui touche et de lancer la conversation sur un terrain plus intime. Par exemple :

« J'aime être entouré(e) par des gens optimistes et souriants. C'est ce qui m'a plu quand je t'ai vu. C'est dans ta nature, ou c'est juste quand tu es avec moi ? » S'il y a des maladresses, des silences, ce n'est pas grave ! Ne jugez pas trop vite : certaines perles ont besoin de temps pour se révéler…

Moi aussi… Deux mots magiques

Pensez à dire « moi aussi » dès que vous en ressentez l'évidence. Ces deux petits mots ont un effet très efficace car ils vous rapprochent immédiatement et font passer la conversation à un degré d'intimité supérieur.

Maintenir la distance

Ne vous précipitez pas à ce stade. Plus vous laissez l'attirance mutuelle se développer en la montrant par petites touches, plus la tension érotique croît entre vous !

Sachez observer une certaine réserve, tout en montrant votre attirance :

- Ne l'appelez pas juste avant ou juste après votre rendez-vous, laissez planer un peu de doute : il/elle sera plus sûrement attiré(e) si vous lui laissez une partie du chemin à faire. Ne vous jetez pas à ses pieds !
- Restez léger(e) à ce stade, n'imposez pas de demandes excessives, du type : « Je veux l'amour ou rien », « Je veux une femme qui veut des enfants. » Ne faites pas non plus de déclaration enflammée comme : « Tu es le/la seul(e) qui compte pour moi. »
- Faites passer votre message par vos regards et par vos gestes.

Jean-Christophe se précipite et se grille en 30 minutes

Jean-Christophe, 34 ans, a complètement succombé au charme d'une de ses amies, Fabienne. Le hic ? Jean-Christophe est marié et Fabienne le sait. Car ils sont amis depuis quelques années et discutent assez souvent de leur vie intime. Une liaison aurait pu démarrer entre eux, car Fabienne trouve Jean-Christophe plutôt à son goût. Mais un soir, n'y tenant plus, Jean-Christophe convoque Fabienne au bistrot du coin, et lui avoue, l'air malheureux, que ça ne tourne plus rond dans son couple, et de but en blanc, sans avertissement aucun, que c'est elle, Fabienne, qui le fait rêver. Quelle erreur ! Non seulement Fabienne se sent terriblement embarrassée par cette « révélation », mais en plus, elle ne trouve plus du tout charmant cet homme qui se plaint et la regarde avec des yeux suppliants ! Quelle séduction peut avoir lieu quand toute vie est étalée sur une table de bistrot ? Aucune !

Les onze règles à respecter

1. On se soigne physiquement !

Ne prenez pas ce rendez-vous à la légère en ne vous mettant pas en valeur. Faites un effort : vous le méritez il/elle le mérite aussi.

2. L'addition

Il est entendu que c'est l'homme qui paiera l'addition, si vous êtes au restaurant ou dans un bar. N'attendez pas que votre cible sorte son porte-monnaie, cela créerait un embarras. Lorsque la note arrive, prenez-la tout de suite et précisez que vous l'invitez.

3. La voiture

C'est un élément formidable de séduction ! Imaginez : vous êtes proches physiquement, dans un tout petit habitacle… Offrez à votre bolide un nettoyage avant votre rendez-vous, et choisissez un itinéraire romantique. Pensez aussi à prendre quelques CD de vos musiques préférées, les plus séduisantes bien sûr. Si vous avez un toit ouvrant, une décapotable : faites-en usage ! Lorsque vous entrez dans la voiture, si vous êtes un homme, ouvrez-lui la portière. Ensuite, à chaque stop, à chaque feu rouge, profitez-en pour couler un regard de braise vers votre cible.

4. Le manteau

Encore une règle à respecter pour les hommes : prenez son manteau lorsque vous arrivez sur votre lieu de rendez-vous, aidez-la à le passer quand vous quittez un endroit, et bien entendu, nous l'avons évoqué plus haut : enveloppez-la du vôtre si elle frissonne ! Pourquoi ? Tout simplement parce que ce sont des gestes qui créent cette fameuse tension érotique entre vous !

5. Temps de parole

Votre rendez-vous est un échange, pas un monologue d'une part ou d'autre. Équilibrez en vous adaptant à votre interlocuteur. Si vous venez de parler 5 minutes sans discontinuer, il est temps de lui laisser la parole ! Demandez-lui son opinion sur ce que vous venez de dire, demandez-lui s'il/elle ressent la même chose ou a déjà vécu des expériences similaires, suivant ce que vous lui racontiez, ou bien tout simplement, taisez-vous pour qu'il/elle puisse prendre la parole.

6. Lui dire ce qui vous plaît

Plus vous montrez votre appréciation (une fois encore, sans vous embarquer dans de grandes déclarations enflammées), plus vous renforcez l'attirance qui naît entre vous. N'hésitez pas à lui dire ce qui vous plaît en lui/en elle, mais aussi ce qui vous plaît dans la vie, ou dans votre environnement immédiat. On s'attache plus sûrement aux personnes positives et valorisantes. Si vous passez votre temps à critiquer votre entourage, à ronchonner, à décrire ce que vous n'aimez pas, comment voulez-vous installer un climat propice à l'escalade amoureuse ! Si vous êtes dans une mauvaise passe ou pas en forme, vous pouvez le lui dire, mais en précisant qu'avec elle ou lui, vous vous sentez plus léger(e) !

7. Laissez vos ex en dehors de cette relation

Que vous en parliez en bien ou en mal, vos ex n'ont RIEN à faire dans cette nouvelle relation. C'est un repoussoir évident ! De même, si vous êtes déjà dans une relation, ne parlez surtout pas de votre mal-être dans votre couple pour justifier une liaison ! Concentrez-vous sur le présent, et tout ce qu'il peut vous apporter de nouveau et de bon, et non sur le passé.

8. Les gestes, le regard et le sourire

Ils sont tout simplement indispensables. La conversation, même la plus brillante, même la plus suggestive, tombera complètement à plat si vous ne l'accompagnez pas des gestes, du regard et des sourires *ad hoc*. Le but ultime étant votre rapprochement physique, considérez les gestes simples comme prendre sa main, les regards et les sourires comme un prélude amoureux.

9. Quand et où l'embrasser

Relisez le chapitre 7 sur le langage du corps pour savoir quand l'embrasser. Il y a des signes qui ne trompent pas : quand les yeux ne se quittent plus, quand chacun touche son propre corps en brûlant d'être dans les bras de l'autre, il ne faut plus se poser de questions ! En général les hommes sont à la manœuvre à ce stade.

- En bas de chez elle, par exemple, dites-lui que vous avez passé un moment très agréable avec elle. Laissez un moment de silence, et replacez une mèche de ses cheveux. Si elle ne recule pas, attrapez sa nuque ou son menton, et embrassez-la !
- Vous n'avez pas besoin d'attendre d'être dans un endroit précis. Vous pouvez arrêter votre voiture dans une rue (pas à un feu) et embrasser votre partenaire par surprise. Ou la regarder comme jamais vous ne l'avez regardée, la plaquer contre le mur d'un immeuble et l'embrasser fougueusement.

10. Comment l'embrasser

Là, on y va franchement, pas de demi-mesure : le petit bisou timide n'a pas cours ! Vous êtes un homme ? Embrassez-la comme dans votre film préféré, avec fougue, en y mettant du cœur, de la fermeté, et la langue.

Prenez-la par la taille, par le cou, caressez-lui les cheveux. Attention, à ce stade, évitez les mains baladeuses, l'immense majorité des femmes n'apprécient pas ce genre de précipitation. Un long et bon baiser est un indice de votre capacité à prendre son plaisir en compte quand vous en arriverez au sexe. Ne bâclez pas vos baisers : c'est souvent ce qui va décider une femme à coucher avec vous ou non…

Soyez viril quand vous la prenez par la taille : mettez-y un peu de pression, de votre force. Le bisou façon bisounours est à éviter absolument.

Une femme a aussi mille et une manières de provoquer un baiser, en particulier en murmurant des « confidences » au creux de l'oreille, de plus en plus proches, pendant lesquelles ses lèvres touchent la peau de son partenaire. C'est extrêmement sensuel et presque irrésistible. S'il ne se retourne pas pour l'embrasser fougueusement à ce stade, quelque chose ne tourne pas rond dans cette opération-séduction (il n'est pas prêt, pas libre, vous vous êtes trompée de cible, vous n'avez pas observé les signes qui ne trompent pas avant de passer à l'acte).

11. Dire au revoir… ou pas

Que faire après un baiser fougueux ? Le champ des possibles n'est pas si vaste. Vous avez trois possibilités :

1. L'embrasser à nouveau. Puis passer au 2 ou au 3.
2. Le/la laisser en plan (non sans lui dire que vous avez beaucoup aimé toute cette journée/soirée, et surtout cette dernière séquence). Vous jouez alors la carte du mystère et de l'attente. Il vous faut une bonne

dose de sang-froid, mais c'est très efficace pour être sûre de le/la revoir rapidement. Ne donnez pas d'explication à votre départ. Vous DEVEZ juste partir, c'est tout. Restez mystérieux(se) sur vos raisons, dites-lui que vous avez adoré ce moment ensemble. Vous êtes une femme, murmurez : « Appelle-moi » avant de partir sans vous retourner. Vous êtes un homme, plantez vos yeux dans les siens, tenez son visage dans vos mains et dites-lui « Je t'appelle. » et partez (vous avez le droit de vous retourner !).

3. L'embrasser plus fougueusement encore, jusqu'à ce qu'il devienne clair que vous avez tous les deux suffisamment envie l'un de l'autre pour passer votre première nuit ensemble. Dans ce cas, passez au chapitre suivant. Et s'il fait jour ? Continuez à l'embrasser et passez tout de même au chapitre suivant, les choses vont se corser.

Une sortie parfaite

Eli, 22 ans, s'est lancé et a proposé à Barbara, étudiante comme lui, de venir avec lui à un grand festival musical d'été. Ils vivent tous les deux en banlieue parisienne, et il vient la chercher en moto. En chemin, ils ne peuvent pas parler, mais Barbara est collée à lui, un peu par plaisir, un peu par la force des choses si elle veut rester en selle ! Eli prend régulièrement la main de la belle Barbara, pour s'assurer qu'elle va bien, car il y a une bonne demi-heure de route avant d'arriver sur le festival. Pendant la journée, ils ont tout le temps de parler, de rire ensemble, de trouver mille moyens de se frôler, de se toucher. Au coucher du soleil, la tension est à son comble, l'excitation monte, à la fois dans le public, et entre nos deux tourtereaux. C'est leur groupe préféré qui est en scène : le cadre est parfait, il passe même la BO de leur idylle naissante jouée en live, à plein tubes ! Timing impeccable, moment irrésistible : ils se souviendront longtemps de leur premier baiser !

Ça ne marche pas !

- Il/elle est tendu(e) : faites-le/la bouger. Le mouvement provoque un changement d'humeur. Ou mettez de la musique.
- Vous êtes tendu(e) et n'arrivez pas accrocher, à vous rapprocher émotionnellement de cette personne. Observez son corps : est-il/elle tourné(e) vers vous, à l'écoute ? Intéressez-vous à lui/elle de plus près en suivant les conseils du chapitre 6 (l'incroyable écoute). En vous concentrant sur l'autre, vous laissez à votre corps et à votre esprit le temps de se détendre, d'être moins conscient de lui-même, moins stressé par vos propres réactions : vous vous détendez sensiblement.

- Il/elle ne vous plaît vraiment pas. Écourtez votre rendez-vous avec politesse, en expliquant vos raisons sans animosité. « Au moins, cette soirée/journée nous aura permis de parler un peu ensemble. J'apprécie que tu aies pris sur ton temps pour qu'on puisse mieux se connaître, mais je ne suis pas convaincu(e) que nous soyons sur la même longueur d'onde. C'était sympathique, mais je cherche un autre type de relation. »

Qui rappelle qui, quand et que proposer ?

Qui appelle ?

Si vous sentez que c'est toujours vous qui prenez l'initiative, laissez-la rappeler pour cette prochaine fois. Cependant, sachez que si la balance « Qui appelle qui ? » penche un peu du côté de l'homme, c'est normal. Faites-le, car un homme se doit de montrer sa détermination. C'est viril et sexy.

Retenez-vous ! Vous savez à présent qu'un homme après qui l'on court vous prend pour acquise et vous perdez une grande part de votre intérêt pour lui. J'explique cela souvent en coaching et dans l'étape 4 de la `methode-florence.fr`. Certaines femmes comprennent bien qu'il faut se faire désirer, d'autres, plus impulsives, ont plus de mal à accepter ce concept qui va à l'encontre de leur nature. Pourtant, les hommes que je conseille comprennent immédiatement ce que je veux dire, mieux, ils le confirment ! Il faut être vrai(e) et spontané(e) en matière de séduction, mais n'oubliez pas mesdames, que l'attirance que vous ressentez a tendance à vous faire tout enchaîner trop vite. Vous l'avez déjà ressenti et cela vous a joué des tours, n'est-ce pas ? Alors les filles, on résiste, impérativement !

Quand appeler ?

La règle va vous paraître dure, mais essayez de vous y tenir : ne rappelez que trois ou quatre jours minimum après votre rendez-vous. Vous ne devez pas montrer que vous êtes dans une sorte de désert affectif, assoiffé(e) de rencontres. Envoyez simplement un texto remerciant votre Roméo (ou votre Juliette) pour ce bon moment passé ensemble, puis… Faites-le/la languir ! C'est essentiel !

Que proposer ?

Proposez un rendez-vous plein de promesses : évitez le dîner aux chandelles, choisissez plutôt de l'action : une sortie nature, culture, sportive, suivant ses goûts. Ne lui laissez pas vos coordonnées *in extenso* (vos numéros de téléphone fixe et mobile, au travail, à la maison, votre e-mail, votre fax), sous peine de passer pour désespéré(e). Si vous ne recevez pas de réponse, rappelez la veille du rendez-vous que vous avez proposé. Si vous tombez sur sa messagerie, n'insistez pas, ne laissez pas entendre votre déception et passez à autre chose. Appelez un de vos meilleurs amis du sexe opposé, sapez-vous comme un prince ou une princesse, et affichez-vous le sourire aux lèvres. Montrez-lui que vous allez super bien et que votre vie est bien remplie !

Chapitre 15

Étape 4 : la première nuit… pour qu'il y en ait d'autres

Dans ce chapitre :

- Les règles à respecter
- Le bon timing, le bon endroit
- Les 5 attitudes à observer… pour recommencer

C'est un moment crucial ! Vous allez connaître les quelques règles à respecter, ainsi que les erreurs à ne pas commettre lors de votre première nuit pour que tout se passe merveilleusement bien !

Et ensuite ? Qui rappelle qui et quand : il y a là aussi certaines règles à respecter !

La première nuit… Enfin, c'est un euphémisme : votre première relation sexuelle avec votre toute nouvelle conquête peut fort bien se passer de jour ! Après un ou plusieurs rendez-vous très réussis à l'extérieur, vous l'invitez enfin chez vous. Vous sentez que vous vous plaisez vraiment, et vous avez envie que cette « première fois » soit parfaite.

Comme tout le monde, vous avez vécu quelques premières fois délicates, où vous avez senti que certaines maladresses étaient rédhibitoires. L'alchimie des corps est souvent une surprise et ne s'apprend pas. En revanche, on peut toujours éviter quelques erreurs répandues. Que vous soyez sûr(e) de vous ou plutôt novice en la matière, ce chapitre vous aidera à être parfaitement à l'aise le moment venu.

LE SAVIEZ-VOUS ?

Contexte de la sexualité en France, une étude étonnante

L'étude « Contexte de la sexualité en France » a été réalisée par l'Inserm et l'Ined entre octobre 2005 et mars 2006 auprès de plus de 12 000 hommes et femmes âgés de 18 à 69 ans à l'initiative de l'Agence nationale de recherches sur le Sida (ANRS). Elle est riche d'informations étonnantes sur la sexualité des Français.

Ses conclusions ? La sexualité de la femme se rapproche de celle de l'homme. C'est le constat le plus important de l'enquête.

En 50 ans :

- L'âge des hommes au premier rapport sexuel s'est abaissé d'un an et demi (de 18,8 ans pour les générations âgées aujourd'hui de 65 à 69 ans, à 17,2 ans pour les plus jeunes),
- Alors que celui des femmes, initialement beaucoup plus élevé (20,6 ans), a chuté de trois ans (17,6 ans pour les femmes âgées de 18 ou 19 ans).

Mais il y a encore des différences notables. Parmi les femmes âgées de 20 à 24 ans, elles ne sont plus que 20 % à avoir eu leur premier rapport avec quelqu'un qui est devenu leur conjoint, contre 70 % pour les femmes de 60 à 69 ans.

Le nombre de partenaires moyens des hommes et des femmes

Les femmes déclarent plus de partenaires qu'autrefois : en moyenne 4,4 en 2006, 3,3 en 1992 et 1,8 en 1970.

Mais la différence femmes/hommes est encore très marquée :

- Les hommes déclarent en moyenne avoir eu 11,6 partenaires, un chiffre stable depuis 1970.
- Seules 10,9 % des femmes déclarent avoir eu au moins 10 partenaires sexuels au cours de leur vie, contre 35,4 % des hommes.
- 47,3 % d'entre elles disent avoir eu au moins 2 partenaires, contre 70,7 % des hommes.

Et les rapports homosexuels…

Enfin, les femmes sont plus nombreuses qu'avant à déclarer avoir eu des rapports homosexuels au cours de leur vie : 4 % contre 2,6 % en 1992, alors que la proportion reste similaire chez les hommes (4,1 %).

Le bon timing

Quand faut-il sauter le pas ? Car c'est évidemment une question essentielle lors des débuts d'une relation. Quand dévoiler son intimité et affronter celle de l'autre ? Quand, enfin, partager ce moment unique de la première nuit avec une nouvelle rencontre ?

Bien loin des strictes considérations morales, religieuses ou sociales, il est un aspect des choses à ne pas négliger : le bon moment dans la montée du désir.

Plus c'est long, plus c'est bon

Ce que l'on vous dit rarement, c'est que plus on prend de temps AVANT de coucher ensemble, plus votre relation a des chances de prendre une bonne tournure, mais aussi : meilleures en seront vos sensations. Aucune considération morale dans ce fait, c'est tout simplement une histoire d'alchimie et de désir. Or, aujourd'hui, on veut toujours aller plus vite, être plus efficace : erreur !

La construction du désir

Rappelez-vous : le désir, c'est ce que l'on éprouve lorsque l'on sait ce qu'on veut, et qu'on ne l'obtient pas tout de suite. Que vous soyez très romantique et ayez envie de construire une relation qui dure, ou que vous visiez une relation torride et immédiate, l'ingrédient de départ est toujours le même : le désir. L'attente ne nuit jamais à l'érotisme à suivre, au contraire !

En prenant leur temps :

- Ceux et celles qui veulent s'investir à long terme s'accordent la chance de développer les connexions émotionnelles, spirituelles, intellectuelles et physiques (par les jeux de regards, les mains qui s'enlacent, les baisers), qui rendent non seulement les relations sexuelles infiniment plus intenses, mais aussi leur relation plus durable. Si l'une de ces connexions manque, difficile alors de faire monter la tension et la confiance nécessaires à un abandon physique total.
- Les amoureux éphémères s'offrent une montée de désir plus intense, qui n'a pas lieu lorsque l'on va trop vite.
- Les timides et les novices prennent le temps de s'apprivoiser.
- Les experts, qui, eux, savent qu'il faut un minimum d'attente, voire quelques obstacles pour pimenter toute relation, en profitent pour pousser le désir de l'autre jusqu'à sa dernière limite.

Quand est-on prêt ?

Tout simplement quand les DEUX partenaires sont prêts. Vous le sentirez en vous embrassant de plus en plus : le sexe est une prolongation naturelle des baisers fougueux.

Quand vous manifestez votre désir, vous faites monter celui de votre partenaire. Faites-le en lui faisant des compliments, sur sa beauté, l'effet qu'il/elle vous fait, ce qui vous plaît en lui/elle.

Vous voulez le faire craquer ? Laissez-le venir à vous. Sans être vieux jeu, laissez-lui le privilège de faire le premier pas : c'est plus important pour beaucoup d'hommes (même jeunes) qu'on veut bien le dire aujourd'hui. Soyez disponible et détendue et montrez-lui votre désir avec subtilité, il fera le reste avec d'autant plus de volonté de conquête. Il aimera sentir que vous ne lui êtes pas immédiatement acquise, qu'il doit faire naître le désir en vous. Votre valeur est à la hauteur de la difficulté qu'il a à vous séduire.

Étonnez-la. Si vous lui sautez dessus le premier soir (ou le deuxième, d'ailleurs), elle risque de se braquer ou de se crisper, tout canon ou charmant que vous soyez par ailleurs. Tandis que si elle se sent un peu plus en confiance, elle vous donnera beaucoup plus. Si vous vous rendez compte qu'elle n'est pas aussi motivée que vous, alternez baisers passionnés et compliments irrésistibles et… ramenez-la chez elle en grand prince que vous êtes, sans râler, ni vous attarder. Quand vous la reverrez, elle devrait être dans des dispositions différentes.

Hommes et femmes : deux attitudes différentes quand la tension monte

Côté hommes

La situation délicate

Après un dîner parfait (vous avez choisi un restaurant qu'elle a adoré), vous la raccompagnez et vous êtes sur des charbons ardents. Elle n'est clairement pas insensible à votre charme. Vous la désirez depuis la première fois que vous l'avez vue et vous vous dites que vous n'aurez pas la patience d'attendre une minute de plus. Après tout, vous saurez bien la convaincre.

Vous l'embrassez passionnément devant chez elle et lui glissez des mots de désir à l'oreille. Le moment est magique, elle est réceptive, que demander de plus ! Vous lui proposez de poursuivre la soirée de façon plus intime et, malgré une légère réticence que vous percevez immédiatement, elle accepte. Victoire, croyez-vous !

En fait, pas vraiment : vous venez de vous montrer tout à fait prévisible, et ça n'est pas très sexy. Les femmes, voyez-vous, savent très bien à l'avance qu'elles vont devoir gérer ce genre de situation. Avant même de vous retrouver pour le rendez-vous, elles se posent la question de savoir si elles vont céder ou pas « le premier soir » ! Elles SAVENT que vous allez leur sauter dessus. Vous ne les surprenez pas du tout.

Savoir la surprendre

Étonnez-la avec un baise-main sur le pas de la porte, ou un baiser torride, un bouquet de fleurs pour la remercier de cette délicieuse soirée avant de lui proposer un prochain rendez-vous où, cette fois, vous lui feriez la cuisine, par exemple ! Comprenez que, si vous lui plaisez, elle vous le rendra au centuple car elle sera en confiance avec vous.

Lui montrer votre désir

Les femmes n'ont généralement pas confiance en elles et sont promptes à se vexer si elles ne vous sentent pas intéressé. C'est là toute la délicatesse de l'approche.

Faites-lui comprendre ce que vous trouvez sublime en elle, mais que vous saurez résister pour lui laisser du temps. Sûrement un peu désarçonnée au premier abord, elle y sera très sensible !

Faire le premier pas

D'autre part, au moment de passer à l'action, prenez les devants si vous la sentez accessible. C'est à vous de donner le signal du départ. Elle en sera flattée et soulagée.

Vous avez été très vite charmé par cette femme ? Si vous avez envie que ce moment se prolonge aussi longtemps que possible, avant d'envisager de coucher avec elle, construisez donc d'autres liens que les liens sexuels, des liens dits émotionnels : ce sont ces liens qui vont donneront d'autant plus de chances qu'une relation se construise et dure. Si votre objectif est d'accumuler les conquêtes ultra courtes, alors, c'est différent.

Côté femmes

La situation délicate

C'est votre premier rendez-vous avec lui. Tout se passe à merveille et vous mourez d'envie de vous laisser aller. Votre soupirant vous raccompagne devant chez vous, à pied ou en voiture. Le moment est à la fois délicieux et stressant. Il vous embrasse et vous serre contre lui, vous êtes prête à succomber. Un peu angoissée à l'idée que vos voisins vous surprennent en plein « attentat à la pudeur », vous êtes tentée de le laisser entrer. Vous avez très envie de lui et il insiste pour « prendre un dernier verre » sur votre canapé. Vous lui ouvrez votre porte et arrive ce qu'il doit arriver…

Laisser monter le désir

Le désir s'entretient, se cultive. Le secret d'une relation réussie, c'est aussi de savoir accueillir l'autre, prendre en compte son rythme dans la relation. Plus l'on attend et plus le désir, profond, augmente.

Si vous montrez que vous aviez « prévu » cela, son appétit sexuel restera certainement entier les premiers soirs, mais son désir sur le long terme risque de diminuer rapidement car il sait n'avoir plus rien à faire pour vous conquérir.

De même si vous le provoquez, si vous vous donnez trop rapidement, il risque de vous quitter plus vite car il n'aura pas eu le temps de vous connaître.

Alors n'hésitez pas à temporiser : ne dit-on pas « se faire désirer » ? S'il rêve de monter « prendre un dernier verre » chez vous, dites-lui en souriant que vous êtes fatiguée mais que vous espérez bien qu'il y aura une prochaine fois…

Ainsi, vous créez une tension propre à la montée du désir, il sent qu'il n'a pas une totale emprise sur vous et que sa quête continue.

Mesurer son attachement

C'est également un excellent moyen de tester sa patience et son réel investissement dans votre relation naissante. De plus, vous vous laissez ainsi la possibilité d'apprendre à mieux le connaître avant de faire le grand saut. Comme nous l'avons vu, c'est essentiel sur le long terme.

POUR LES FEMMES

Mesdames, résistez à la pression

S'il vous dit, alors que vous ne vous sentez pas prête : « Tu me fais le coup comme toutes les nanas, tu me sors les sempiternels : "Je ne te connais pas encore assez bien", "Je ne me sens pas encore en confiance… un tout petit peu de patience" alors qu'il se passe un truc évident entre nous… Tu gâches tout. » Attention, c'est peut-être un dragueur professionnel qui sait si bien trouver les mots pour vous faire céder. Si c'est si évident entre vous, ce n'est pas 24 ou 48 heures de plus qui vont vraiment l'arrêter. Ne croyez pas que le fait de ne pas vous rendre disponible pour une relation sexuelle les premiers soirs soit un « tue-l'amour ». Même à 50 ans, un homme peut comprendre qu'il vous faut du temps pour être prête. Si un homme ne vous rappelle pas alors que vous n'avez pas cédé… et qu'il vous a tant pressée, croyez-moi : il ne vous aurait pas rappelé de toute façon !

Le bon endroit

LE CONSEIL DE FLORENCE

Chez vous, chez elle, ou à l'hôtel, mais toujours dans un lieu sûr, propre, confortable, qui ferme bien et où vous ne serez pas dérangés. Laissez tomber les plans en voiture, dans les toilettes d'un lieu public, ou les chambres d'amis de la maison où vous faites la fête. Ce sont des options qui peuvent être drôles quand on se connaît bien, mais avec un(e) nouvel(le) amant(e), on y fait rarement des étincelles. Même la plus délurée des femmes a du mal, pour une première fois avec un nouvel amant, à se détendre si le confort de base n'est pas assuré.

N'OUBLIEZ PAS

Vous sentez que vous êtes bien partis tous les deux ? Pensez avant votre rendez-vous à :

- Changer vos draps ;
- Ranger un tant soit peu votre repère ;
- Enlever les photos de vos ex ;
- Nettoyer les toilettes et la salle de bains ;
- Prévoir de jolis éclairages tamisés ou des bougies dans votre salon, dans votre chambre, dans votre cuisine, bref, partout !
- Disposer des préservatifs, pas en évidence mais à portée de main dans votre salon, à côté de votre canapé, dans votre chambre, dans votre sac, votre portefeuille.

Et si vous n'avez rien eu le temps de prévoir : baissez la lumière, occupez-vous de votre partenaire, restez concentré(e) sur lui/elle, et oubliez le reste (à part les préservatifs).

Les détails techniques qui ont leur importance

Vous devez utiliser des préservatifs les trois premiers mois de votre relation. Vous faites probablement confiance à la personne qui est avec vous, mais il vous est impossible de tout connaître de son passé amoureux, en particulier si ses ex lui ont été fidèles !

Dans le feu de l'action, vous pourriez être tenté(e) de zapper la capote pour préserver la spontanéité de l'instant. C'est une pratique de plus en plus courante. Or, en « oubliant » de vous protéger dans ce moment crucial, vous prenez un risque réel de transmission d'une MST, d'une IST, ou de grossesse indésirée...

Le SIDA reste une affection relativement rare en France, mais il est loin d'être la seule maladie ou infection sexuellement transmissible. D'autres, comme la Chlamydia ou l'herpès génital, sont infiniment plus courantes : l'herpès génital touche 3 % de la population totale en France (le pourcentage s'élève de façon très importante si l'on ne compte que la population sexuellement active). Seule protection possible : le préservatif.

Après trois mois de relations exclusives, faites un test de dépistage tous les deux. S'ils sont négatifs, vous pourrez alors avoir des relations sexuelles sans protection contre les maladies transmissibles sexuellement... Mais pas sans contraception !

En tant qu'homme, vous devez vous préoccuper de cette question tout autant que votre partenaire : ce n'est pas un domaine réservé aux femmes. Ne prenez pas pour acquis le fait qu'elle s'en sera occupée, parce que ça la concerne. Parlez-en avec elle. Vous en soucier avant vos rapports lui prouvera votre maturité et l'attention que vous lui portez. Ne pas le faire est non seulement hautement risqué, mais aussi signe d'une goujaterie impardonnable.

Le premier soir : les erreurs à ne pas commettre

La journée a été longue... et vous le sentez

N'OUBLIEZ PAS

Pour les hommes comme pour les femmes, un passage express par la salle de bains sera parfois nécessaire pour être parfaitement à l'aise. Les femmes sont extrêmement sensibles aux odeurs corporelles, les leurs et celles des autres. Elles n'arriveront pas à se détendre si elles ne se savent pas impeccables. Une pause fraîcheur (5 minutes, montre en main) s'impose pour elles, mais sachez qu'elles apprécient la même politesse de la part des hommes.

Et pour l'un comme pour l'autre, on se rhabille avant de sortir de la salle de bains :

- Pour les femmes, on ne se prive pas en effet du plaisir de l'effeuillage, au risque de couper net tout désir montant !
- Pour les hommes, on ne lui montre pas que tout est acquis !

Aller trop vite et zapper les préliminaires

POUR LES HOMMES

Surtout, ne cédez pas à l'impatience, vous risqueriez de vous montrer brusque et de ruiner toutes vos chances de passer un bon moment (sans compter l'avenir de votre relation tout court).

Bien sûr, vous le savez déjà : une femme a besoin de temps pour se détendre, s'ouvrir et s'offrir. Du temps. C'est le mot clé. Et surtout la première fois, quand elle est stressée à l'idée de vous déplaire, par exemple.

Certaines femmes (qui ne sont pas du tout frigides, rassurez-vous) ont réellement besoin de stimulations prolongées pour être prêtes à vous recevoir. D'où l'importance, non seulement de longs préliminaires, mais aussi de communiquer avec elle.

Sachez qu'une femme ne s'attend pas à ce que vous ayez la même aisance qu'un ancien amant, ni que vous battiez des records : elle désire que vous soyez sincère, enthousiaste et attentionné et réellement « avec » elle.

LE CONSEIL DE FLORENCE

Sexfriends : la séduction reste de mise

Il n'y a pas encore de terme français pour désigner les *sexfriends*, *sexbuddies*, ou encore *fuckbuddies*. Ce sont des amis qui décident d'avoir des relations amicales et sexuelles sans être amoureux. Une sorte de complicité sans engagement, qui se fait sur un accord mutuel explicite et se défait en théorie sans heurts ni pleurs. On se rencontre, on se plaît, mais on n'a pas envie de s'engager pour toutes sortes de raisons : alors on passe ensemble un accord où chacun trouve son compte. Les sexfriends peuvent être des amis de longue date, d'anciens colocataires, des ex réconciliés mais qui ne veulent plus d'une relation exclusive, ou des amants qui viennent de se trouver sur un site de rencontres : il n'y a pas de règle, tant que le fun règne !

Si l'on drague son/sa futur(e) sexfriend plus ouvertement qu'on ne le ferait dans l'idée d'une relation longue, car la clarté de vos intentions est un impératif, on ne se présente pas devant un(e) inconnu(e) pour lui proposer ses services en tant que sexfriend sans séduction préalable. Non seulement la subtilité reste de mise pour ne pas effaroucher sa cible, mais le temps est aussi indispensable à l'épanouissement de la confiance nécessaire à ce genre de relation ! Une fois l'attirance installée, cependant, il faut être assez rapidement explicite sur le genre de relation que l'on attend, sous peine de déception. Passez un accord avec votre conquête, en choisissant vos mots avec soin pour ne pas le/la heurter avant de sauter dans son lit !

Aller trop vite et lui voler toute initiative

POUR LES FEMMES

Mesdames, voici l'un des trucs pour le rendre accro : laissez-vous porter mais ne vous montrez pas immédiatement entreprenante. Les hommes ont besoin de sentir qu'ils sont à l'initiative. Ne l'oubliez pas, l'homme est un chasseur : il doit être dans une quête permanente pour être motivé par la relation, d'autant plus, bien évidemment sur le plan sexuel.

L'homme aimera sentir que vous ne lui êtes pas immédiatement acquise, que ce sont bien ses efforts qui font naître votre désir. C'est un art subtil, mais vous y parviendrez sans mal pour peu de lui laisser, dans les premiers temps, les rênes de la relation intime.

Ne cherchez pas à en faire trop

Le conseil vaut pour les hommes comme pour les femmes. Ne hurlez pas de plaisir dix fois pendant l'amour si ce n'est pas ce que vous ressentez. Restez naturel(le), spontané(e). Pour avoir un orgasme, il faut se laisser aller et s'oublier un peu.

Éloge de la simplicité

Vous venez d'entrer dans le vif du sujet et ça commence très bien. Puis, tout à coup, votre partenaire se lance dans une séance d'acrobaties, sort des menottes, vous balance des insanités ou vous tape sur les fesses. Pire encore, vous avez l'impression qu'il (ou elle) joue un rôle et se « regarde faire ». Votre excitation est en train de retomber comme un soufflé. Vous ne savez pas trop comment lui dire, mais ça ne vous plaît pas plus que ça… Sachez remettre les originalités à plus tard, quand la complicité entre vous sera plus acquise.

Les excentricités, qui sont sympas quand on se connaît, ne sont pas les bienvenues la première nuit. Il faut beaucoup de complicité pour partager certaines choses, de confiance mutuelle pour que chacun s'y accomplisse. Le risque, c'est de se rendre ridicule aux yeux de son partenaire.

Mieux vaut ne pas être trop original(e) la première fois quitte à montrer ensuite l'étendue de vos capacités. Retenez-vous un peu, quitte à paraître conventionnel(le). L'avenir vous laissera le loisir de vous exprimer.

Ne pas subir sans rien dire

N'OUBLIEZ PAS

Si vous vous sentez décalé(e), mal à l'aise ou choqué(e), dites-le. Faites comprendre à l'autre (en essayant de ne pas le/la vexer, mais sans céder sur ce que vous êtes) que ce n'est pas vraiment votre truc. En fonction de ses demandes, répondez-lui que ça ne vous tente pas, ou pas si tôt dans tous les cas, ou bien qu'on n'est pas dans un film porno !

Que dire ?

- « Écoute, je préfère qu'on revienne à des choses plus simples, là je me sens un peu perdu(e), ça risque de me couper tous mes effets ! (avec un sourire) »
- « Ne m'en veux pas mais ce genre de pratiques n'est pas du tout mon truc, faisons une pause câlin, tu veux ? »

S'il insiste, vous vous dégagez et dites : « Ça ne peut pas continuer comme ça si tu ne prends pas en compte ce que je te dis. Si tu ne veux pas m'écouter, je préfère arrêter là. »

Trois conseils pour que ça se passe bien

1. Savoir se laisser aller

Si vous avez peur du jugement de l'autre, vous ne pourrez pas vous laisser aller. Dites-vous que votre partenaire est aussi angoissé(e) que vous du regard que vous allez porter sur lui/elle.

Le Dr Mascret, sexologue, s'adresse ainsi aux hommes : « À un niveau plus inconscient, la première nuit, c'est aussi la rencontre de votre idéal sexuel (que doit faire un bon amant dans un lit ?) et du sien (que va-t-il penser de moi si je fais ceci ou refuse cela ?). » Soyez naturel(le), laissez vos corps se parler et écoutez leur langage. Si vous sentez que ce que vous faites ne « marche » pas, tentez autre chose et n'hésitez pas à lui demander conseil ou à vous orienter ou accompagner vos caresses. Et, au contraire, si vous voyez que vos caresses sont les bienvenues, continuez.

2. Ne pas hésiter à dire ses désirs

La communication est très importante, surtout la première fois. N'ayez pas peur d'exprimer vos désirs et restez à l'écoute des siens, qu'ils soient verbalisés ou montrés. Encore une fois, les corps ont leur langage. Soyez attentif(ve) à votre ressenti, mais aussi à celui de l'autre.

3. Lâchez du lest et laissez-vous porter

Si vos corps sont en harmonie, pourquoi ne pas les laisser faire et suivre votre instinct ? La composante biochimique joue un rôle essentiel dans la première fois avec un nouveau partenaire. Vous ne pouvez pas tout contrôler : quelque chose se passe (ou pas) au niveau du regard, des odeurs, de la texture de la peau.

Les cinq attitudes à observer… pour qu'il y ait des nuits suivantes

Le lendemain côté femmes

POUR LES FEMMES

Vous n'avez pas très bien dormi. Si vous êtes chez lui, vous ne connaissez pas le lieu, vous n'êtes donc pas à l'aise. Si vous êtes chez vous, ce n'est pas forcément mieux : vous êtes un peu coincée, vous ne savez pas très bien le mettre à l'aise, vous avez peur de ronfler, etc.

Vous êtes levée avant lui pour aller vous refaire une petite beauté. Vous ne savez pas trop quoi faire, vous recoucher, faire le petit déjeuner ?

Profitez de la douceur d'un réveil partagé

Recouchez-vous ! Vous avez raison de vous rafraîchir un peu avant, si c'est important pour vous, vous serez plus à l'aise ainsi. Et c'est ce qui compte. Mais détendez-vous !

- Laissez-vous l'occasion d'un réveil câlin, et pourquoi pas, laissez-lui la possibilité d'aller vous chercher des croissants et de vous préparer un petit déjeuner.
- Si vous voyez qu'il a du mal à se réveiller, qu'il ne parle pas trop pendant le petit déjeuner, respectez son besoin de silence. Beaucoup de gens ne sont bons à rien avant leur café du matin. Il en fait peut-être partie.

N'en demandez pas trop

- Ne faites pas de débriefing sur cette première nuit d'amour (les hommes n'aiment pas ça, surtout au petit déjeuner), ne demandez pas si c'était bien, contentez-vous de lui faire comprendre subtilement que ça vous a plu.
- Ne lui demandez surtout pas : « Où est-ce qu'on va nous deux ? » entre le café et le jus d'orange. Ne sortez pas le dossier « suite des événements » tout de suite. Sinon : crise d'angoisse masculine assurée. Ayez confiance en l'avenir : il doit sentir votre confiance.

Continuez à vivre votre vie

Vous aviez des projets pour aujourd'hui (un brunch entre amis, un déjeuner dominical chez vos parents…), allez-y. Continuez à vivre votre vie normalement. Ne changez pas vos projets de vie pour lui, même s'il vous le demande. Pour qu'une relation débute bien, il lui faut beaucoup de moments de respiration, car à chacun de ces moments, le désir renaît.

Laissez-le respirer. Donnez-lui le temps de vous désirer, de ressentir le manque et de vous proposer des choses. Il faut qu'il se rende compte par lui-même qu'il a très envie de recommencer.

L'avis de Serge Hefez

C'est sans doute dans le jeu de la séduction et dans les premières rencontres sexuelles que la tension vers l'égalité des couples d'aujourd'hui questionne le mieux les rémanences des archétypes de vingt siècles de domination masculine. Le désir de symétrie tend à brouiller et à emmêler les schémas classiques. Les couples traversent de plus en plus ces frontières féminin/masculin.

Classiquement, le pôle féminin de l'érotisme est défini par la continuité entre l'éros des corps et l'éros des cœurs, dans une sentimentalité qui ne dissocie pas l'acte sexuel des conditions affectives de sa réalisation. Le pôle masculin, lui, apparaît plutôt discontinu, puisqu'il dissocie la sexualité du lien sentimental.

La libération sexuelle ne modifie pas tant que ça les représentations et l'accordage des attentes des hommes et des femmes : la sexualité reste fondée, chez les hommes, sur un renouvellement perpétuel du désir, et chez les femmes, sur l'expression de la permanence de la relation. Ce qui les ramène à cette très classique opposition source de bien des drames dans le couple : faire l'amour reste le meilleur moyen de résoudre une tension relationnelle pour les uns, alors que c'est le prolongement d'un accord et d'une intimité pour les unes.

Le lendemain, côté hommes

Vous avez dormi comme un bébé et vous vous réveillez heureux. Vous êtes encore un peu endormi, mais votre corps, lui, est en pleine forme, d'ailleurs vous recommenceriez bien les exploits de la nuit ! Seulement, vous ne savez pas trop comment vous comporter car vous ne connaissez pas encore toutes les préférences de votre nouvelle amoureuse. Et vous n'arrivez pas trop à savoir si elle aurait envie de vous revoir…

Sachez vous montrer civil et délicat

- Ne lui sautez pas dessus sans préavis ! Et puis, faites un effort de présentation matinale. Vous pouvez vous brosser les dents ou au moins boire un verre d'eau. Restez doux et câlin. Les femmes aiment les réveils tendres.
- Si elle dort encore, laissez-la se reposer. Et faites-lui la surprise d'un petit déjeuner.
- Si vous allez chercher les croissants, laissez-lui un petit mot sur l'oreiller pour la prévenir, sinon elle risque de croire que vous vous êtes enfui (et achetez un pain au chocolat et un chausson aux pommes, pour qu'elle ait le choix) !

- Sachez rester humble, ne vous congratulez surtout pas avec de petites phrases du type : « Tu as vu, c'était bien, hein, c'était bien ? ! » Les femmes détestent ça. La modestie, c'est très important, surtout lorsqu'il s'agit de sexe, car c'est à votre partenaire de vous faire sentir que vous êtes bon. Dans le cas contraire, elle pensera que vous n'avez pas besoin d'elle pour être satisfait de vous-même et elle n'aura pas tout à fait tort...

Comment gérer l'après, comment la revoir

Vous tenez à elle et vous voulez la revoir : continuez tout simplement à la séduire ! Commencez par le matin même :

Dites-le lui : exprimez vos sentiments de bien-être, soyez gentil, prévenant et délicat. C'est très important pour une femme d'être chouchoutée le premier matin. Sinon, elle croit qu'elle ne présente plus aucun intérêt maintenant qu'elle a fait l'amour avec vous. Il ne s'agit pas de lui faire des déclarations enflammées, mais de la traiter avec respect et de lui prodiguer quelques petites attentions bien à vous.

Si vous passez la journée ensemble, après une jolie première nuit, vous pouvez lui offrir des fleurs. Vous pouvez la prendre par les épaules quand vous sentez qu'elle a froid, faire un détour par son pâtissier préféré pour une petite douceur à deux... Que vous soyez affectueux, plutôt taiseux ou passionné, soyez toujours tendre et attentionné.

Faites-lui comprendre que vous avez passé un moment rare et précieux. Elle ne doit pas se sentir « comme les autres » mais au contraire, unique à vos yeux.

Lorsque vous vous séparez, embrassez-la avec passion (pas de petit bisou vite fait ou timide !) en lui promettant de la rappeler, et faites-le... mais pas immédiatement : attendez au minimum le lendemain, ou mieux deux, trois, voire quatre jours.

Si elle dort encore, ne partez pas comme un voleur ! Laissez-lui un billet doux : « Bonjour beauté (remplacez par son prénom). Tu dormais si bien, il était si tôt... C'eût été cruel de te réveiller. Je ne serai pas là les jours prochains, je t'appellerai à mon retour. La nuit fut si belle, mais trop courte... À très vite. »

Pour aller plus loin : les ouvrages du professeur Pasini

Willy Pasini est un psychothérapeute italien, l'un des pères fondateurs de la sexologie moderne. Ses travaux portent sur l'affectivité et l'intime, sur les individus et les couples. Ils sont toujours fondés sur l'étude de cas concrets. Dans ses ouvrages, il radioscopie la vie de couple, en identifiant les bonnes et mauvaises attitudes de la vie de couple, il décrypte la naissance du sentiment amoureux, offre ses conseils pour faire durer l'amour et maintenir de la complicité… Mais s'attache aussi à étudier le « côté sombre » du couple, comme l'infidélité ou la jalousie.

Ses ouvrages de référence :

À quoi sert le couple, Odile Jacob, 1995 ;

La Force du désir, Odile Jacob, 1997 ;

Être sûr de soi, Odile Jacob, 2001 ;

Les Nouveaux Comportements sexuels, Odile Jacob, 2002 ;

L'Intimité retrouvée, Odile Jacob, 2009.

Après la première nuit, qui appelle qui ? Quand ? Que proposer ?

Qui ?

POUR LES HOMMES

L'homme, et c'est obligatoire. Si vous ne voulez pas la revoir, envoyez-lui un SMS qui la remercie pour ce bon moment passé ensemble mais qui termine, dans les grandes lignes, par une excuse sur les motifs de votre retrait : « Merci pour ce bon moment passé ensemble. Néanmoins, je m'excuse mais je suis pris ailleurs. Je te souhaite le meilleur » ou : « On se reverra peut-être mais je suis très pris en ce moment. » Ne considérez jamais une femme comme une femme-objet en ne donnant aucune nouvelle après avoir couché avec elle, car elle vous le fera payer au centuple.

Si elle vous plaît, envoyez tout d'abord un SMS de remerciement, puis appelez-la trois ou quatre jours plus tard pour lui proposer un autre rendez-vous.

Quand ?

Le SMS qui dit « Merci ! », vous devez l'envoyer le lendemain dans la journée ou le soir même, mais vite. Si elle vous plaît, et que vous avez envie de la revoir, dites-lui simplement « Je t'appelle bientôt », et faites-le !

Que proposer ?

Dans ces heures cruciales, ne proposez rien. Vous devez laisser passer du temps, de part et d'autre. Promettez simplement d'appeler bientôt.

Pour en finir avec le petit jeu du silence

« Quand je débute une relation avec une fille, en général, un rapport de force s'installe. Quand elles ne m'appellent pas, je n'appelle pas. Et quand elles appellent, ce sont les filles envahissantes. En fait, je ne suis jamais sûr de ce qu'elles pensent. Parfois, j'attends que la fille se déclare un peu. Mais le plus souvent elle reste sur ses gardes. Et souvent, j'ai peur d'en dire plus et je n'ai pas envie de me dévoiler à elles. Je les laisse venir et je suis toujours déçu. En faisant les exercices de l'étape 5, je me suis dit qu'il fallait que je change ça et que je leur dise que j'étais un homme de confiance pour, déjà, les rassurer. Alors, comme je ne savais pas comment le dire, j'ai dit exactement cette phrase-là à une fille qui me plaisait bien. Elle m'a répondu que parler de confiance, ça lui a beaucoup plu et qu'elle fera de même avec moi. Quand vous dites qu'il faut "tisser un lien de qualité", j'ai trouvé qu'utiliser ce terme-là avait tout de suite donné un autre ton à notre drague. Comme si on voulait l'un et l'autre rentrer dans une relation saine dès le départ. Même si elle est courte, au final, au moins, on sait qu'on ne se moquera pas l'un de l'autre et qu'on ne passera pas à côté d'un bon truc, s'il doit arriver. »

Elles n'attendent surtout pas anxieusement près du téléphone qu'il rappelle ! Au contraire ! Boostées par ce succès, elles sortent, s'affichent avec un sourire rayonnant, rappellent quelques amis pour organiser des sorties excitantes, s'occupent en tout cas à se bâtir une vie riche, bien remplie, indépendante, glamour en diable !

Restez vous-même !

Bien sûr, il n'existe pas de mode d'emploi. Chacun d'entre nous est unique et a des réactions qui lui sont propres selon les circonstances. Cependant, il existe tout de même quelques règles universelles. Vous l'aurez compris : délicatesse, naturel, simplicité, respect de soi-même et de l'autre sont essentiels pour partager un moment magique et pour que cette première nuit ne soit pas la dernière. Pour la suite, faites-vous confiance !

Cinquième partie

Séduire pour une relation durable

Dans cette partie...

Je vais vous donner les clés pour bien démarrer une relation si l'une de vos conquêtes vous fait vibrer plus que tout autre. Avant de vous engager, vous saurez si c'est la bonne personne pour vous. Puis, vous apprendrez comment faire durer cette belle histoire. Et si ça ne marche pas comme vous le vouliez, un chapitre entier vous aide à « corriger le tir » quand ça ne va pas dans le bon sens !

Chapitre 16

Ça ne marche pas ? Corrigez le tir !

Dans ce chapitre :

- Que faire s'il/elle n'appelle pas, il/elle souffle le chaud et le froid, il/elle s'emballe trop vite ou au contraire ne se presse pas assez ?
- Apprenez comment redresser la barre.
- Et si rien ne marche, sachez rompre avec élégance, ou mettre toutes les chances de votre côté pour le récupérer.

Si vous ne lui avez pas encore adressé la parole, il/elle ne vous a pas encore remarqué(e), faites marche arrière, et relisez les chapitres 1 à 12.

Si vous avez lu et appliqué nos conseils, vous devez à présent plus que maîtriser les bases de la drague ! Vous avez récolté des sourires, des regards enflammés, des numéros de téléphone, vous êtes sur un petit nuage, et là… Patatras, ça ne marche pas ! Quelque chose coince dans votre démarche et vous ne savez pas quoi. Au stade où vous devriez normalement vous rouler dans le bonheur et dans les draps de votre conquête, vous vous morfondez dans votre canapé à attendre qu'il/elle rappelle ? Ce chapitre va vous aider à résoudre les problèmes auxquels vous pouvez être confronté(e).

Il/elle n'appelle pas, ou ne rappelle pas

Il est peu probable que votre cible ait perdu votre numéro ou votre e-mail. Si c'était effectivement le cas, et que cette personne tenait à vous, il/elle l'aurait tout simplement retrouvé. L'amour fait faire des prouesses, et retrouver quelqu'un est très facile actuellement. Une personne qui VEUT prendre contact avec vous a tous les moyens de le faire. Si on ne vous rappelle pas du tout, c'est que vous ne l'intéressez tout simplement pas. Ne le prenez pas personnellement et passez immédiatement à autre chose. Vous gagnez du temps et vous évitez de vous dévaloriser en continuant à vous demander « Pourquoi » pendant des jours, des semaines, voire plus, pour certain(e)s.

Il/elle souffle le chaud et le froid

Après un départ encourageant, vous ressentez une baisse de motivation de la part de votre partenaire, ou, dans tous les cas, une nette distance : il/elle ne vous (r)appelle que rarement. Ou vous rappelle toujours tard. Ou, pire, vous avez l'impression d'être la cinquième roue du carrosse, celui ou celle qu'on appelle quand on n'a plus d'autres options. Ce genre d'attitude vous dévalorise, à ses yeux, et aux vôtres. C'est une situation hélas courante, à laquelle il faut réagir immédiatement. Vous valez mieux que ça !

Une règle d'or, à retenir dès à présent : lorsqu'on vous appelle après 22 heures, vous n'êtes plus disponible, que vous soyez un homme ou surtout une femme (sauf bien sûr si l'on vous appelle pour vous souhaiter bonne nuit après un bon moment passé ensemble). Ne vous expliquez pas, ne vous justifiez pas, mais dites simplement que vous n'êtes pas disponible. Si vous ne vous en sentez pas le courage, ne répondez pas à son appel.

Pourquoi ? Comment réagir ?

Parce qu'il/elle est déjà pris(e)

Attention, beaucoup d'hommes et de femmes déjà engagés, mariés, ou en couple, ont derrière eux un passé de séducteur ou de séductrice dont ils restent nostalgiques. Bien que casés, ils sont encore accros au jeu de la séduction. Ils le pratiquent d'autant plus intensément dans les premières phases qu'ils sont sûrs de ne pas aller jusqu'au bout ! Pour certains d'entre eux, cette drague sans conclusion est même la bouffée d'oxygène qui permet à leur couple de tenir sur le long terme.

Jouez sur leur terrain

En règle générale, je recommande de ne pas vous engager dans un jeu de séduction avec quelqu'un qui est déjà pris : c'est, dans la grande majorité des cas toujours celui qui est célibataire qui en souffrira le plus.

Si toutefois vous voulez faire craquer ces dragueurs compulsifs, jouez sur leur terrain : ne vous investissez pas émotionnellement, maintenez la distance et prenez la main sur le jeu de la séduction. Pratiquez vis-à-vis d'eux

« l'incroyable écoute » à outrance, affirmez brutalement et très clairement votre désir, puis plantez-les là, en les laissant à leurs contradictions. Allez immédiatement draguer un ou plusieurs autres célibataires, sous leur nez ! Vous devenez à la fois inaccessible et hautement désirable… Il/elle devrait revenir à la charge, cette fois avec des propositions plus précises.

Parce que vous ne vous êtes pas assez affirmé en tant qu'homme

Vous n'avez pas été assez ferme ou assez clair dans l'expression de votre désir, et elle commence à vous prendre pour un bon copain, ou pour pire, pour rien du tout, si elle ne vous répond qu'une fois sur deux ! Vous l'ennuyez un peu, ou bien elle n'est pas sûre de ses sentiments pour vous. En un mot, vous ne vous êtes pas montré assez viril dans votre cour !

Glacial, brûlant ou chaleureux, mais jamais tiède !

Elle n'est pas convaincue ? Changez de registre : celui sur lequel vous avez joué jusqu'à présent était peut-être trop tiède. Rappelez-vous : la fadeur n'a pas le droit de cité dans une entreprise de séduction. Étonnez-la ! Suivant votre personnalité, optez pour l'une de ces trois attitudes :

- Inspirez-vous du latin lover du chapitre 8, passionné, mais pas suppliant, pour insuffler de la passion dans cette relation flageolante. Une femme a besoin, pour céder à vos avances, de vous sentir investi corps et âme dans cette histoire.
- Prenez exemple sur le bad boy, toujours au chapitre 8, et détachez-vous d'elle. Elle ne compte plus à vos yeux, il y en a d'autres : vous vous en fichez. Restez mystérieux sur vos motivations, arrêtez de l'appeler à tout bout de champ, soyez laconique quand elle vous parle. Si cela correspond vraiment à votre personnalité, vous devriez récupérer instantanément dix points de séduction virile.
- En vrai gentleman, emportez-la dans un tourbillon d'attentions qui vous permettront de vous rapprocher d'elle physiquement. Relisez le chapitre 8 et découvrez les mille et une occasions qu'offre la galanterie française pour la faire craquer.

Gaël attend le bon moment… trop longtemps

Au cours d'une soirée chez des amis, Gaël, un jeune homme très bien élevé de 25 ans, a passé un long moment avec Anaïs, une jeune femme vive, qui l'épate par sa liberté et son bagout. Il n'a pas osé l'embrasser le premier soir, alors qu'elle passait ses bras autour de son cou pour lui dire au revoir. Cela n'aurait pas été correct, selon lui. Il aurait alors profité d'elle, puisque, en fin de soirée, tout le monde, y compris lui-même et Anaïs, avait bu un peu plus que de raison. Voilà qui est bien chevaleresque. Il la rappelle donc le surlendemain pour lui proposer un rendez-vous, qu'elle accepte. Ensemble, ils se rendent dans un café-concert où joue l'un de leurs amis communs. Le bar est bondé, l'ambiance n'est pas exactement propice aux effusions, or Gaël pense que le premier baiser doit être romantique, privé, exceptionnel, et il attend. Le moment venu, pense-t-il, il lui fera part de ses sentiments, et pour l'instant, il ne veut surtout pas donner l'image de l'un de ces dragueurs plutôt lourds qui entourent habituellement la jolie Anaïs. Mais de rendez-vous en rendez-vous, il se bloque, et endosse peu à peu le rôle d'un bon ami à qui Anaïs raconte ses déboires sentimentaux. En croyant faire preuve de respect, Gaël s'est en fait donné des excuses pour ne pas passer à l'action. Gaël a ensuite compris qu'il se justifiait à tenir la posture du gentleman. S'il est important effectivement de respecter sa compagne, il n'est pas efficace du tout de la vénérer au point de ne plus exister en tant qu'homme ! Gaël a créé par la suite une vraie rupture dans son comportement. Il a montré son attirance avec tact, mais aussi avec conviction… qui fait également partie des devoirs du gentleman !

Pour les femmes : parce que vous vous êtes montrée trop disponible

POUR LES FEMMES

Il est distant ? Faites-vous plus distante encore. Vous n'avez rien à y perdre.

S'il n'est pas plus charmé que ça par votre petite personne, vous reprenez votre liberté pour aller draguer ailleurs.

Il peut aussi être intéressé, mais vous vous êtes peut-être montrée trop disponible dès le début de votre relation. Il croit donc que vous lui êtes tout acquise et son désir de vous conquérir s'émousse rapidement. Vous ne présentez pas un enjeu suffisant pour qu'il mette en marche son moteur à séduction, de manière consciente ou non.

Reprenez la main

LE CONSEIL DE FLORENCE

Dans un cas comme dans l'autre, il est important que vous repreniez votre vie en main. Ne l'appelez plus, éloignez-vous et cultivez vos autres relations. Ouvrez les yeux et regardez autour de vous. Y a-t-il dans votre entourage un cas intéressant que, tout à votre entreprise de séduction, vous auriez négligé ? C'est le moment de vous y intéresser de plus près. Ne flanchez pas. Sachez que la drague prend parfois la forme d'un scénario aux multiples rebondissements. Vous pouvez mettre un homme « de côté » pour un, voire plusieurs mois, avant de le retrouver dans des dispositions plus favorables.

Reprendre votre vie en main au lieu d'attendre qu'il se manifeste vous qualifie plus hautement à ses yeux :

- Vous lui prouvez que vous n'avez pas besoin de lui : c'est à lui de faire l'effort de vous séduire. Il doit comprendre que dès qu'il lâche l'affaire, vous n'êtes plus à lui.
- En vous tournant vers les autres, vous améliorez votre réseau personnel : vous prenez de la valeur sociale.
- En laissant d'autres hommes vous approcher, vous devenez plus désirable à ses yeux : vous êtes celle que l'on convoite ! Vous jouez de l'esprit de compétition cher aux hommes.

Et s'il ne réagit toujours pas, tant pis ! Passez sans regret à autre chose, car tenter plus serait vous abaisser à ses yeux.

Il/elle s'emballe trop vite

On a tendance à penser qu'il s'agit là d'un trait plutôt féminin… Mais pas du tout. En période de conquête, les hommes ont tendance, si tout se passe bien, à laisser leur imagination et leurs sentiments galoper follement. Or, nous l'avons vu à plusieurs reprises dans ce guide, si vous voulez que votre relation s'installe dans la durée, vous avez tout intérêt à ne pas brûler les étapes.

C'est grisant, mais il faut refréner ses ardeurs

Pour une femme, se laisser emporter par les grandes déclarations d'un amant fougueux, c'est tentant, et même grisant. Vous savez à présent que si vous lui répondez sur le même ton, vous allez épuiser vos cartouches très vite, et le stopper net dans son élan de conquête. Apprenez à prendre le dessus dans cette étape cruciale de la relation. C'est à vous de réagir tout de suite, avec un discours très raisonné : vous devez lui rappeler que vous ne le connaissez pas encore. Et, par ailleurs, vous avez une vie riche et bien remplie que vous ne pouvez complètement mettre de côté pour lui. Donnez-lui une place, mais seulement sa juste place. Demandez-lui de respecter votre vie et de prendre le temps de mieux vous connaître l'un et l'autre avant d'avancer ou de vous engager. Rappelez-vous : le temps permet non seulement de mieux vous découvrir et de bâtir ensemble une véritable histoire, mais c'est aussi un des ingrédients essentiels du désir.

Il/elle ne se presse pas

Vous sentez qu'il y a une attirance entre vous, mais votre partenaire ne réagit que peu à vos avances. Il/elle semble intéressé(e), mais pas plus pressé(e) que ça de la conduire à son terme, quel qu'il soit. Cherchez où le bât blesse.

Il/elle décroche quand vous lui parlez

Il/elle n'est pas concentré(e) sur vous, son regard papillonne ailleurs. Instinctivement, vous sentez que vous devez vous « qualifier » à ses yeux. Une réaction naturelle serait de dresser la liste de vos qualités susceptibles de l'intéresser. Erreur tactique ! Ce n'est pas à vous de faire l'article. Laissez vos atouts parler d'eux-mêmes, ne vous survendez surtout pas. Vous pouvez vous intéresser à lui, puis revenir dans l'échange un peu plus tard dans la soirée. Mais le meilleur moyen reste l'autodérision, sur le sujet même qui vous préoccupe : je suis très ennuyée car votre regard papillonne ailleurs quand je vous parle et j'aurais pourtant tant aimé vous raconter… vous… Retrouvez dans la partie des Dix à la fin de ce chapitre toutes les phrases pour vous tirer d'affaire.

Jouez sur la jalousie

La technique est efficace sur les hommes comme sur les femmes. Tout en le/la regardant intensément dans les yeux, laissez échapper que vous avez passé une soirée inoubliable dans un restaurant romantique avec « quelqu'un ». Cela devrait piquer au vif sa curiosité, *a fortiori* si l'objet de vos désirs est un homme, ceux-ci étant particulièrement motivés par la compétition. Veillez toutefois à ne pas trop en faire, le doute doit planer sans devenir une certitude. Libre ? Pas libre ? Telle est la question…

Dès que votre cible a reçu le message, recentrez la conversation sur lui/elle : « Je pense que tu aurais beaucoup aimé ce lieu, il n'est d'ailleurs pas très loin de chez toi, peut-être que tu le connais ? »

Sachez renoncer à temps

Si malgré tout, il/elle ne réagit pas ou se détourne de la conversation, n'insistez pas. Vous acharner ne redorerait pas votre blason. Prenez le large et concentrez vos efforts sur quelqu'un d'autre.

Vous flirtez, mais il/elle ne semble pas vouloir aller plus loin

Alerte ! Votre relation manque d'enjeu et désir !

POUR LES FEMMES

Vous devrez d'abord lui faire comprendre, avec subtilité, que vous êtes une femme à conquérir, et que c'est lui qui devra faire l'effort de vous courir après. Soignez particulièrement votre physique à cette étape, mais sans trop en faire. Si vous êtes habituellement en jean-baskets, cette fois, misez sur vos cheveux et ajoutez une touche de rouge à lèvres, histoire de vous donner un peu de sex-appeal. Si vous cultivez habituellement un look très sexy, optez pour une touche de mystère, moins rentre-dedans, plus intrigante. Il faut juste qu'il note un léger changement.

Sans le mettre en cause, faites passer le message : votre temps avec lui est compté. Ne vous plaignez pas, ne le stigmatisez pas, mais lancez un ultimatum voilé.

« Je ne peux rester qu'une demi-heure, on m'attend. » Ne répondez pas à ses questions concernant votre prochain rendez-vous. Éclipsez-vous et c'est tout.

POUR LES HOMMES

Redoublez d'attentions, usez de la galanterie et du langage du corps pour épicer vos rencontres. Affirmez votre désir dans la manière dont vous la regardez, dont vous lui parlez, dans vos gestes.

- Prenez des décisions ;
- Faites-la bouger ;
- Étonnez-la lors de vos rendez-vous ;
- Confiez-vous à elle : dites-lui qu'elle vous fait de l'effet, dites-lui comment et à quel point.

ATTENTION

Agissez toujours sans geindre et sans vous plaindre de son manque de réaction, mais avec assurance. Vos attentions sont une sorte de cadeau que vous lui faites. Vos confidences, vos gestes courtois doivent se faire avec un sourire coquin, et un regard affirmé, plein d'assurance et d'un mâle désir. Surtout pas un air suppliant !

Au lit ça marche, mais il/elle ne semble pas vouloir aller plus loin

Vous n'avez sans doute pas prouvé votre capacité à vous engager. Une femme va chercher quelqu'un de stable pour penser à l'avenir. Inconsciemment, elle cherche le père de ses enfants. Si elle voulait simplement un géniteur, n'importe quel Adonis pourrait faire l'affaire, mais elle cherche plutôt un homme capable d'assurer la survie de sa progéniture. Exit donc les don Juan, les instables sentimentaux, les hommes-enfants : madame ne s'engagera que sur du solide.

Vous devez la rassurer avant tout sur vos sentiments et sur votre capacité à la rendre heureuse sur le court ou moyen terme. Vous devrez aussi apprendre à lui faire une place dans votre vie, et pour cela, lui raconter un peu de votre vérité, tout en vous intéressant à elle. Vous avez peut-être négligé cette étape. Retournez aux chapitres 1 et 6 !

Sachez qu'avant de s'engager un peu plus avant dans une relation, un homme prend souvent du recul. Ne le pressez pas pendant cette période-là, car c'est une période très fragile, éloignez-vous un peu et laissez le réfléchir en toute confiance. Dans ces moments-là, c'est votre absence qui est la plus efficace.

Respectez sa précieuse autonomie

Les hommes semblent pris d'une pulsion de liberté dès qu'une relation s'affirme, ce qui a tendance à inquiéter les femmes. En réalité, la raison de ce comportement remonte à l'enfance. Dès leur plus jeune âge, les filles trouvent leur force dans l'affiliation en prenant modèle sur la mère, tandis que les garçons la prennent dans l'autonomie et la séparation vis-à-vis de leur maman. C'est leur façon de se construire et d'asseoir leur masculinité.

L'homme oscillera toujours entre l'attachement et l'indépendance. Il construira sa relation amoureuse sur la base de cette polarité, c'est tout simplement nécessaire à son équilibre.

La femme qui n'ose pas y croire

Certaines femmes n'osent pas croire à la possibilité d'une vraie relation. Dans leur for intérieur, elles sont convaincues que ce n'est pas pour elles, qu'elles ne le méritent pas. Elles se positionnent sans s'en rendre compte comme des « filles de passage » ou « bonnes copines », car elles se persuadent qu'elles n'ont aucune chance que cela dure. J'en ai rencontré beaucoup en coaching. Elles ne permettent pas aux hommes de les percevoir comme des filles avec lesquelles on s'engage et se comportent donc comme s'il n'y avait pas d'enjeu. Si vous vous reconnaissez dans ce cas, relisez le chapitre 2 (boostez votre personnalité) pour retrouver le sens de votre propre valeur ou lisez la méthode de Florence en 5 étapes pour trouver l'homme de votre vie.

Au lit, vous ne faites pas d'étincelles

Tout d'abord, ne vous dites surtout pas que vous n'êtes pas fait l'un pour l'autre. Les films, qu'ils soient romantiques, un peu hot ou carrément porno, ne montrent quasiment jamais que des relations torrides dès les premières étreintes, impliquant une obligation de performance à tout prix, au premier instant. Or, ils ne montrent jamais les pannes dues à l'émotion, les hésitations, les tâtonnements approximatifs qui sont le lot de bien des relations qui débutent. Chaque corps est différent et demande à être apprivoisé. Il n'y a pas de recette valable pour tous et toutes.

Recommencez : donnez-vous une autre chance

Si vous avez la sensation d'avoir raté votre première nuit, pas de panique, c'est tout à fait courant. Ce n'est pas forcément la faute de l'un ou de l'autre, mais ça vient plutôt du temps d'adaptation nécessaire à chaque couple qui peut être plus ou moins long. Il ne faut pas fuir en courant, mais recommencer encore et encore ! Prenez le temps de vous connaître à tous les points de vue, de devenir intimes tant au niveau sentimental qu'intellectuel. Cela favorisera la communication entre vous aussi au niveau physique. Osez parler à votre partenaire, pour savoir ce qui vous fait plaisir mutuellement. Avant, pendant ou après vos ébats, qu'importe, l'essentiel est de communiquer sur le sujet. Évitez néanmoins les débriefings, manifestez tout simplement votre plaisir quand votre partenaire fait quelque chose qui vous plaît !

Si vous êtes un homme… et que vous n'êtes pas content de vous

Sachez tout d'abord que la plupart des femmes sont très patientes et compréhensives. Vous avez eu un problème. Elle n'a pas pu prendre de plaisir ? Vous avez été trop rapide ? Vous avez été trop stressé et rien n'a fonctionné ? Dites-lui avec sincérité que vous êtes désolé et que c'est certainement dû à l'effet très fort qu'elle vous fait et qu'elle reste confiante, ce sera très bien la prochaine fois.

Si vous êtes un homme… avec une femme très immature, novice, coincée

Soyez prévenant et patient. Certaines femmes, et pas forcément les plus jeunes, restent très prudes et inexpérimentées. Cela ne veut pas dire que vous ne pouvez pas les révéler rapidement. Si elles sont jeunes, respectez un lent apprentissage pour ne pas les effrayer.

Si vous êtes une femme… et que vous n'êtes pas contente de vous

Surtout, ne cherchez pas les prouesses. La plupart des hommes sont compréhensifs. Dans la sexualité, le maître mot est le respect : respect de votre rythme, de vos limites, de votre corps. N'acceptez jamais rien pour faire plaisir à l'autre alors que vous n'en avez aucune envie.

Ciel ! des défauts !

Au fil des rendez-vous, vous vous apercevez que ce bel éphèbe sur qui vous aviez flashé, ou cette fille que vous pensiez parfaite, ne vous plaît plus tant que ça. Vous pensez que vous allez avoir du mal à vous accorder : il/elle est bordélique et vous êtes ordonné(e), il/elle vient d'un milieu social très différent, vos différences culturelles sont vraiment profondes, vous êtes végétarien, elle est carnivore, elle a 22 ans, vous en avez 70…

Surmontable ou pas ?

Réfléchissez à ce qui vous chiffonne. Sachez distinguer les défauts de l'autre qui ne vous plaisent pas, mais qui ne sont pas nocifs à votre relation, des comportements toxiques qui vous font du mal.

Pas de pitié pour les comportements nocifs

Si c'est son attitude vis-à-vis de vous qui vous blesse, parlez-en ensemble et si son attitude ne change pas, coupez court.

Vous ne devez pas accepter qu'on vous manque d'égard. Penser qu'on vous aimera plus si vous laissez passer des situations inacceptables est complètement contre-productif. En ne réagissant pas, vous laissez s'installer le mépris, l'antithèse de la séduction. Que vous soyez un homme ou une femme, ne vous laissez pas marcher sur les pieds ! Rectifiez immédiatement le tir s'il/elle :

- Vous critique tout le temps ou se moque de vous. Il n'y a pas de plaisanterie innocente. Une fois, cela peut s'apparenter à une gaffe, mais quand c'est à répétition, c'est très mauvais signe sur la nature du personnage ;
- Vous traite mal, ne vous respecte pas, physiquement ou psychiquement ;
- Va trop vite pour votre propre rythme, que vous soyez un homme ou une femme ;
- Vous parle en permanence de ses ex ;
- Regarde avec insistance ou drague d'autres hommes ou femmes pendant qu'il/elle est avec vous.

Soyez bienveillant(e) envers ses « défauts »

S'il s'agit simplement de différences dans vos modes de vie, d'habitudes qui ne vous plaisent pas (il joue à la Playstation toute la nuit avec ses copains, elle vous raconte ses problèmes au boulot pendant des heures, il est pris de panique quand il faut s'occuper de sa paperasse administrative, elle parle comme une petite fille au téléphone…), il n'y a là rien d'insurmontable. Ce sont simplement des ajustements à opérer dans le schéma de votre partenaire idéal. Décochez l'option « voix mystérieuse et troublante » ou « expert en histoire de l'art » et admirez toutes les cases qui restent encore cochées !

Se débarrasser des idées paralysantes

Parfois ça ne marche pas, mais cela ne vient ni de votre technique, ni de votre physique, ni de lui ou d'elle. Vous pouvez être paralysé(e) par plusieurs éléments.

Par vos mythes amoureux

Certain(e)s attendent le coup de foudre, d'autres le prince charmant. Au final, ni l'un ni l'autre n'arrivent, et l'on passe ses plus belles années à attendre que « ça » nous tombe dessus au lieu de comprendre que l'amour peut débuter sous toutes ses formes.

Dans *Les Relations amoureuses pour les Nuls*, j'inventoriais longuement tous les mythes amoureux qui nous empêchent d'avancer en amour. *La Drague pour les Nuls* se doit, de la même manière, de tordre le cou aux mythes et attitudes ancrés en vous et qui inhibent votre drague et qui, au final, vous empêchent de réussir votre vie sentimentale.

Pour lever vos freins, dites-vous que ce qui compte, c'est l'intensité de votre relation. Une rencontre banale peut aller crescendo et devenir une très belle histoire d'amour. Mais, pour le savoir, il faut bien oser « plonger » en allant à la rencontre de l'autre. C'est pour cela que la drague est un exercice si excitant. Elle permet d'aller titiller la personnalité de l'individu qui nous fait face pour aller dénicher ce qu'elle a à nous donner de meilleur. Si l'on avance avec ses préjugés, on passe à côté des plus belles rencontres, on passe à côté de TRÈS belles rencontres, celle où l'autre nous est « complémentaire », ou mieux encore, nous a « reconnu(e) ».

Parce que vous le/la croyez mieux que vous

Vous vous bloquez en le/la pensant plus intelligent(e), plus beau/belle, plus sociable que vous… Voilà une autre famille de « freins à la drague » bien paralysant. Si vous abordez la drague avec la technique de l'incroyable écoute, vous lèverez tous les freins (physiques, intellectuels), car vous rentrez par la porte de l'intime où les questions d'ordre intellectuelles ou physiques n'ont plus lieu d'être : vous désarçonnez l'autre et il s'engouffre, avec vous, dans la brèche que vous venez d'ouvrir.

Le coup de foudre ou rien : un mythe qui freine votre drague

Cessez de faire la midinette ! Non, il n'y a pas UNE personne destinée uniquement à UNE autre. Désolée, c'est une légende pour vous faire acheter des billets de cinéma. Si c'était réellement le cas, imaginez quelle catastrophe ce serait : en nos temps de grande mobilité géographique, qu'est-ce qui empêcherait votre moitié idéale de résider à Beauvais pendant que vous l'attendez sur la Côte d'Azur ? Si vous avez lu le chapitre 1, sur les mécanismes de la séduction, vous savez à présent que l'attraction « *at first sight* » existe, mais n'est pas du tout synonyme d'une belle histoire. La plupart des belles histoires d'amour n'ont pas commencé par le coup de foudre. L'attraction se développe avec le temps. Comptez un minimum de 90 minutes, un laps déjà très court pour une rencontre, mais bien trop long pour un coup de foudre…

LE SAVIEZ-VOUS ?

Passions électriques : le coup de foudre est né !

Le fameux coup de foudre n'a pas toujours existé. Il n'est apparu qu'avec la découverte des propriétés de l'électricité au XVIIe siècle. Plus tard, les attractions « magnétiques », inspirées par l'avancée des connaissances sur les aimants, connaîtront un temps le même engouement, avant de tomber en désuétude. On invoquait aussi à l'époque des connexions spirituelles entre les êtres, dictées par l'au-delà, pendant la vogue du spiritisme !

LE CONSEIL DE FLORENCE

Un petit rappel à ceux et celles qui attendent désespérément le coup de foudre, et rien d'autre :

- Il n'est hélas pas toujours réciproque (et là, c'est douloureux).
- En attendant le coup de foudre, vous êtes en train de passer à côté de M. Charmissime ou Mlle Œil-de-biche qui vous font du gringue mais que vous avez éliminé(e) de votre radar sous prétexte que vous n'avez pas senti la Terre trembler quand vous les avez vus pour la première fois.

J'attends le prince charmant (ou la femme idéale)

Nous avons tous des amis ou connaissances qui, assis sur leur divan, attendent tranquillement – ou impatiemment – que le prince charmant ou la femme idéale jaillisse par magie dans leur vie, et fasse leur bonheur (un vrai bonheur de rêve, vu à la TV). Vous n'en faites évidemment pas partie, puisque vous avez ce guide en main et avez décidé d'avoir une démarche plus active. Mais à celles et ceux qui attendent encore le prince charmant et sa consœur la femme idéale, nous avons une mauvaise nouvelle : il/elle n'existe pas. Personne n'a toutes les qualités. Rappelez-vous :

- L'amour consiste à aimer quelqu'un pour ce qu'il est ;
- La drague implique de s'intéresser à chacun, dans toute sa complexité ;

- Plus vous adoptez une posture de relation où vous observez votre moitié en vous demandant si c'est la bonne personne, moins cette personne est à même de vous donner quelque chose d'intéressant d'elle-même : elle ne se sent pas en confiance, elle ne peut rien donner de bon !

En vérité, celui ou celle dont vous rêvez non seulement n'existe pas, mais son image fantasmée est le meilleur des prétextes pour vous empêcher de voir autour de vous celles et ceux qui ont tant à vous offrir, mais qui n'ont pas TOUS les critères de votre moitié idéale.

Pour avancer dans le bon sens :

- Dites bye-bye à ce rêve paralysant pour accueillir « ce qui est » ;
- Ouvrez les yeux et commencez à faire de belles rencontres dans la vraie vie : celles où l'on est confronté à la réalité de l'autre. Elles sont infiniment plus piquantes et enrichissantes que votre très lisse prince ou princesse.

L'exigence qui tue

Trop petit, trop gros, trop grande, trop maigre, trop bruyante, pas assez stylée, pas mon style, trop intello, pas assez cultivé… Personne ne trouve grâce à vos yeux. Il y a toujours un détail qui cloche, parce que vous avez une liste de critères très précis. Vous ne connaissez pas assez bien vos valeurs (travaillez-les dans l'étape 2 de la méthode).

Une personne très exigeante cherche le plus souvent en fait à se protéger :

- D'un rejet, s'il ou elle est intimidé(e) ;
- Le plus souvent, d'un contact pas forcément évident au départ avec le réel : il lui est effectivement difficile d'accepter l'autre dans sa vérité. Il/elle s'empêche donc de vivre de vraies rencontres, celles où l'on voit l'autre tel qu'il est.

On ne s'arrête pas à la couleur des chaussettes ou la marque de la montre

L'exigence se manifeste non seulement par des désirs très précis et presque irréalisables, mais également par un rejet, à travers des déclarations catégoriques et définitives (« Les hommes gentils sont ennuyeux », « Je n'aime que les grandes brunes dévergondées »), ou sur tel ou tel comportement masculin ou féminin qui nous crispe : on s'arrête alors à la taille de quelqu'un, à ses chaussures pas branchées, son intérieur sans goût, ses messages avec trop de smileys… C'est privilégier la dimension superficielle du paraître, c'est se couper de l'humanité de l'autre, de sa profondeur, de sa richesse intérieure, de son histoire.

Faites un truc fou : prenez le temps de découvrir l'autre

À trop vouloir « ne plus se tromper », à trop vouloir maîtriser ses rencontres, vous ne vous autorisez pas à sortir de votre liste de conditions à remplir ? Si vous avez la sensation que c'est votre cas, oubliez votre liste un instant, et faites un truc fou : rappelez une personne qui s'est montrée intéressée par vous et que vous avez rejetée sous prétexte qu'elle ne correspondait pas à votre « type idéal », et donnez-vous une chance de mieux la connaître. Prenez cette fois la peine d'aller à la rencontre de son univers, de ce qui constitue sa personnalité profonde : les valeurs, les centres d'intérêts, les convictions, les motivations, etc. Vous risquez de découvrir l'effet-retard du charme de certains et certaines, qui met un peu de temps à s'épanouir, mais qui, quand on lui en laisse l'espace, est irrésistible. Vous aurez tout le temps, plus tard, de lui offrir les chaussettes qui vous semblaient importantes quand vous l'avez rencontré la première fois. Ah, vous les aviez oubliées ?

Que faire en cas de fixette ?

Aïe, vous ne voyez plus qu'Elle, Sublima, ou plus que Lui, Appolono. Comme si vous étiez atteint(e) d'une intoxication passagère, mais féroce, vous en perdez vos moyens, vous vous emmêlez les pinceaux, en un mot, vous faites une fixette. Vous avez un crush, quelque part entre le coup de cœur et l'obsession. Cette personne que vous ne pouvez pas vous enlever de la tête, c'est elle que vous voulez, et personne d'autre. La harceler au bureau ou la regarder de loin avec des yeux de merlan frit ne vous mènera nulle part. Il vous faut agir, certes, mais subtilement.

Se focaliser sur une seule personne ne vous fait pas de bien

Pour cela, il vous faut impérativement retrouver le chemin de la séduction, la vôtre, pas la sienne (qui visiblement a déjà fait son petit effet !), car :

- Vous perdez en assurance chaque fois que vous ne l'abordez pas, ou que vous ne pensez pas avoir dit « ce qu'il fallait dire », fait « ce qu'il fallait faire » ;
- En tournant toute votre attention vers une seule personne, vous affichez votre dépendance : un tue-l'amour certain ;
- Vous perdez des occasions de rencontre qui pourraient être la bonne ;

- Ces rencontres que vous ne faites pas, parce que vous n'avez pas l'esprit à ça, auraient pourtant renforcé votre réseau, votre statut social, votre indépendance, vous rendant plus désirable à ses yeux…

Ouvrez les yeux !

Regardez autour de vous. Allez délibérément à la rencontre de nouvelles personnes. Elles remettent votre coup de cœur en perspective. Oui, Appolono est canon, mais son copain Greg est chaleureux et élégant. Et pas mal du tout. Sublima vous coupe le souffle, mais c'est avec Fanny que vous vous sentez bien. Faites un geste thérapeutique (puisqu'il s'agit d'une intoxication passagère), et rapprochez-vous de Fanny, ou de Greg, histoire de passer de bons moments, qui repulperont votre ego. L'objectif est de reprendre contact avec le sexe opposé, sans qu'il y ait d'enjeu, d'abord. Puis, pourquoi pas, si à la lecture des lignes qui suivent, vous parvenez à faire pétiller les yeux de Fanny. Alors Sublima reviendra vers vous en se demandant ce qu'il se passe, là… Mais à ce moment-là, il est possible qu'elle n'ait plus du tout la même importance à vos yeux !

Ça ne marche vraiment pas ? Tout savoir sur la rupture

Vous l'avez séduit(e), ça a marché un temps, une relation s'est installée, mais pourtant quelque chose ne colle pas. En suivant ce guide, vous avez essayé, écouté, tenté autre chose, corrigé le tir, fait de votre mieux, mais rien n'y fait… Il/elle ne vous plaît pas, ou bien c'est la relation qui ne vous satisfait pas du tout.

On ne peut pas tout maîtriser, ce qui compte est que vous ayez mis toutes les chances de votre côté. Si votre histoire périclite, n'imaginez pas que ce soit parce que vous vous y êtes mal pris(e) ou parce que l'autre ne comprend pas que vous êtes faits l'un pour l'autre. Si vous ne lui voyez pas d'avenir, surtout si cette relation vous rend malheureux, il est temps de rompre.

En amour comme au jeu, on tente sa chance sans avoir le moyen de connaître le résultat final. Si ça ne marche pas entre vous :

- Ne tombez pas dans le harcèlement ;
- Ne vous culpabilisez pas ;
- N'insultez pas l'autre, ne soyez pas agressif(ve) ou dans le ressentiment sous prétexte que ça n'a pas marché.

Le couple 2.0 : l'avis de Serge Hefez

« Ils se marièrent, vécurent heureux et eurent beaucoup d'enfants. » Cette fois-ci, c'est fini : le couple éternel des contes de fée a fait long feu. De nouvelles formes de conjugalité émergent, s'entrechoquent et se cherchent. L'existence de chacun se segmente en périodes de vie amoureuse, de cohabitation, de célibat, de recomposition. Les séparations se succèdent, plus ou moins tragiques, plus ou moins sereines, plus ou moins esthétisées.

La vie solo devient parfois un havre de plénitude ou se remplit d'une quête effrénée d'un nouvel idéal complémentaire. Dans toutes ces situations, chacun cherche tout autant à s'affranchir de ses héritages que des codes de genre ou de sexe. Mais si les rapports changent, jusqu'à quel point le psychisme des individus s'en trouve-t-il affecté ? Cette question soulève bien des polémiques, car elle met en lumière le hiatus entre une nature humaine universelle et atemporelle, et un psychisme humain modelé par les conditions sociales qui l'environnent.

Ne transformons-nous pas la société qui est la nôtre pour l'adapter à nos transformations intérieures ? La tolérance accrue vis-à-vis des couples homosexuels témoigne de profonds changements, à l'intérieur de chacun, dans nos représentations du masculin et du féminin. Les scènes qui se jouent dans mon cabinet attestent toutes ces modifications qui permettent de choisir plus librement son destin. Il me semble toutefois que la transformation des liens de couple résonne bien souvent avec une certaine narcissisation des individus.

Lorsque le souci de soi vire à l'obsession de soi, ils régressent à l'état d'être omnipotent et tout-puissant. Et se retrouvent dans une situation d'angoisse et de détresse dévastatrice si leurs moindres désirs ne sont pas satisfaits. Jusqu'à faire voler en éclats couple et famille, pour aller en reconstruire d'autres, qu'ils fantasment plus conformes à leurs attentes, ailleurs.

Quand le moment est venu de rompre

La rupture est une opération délicate, parfois douloureuse, mais ne la repoussez pas si vous pensez qu'il est temps de tourner la page.

ATTENTION

- N'hésitez pas trop longtemps : attendre n'arrange rien quand l'heure des bilans a sonné ;
- Ne restez pas non plus pour ne pas faire de peine à l'autre, ou encore moins parce que vous avez peur de vous retrouver seul(e).

N'OUBLIEZ PAS

À ce stade de votre lecture, vous devez avoir suffisamment navigué dans les relations amoureuses, longues ou courtes, pour savoir que vous saurez retrouver quelqu'un qui vous conviendra mieux.

Comment rompre ?

Je ne vous le cache pas, c'est toujours l'étape la moins agréable d'une histoire. Surtout si votre partenaire, loin de partager votre perspective, refuse de voir la réalité en face. Si vous avez la tentation de laisser la situation pourrir ou de prendre courageusement la fuite par peur de vous confronter à l'autre, sachez qu'une rupture « réussie » est aussi constructive. Vous respectez l'autre, vous vous respectez, et vous pouvez ainsi, sans culpabilité, passer à autre chose.

Courage, fuyons...

ATTENTION

Méthodes plutôt masculines, la fuite, le silence radio ou la disparition pure et simple sont à peu près ce que vous pouvez faire de pire. Non seulement vous faites un mal fou à votre partenaire, mais vous êtes assuré(e) de faire une belle entaille à votre ego, dont vous aurez du mal à vous remettre. La culpabilité est un phénomène insidieux. Alors que vous filez le parfait amour avec une belle Ilona à Vladivostok, la Delphine que vous avez larguée à Reims viendra vous hanter aux moments les plus inopportuns. Elle ne méritait sans doute pas un tel traitement, et vous le savez pertinemment.

Quand la fuite est la seule issue

La fuite sans donner de nouvelles n'est indiquée QUE dans un seul cas de figure : si vous êtes victime de harcèlement ou violence. Si c'est votre cas, ne restez pas seule – l'immense majorité des victimes sont des femmes – et contactez une association de défense des victimes de violence conjugale physique ou psychologique. Elle vous aidera à faire face, à résister, obtenir gain de cause et réorganiser votre nouvelle vie.

Appelez le 3919 ou consultez : `www.stop-violences-femmes.gouv.fr`

Lui dire ou lui faire comprendre ?

Sans l'ombre d'un doute : le lui dire. Si vous essayez seulement de lui faire comprendre par des « signes » que vous n'êtes plus intéressé(e), il y a peu de chances que l'autre capte le message.

Rompre à distance ?

Évitez le face-à-face peut être une solution de facilité. Le téléphone, l'e-mail, les SMS sont à priori un moyen d'éviter les esclandres, les cris, les pleurs… Plus facile, mais pas forcément efficace.

LE CONSEIL DE FLORENCE

Faites en fonction de la durée et l'intensité de votre relation :

- Au premier rendez-vous, vous vous rendez compte qu'il/elle vous déplaît irrémédiablement : un SMS clair et net réglera la question. « J'apprécie que tu aies pris le temps de faire connaissance, mais visiblement, nous ne sommes pas sur la même longueur d'onde. Je vais poursuivre ailleurs ma quête et te souhaite bonne chance dans la tienne. »
- Vous vous connaissez depuis une semaine et vous êtes à peine embrassés ? Fendez-vous au minimum d'un coup de téléphone chaleureux, mais qui ne laisse pas de place à l'ambiguïté.
- Si votre relation est plus longue, ne coupez pas au tête-à-tête. Sans quoi, il y a de fortes chances que l'autre soit frustré(e) et que la rupture ne soit pas véritablement réglée. Un goût d'inachevé qui donnera à votre futur(e) ex l'occasion de vouloir vous revoir et de demander indéfiniment des comptes.

Arnaud, simple et classe

Arnaud, 28 ans, sortait depuis quelques semaines avec Aurélie, une véritable bombe de quatre ans son aînée, séductrice, sûre d'elle, expérimentée, qui pensait le mener par le bout du nez. Ce n'était pas du goût d'Arnaud, un vrai romantique… doublé d'un galant homme. Lorsqu'il a décidé de ne plus la voir, il lui a donné rendez-vous dans un café tranquille et, dès son arrivée, l'a gentiment menée s'asseoir à une petite table isolée. Installé en face d'elle, il lui a simplement dit, avec une voix tendre, mais déterminée : « Aurélie, je ne veux pas continuer cette histoire. Tu es une fille formidable, mais pas pour moi. Je ne suis pas amoureux, et ça n'est pas mon genre d'avoir des relations sans amour. »

Aurélie n'avait pas souvent été quittée. Dans son cas, ça se passait plutôt dans l'autre sens. Grande dragueuse devant l'Éternel, elle n'était pourtant jamais à l'aise avec le moment embarrassant de la fin d'une relation, et s'y prenait mal chaque fois, hésitant entre le silence radio peu glorieux et les phrases assassines. Elle n'a pu que reconnaître l'élégance et la simplicité d'Arnaud, dont elle s'est inspirée par la suite. Elle ne lui en a pas voulu du tout ! Elle a appris avec ce tout jeune homme qu'on pouvait rompre avec respect.

Préparez le terrain

N'y allez pas de but en blanc, un jour où vous jouez la partition du couple parfait, sans avertissement. Préparez le terrain en discutant quelque temps auparavant (suivant la durée de votre relation, accordez-lui entre quelques semaines et quelques jours). Dites-lui ce qui ne va pas : « Notre relation ne me convient pas. Voilà pourquoi… » Cela peut être un déclic salvateur. Lorsque vous aborderez ensuite le sujet d'une séparation, votre futur-ex ne tombera pas des nues. Le temps que vous avez choisi étant écoulé, passez à la deuxième discussion qui doit dire, tout simplement : c'est terminé entre nous.

Choisissez le bon moment

ATTENTION

N'attendez pas trop longtemps (qu'il/elle ait fini sa thèse, trouvé du boulot, que vous soyez tous les deux en vacances…), mais évitez le jour de son anniversaire, Noël, le jour de son bac ou de son entretien d'embauche, le jour de la mort d'un de ses proches.

Évitez aussi les situations qui risquent d'occasionner des tensions supplémentaires comme juste après une dispute. En effet, votre partenaire peut mettre en doute votre décision de rompre car il/elle se dit qu'elle est prise sous le coup de la colère, ce qui lui permettra toujours de revenir à la charge et de vous convaincre de revenir.

Privilégiez donc les moments de calme, et de tranquillité pour que votre message passe dans les meilleures conditions.

Le lieu propice

Évitez les lieux chargés émotionnellement : votre premier lieu de rendez-vous, celui de votre premier baiser ou de votre première nuit torride. En somme, tout endroit imprégné par des souvenirs communs. Évitez aussi de le/la plaquer chez ses parents ou chez les vôtres, au boulot, ou dans un lieu où vous ne serez pas au calme. Choisissez un endroit neutre, pour donner une impression de rituel solennel : un parc, un restaurant ou un café pas trop bondés sont adaptés, car ils obligent à une réaction contrôlée et empêchent ainsi de verser dans l'aspect « dramatique » que peut susciter la rupture chez l'autre.

Choisir ses mots

Vous devez être clair(e), c'est la moindre des choses, mais aussi positif(ve). Ce n'est pas le moment des reproches ou des disputes. Avant de vous lancer, rappelez-vous qu'une rupture est une chance pour l'un comme pour l'autre de repartir sur une autre relation plus épanouissante, avec quelqu'un d'autre. Votre conversation doit se dérouler comme suit :

- Délivrez le message le plus important immédiatement. Ne tournez pas autour du pot : « Cette relation ne va pas dans le sens que je souhaite », ou : « Je ne t'aime pas (plus)/ je ne suis pas /plus amoureux / je me suis trompé(e). » Suivi de : « Je ne veux pas continuer. » Si la relation a eu de beaux moments : reconnaissez-le.

- Laissez de grandes pauses. Vous devez vous taire pour le/la laisser s'exprimer réellement. Répondez à ses questions légitimes.
- Ne vous éternisez pas non plus : une fois que vous avez délivré votre message, écouté ce qu'il/elle avait à dire, remerciez-le/la pour son écoute, et partez.

Ne vous flagellez pas

ATTENTION

Surtout ne vous culpabilisez pas en lançant un « je ne te mérite pas », car vous feriez croire à l'autre que ce choix est difficile pour vous. Restez ferme, au risque de le/la bousculer, en affichant clairement votre décision, sinon votre futur-ex en profitera pour tenter de « recoller les morceaux ». Vous avez ainsi plus de chance de couper définitivement les ponts.

Ne le/la dédouanez pas

ATTENTION

La deuxième erreur classique consiste à prendre sur soi la rupture et montrer à l'autre qu'il/elle n'est pas en cause : par exemple : « Je ne suis pas prêt en ce moment », « Tu n'as rien à voir avec cette rupture, c'est moi qui ne suis pas bien. » Naturellement, on veut préserver l'autre, mais, malgré tout, ce qu'il faut lui faire comprendre, c'est que vous n'avez plus de sentiments, que vous avez tourné la page.

Après la rupture

Évitez le « service après-vente »

ATTENTION

Il n'est pas toujours facile d'assumer complètement la séparation quand bien même vous l'avez décidé en toute connaissance de cause. En effet, de votre histoire vous avez gardé des réflexes, des gestes tendres qu'il faudra perdre, de bons moments qu'il faudra reléguer dans le domaine du passé.

C'est notamment dans cette phase dite intermédiaire que l'autre, fort(e) de son ascendance sur vous, tente de jouer ses dernières cartes, soit en ayant recours au chantage affectif, soit en voulant rester amis. Or, y en cédant, dans un moment de faiblesse ou par culpabilité, vous risquez d'entretenir une ambiguïté qui aura pour conséquence de bâcler la rupture…

LE CONSEIL DE FLORENCE

Cesser de se voir pendant une certaine période est alors souvent un passage obligé pour instaurer des frontières claires et prendre du recul, pour éviter que la relation ne continue dans un autre registre.

Une rupture peut être enrichissante

Cette fin d'histoire est aussi l'occasion de faire le point sur ce qui n'a pas fonctionné.

Prenez le temps de dresser le bilan de la relation : cela vous permet de gagner en lucidité sur vos aspirations amoureuses :

- Qu'est-ce qui n'a pas fonctionné dans votre histoire ?
- Qu'est-ce qui vous a fait souffrir ?
- Qu'est-ce que ces souffrances révèlent de vos aspirations profondes en matière amoureuse ?
- Qu'est ce qui n'allait pas dès le départ et que vous n'avez pas voulu reconnaître ?

Une rupture est étape sur votre route amoureuse. Elle devient une chance lorsque vous pouvez regarder l'histoire passée, sans colère, sans culpabilité et sans rancœur. Alors, vous êtes en mesure de répondre à la question suivante : qu'est-ce que cette histoire m'a apporté ?

Normalement, votre réponse devra comprendre les éléments d'une meilleure connaissance de vous-même. Même avec le plus abominable des partenaires, vous apprendrez toujours quelque chose sur vous.

Respectez le temps de la rupture, utilisez-le comme une opportunité pour mieux cerner vos véritables aspirations amoureuses.

Un temps de rupture bien exploité, c'est l'assurance d'une prochaine relation infiniment plus satisfaisante !

Au secours, je me suis fait(e) larguer ! Comment récupérer mon ex ?

Vous pensiez que tout allait bien, vous vous projetiez déjà en joli couple idéal, vous vouliez lui présenter vos parents, mais malédiction, votre amoureux(se) vient de vous larguer !

Digérer la nouvelle

L'annonce est douloureuse, la suite aussi. Sur le coup, vous êtes sonné(e). Que vous pleuriez à chaudes larmes ou restiez drapé(e) dans votre dignité, vous devez vous accorder du temps pour digérer cette mauvaise nouvelle. Lorsque vous revenez à vous, votre instinct va vous pousser à le/la revoir pour protester, l'insulter, le/la reséduire, ou lui faire savoir que vous n'êtes pas du tout d'accord. Erreur ! Prenez d'abord du recul, indispensable pour ne pas faire n'importe quoi. Et surtout, si vous retombez sur votre ex plus ou moins par hasard, ne repartez pas comme en 40 sans prendre le temps de réfléchir. Faire recraquer l'autre n'est pas ce qu'il y a de plus difficile. Lui donner envie de rester, voilà l'enjeu. Explications :

Prendre du temps pour soi

Une rupture vous met dans une position de fragilité qui vous empêche de penser clairement. Ne régissez pas « à chaud ». Vous devez tout d'abord faire face à la douleur et à la vexation. Pour cela, il faut du temps, que vous allez passer en vous occupant seulement de vous-même. Vous devez mettre en place un programme personnel de reconstruction, indépendamment de votre ex. Faites ce que vous aimez faire, qui n'implique pas l'autre. Occupez-vous de votre corps, de votre alimentation, de votre logis, de vos amis.

Accepter la possibilité de l'échec, c'est se donner la possibilité de rebondir

Séduire un(e) ex n'est jamais facile. Avant de vous lancer, vous devez avoir intégré la possibilité d'un échec. Soyez prêt(e) à y faire face sans amertume. Ne mettez pas trop d'enjeu dans cette reconquête, cela vous rendra d'autant plus attirant(e). Rappelez-vous que vous êtes une personne de valeur, et que vous saurez séduire quelqu'un d'autre. Appliquez-vous à reconstruire une vie intéressante et hautement motivante sans lui, sans elle. Il s'agit, la prochaine fois que vous verrez votre ex, d'être à nouveau une personne complète indépendante, heureuse et bien dans sa peau afin qu'il/elle soit à nouveau très attiré(e) par ce nouveau « vous ».

Faut-il récupérer un(e) ex ?

Posez-vous les bonnes questions avant d'y aller :

- S'agit-il d'une bonne personne pour vous ?
- Est-ce la seule personne capable de vous rendre heureux(se) ?
- Quelle est la part d'orgueil ou de revanche dans votre décision ?
- Semble-t-il/elle avoir des regrets ?
- A-t-il/elle au contraire complètement refait sa vie (en passe par exemple d'emménager avec quelqu'un d'autre !) ?
- Êtes-vous prêt(e) à accepter votre responsabilité dans votre rupture, quelles qu'en soient les raisons ?

Demandez-vous enfin si l'autre n'a pas en fait effectué une opération nécessaire à votre couple, qui n'avait peut-être plus raison d'être. Si vous pensez au final que ça n'est pas le cas, vous pouvez tenter de récupérer votre ex.

Attention, c'est une démarche qui demande du temps et de la conviction. Ne l'entamez que si vous êtes absolument persuadé(e) que vous avez encore beaucoup de bonheur à partager ensemble.

Couper les ponts est indispensable

N'OUBLIEZ PAS

Si vous voulez le/la récupérer, il est absolument indispensable de ne plus vous voir pendant le temps que dure votre reconstruction. Cela doit venir de vous et vous devez être ferme : vous vous interdisez de l'appeler, mais vous lui interdisez aussi de prendre contact avec vous. C'est difficile, mais vous devez vous y tenir. De votre fermeté dépend le succès de votre reconquête.

Si vous sentez que vous allez craquer, ayez une parade automatique : appelez un ami, ou écrivez-vous un e-mail à vous-même, que vous pourrez lire plus tard la tête froide. Vous pouvez également faire appel à un coach.

Une relation longue : c'est différent

Vous êtes avec votre chéri(e) depuis des années, mariés ou non, mais vous avez déjà une longue vie commune : le cas est alors différent. Mettre de la distance entre vous n'est alors pas forcément la meilleure solution. Une relation longue s'affaiblit souvent parce que l'un ou l'autre des partenaires ne montre plus suffisamment qu'il tient à sa moitié comme au premier jour. Une rupture est le moment de le lui rappeler avec force. Demandez à votre partenaire de vous accorder deux discussions. L'une où vous écouterez ce qu'il/elle a à vous dire. L'autre ou vous lui donnerez votre point de vue. Dans cette deuxième partie :

- Dites-lui que vous avez pris en compte ce qu'il/elle vous a dit ;
- Dites-lui fermement que vous ne comptez pas le/la laisser partir sans vous battre, parce qu'il/elle le vaut bien ;
- Rappelez-lui les éléments positifs de votre relation ;
- Dites-lui d'une manière nouvelle et intense à quel point vous tenez à lui ou à elle.

Ne le/la suppliez jamais. Essayez de projeter une image déterminée. Soignez votre physique, regardez-le/la avec du désir dans les yeux. Vous devez être fort(e). Puis proposez-lui de vous séparer pour 15 jours, et de vous revoir, en arguant que si votre relation a été heureuse, elle mérite que vous fassiez tous les deux l'effort de la sauver. Re-affirmer votre volonté d'être avec celui ou celle qui partage votre vie est parfois tout ce que vous demande votre partenaire. Sachez l'entendre et agir en conséquence.

Limitez consciemment le temps où l'on pense à l'autre

LE CONSEIL DE FLORENCE

Quand l'autre vous quitte, on rumine en permanence sur le « pourquoi » sans trouver de réponse. Sachez que votre ex ne vous a peut-être pas dit la vérité en vous quittant (« Je ne te mérite pas, tu es formidable » est par exemple un euphémisme courant pour : « Je m'ennuie avec toi », mais aussi pour « J'ai rencontré quelqu'un d'autre »). Inutile donc de vous laisser ronger par le doute et les questions.

Vous y pensez encore trop ?

LE CONSEIL DE FLORENCE

Stoppez net l'obsession en dédiant des moments spécifiques à votre rupture. Vous étiez accro à cette personne, il va falloir vous en désaccoutumer. Si votre relation passée vous obsède au point de vous handicaper pendant la journée, mettez-la consciemment et très volontairement de côté. Faites comme Scarlett O'Hara, dans le film *Autant en emporte le vent* et dites-vous : « J'y penserai demain. » Donnez-vous une heure par jour pour y penser, la semaine qui suit votre rupture, puis de moins en moins jusqu'à une heure par semaine.

Pendant cette heure, faites d'abord par écrit le bilan de votre relation. Qu'est-ce qui allait bien ? Qu'est-ce qui n'allait pas ? Au fil du temps, concentrez-vous lors de ces tête-à-tête avec vous-même sur ce que vous avez fait de positif pour vous, cette semaine.

Ensuite…

Séduire à nouveau

On reconquiert un ex comme s'il/elle était une nouvelle conquête. Vous partez cependant avec un léger handicap : puisque vous vous connaissez déjà, vous avez perdu une partie du mystère nécessaire à la séduction. À vous de le recréer, en jouant sur le manque, en soignant particulièrement votre physique, en vous lançant dans des activités, des loisirs, des relations amicales dans lesquelles votre ex n'a pas de place. C'est la raison pour laquelle il est indispensable de couper les ponts. Quand vous vous reconstruisez, vous vous réinventez à ses yeux également.

Ne lui montrez surtout pas que vous avez besoin de lui ou d'elle pour vivre, vous savez que ça n'est pas attirant. Vous devez lui faire envie, et non pitié !

- Pour exciter son envie de conquête, vous devez vous montrer sûr(e) de vous, indépendant(e), bien dans votre peau ;
- Quand vous vous reverrez, ne l'ignorez pas. Laisser filtrer une once de désir dans vos yeux, sans jamais avoir l'air en manque ;
- Recommencez votre conquête par le début, en vous gardant d'être trop « facile ». Ne lui tombez pas dans les bras dès qu'il/elle recommence à s'intéresser à vous ;
- Souriez, montrez que vous appréciez ses regards, sa conversation, sa présence, mais sans le lui dire ouvertement ;
- Sachez écourter vos rencontres pour laisser le manque s'installer.

Ce que vous devez absolument éviter

Montrer votre dépendance

Rien n'est moins séduisant qu'une personne en demande. Ne le/la suppliez jamais, ne lui courez pas après, ne le/la harcelez pas.

Lui faire des reproches, vous disputer

Une reconquête ne se fait pas dans l'amertume. Si vous en ressentez, vous n'êtes sans doute pas prêt(e). Rappelez-vous : vous devez le/la séduire à nouveau et pour cela, diffuser une sensation de bien-être. Si, chaque fois que vous vous voyez, vous lui faites des reproches ou le/la critiquez, comment voulez-vous que quoi que soit de beau s'épanouisse entre vous ? Si vous avez tant à lui reprocher, demandez-vous si vous voulez réellement le/la reconquérir. De même, rejeter sur elle ou sur lui toute la faute de la rupture, et le lui faire savoir n'est pas la meilleure façon de réveiller son désir. Enfin, lorsque vous vous revoyez, ne refaites pas l'analyse des causes de votre rupture, de ce qui allait mal dans votre couple (vous le ferez plus tard). Laissez la place à un futur plus agréable, que vous construirez en tenant compte de ce qui a pu faire capoter votre précédente relation.

Rester « amis »

Les amis ont, par définition, des relations amicales, pas amoureuses. Il est très possible que, par culpabilité de vous avoir quitté(e), ou bien parce qu'il/elle est en manque de vos attentions et gestes affectueux, votre ex vous propose de rester amis. Refusez tout net ! Il faut qu'il/elle sente ce qu'il/elle a perdu ! Si vous lui accordez le confort psychique de vous avoir toujours à disposition, sans engagement, vous perdez toute chance de recréer le mystère et le manque nécessaires à la séduction. Ne lui laissez pas ce plaisir. Prenez le large et occupez-vous à vous reconstruire.

Faut-il jouer sur la jalousie ?

C'est un ingrédient sulfureux, à manipuler avec précaution. Autant une pointe de jalousie peut être décisive en période de drague, autant elle peut être dangereuse pendant une reconquête. Mon conseil : ne forcez pas le destin, restez naturel(le). Travaillez sur votre charme bien à vous. Si quelqu'un commence à s'y intéresser, autre que votre ex, pourquoi ne pas lui donner une chance sincère ? Ne sortez pas avec n'importe qui simplement pour vous le plaisir pervers de vous pavaner devant votre ex au bras de quelqu'un d'autre. Mais en appliquant les conseils des chapitres 2 et 3 de ce livre, vous devriez tout naturellement faire tourner quelques têtes et chavirer quelques cœurs. Vous n'avez pas besoin d'en faire plus : votre ex finira par s'en apercevoir… Et sa jalousie en sera piquée, s'il/si elle tient encore à vous.

Vous avez réussi ?

Félicitations ! Maintenant, ne baissez pas la garde : ne vous montrez pas totalement acquis(e) dès les premiers jours (ni les premiers mois !). Lisez le chapitre suivant pour savoir comment faire durer votre nouvelle relation. Vous en connaissez sans doute déjà la réponse : séduire chaque jour comme au premier jour !

Love coach : le conseil personnalisé

C'est l'un des nouveaux métiers qui sont apparus au XXIe siècle. Ni agence de rencontres, ni conseillers matrimoniaux, ce sont plutôt les docteurs des relations amoureuses. Ils – ou plutôt elles, car c'est un métier très féminin – proposent une aide éclairée aux célibataires ou aux personnes déjà engagés dans une relation qui ressentent le besoin de prendre un peu de hauteur sur leur situation et d'identifier des pistes pour résoudre un problème, faire avancer une situation insatisfaisante ou corriger le tir quand une relation a pris subitement un tournant inattendu. Les questions que l'on reçoit souvent chez Love Intelligence sont : Pourquoi je ne rencontre que des personnes qui ont peur de s'engager ? Comment faire pour séduire cette personne avec qui j'ai noué une sorte d'amitié… ? Comment ne pas la laisser partir alors que je sens que je la perds ? Comment faire pour le/la reconquérir ? Autant de questions auxquelles répondent les coachs, par e-mail, par téléphone, ou en face à face.

Le coach aide alors à repérer les comportements ou les habitudes néfastes, discute, analyse propose, toujours en fonction du profil et de la demande des personnes concernées.

Et puis, il y a toutes les questions des personnes célibataires qui ne comprennent pas pourquoi cela ne marche par pour elles en ce moment et qui veulent comprendre ce qu'il faut changer pour faire une belle rencontre. Et comme je ne pouvais pas recevoir tout le monde en face à face, j'ai créé cette méthode en 5 étapes qu'on consulte et commande sur Internet pour que les personnes célibataires puissent, par elles-mêmes, mettre tout en place pour trouver la femme ou l'homme de leur vie.

Vanessa avait peur de s'ennuyer avec Alex

Vanessa est venue consulter une coach de Love Intelligence parce qu'à 28 ans, elle n'a toujours pas rencontré celui qui la fera « vibrer » comme elle le dit, et elle s'en inquiète.

La coach lui demande : « Quelles sont les personnes autour de vous qui s'intéressent à vous ? »

Vanessa : « Je sais qu'Alex, mon ami d'enfance, souhaiterait changer de cap et vivre une relation amoureuse avec moi. On s'entend à merveille, mais j'avoue que cette possibilité ne me vient même pas à l'esprit : comme je le connais trop, je suis sûre que nous nous ennuierons bien vite. Néanmoins, parfois je sens que je me trompe sur lui... »

La coach : « Dites-moi tout ce que vous aimez en lui. »

Vanessa : « J'aime sa fidélité en amitié. J'aime son attention. J'aime son intelligence. J'aime faire du sport avec lui... J'aime aussi le goût qu'il a pour décorer son appartement. La dernière fois je me suis même surprise à m'imaginer être sa petite copine. En fait, je craignais qu'il ait à nouveau une nouvelle copine car dans ces moments-là on se voit moins. »

La coach : « Qu'est-ce qui vous retient, Vanessa ? »

Vanessa : « Je pense que je peux avoir mieux que lui. Je veux quelqu'un qui me fasse vibrer. »

La coach lui propose deux exercices :

- Projetez-vous dans 12 mois avec celui qui vous ferait vibrer ;
- Projetez-vous dans 24 mois avec Alex...

La suite de l'histoire est assez mignonne. Vanessa et la coach ont longuement réfléchi ensemble à cette remise en question de cette croyance ancestrale « *love at first sight* ». Vanessa a peu à peu envisagé son Alex autrement. La coach lui a conseillé de s'intéresser à lui différemment qu'à son habitude. Elle est allée plus en profondeur sur sa personnalité. Elle a alors découvert encore d'autres richesses. L'intimité créée les a rattrapés. Plus ces liens d'intimité se nouaient, plus une évidence apparaissait. C'est alors que le désir est né et qu'un couple s'est formé.

Vanessa : « En fait, vous avez raison, je n'osais pas franchir la frontière... En fait, j'avais peur. »

Chapitre 17

Ne vous trompez plus ! Trouvez la bonne personne… et gardez-la !

Dans ce chapitre :

- Ma méthode pour trouver enfin une personne qui vous convient et ne plus vous tromper : l'approche par les valeurs
- Vous allez savoir ce qui fait qu'une relation dure longtemps

Tout le monde cherche l'amour !

Laissez-moi vous confier ce que mon expérience en tant que fondatrice de Love Intelligence m'a appris et qui est la raison pour laquelle j'ai créé la `methode-florence.fr` : tout le monde, y compris les plus grands dragueurs et les plus grandes séductrices, souhaite un jour rencontrer celui ou celle avec qui il/elle se dira : cette fois, c'est la bonne ! La personne avec qui vous aurez envie de poursuivre l'aventure, de construire quelque chose et d'envisager un avenir commun (même si c'est la deuxième fois). Le but d'une belle rencontre n'est plus forcément le mariage suivi d'une ribambelle d'enfants. De nos jours, la redistribution des cartes en matière amoureuse permet toutes les combinaisons. Mais une question clé à vous poser est celle-ci : qui peut me rendre heureux(se) sur le long terme ?

Partagez vos valeurs pour repérer celui ou celle qui vous convient

Vos valeurs sont la colonne vertébrale de votre personnalité. En prendre conscience et bien les connaître vous permet de discerner clairement vos buts, vos motivations et ce n'est qu'ensuite que vous pouvez faire des rencontres justes, qui comptent.

Une clé pour trouver ce qui compte pour vous

Comprendre quelles sont vos valeurs vous permet de balayer ce qui n'est pas essentiel pour vous et de mettre en lumière ce qui l'est. En sachant ce qui vous motive et vous structure, vous ne cherchez plus chez l'autre les traits qui vous plaisent seulement superficiellement, pour quelques jours, quelques semaines ou quelques mois, mais les valeurs qui comptent vraiment pour vous.

Une clé pour une relation plus riche

N'OUBLIEZ PAS

Savoir exprimer ses valeurs (dans une conversation, cela correspond à parler de vos motivations, de ce qui vous anime, de ce que vous aimez, de ce qui vous touche…) et découvrir celles de l'autre (ce qui l'anime, la touche, la motive dans la vie…) : ce type d'échange crée un pont entre vous et vous donne accès à une relation riche et profonde. Ces conversations intimistes permettent de sentir si l'on est fait l'un pour l'autre. L'approche par les valeurs permet de voir ce que l'autre vaut (et veut)… et s'il est à même de vous plaire plus de trois semaines !

Pourquoi est-ce important ?

N'OUBLIEZ PAS

Une valeur est une qualité qui fait partie de nous. Nous n'avons pas à la chercher ailleurs car, si nous la pensons importante, c'est qu'elle est déjà EN nous. Nos valeurs nous construisent, nous en avons besoin pour nous exprimer et nous épanouir.

METHODE-FLORENCE.FR

Trouver sa valeur a changé sa vie amoureuse

« Je suis Philippe, auto-entrepreneur et ce que j'aime par-dessous tout et qui m'est indispensable, c'est d'avoir un sentiment de liberté. Quand j'ai compris ce que cela impliquait dans ma recherche de l'âme sœur, j'ai arrêté de laisser filer mon temps dans des histoires qui me faisaient perdre un ou deux ans de ma vie chaque fois. Et je suis allé droit au but. »

Je vous fournis quelques explications – je n'ai jamais rencontré Philippe mais j'ai corrigé ses exercices *via* la Méthode Florence et son cas est tout à fait symptomatique du déclic que peut provoquer une réponse à cette question 2 de ma méthode : « Qui peut me rendre heureuse sur la durée ? »

Philippe est en effet très libre et quand on déroule sa manière de vivre, on découvre que cette valeur de la liberté mène aussi ses loisirs, sa relation à sa famille et à ses amis. Cette valeur-là est très forte en lui.

Avoir vos valeurs en tête vous permet de réfléchir à VOTRE BESOIN de résonance en l'autre – que cette valeur crée naturellement.

Quand Philippe a réfléchi à ce besoin de résonance de cette valeur-là en la femme qu'il recherche, il a compris qu'il avait besoin d'une femme qui a un profond respect pour la liberté en général.

Bilan : sans une femme foncièrement indépendante, pas de relation construite possible. Philippe raconte qu'il était attiré par un certain type de femmes avec un physique, un bagout particulier mais qu'il n'avait jamais réfléchi à ce critère-là.

La suite est d'une limpidité absolue : Philippe nous décrit que, lors de ses rencontres, il s'est mis à discuter de ce sujet de la liberté sous toutes ses formes (l'entrepreneuriat, sa manière de voyager, les films ou livres qui lui ont plu, etc.) comme il pouvait le faire auparavant, mais il explique qu'il pouvait, avant, craquer pour une femme qui l'admirait pour cela (et cette admiration lui suffisait). Alors que dorénavant – et c'est ce qui était nouveau –, il craquait pour une femme qui louait aussi, pour elle-même, cette fierté de vivre librement.

Cela changea radicalement ses attirances nous raconte-t-il sur le site de la méthode. « C'est fou de voir comment certaines femmes qui m'attiraient avant ne m'attirent plus du tout ! »

Et il tomba amoureux d'une femme d'un nouveau genre qui vibrait comme lui avec cette même philosophie de vie. « On s'est vraiment trouvés et sans cette découverte sur mon besoin de résonance de MA valeur EN l'autre, je ne me serais jamais intéressé à elle », témoigne-t-il sur le site.

(Re)trouver vos valeurs

Pour savoir quelles sont vos valeurs, je vous propose de les chercher en vous, à partir d'exemples ci-dessous. Une fois qu'on en a compris le principe, c'est tout simple. Faites cet exercice par écrit !

LE SAVIEZ-VOUS ?

On distingue plusieurs types de valeurs : celles de l'être, celles de l'avoir et celles du faire.

Les valeurs de l'être lui-même

Ce sont les plus importantes et les seules qui sont vraiment dignes d'intérêt dans une relation amoureuse construite. Choisissez ci-dessous celles qui vous caractérisent. Cherchez à discerner ensuite celles qui vous semblent essentielles chez l'homme ou la femme de votre vie.

- Originalité de la personnalité ;
- Épanouissement ;
- Créativité ;
- Intelligence du cœur ou intelligence émotionnelle ;
- Amabilité ;
- Ouverture aux autres ;
- Liberté d'esprit ;
- Mysticisme, spiritualité, religion, idéologie ;
- Altruisme, générosité, tolérance ;
- Cohérence entre le dire, le faire et l'être (honnêteté, franchise) ;
- Évolution personnelle (développement personnel) ;
- Fidélité ;
- Sympathie, convivialité, sens de l'humour (quel genre) ;
- Indépendance intellectuelle, autonomie (matérielle entre autres) ;
- Sens des responsabilités, sens de la famille…

Les valeurs de l'être liées aux relations aux autres

- Indépendance, amitié ;
- Chaleur, amour, tendresse ;
- Séduction, sensualité ;
- Partage d'idées et/ou d'activités ;

- Respect des autres ;
- Contrôle, maîtrise, communication.

Les autres valeurs, que je vous indique dans les paragraphes suivants sont bien moins importantes dans une relation amoureuse. Même s'il faut les prendre en considération, toute votre attention doit être portée sur les valeurs citées plus haut, car ce sont elles, si elles correspondent à ce que vous attendez qui vous permettront de VOUS connaître et de repérer celui ou celle qui vous convient vraiment. C'est beaucoup plus simple, vu sous cet angle, n'est-ce pas ?

Les valeurs liées à l'aspect social

- Goût du pouvoir, ambition, envie de réussir professionnellement ;
- Accumulation de biens, richesse, notoriété ;
- Reconnaissance par les autres ;
- Conformisme, non-conformisme, leadership, militantisme, engagement (de tous ordres) ;
- Évolution sociale, marginalité.

Le mode de vie

- Citadin(e), rural, « rurbain » ;
- Profession ;
- Milieu socioculturel ;
- Train de vie (ce n'est pas une valeur essentielle, elle entre juste en ligne de compte).

Les incompatibilités

- Milieu social, métier ;
- Religion, idéologie, origine.

Ses propres croyances

- Sur l'amour, le mariage ;
- Les rôles des hommes et des femmes.

C'est à vous !

Cet exercice vous aide à prendre conscience des valeurs que vous recherchez et inversement, celles que vous fuyez.

Quelles sont les 5 valeurs les plus importantes à vos yeux ?

Listez et hiérarchisez-les :

- Essayez de définir ce que vous entendez par chacune d'entre elles ;
- En quoi chacune d'entre elles est tellement importante ?
- Qu'est-ce que vous faites pour les satisfaire ?

Quelles sont vos contre-valeurs ?

Listez, hiérarchisez et définissez-les : pourquoi sont-elles des contre-valeurs (ce que vous détestez) ? Qu'est-ce qu'elles évoquent pour vous ?

Pour en revenir au jeu de la séduction, demandez-vous de quelle manière vous pouvez parler de tout cela avec vos mots, votre sensibilité propre.

Visez juste

Tout le monde a réfléchi des dizaines de fois, voire des centaines de fois à « ce que je recherche en amour ». En revanche, on ne se pose pas cette question : « Qui me fait du bien ? », « Qui est capable de me rendre heureux(se) sur la durée ? ». Gardez vos valeurs en tête, mieux encore, les mettre par écrit vous rend attentif(ve) à celles des autres, en vous guidant vers les hommes et les femmes qui vous conviennent. Vous apprenez parallèlement à creuser un peu plus lors que vous rencontrez :

- Les types de personnes qui vous attirent d'emblée mais auxquels vous devrez faire attention (un bad boy, alors que vous chérissez l'idée de construire une famille ; une femme fatale, alors que vous aimez les personnes attentionnées et que vous l'êtes vous-même).
- Le genre de personnes qui ne vous intéressent pas au prime abord et qui pourraient soudainement devenir intéressantes (les timides, les casanières…).

Les valeurs font la saveur de la conversation

Connaître ses propres valeurs, ses moteurs de vie en quelque sorte, va vous permettre d'orienter votre prochaine conversation vers le terrain de l'intimité :

- Vous comprenez ce qui vous construit et vous fait aller de l'avant : les garder en tête est structurant et rassurant.
- Vous devenez attentif(ve) aux valeurs des autres. Vous verrez que vous trouverez des manières d'orienter vos conversations, de les faire rebondir pour trouver les terrains où l'autre peut exprimer les siennes.

À partir de là :

- Soit vous développez un début d'intimité favorisant le sentiment amoureux ;
- Soit vous tournez la page parce que vous ne retrouvez pas en l'autre « les valeurs de l'être » qui vous tiennent à cœur. Sans regret, vous prenez votre décision sereinement car vous ne vous êtes pas arrêté(e) aux premières impressions.

Savoir ce que vous apportez à une relation... et laisser le reste ouvert

L'étape précédente devrait vous avoir laissé(e) bien curieux(se) de savoir quelles sont les valeurs de celui ou celle qui vous plaît. Cela vous ouvre de nouvelles perspectives ! Dans la même optique, je vous propose à présent de lister ce que vous pouvez apporter à une relation, en termes positifs, bien entendu. Ce petit point avec vous-même vous donnera de l'assurance, mais aussi les idées claires, au moment d'aborder l'étape cruciale où l'on se dit qu'on aimerait une relation plus suivie avec l'une de nos conquêtes.

Pourquoi ?

Pour être tout à fait à l'aise avant et au tout début de votre relation. C'est un booster incomparable que d'avoir bien ancré en soi les raisons pour lesquelles vous êtes non seulement désirable, mais aussi une personne avec qui on a envie de faire un bout de chemin, voire tout le chemin.

Comment procéder ?

Vous l'aurez compris, il s'agit de cerner ce que votre personnalité, vos expériences et votre savoir apportent à une relation. Voici quelques exemples qui vous indiquent dans quelle direction creuser.

- Exemple 1 : « Je suis à l'écoute de l'autre : j'ai à cœur d'aller vers mon/ma partenaire et de mieux le comprendre. »
- Exemple 2 : « Je ne suis pas "collant(e)" : je pense qu'il est essentiel d'avoir chacun un espace personnel pour se retrouver avec soi-même. Je n'impose pas à l'autre d'être toujours avec moi, de vouloir tout partager et être tout le temps ensemble. »
- Exemple 3 : « Je suis une personne compréhensive : je ne me ferme pas aux différences de l'autre car c'est une richesse qui me permet de voir le monde, les choses, sous un autre regard. Autant que possible, j'essaie donc de me prémunir de tout préjugé. »
- Exemple 4 : « Je suis une vraie capricieuse mais je sais que les hommes sont attirés par ce caractère-là en moi. Je sais être douce, je sais être piquante. Et je me sens une vraie femme quand je suis comme cela. Je sais que les hommes aiment céder à mes caprices. Je leur fais plaisir en les autorisant à combler tous mes désirs. »
- Exemple 5 : « Je suis un homme assez strict. Je dois reconnaître que je n'ai peut-être pas beaucoup d'écoute envers les femmes, ni de patience. Mais je sais que j'ai d'autres atouts ; je sais où je vais professionnellement et cela me rend solide. Je suis intéressé par plein de choses et j'aime les faire partager. Je lis dans les yeux d'une femme qu'elle aime quand je raconte mes dernières activités. Je suis rassurant, je crois, pour certaines femmes. J'aime les protéger, m'occuper de beaucoup de choses pour elles. Elles aiment ma maturité, qui compense ma rigidité. Je crois que je m'assume bien comme cela. »
- Exemple 6 : « Je suis un homme souvent dans la lune : on me parle et je suis parfois ailleurs. Je sais que ce côté-là de moi est mon gros point faible. Mais je suis très grand et certaines femmes aiment mes immenses bras capables de les soulever de terre. Je suis aussi très attentif et j'ai un côté féminin qui me permet de me mettre facilement à la place des autres. Je suis aussi très actif, j'organise souvent des week-ends sympas ou des sorties et je prends les choses en main. Et je ne cherche plus à masquer mes moments de rêverie. Je les assume à présent. J'en rigole moi-même avec elles quand elles me sortent de ma rêverie. »...

À vous !

Les enfants d'abord

Rémi est un homme séduisant de 40 ans. Il a eu de longues relations successives, mais qui ne se sont jamais finies comme il l'aurait voulu : par un mariage et beaucoup d'enfants. Célibataire à nouveau depuis plus d'un an, il sent que l'horloge tourne. Il ne veut pas être père trop tard. Il multiplie les rencontres, avec un certain succès. Mais il a en tête un certain profil : celui de la mère rêvée pour ses enfants. Grand séducteur de retour sur le « marché », il est tenté par toutes les rencontres qu'il classe en deux catégories : les femmes qui ne seront « que » des maîtresses, parce qu'elles ne correspondent pas à la mère idéale qu'il a en tête, et celles qui présentent le « bon » profil, qu'il courtise assidûment en leur faisant comprendre dès le deuxième ou troisième rendez-vous qu'il se verrait bien marié avec des enfants assez rapidement. Mais il a des critères bien trop nombreux et même les femmes qu'il avait rangées dans la bonne catégorie ont toujours un critère manquant. Et ses relations ne durent jamais très longtemps.

Rémi a ainsi « classé » Carole, déjà mère d'un petit bout de chou, dans la catégorie « maîtresse ». Il veut des enfants, mais seulement les siens, pas ceux des autres. Qu'importe si Carole est celle avec qui il s'est le mieux entendu, qui le touche le plus, dont il s'inquiète quand elle ne va pas bien… Concentré sur son but, il n'a vécu qu'une demi-histoire avec Carole, qui en a été blessée et a fini par le quitter.

Rémi a compris beaucoup plus tard qu'il a sacrifié à l'autel de ses rêves la relation la plus belle qu'il ait eue depuis très longtemps. En proie au doute, il ne sait s'il doit renoncer à sa feuille de critères et à cette volonté de fonder SA famille… sans autre enfant. Carole et lui s'entendaient à merveille. Ils avaient, au fond, les mêmes valeurs de vie et le même regard sur le monde qui les rendait si complices. Mais il l'a compris trop tard. Ses critères, qu'il juge dorénavant « pas si essentiels », l'ont amené à refuser de vivre une belle histoire d'amour alors que celle-ci était possible : et quand il l'eut enfin compris, Carole s'était engagée ailleurs et c'était trop tard. Il n'y a pas de *happy end* à l'histoire de Rémi et de Carole.

Laissez le reste ouvert

N'OUBLIEZ PAS

Vous connaître vous-même (en termes positifs bien sûr, ne revenons plus sur ce sujet…) est tout ce dont vous avez besoin pour faire de belles rencontres. Ne cherchez pas plus loin en essayant de décrire celui ou celle que vous recherchez ou la forme que prendra votre future relation. Laissez toutes les options ouvertes et partez simplement à la découverte de l'autre, en connaissant vos valeurs fondamentales.

Pas de « profil de poste détaillé »...

Il n'y a pas qu'un seul profil d'homme ou de femme qui convienne à votre personnalité. Les connexions intellectuelles, physiques, émotionnelles ou spirituelles avec votre partenaire sont si complexes et si variées qu'une personne peut aussi bien s'entendre parfaitement avec un(e) cérébral(e) timide et maladroit(e) qu'avec une personne solaire et extravertie... Tout simplement parce qu'ils auront partagé une histoire, un événement, des émotions qui les lient infiniment plus profondément qu'une passion commune ou une similitude de culture ou de niveau social. Cette alchimie mystérieuse prend place quand les personnes s'ouvrent l'une à l'autre et laissent circuler les émotions. On choisit inconsciemment ceux dont on se sent proche émotionnellement et lorsque deux personnes sont animées par au moins une valeur commune, cette émotion circule bien plus librement.

Les liens invisibles d'Esther et Xavier

Esther et Xavier se sont croisés à plusieurs reprises lors de fêtes et sorties avec leurs amis communs. Xavier a immédiatement remarqué cette très jolie jeune femme un peu mystérieuse, un peu à part, dont la réserve lui a plu. Esther, quand à elle, était alors courtisée par un autre soupirant particulièrement acharné, déployant pour elle toute la palette du latin lover : fleurs, promenades romantiques, dîner aux chandelles. Il enveloppait Esther d'un tourbillon d'attentions permanentes, auxquelles finalement Esther ne se montrait que peu sensible, même si elle en était flattée et amusée. Car, à ce moment de sa vie, Esther était absorbée par de graves soucis dans sa famille. Au milieu des rires et des conversations enjouées, lorsqu'elle recroisait Xavier, elle remarquait quelque chose dans le regard qui l'attirait. Un côté sombre ou mystérieux, elle ne savait pas très bien décrire cela.

Par petites touches, à chacune de leurs rencontres, ils ont fini par découvrir, sans se le dire, le fait que tous les deux s'étaient dévoués (ou se dévouaient) pour soigner quotidiennement un membre de leur famille en fin de vie. Cette connexion ténue, plus que toutes les autres, a laissé émerger une valeur commune. Entre tous ses prétendants, Esther s'est sentie attirée par cet homme pudique. Ils n'ont même pas eu besoin d'en parler...

... Ni de plans sur la comète !

De la même manière, laissez ouvert le déroulement de la relation que vous souhaitez. Vous projeter à l'avance dans un scénario de rencontre, puis de relation ne peut que vous mener à la déception. Ce cas coaching vous explique pourquoi.

CAS COACHING

Sandra a tout pour plaire. Et pourtant, à 40 ans, elle cherche toujours l'homme de sa vie. Elle m'a donné du fil à retordre en coaching car elle a tant d'atouts – que je n'ai pas besoin de citer – qu'il fallait que je trouve la bonne direction pour chercher à comprendre. Mais j'ai fini par trouver, alors qu'elle me décrivait comment se passaient ses débuts de relation, d'où venait le problème. Voici le décryptage : Sandra se projette très facilement quand une histoire démarre (dès les premiers bisous). Elle a tant envie d'une belle relation. Sans en avoir conscience, elle déroule la manière dont ELLE attend qu'IL se comporte avec elle. Et, depuis dix ans, toutes ses histoires échouent. Elle peine à faire tenir ses relations plus de trois ou quatre mois. Les hommes la quittent quand bien même l'histoire est encore toute brûlante de passion… et qu'il en reste encore ! Cette attitude la rend tout simplement extrêmement crispante. Étant donné qu'elle attend un certain type de comportement, elle ne laisse aucune place à l'amour, à la magie, à l'avenir incertain.

Exemples précis dans les premiers jours ou semaines d'une relation : quand il lui téléphone, s'il ne conclut pas ses conversations par ce qu'elle attend, elle lui fait la remarque. S'il n'appelle pas au moment où il aurait été convenable de s'appeler étant donné le week-end en préparation, elle le lui fait comprendre. S'il envoie des SMS qui ne proposent rien de concret, alors qu'elle considère que le SMS est fait pour cela, elle lui demande de se plier à cet usage, etc ; l'homme se prend deux ou trois reproches chaque jour, toujours dits avec un joli sourire sur un beau visage, mais ils n'en sont pas moins rédhibitoires. L'homme se sent piégé, incompris, enchaîné, émasculé. Encore amoureux, il préfère stopper net la relation.

Rappelez-vous : les meilleures histoires sont celles qui sont pleines de rebondissements imprévus, où l'on accepte l'autre, dans toute sa singularité. Sinon, aucune surprise n'est possible. Se donner la possibilité de vivre une relation amoureuse, c'est se laisser surprendre !

Trois questions à se poser avant de s'engager

Qu'est-ce qui me fait vivre aujourd'hui ?

Autrement dit, quelles sont mes priorités dans la vie, qu'est-ce qui me rend heureux(se) ? Quelle est ma définition d'une vie réussie ? Quelle place j'attribue à l'amour, à l'autre ?

Est-ce que je m'accepte tel(le) que je suis ?

Être en harmonie avec soi est une condition souvent nécessaire à l'harmonie du couple. Ce qui ne veut pas dire que votre couple est voué à l'échec si la réponse à cette question est négative. Seulement, il vous faudra réfléchir à ce que vous avez du mal à accepter chez vous et y travailler, seul(e) ou avec votre partenaire. L'idée étant d'essayer d'améliorer ce qui vous dérange, mais aussi de vous accepter tel(le) que vous êtes, car ceci constitue le préalable à l'acceptation de l'autre.

Y a-t-il des aspirations profondes qui sommeillent en moi et que je n'ai pu développer ?

Si oui, pourrez-vous les développer dans le cadre de votre couple ? Si vous voulez faire le tour du monde, pourquoi ne pas partager cette expérience à deux ? Si vous voulez ouvrir votre boutique ou monter votre société, votre partenaire est peut-être tout à fait enclin à vous donner un coup de main.

Ce qui est important ici, c'est de partir dans l'aventure du couple, le plus léger possible, sans rêves non réalisés qui pourraient un jour peser lourd.

Comment savoir si c'est la bonne personne ? s'il faut continuer ? Love-quizz !

Vous avez rencontré quelqu'un qui vous fait un effet particulier. Il/elle est différent(e) des autres, mais vous ne savez pas encore si vous devez vous engager plus loin. Ou bien vous hésitez entre deux personnes très différentes, qui vous plaisent également, mais pas pour les mêmes raisons. Comment savoir si c'est la bonne personne ? Comment choisir quand votre cœur balance ? Je vous propose une série de questions à vous poser et auxquelles répondre en toute honnêteté pour y voir plus clair.

L'entente mutuelle

- Ai-je le sentiment d'être compris(e) ?
- Où en suis-je sur la confiance mutuelle ?
- Sur le respect mutuel ?

- Sur la compréhension mutuelle ?
- Où en est notre communication ?
- Pourrions-nous parler de ce qui ne va pas – et de ce qui va ?

Votre rapport à la relation

- Est-ce que cette relation me permet d'évoluer / de vivre des relations épanouies ?
- Y a-t-il éloignement affectif ?
- Qu'est-ce que j'attendais de lui / d'elle ? L'ai-je obtenu ?
- Qu'est-ce qu'il/elle attendait de moi ? L'a-t-il, l'a-t-elle obtenu ?
- Suis-je attiré(e) par cette personne ?
- Ses qualités sont-elles importantes à mes yeux ?
- Quels défauts a-t-il/elle ? Sont-ils vraiment invivables ?
- Ai-je du plaisir à partager des activités avec lui/elle ?
- Ai-je envie de faire des efforts, de mettre de l'énergie dans cette relation ?

Votre sexualité

- Ai-je du désir pour lui / pour elle ?
- Ma sexualité est-elle épanouie ?

Vos envies

- Ai-je envie d'embrasser très souvent ?
- Ai-je envie de passer le plus de temps possible avec lui/elle ?
- Ai-je envie de voyager, de partir en vacances avec lui/elle ?
- Est-ce que je m'ennuie avec lui/elle ?

Votre bien-être

- Comment va mon estime de moi ?
- Est-ce que cette relation me permet de la conserver ou est-elle mise à rude épreuve ?

POUR LES FEMMES

L'amener à s'engager

Après les premières semaines d'idylle, vous ressentez un manque affectif : il ne vous a jamais encore parlé de ses sentiments à votre égard, n'a jamais verbalisé un quelconque sentiment amoureux pour vous, et cela vous manque terriblement. Comment faire passer le message ?

L'attitude qui vous nuit

- Vous le harcelez littéralement, vous exigez régulièrement des restaurants en tête à tête où vous remettez sans cesse sur la table le sujet de votre couple, de vos sentiments l'un pour l'autre.

  Attention : vous l'épuisez : plus vous parlez sentiments, plus il se ferme, moins il vous écoute, moins il vous répond... C'est le début de la spirale infernale, il songe déjà, même inconsciemment, à vous fuir. Parler d'émotions est généralement une contrainte pour un homme, ne l'oubliez pas.

- En disséquant votre relation, vous tuez peu à peu le mystère de votre couple. Il ne faut pas tout expliciter : les non-dits entretiennent un certain romantisme.

- En l'obligeant à poser des mots sur votre relation avant qu'il n'en prenne lui-même l'initiative, vous prenez le risque de le forcer à rationaliser trop tôt.

  Attention : cela peut jouer en votre défaveur : réfléchir profondément à votre relation alors qu'il n'en a pas envie peut la lui faire voir sous un aspect plutôt négatif.

L'attitude qui construit

Pour le pousser à dévoiler ses sentiments : absentez-vous, faites-vous plus rare ! Passés quelques jours, il va réagir, car les hommes répondent mieux à l'absence qu'aux discours-fleuves. C'est finalement lui qui mettra le sujet sur le tapis en vous demandant pourquoi vous êtes moins présente, s'il y a un problème, etc.

Vous pourrez alors lui répondre que vous n'êtes pas sûre d'avoir envie de continuer trop longtemps. Vous n'êtes pas encore très sûre de ses sentiments à votre égard et donc cela vous amène naturellement à être distante et libre. C'est une position bien plus enviable que de quémander son attention. Vous ne vous mettez ainsi pas d'emblée en position de dépendance affective. Et la communication est maintenue.

Si vous devez disséquer votre relation, faites-le avec vos amies. Quant à lui, montrez-lui que vous souhaitez discuter et non harceler. C'est un choix gagnant :

- Vous forcerez son respect : les femmes comme vous sont rares ! (dans l'esprit des hommes)

- Les moments où vous parlez sentiments étant choisis, lorsque vous en parlerez, ce que vous échangerez sera d'autant plus fort.

Comment faire durer une relation ?

Qu'est-ce qu'une relation à long terme ?

Les deux partenaires font d'abord preuve d'un intérêt mutuel, puis ils procèdent à une évaluation du partenaire potentiel, ils choisissent de vivre une relation exclusive, enfin ils forment un couple qui va tenter sa chance à deux.

- Lorsque vous choisissez de vivre une relation exclusive, vous devenez un couple. Cela signifie qu'après avoir montré vos aspects les plus positifs, vous acceptez de laisser entrevoir vos côtés plus négatifs.
- Un couple équilibré autorise chacun à exprimer aussi ses faiblesses. Chacun doit pouvoir exprimer ses côtés plus négatifs avec l'assurance d'être entendu, respecté et soutenu. Une vraie relation de couple permet à chacun d'être entièrement lui-même en compagnie de l'autre.
- Une relation de couple devient durable lorsqu'elle permet à chacun d'être entièrement lui-même en compagnie de l'autre. Cela suppose une confiance mutuelle, une reconnaissance des différences de l'autre, l'assurance de trouver un soutien en cas de problème, à défaut, de pouvoir compter sur une oreille compréhensive. Ce qui implique un engagement très fort des partenaires dans le couple. On mesure ainsi ce qui différencie la dynamique amoureuse de la dynamique du couple.
- Un couple, c'est une relation où deux partenaires choisissent de s'engager aux côtés de l'autre, dans les bons comme dans les mauvais moments.

Les quatre connexions qui constituent un amour solide

1. Le domaine physique

Il s'agit de l'attirance physique : « Je l'ai dans la peau », « Je la trouve belle, elle m'attire »...

2. Le domaine des émotions

C'est votre capacité à créer des connexions émotionnelles. Chacun peut exprimer ses émotions face à l'autre et être sensible au fait que l'autre les accepte. Chacun se sent compris.

3. Le domaine intellectuel

Ce sont vos centres d'intérêts communs, vos références communes, votre « culture » commune, quelle qu'elle soit.

4. Le domaine spirituel

C'est le plus mystérieux de tous. Il relève de vos aspirations profondes. On peut l'entendre au sens religieux, mais il ne s'y limite pas. Cela concerne la façon dont la personne perçoit le monde et son chemin de réalisation au sein de celui-ci. Autant dire que votre capacité à influer sur ce domaine de connexion est extrêmement limitée.

Les ingrédients du bien-être

Une relation, pour être épanouissante dans la durée, doit générer du bien-être pour les deux partenaires. Aux tout débuts de la relation, ce bien-être semble apparaître tout naturellement sous l'effet quasi magique des flots d'hormones libérés par l'état amoureux. Pourtant, il est bien le fruit de votre action :

- Vous soignez votre apparence, vous avez à cœur de le/la séduire ;
- Vous êtes tourné(e) vers l'autre, vous cherchez à le/la découvrir ;
- Vous lui dédiez de votre temps, vous lui accordez une grande importance

Pour certains et certaines, il ne s'agit pas là d'un effort, mais d'un plaisir lié à la conquête. Pour d'autres, ces étapes peuvent être source de stress (mon entreprise de séduction va-t-elle réussir ?), et ils sont soulagés lorsque leur cible rend les armes. Ils/elles vont pouvoir reprendre une vie « normale », leur partenaire au bras, sur un mode moins exalté, mais plus complice.

C'est vrai, la complicité et l'intimité que l'on trouve au sein d'un couple construit est une source formidable de bien-être. Mais...

- Elles ne remplacent pas complètement le plaisir de la séduction. Elles créent des attaches puissantes dont la beauté est dans la force du lien, le soutien ;
- Elles ne coulent pas de source et doivent elles aussi être entretenues tout au long d'une relation.

Un agréable effort

Même lorsque les deux partenaires sont de toute évidence faits pour s'entendre, une relation durable demande un effort (bien agréable) de part et d'autre. Pour que ça marche, il faut :

- Entretenir la flamme du début. Votre entreprise de séduction n'est jamais terminée !
- Développer une profonde complicité. Cela passe par le respect de votre partenaire, la bienveillance à son égard, le dialogue et l'écoute et enfin l'équilibre dans votre relation.
- Construire et évoluer, ensemble, mais aussi personnellement.

Tableau 17-1 : Séduction : les phrases pour briller… ou se griller

On brille	*On se grille*
« Je n'aime que toi » ou n'importe quelle autre déclaration d'amour ou d'affection.	« J'aime les femmes/hommes » ou n'importe quel propos qui sous-entend que vous pourriez aller voir ailleurs.
« Tu me fais rire » ou tout autre compliment.	« Tu ne fais pas assez attention à moi » ou n'importe quel autre reproche.
« Personne ne m'avait jamais fait cet effet-là avant toi » ou n'importe quel propos qui montre qu'il/elle est unique à vos yeux.	« Quand j'étais avec (le nom de votre ex) » ou n'importe quel propos qui lui rappelle que vous n'êtes pas le/la premier(ère) dans sa vie.

Comment se choisit-on ? L'avis de Serge Hefez

Comment se choisit-on ? Les psys ont beaucoup développé – et je ne fus pas le dernier – l'idée qu'un couple se constitue sur une sorte de « contrat thérapeutique ». On choisit à son insu quelqu'un doté d'une névrose complémentaire à la sienne pour s'aider l'un l'autre, se soigner l'un l'autre, sortir de sa famille, avancer, évoluer, se libérer de certains schémas transmis. On passe avec lui un contrat conjugal implicite. Des couples se fondent ainsi sur une très forte attraction mutuelle autour d'une difficulté commune, mais des rôles différents s'organisent autour de ce problème : un des deux partenaires va s'en sentir victime, tandis que l'autre va adopter une attitude beaucoup plus active de thérapeute de son conjoint.

Chacun veut être aimé pour soi-même, pour la totalité de soi, dans un véritable processus de confirmation identitaire. Avec une demande centrale : rends-moi heureux, fais-moi du bien, fais-moi jouir… Être aimé « absolument » fait du bien, rassure et réassure ; mais le danger d'anéantissement ou de fusion n'est jamais très loin…

Face à notre immense souci de liberté, le lien conjugal et le lien amoureux, auxquels viennent s'ajouter des liens familiaux de plus en plus complexes, s'emmêlent forcément. Mais ils produisent aussi des histoires, des situations, des avancées extraordinairement vivantes et réjouissantes, passionnantes, surprenantes, dont les acteurs, et les scènes ne cessent de m'étonner. Et posent aux humains, d'où qu'ils viennent, ces questions existentielles que les couples viennent explorer avec moi : Qu'est-ce qu'aimer ? Comment vivre ensemble ? Que faire de sa liberté ?

Six clés pour le/la garder longtemps

1. Garder son indépendance pour lui donner de l'air et se faire désirer

Au fil des chapitres précédents, je vous ai souvent répété, encore et encore, à chaque étape de votre entreprise de séduction, l'importance de l'indépendance dans le processus de l'attraction. À présent que vous avez réussi à charmer votre cible et que vous coulez des jours heureux ensemble, vous avez peut-être la tentation de vous rapprocher toujours plus pour vivre une relation fusionnelle.

Ça y est, vous dites-vous, j'ai franchi tous ces caps, j'ai bien le droit de savourer ma victoire en vivant collé-serré 24 heures sur 24 avec mon tourtereau (ou ma tourterelle). Oui, vous en avez le droit, s'il ou elle a la même inclinaison. Mais avant de vous arrimer à votre conquête prenez en compte ce qui suit.

Maintenir votre indépendance, tout au long de votre relation, c'est :

- Ne pas dépendre de votre partenaire pour la satisfaction de tous vos besoins émotionnels et affectifs. En étant indépendant(e), vous ne faites pas peser sur lui ou sur elle tous vos soucis ou vos angoisses. Vous les partagez, certes, mais vous ne vous tournez pas uniquement vers cette personne quand vous avez besoin de réconfort.
- Ne pas faire dépendre votre réalisation personnelle de votre relation. En ayant soin de réaliser votre propre parcours, vos propres projets, indépendamment de votre couple, vous devenez aux yeux de l'autre plus fort, plus précieux, plus admirable, plus désirable.
- Y incorporer une très légère dose de risque : il/elle sait que vous avez une vie bien à vous, que vous y faites des rencontres et que son niveau de séduction doit rester en alerte pour vous garder. Vous ne lui êtes pas complètement garanti(e) à vie !
- Lui prouver qu'il/elle est important(e) à vos yeux. Car, si votre vie est par ailleurs riche, et que vous lui accordez une place importante, il/elle se sentira d'autant plus valorisé. Vous êtes ensemble parce que vous vous plaisez, et non parce que vous n'avez pas le choix.

Concrètement, comment affirmer son indépendance ?

Savoir maintenir une certaine distance

Vous pouvez garder des activités qui vous sont propres, que vous ne pratiquez pas ensemble, avoir vos amis rien qu'à vous, ne pas passer TOUT votre temps libre ensemble. Quand vous n'êtes pas ensemble, vous créez un léger manque qui vous permet de vous retrouver avec une ferveur renouvelée.

Dire « je t'aime », mais pas tout le temps

Ne galvaudez pas ces trois petits mots. Plus rares, murmurés uniquement dans les moments les plus forts de votre relation, ils feront d'autant plus battre le cœur de votre cher(e) et tendre que s'ils sont répétés à tout bout de champ.

Lui donner de l'air

Il est bien entendu que vous accordez, réciproquement, le même droit à l'indépendance que celui dont vous disposez. En lui donnant de l'air, du temps pour ses propres projets, dans lesquels vous n'intervenez pas, même si vous pouvez par ailleurs l'y encourager, vous lui prouvez votre confiance, mais pas seulement. Vous offrez également à votre relation un bol d'oxygène indispensable.

Distance ou passion : l'avis de Serge Hefez

Que nous révèle la généralisation de cet immense terrain de jeu de la drague et de la séduction ? Tout simplement que la quête passionnelle envahit aujourd'hui l'esprit des hommes comme celui des femmes. La passion, depuis toujours considérée comme la pire calamité qui puisse s'abattre sur nous, et sur la vie conjugale, s'est imposée, en quelques générations, comme le piment essentiel de nos existences.

La passion, vantée et encouragée par les médias et les progrès de la communication – les e-mails, les textos, qui nous permettent d'être « reliés » mais surtout ficelés, enchaînés à l'autre sans interruption – entretient le mirage de la similitude, la sensation merveilleuse que l'autre est nôtre, complètement, qu'il répond à tous nos besoins, comme nous répondons à tous les siens.

L'angoisse du vide est le pendant de cette quête éperdue. Les couples qui s'engagent trop fortement sur un mode fusionnel finissent la plupart du temps par en faire l'amère expérience : comment me sentir exister si l'autre n'est plus là pour me tendre le miroir ? Et comment me remplir, s'il ne me comble plus ?

2. Accentuer le positif

Faire durer le plaisir de part et d'autre est un défi de chaque instant ! L'une des clés pour réussir ce pari un peu fou, c'est de conserver précieusement les attitudes qui faisaient votre bonheur au début de la relation : lorsqu'il savait apprécier qui elle était, lorsqu'elle savait apprécier ce qu'il faisait. Construire une relation qui s'inscrit sur la durée sans pour autant être malmené(e) par le temps, c'est possible ! J'y ai consacré l'étape 5 de la `methode-florence.fr`, car renforcer l'attirance mutuelle tout au long d'une relation ne va pas forcément de soi.

Mesdames, même après des années de vie commune, restez prodigues en marques d'approbation envers votre homme :

- Laissez-lui un message après une belle nuit d'amour : « J'ai adoré te retrouver cette nuit » ;
- Dites-lui que vous appréciez ses marques de tendresse : « J'aime quand tu me prends dans tes bras » ;
- Valorisez son investissement dans la vie quotidienne : « C'est formidable que tu aies fait la vaisselle », « Ça me rend très heureuse que tu prennes du temps pour faire des choses avec les enfants », etc.

Messieurs, même après des années de vie commune :

- Continuez à dire à votre femme : « Tu es belle », « Je t'aime », « C'est très intéressant ce que tu dis », « J'adore ton sens de l'humour », etc.
- N'imaginez jamais que cela va sans dire, ni que vous n'avez pas à vous exprimer sur des choses aussi triviales ou évidentes. Faites-le, c'est l'un des secrets des couples heureux !

Le cercle vertueux de la positive attitude

Les femmes ont tendance, plus que les hommes, à communiquer quand quelque chose ne va pas. Et si beaucoup de choses ne vont pas, cela peut tourner au bombardement de critiques, qui aura l'effet inverse de celui désiré. Mesdames, n'essayez pas de transformer votre amoureux en prince charmant en le houspillant. Ça ne fonctionne tout simplement pas ! Vous pensez manquer de tendresse ou d'attention ? Ne le lui rappelez pas en permanence : on n'a pas envie d'embrasser une harpie ! Comptez le nombre de critiques que vous faites par semaine à votre moitié. Entre dix et douze ? C'est beaucoup trop et c'est à vous de vous remettre en cause. Renversez la tendance en vous appliquant à faire deux compliments pour une critique.

S'il fallait ne retenir qu'une phrase de ce chapitre, c'est celle-ci : un homme a besoin de sentir qu'il a les capacités de vous rendre heureuse. Je rencontre beaucoup d'hommes au sein de Love Intelligence qui stoppent une relation parce qu'ils sentent une femme trop exigeante ou compliquée et pas facile à satisfaire. C'est aussi un des terreaux de la tromperie masculine. L'homme va chercher ailleurs à se rassurer sur le fait qu'il a la capacité de rendre une femme heureuse.

Si vous êtes allée trop loin, reconnaissez-le, excusez-vous et rappelez-lui que vous l'aimez et pourquoi.

Que vous soyez un homme ou une femme, efforcez-vous de porter un regard positif et optimiste sur votre partenaire. Lorsqu'il/elle vous agace, avant de vous perdre en critiques, révisez mentalement la liste de ses qualités qui vous ont fait(e) craquer.

Si vous sentez qu'il y a du ressentiment entre vous, ou quelque chose qui ne va pas et dont vous souffrez, avant d'en parler dans la tension, commencez par réinstaller un climat de tendresse et de confiance : lancez des compliments justifiés, souriez, retrouvez-vous autour d'un rituel amoureux. Le cercle vertueux de la positive attitude se met en place et vous avez alors plus de chances d'aboutir à une discussion constructive.

3. Maintenir le niveau de séduction

Une fois la relation installée, on a tendance – surtout les hommes – à la prendre pour acquise. Moins en danger de « perdre » le partenaire qu'au tout début, on a le sentiment que l'on peut baisser la garde et être soi-même. Les grands frissons du début sont alors graduellement remplacés par une complicité unique, physique et émotionnelle, qui nous permet de nous montrer tel que nous sommes réellement, dans toute notre fragilité. Le travers de ce confort amoureux, c'est que l'on oublie souvent que la séduction, si elle n'est pas entretenue, réactivée, a tendance à s'émousser. C'est l'une des raisons de la baisse de désir qui peut surgir au sein d'un couple à moyen ou à long terme.

N'OUBLIEZ PAS

Baisser la garde permet l'harmonie, l'entente profonde et réelle au sein du couple. Mais cela ne veut pas dire pour autant se laisser aller du côté de la séduction. Pour que votre couple dure, il est crucial de maintenir le niveau de votre séduction. Vous n'allez pas retrouver les grandes émotions du début, mais vous devez maintenir son désir en alerte.

Comme au début de votre relation

LE CONSEIL DE FLORENCE

- Faites un effort physique et vestimentaire pour rester séduisant(e), même après des années de vie commune. Faites-le pour lui, pour elle, mais tout autant pour vous.
- Valorisez votre partenaire en lui faisant des compliments, sur son physique, son attitude, ses actes. En mettant le doigt sur ses qualités, non seulement vous lui faites plaisir, mais vous renforcez votre propre attachement.
- Profitez de toutes les occasions de vous rapprocher physiquement. Une vie sexuelle épanouie est le ciment des couples qui durent. Cela commence tout simplement avec les baisers et les caresses : n'en soyez pas avare. Même quand vous n'êtes pas en grande forme, répondez aux sollicitations de votre partenaire, ne le/la laissez pas en manque de façon répétée. Laissez-vous tenter : le désir se renforce par la pratique !

4. Prendre son temps

On n'avance pas tous au même rythme

L'une des difficultés auxquelles on se heurte souvent dans la construction d'une relation est que les deux personnes, toutes amoureuses qu'elles soient, n'avancent généralement pas au même rythme. Le risque, pour le plus investi des deux, étant de passer les étapes sans se préoccuper du stade où se trouve l'autre.

Imaginez que quelqu'un vous abreuve de déclarations d'amour, alors que vous n'en êtes qu'à vous demander s'il (elle) pourrait éventuellement vous rendre heureux(se). Ce ne serait pas très confortable, n'est-ce pas ? Si vous décidez qu'il s'agit d'une relation exclusive alors que l'autre n'en est qu'à nourrir de l'intérêt pour vous, il trouvera que cette histoire va trop vite et risque de ressentir :

- Une sensation d'étouffement qui le poussera à s'éloigner ;
- Un sentiment de culpabilité qui, sur le long terme, va se transformer en ressentiment.

Faire face aux doutes

Dans une relation amoureuse, il est fréquent que surgissent des doutes. Souvent après avoir traversé une période de doutes, on franchit une nouvelle étape du couple. Dans ce cas, quelqu'un qui avait fait le choix d'une relation exclusive peut tout à fait « régresser » à l'étape précédente, et se remettre à vous évaluer. N'en tirez pas de conclusion hâtive et ne le/la forcez pas à s'engager. Au contraire, permettez-lui s'éloigner et remettez-vous en phase d'évaluation.

Pour être capable de tirer le meilleur parti possible de ces quelques embûches, évitez d'idéaliser votre partenaire ou de décider qu'il sera votre compagnon pour la vie de façon prématurée.

Une grande partie des déceptions amoureuses provient de ce que les protagonistes ont nourri des espoirs démesurés alors qu'ils ne connaissaient pas si bien leur partenaire. Voici encore une phrase très importante à retenir : **on ne peut pas aimer quelqu'un qu'on ne connaît pas**.

L'amener à vous aimer, oui, forcer la main du destin, non !

Si cela ne va pas assez vite pour vous, ou pas dans le sens que vous le souhaitez, proscrivez absolument le chantage, en particulier affectif. Sur le long terme, ce n'est pas une stratégie payante.

Toutes les menaces directes ou indirectes sont à bannir ! Cela vaut aussi pour les marques d'affection envahissantes dès lors que le partenaire n'y est pas réceptif.

Pourquoi ça ne marche pas ?

Ces comportements visent à culpabiliser la personne pour l'obliger à rester auprès de vous. User d'une telle attitude supposerait que vous ne respectez pas ses besoins et ses choix. De plus, cela vous exposerait à devenir l'objet de son ressentiment.

N'OUBLIEZ PAS

- Le sentiment amoureux implique de respecter l'autre, dans ce qu'il est et dans les choix qu'il fait. Même si ces choix vous écartent de sa vie.
- Une relation amoureuse est un échange à deux. Vous ne pouvez pas décider unilatéralement que vous êtes faits l'un pour l'autre.

D'ailleurs, une telle attitude signifierait que vous n'avez pas adopté l'écoute, l'ouverture et la tolérance que suppose la construction d'une relation amoureuse. C'est donc un fantasme que vous poursuivriez de vos assiduités !

5. Se bâtir une mythologie de couple : créer des moments d'exception

Bâtir une mythologie de couple, c'est écrire ensemble une histoire précieuse, qui n'appartient qu'à vous deux, qui est l'un des ciments de votre complicité. C'est une histoire qui commence par « nous », mais dans laquelle pourtant le « je » ne s'efface pas.

Comme dans tout bon récit, il est important d'y inclure des rebondissements, des moments exceptionnels dont vous vous souviendrez ensemble avec émotion. Ces moments forts peuvent être positifs : vos premières fois (première rencontre, premier baiser, première nuit), mais pas forcément : ce sont aussi les passages difficiles de votre vie à deux que vous avez surmontés ensemble.

Enfin, ce n'est pas forcément une histoire que vous vous racontez avec des mots, mais elle se tisse à partir des expériences fortes que vous vivez.

Il m'arrive en coaching de rencontrer des couples qui sont en train de franchir la plus grande crise de couple qu'ils ont connue jusqu'alors. Ils ne se rendent pas compte que s'ils passent ce cap :

- Leur amour sera plus fort ;
- Ils auront fait le plus difficile ;
- Ce serait vraiment dommage d'avoir fait tous ces efforts pour rompre quelques marches avant l'arrivée

Quand le couple comprend cela et que le gros de la crise est passé, je vois parfois de très beaux couples se reconstruire et s'aimer fort, bien plus fort que lors de leurs premières années de relation

Pourquoi faire des efforts ?

N'OUBLIEZ PAS

Après le temps étourdissant des premières fois, on a tendance à se reposer sur ses lauriers, et à penser que le reste de la relation sera tout aussi intense, tout naturellement. Or, une rencontre n'est pas « naturelle » : elle est le résultat d'un effort particulier que vous avez engagé pour conquérir votre cible. Le problème, c'est qu'on a tendance à penser que tout cela est arrivé par hasard, et que le reste suivra le même chemin glorieux. Mais passé le stade des grandes effusions du début, la vie s'aplanit. Si par exemple vous emménagez ensemble, s'installe alors une routine délicieusement agréable, mais qui peut, à la longue, manquer des aspérités nécessaires à la vitalité d'un couple.

Vous devez donc être attentif(ve) à les créer. Ils peuvent être de toute sorte :

- Ceux qui font battre le cœur, comme une nouvelle déclaration ;
- Ceux qui vous rapprochent physiquement ;
- Ceux qui vous permettent d'envisager un avenir commun ;
- Les surprises mais aussi les rituels.

ATTENTION

Éteignez la télé !

Les observations de l'institut Médiamétrie, d'année en année ne varient que peu : les Français passent en moyenne plus de trois heures devant la télé par jour. Certains installent le poste de télévision dans leur chambre à coucher… Tout en se plaignant que leur vie amoureuse manque d'intensité ! Faites un geste pour votre couple : évacuez cette intruse dévoreuse de temps et d'attention de votre chambre.

Les pauses légères

Rire ensemble, s'amuser, badiner… Absorbés par un quotidien parfois répétitif et fatigant, on peut perdre ces petits instants courts, mais pétillants qui allègent instantanément l'atmosphère. Lorsqu'ils vous manquent, provoquez-les ! N'attendez pas qu'ils viennent de votre partenaire. Demandez-vous ce qui vous mettrait tous les deux de bonne humeur. Commencez par sourire vous-même : vous verrez, c'est extrêmement contagieux !

Romance au quotidien

Une journée basique offre mille et une occasions de petits gestes romantiques ou plus épicés. Après quelques mois ou années de relation, sachez inventer régulièrement de nouveaux rituels romantiques. Pas forcément tous les jours, mais faites l'effort d'allumer une petite flamme au moins chaque semaine dans ses yeux ! Soyez inventif(ve) !

- Mettez sa chanson préférée sur la chaîne du salon et invitez votre partenaire à danser ;
- Choisissez ses vêtements de la journée, et habillez-le/la langoureusement en un strip-tease à l'envers. Il/elle devrait penser à vous toute la journée ;
- Glissez un billet doux dans sa poche lorsqu'il/elle part au travail ;
- Faites-lui de petits cadeaux sans raison. Emballez-les, et laissez-les là où il/elle les trouvera en votre absence ;
- Rappelez-vous : que vous soyez un homme ou une femme, TOUS les prétextes sont bons pour un massage.
- Mais vous pouvez aussi partir 10 jours seul(e) en voyage parce que cette destination ou cette forme de vacances (sportives, culturelles, ...) n'intéresse que vous. Ces éloignements sont toujours très bénéfiques pour le couple.

Accordez-vous des moments d'exception

Régulièrement, accordez-vous des moments réellement exceptionnels. Coupez-vous du quotidien pour vous tourner entièrement l'un vers l'autre. Créez une bulle loin des soucis et des obligations de la vie de tous les jours. Faites entrer la magie, soignez le cadre et le timing.

Un voyage rien que tous les deux est idéal, mais vous pouvez aussi vous échapper une nuit à l'hôtel dans votre propre ville, ou encore chez vous, dédier un long week-end à votre couple. L'important est de créer une rupture avec le quotidien, un moment de tendresse et de complicité sans interruption. N'allez pas faire les courses, ne vous préoccupez pas des factures : occupez-vous seulement de vous et de votre conjoint. Habillez-vous comme si vous aviez rendez-vous, mettez du champagne au frais. Si vous sortez, concoctez un programme que vous aimez tous les deux, choisissez les activités, physiques ou intellectuelles qui vous font vibrer, comme au premier jour.

Les surprises pour retrouver la sensation des « premières fois »

Ne vous reposez pas uniquement sur vos rituels amoureux. Ils sont attachants et rassurants, synonymes de bien-être. Votre moitié serait désemparé(e) de les perdre soudainement. Messieurs, si vous lui offrez souvent des fleurs, continuez tout le temps que dure votre relation, aucune femme ne s'en lasse jamais ! Mais sachez aussi créer la surprise.

Vous avez organisé une soirée parfaite, un séjour idyllique, un week-end follement romantique, et comme cela vous a plu à tous les deux, vous avez probablement envie de rééditer ce joli moment. Résistez à cette tentation, car une surprise ne fonctionne véritablement que la première fois. Ne brouillez pas ce souvenir unique par des répétitions forcément moins exaltantes. Pour retrouver cette sensation inimitable, sachez inventer de nouvelles manières de vous retrouver. Changez de cadre, changez d'approche et laissez ce souvenir unique occuper une place d'exception dans l'histoire de votre couple.

6. Favoriser la complicité : l'écoute, l'équilibre et le respect

On ne construit pas son couple avec seulement son propre bien-être pour but. Pour que ça marche, vous devez avoir à cœur de rendre heureux(se) votre partenaire. Votre bienveillance à son égard se traduit par l'attention que vous lui portez, votre envie de le/la voir se réaliser dans sa vie, le respect que vous avez pour lui, pour elle.

L'incroyable écoute tout au long de votre relation

La technique de l'incroyable écoute, que vous avez découverte au chapitre 6, fait encore des merveilles tout au long de votre relation. Grâce à elle, vous êtes à même de maintenir entre vous un dialogue fructueux, une intimité et continuez à vous découvrir au fil du temps. En lui posant des questions sur ses attentes, ses envies, ce qui le/la touche, vous renforcez votre compréhension mutuelle.

Lorsqu'une communication sincère est possible, on peut parler de tout, sans froisser. Il suffit d'y mettre les formes, et de respecter le timing de chacun. Certains points en particulier ne peuvent pas rester des zones d'ombre, mais attendez d'être prêts tous les deux pour les aborder. Posez-vous en couple les questions qui ont une véritable influence sur la suite de votre relation :

- Voulez-vous emménager ensemble ?
- Voulez-vous des enfants ? Comment souhaitez-vous les élever ?
- Comment envisagez-vous les questions d'argent ? Le partage des tâches ménagères ?…

Confidence pour confidence

Marié depuis 15 ans et divorcé depuis deux ans, Édouard a compris récemment que l'intimité était la base même du sentiment amoureux. Il se confie et explique que sa femme le harcelait pour parler, toujours parler, le soir notamment quand les enfants étaient couchés. À l'époque, il ne comprenait pas ce besoin envahissant. Il n'avait rien de particulier à dire : il était bien à côté d'elle, c'est tout. Quand ils se sont séparés, ce ne fut pas facile. Pour ne plus faire les mêmes erreurs, Édouard s'est penché sur les exercices de l'étape 4 de la Méthode Florence sur l'intimité, un véritable déclic pour lui. Quand il a rencontré Sandra, nous confie-t-il, non seulement il a mis ces exercices en pratique, mais il a ressenti de plus en plus ce besoin d'être proche et intime, émotionnellement, avec sa nouvelle conquête. Il s'est rendu compte que leur relation s'était épanouie parce qu'ils parlaient tout le temps. Son témoignage devient très touchant quand il raconte qu'il ne parvient pas à comprendre pourquoi il n'a pas su offrir cela à sa femme, pourquoi il était si réfractaire à l'époque. Sa relation avec Sandra étant terminée, il nous a confié qu'il se donnait encore quelques mois pour mettre en place un plan d'attaque pour reconquérir son ex-femme. Je ne connais pas la suite… Édouard, s'il-vous-plaît, dites-nous où vous en êtes !

L'équilibre

Une relation fonctionne mal si l'un des partenaires est notablement plus investi que l'autre. Toutes les concessions, tous les efforts ne peuvent en effet provenir d'une même personne, quand l'autre se contenterait de se laisser aimer. Dans ce cas, celui ou celle qui est le plus investi(e) se sentira floué(e) et perdra forcément sa motivation sur la durée.

Si vous avez la sensation d'un déséquilibre dans votre couple, faites le point avec vous-même avant d'évoquer le sujet avec votre chéri(e). Il n'est pas ici question de recenser ce que l'on fait pour l'autre, pour lui demander des comptes, mais d'être conscient de ce que chacun donne à l'autre et à la relation.

- Qu'attendiez-vous de votre moitié et qu'il/elle ne vous donne pas ?
- Que fait-il/elle, même si ça ne vous paraît pas essentiel ? Est-ce important pour lui, pour elle ?
- Que pensez-vous apporter qui n'est pas perçu à sa juste valeur par votre partenaire ?

Attention, parfois, celui ou celle qui a l'impression de faire tous les efforts ne s'aperçoit simplement pas de ceux que son conjoint fait pour lui. Lorsque vous avez fait le point avec vous-même, ouvrez-lui votre cœur, en essayant de trouver un terrain d'entente et en bannissant les reproches.

« J'ai l'impression que pour toi, la famille compte beaucoup et que les visites de tes parents sont très importantes. Beaucoup plus que chez moi, qui y suis moins attaché(e). » Écoutez son point de vue, puis faites valoir le vôtre : « Après ce week-end chez tes parents, que penses-tu d'une semaine en amoureux dans l'arrière-pays ? Je pense qu'il nous faut aussi du temps pour nous retrouver tous les deux. »

Le respect

Le respect est un élément fondamental du couple. Accepter votre partenaire tel qu'il/elle est, sans vouloir le/la changer, aimer et respecter ce qu'il/elle est au plus profond est un préalable indispensable à l'engagement. En effet, si vous n'êtes pas intimement persuadé(e) de la valeur de votre chéri(e), c'est que vous avez dû faire une sérieuse erreur d'aiguillage lors de votre choix (ou un problème d'estime de soi qui nous amène toujours à être très critique vis-à-vis de notre partenaire… car il est plus facile de rejeter la faute sur l'autre que sur soi-même) !

La valeur que vous accordez à l'autre, dès le début de votre relation, c'est un critère élémentaire sur lequel on ne peut faire l'impasse. C'est aussi un sentiment qu'il convient de chérir et de nourrir tout au long de votre relation. Ainsi, au fil du temps, sachez prendre en compte son point de vue, voir ce qu'il vous apporte, et valorisez-le. Continuez également à respecter ses jardins secrets, ses rêves, ses ambitions.

Le respect va dans les deux sens ! Montrez-vous digne de respect à ses yeux. Tenez vos engagements, ne le/la trahissez pas, ne le/la mettez pas dans des situations embarrassantes… Traitez tout simplement votre partenaire comme vous aimeriez qu'il/elle vous traite.

7. Évoluer ensemble, évoluer soi-même

Un couple tient dans la durée quand il peut se projeter dans un avenir commun. On imagine bien évidemment des enfants ou mariage, mais pas forcément ! L'idée est de vous investir tous les deux vers un but que vous réaliserez ensemble : un grand voyage à deux, l'achat d'un logis, retaper un appartement… ou vous pouvez tout simplement pratiquer une activité commune qui vous fait plaisir à tous les deux, dans laquelle vous allez évoluer ensemble et vous construire, en tant que couple.

Les projets que vous avez en commun apportent de l'énergie et du dynamisme à votre histoire. Si elle reste statique, répétant l'instant présent, sans changement en perspective, elle risque vite de tourner en rond !

Grandir auprès de votre partenaire

La Drague pour les Nuls vous aura mené du célibat aux rencontres, des rencontres à l'attirance, de l'attirance à la complicité, jusqu'à, je l'espère, une histoire plus belle que toutes les autres. Vous aurez sans doute constaté une évolution en vous-même, peut-être aurez-vous changé le regard que vous portez sur la drague, le sexe opposé, les relations amoureuses. Cette évolution personnelle, il vous appartient de la poursuivre tout au long de votre vie de couple. On n'est jamais un dragueur parfait, un conjoint sans défaut, une amante absolue : à chaque pas, on apprend et se complète grâce à la richesse de l'autre. Ce parcours, personnel autant qu'en duo, est une aventure passionnante. Pour vous aider à le réussir, je vous enjoins à présent de lire... *Les Relations amoureuses pour les Nuls* ou de me retrouver sur le site `methode-florence.fr` que j'ai créé autour des cinq questions essentielles inhérentes à l'amour, pour le trouver, le reconnaître et le faire durer !

Sixième partie

La partie des Dix

Dans cette partie...

Dans cette partie, vous allez découvrir que la séduction, ça ne date pas d'hier, avec dix conseils venus du passé lointain qui sont toujours d'actualité et dix best of rassemblant les livres, films, poésies, pièces de théâtre ou essais sur l'amour, la séduction ou la drague, à toutes les époques. Vous y trouverez aussi, pour notre époque moderne, les dix commandements de la drague par SMS, les compliments qui ont fait leurs preuves, comment le ou la séduire en maîtrisant l'autodérision !

Chapitre 18

Dix conseils venus du passé

Dans ce chapitre :

- L'art d'aimer et la drague à travers le temps
- D'Ovide au XXe siècle, en passant par l'amour courtois des chevaliers et la galanterie de la Renaissance
- Les clés intemporelles de l'amour et de la séduction

Certes, la dragué s'est métamorphosée au fil des siècles. De ses débuts balbutiants à la drague hyper-communicante d'aujourd'hui, quel chemin parcouru ! Et pourtant, certains conseils, prônés par le poète Ovide au temps des Romains dans l'un des tout premiers guides de la drague intitulé *L'Art d'aimer*, ou par le code de la galanterie des gentilshommes de la Renaissance restent toujours valides. En voici dix, venus du passé, à découvrir, à retenir et à mettre en pratique !

En l'an 1, au temps d'Ovide

1. Chaque femme, quels que soient son âge et son physique, possède en elle de fabuleux trésors d'amour à offrir, si elle le désire. Le conseil d'Ovide s'applique d'ailleurs aussi aux hommes ! Le poète affirme que chacun doit trouver en lui les beautés, intérieures et extérieures, qu'il pourra mettre en valeur pour séduire. C'est, dit-il, en s'appuyant sur ses qualités propres qu'on séduit véritablement, et non en essayant de jouer un rôle qui ne nous convient pas.

2. Il ne peut y avoir qu'une seule manière de draguer : autant de femmes (et l'on ajoutera à présent : et d'hommes), autant de séductions et d'histoires différentes. C'est en vous intéressant à celui ou celle qui est en face de vous que vous trouverez ce qui le/la fait vibrer en particulier.

Au XIIe siècle, l'amour courtois des chevaliers

3. À l'époque de l'amour courtois, une dame mettait son chevalier à l'épreuve. Sa retenue et sa force de caractère agissaient alors en révélateurs de ses sentiments et de sa conviction. Partout, qu'il soit sur le champ de bataille, au tournoi ou face à la tentation, le chevalier devait se montrer digne de sa dame : son respect pour elle nourrissait son courage. Le temps des épreuves donnait alors à chacun le temps de se connaître et de s'apprécier, mais aussi de vérifier la force de l'idylle : une manière d'éviter les embrasements d'un seul soir.

4. Les petits cadeaux amoureux doivent rester symboliques : il convient d'en limiter toujours le prix. Quelle que soit sa richesse personnelle ou son envie de le/la gâter, les témoignages d'affection sont de petits objets plein de sentiments mais sans grande valeur marchande. L'amour ne s'achète pas par des cadeaux, sous peine de n'être plus respecté, ni désirable.

Au XVIe siècle, la galanterie à la française à la Renaissance

5. La galanterie ordonne d'être plaisant et affable à tout moment et envers tous, hommes et femmes, et ce avec naturel, car l'affectation est proscrite ! On cultive donc son amabilité en toutes circonstances, jusqu'à ce qu'elle soit si ancrée en soi qu'elle en devient parfaitement naturelle. Légèreté et bonne humeur sont elles aussi de rigueur, car la gravité ennuie. Dans le même esprit, votre conduite sera honorable, que ce soit dans les affaires privées ou publiques.

6. On séduit impérativement en gardant à cœur le plaisir donné à l'autre. C'est autant une politesse que l'on fait aux autres qu'une marque de raffinement, et… une méthode diablement efficace !

Le XVIIe siècle, à l'époque des Lumières

7. Les femmes de lettre du siècle des Lumières savent avec maestria jouer de toute la palette des émotions : feindre l'indifférence, susciter une jalousie, provoquer chez l'autre le désir, la passion, faire intervenir des personnages intermédiaires, nouer des intrigues secondaires… Ce n'est pas ici la manipulation qu'on retiendra, mais bien leur science de la retenue, ou l'art de laisser à une relation le temps de prendre de la densité avant de s'y engager. Comme Ninon de Lenclos, les femmes du XVIIe siècle séduisent par leur sagesse et leur bonne humeur, mais aussi par leur indépendance d'esprit.

Aux XVIIIe et XIXe siècles, le romantisme

8. Après la Révolution, les femmes inventent le mystère en séduction : une pâleur ou une mélancolie inexpliquées provoqueront l'intérêt, voire l'inquiétude de leur soupirant. Parce qu'elle n'explique pas tout, ne se confie qu'avec discernement, la femme romantique inspire passion et respect au jeune homme qui la courtise.

9. Les timides et les émotifs tiennent enfin leur revanche à l'époque romantique. Montrer son trouble n'est plus considéré comme un manque de caractère, mais une forme d'aveu touchante parce qu'elle est vraie. Un signe d'émotion remplace aisément les mots quand la gorge est trop serrée pour avouer son attachement, à condition de le laisser percevoir. Ne cachez plus les vertiges de l'amour !

Au XXe siècle, on flirte à l'américaine

10. Le flirt est une conversation légère et charmante, où l'on s'emploie à charmer l'autre, sans but précis, simplement pour le plaisir de l'échange. C'est un prélude à la séduction qui se pratique dès que l'occasion s'en présente, que l'on ait ou non des idées romantiques en tête. Il doit rester léger, badin, et surtout, laisser planer un doute : êtes-vous simplement très charmant(e) ou intéressé(e) ? Votre interlocuteur ne doit pas pouvoir le déceler complètement.

Chapitre 19

Les dix commandements de la drague par SMS

Dans ce chapitre :

- Les dix commandements de la drague en 160 caractères
- Une drague plus spirituelle : jouez avec les mots de la séduction !
- Dix SMS de rupture pour histoire courte

En quelques années, le SMS s'est imposé comme un élément majeur dans notre vie amoureuse. Mais le SMS n'est pas un moyen de communication comme un autre, qui aurait simplement remplacé l'appel téléphonique, la lettre ou l'e-mail. Il bouleverse le déroulement de la séduction, il nécessite de se conformer à de nouveaux codes, implicites mais fondamentaux ! S'il facilite le flirt, il facilite aussi l'adultère tout en le rendant plus difficile à cacher. Que l'on soit célibataire ou en couple, nos habitudes amoureuses se transforment, à mesure que le SMS remplace l'appel traditionnel.

À nouvel outil, nouvelles méthodes de séduction ! Les SMS que l'on s'envoie pour se séduire s'apparentent à une joute verbale et constituent un dialogue bien particulier : chaque mot est analysé au moment de l'envoi et de la réception… Contrairement à ce que l'on pourrait croire, séduire par SMS demande de la subtilité, de l'humour, et une maîtrise du double langage ! Sous-entendus et connivence sont au rendez-vous.

Ici, à vous de jouer car ce que vous écrivez séduira d'autant plus que ce sera personnel et authentique !

Restez courtois(e)

Ce n'est pas parce que vous utilisez un moyen de communication moderne qu'il faut prendre des libertés contestables avec votre destinataire. Si vous avez envie d'être « cash » : allez-y progressivement et tâtez le terrain. Souvenez-vous que rien n'oblige l'autre à vous répondre, or un « t libre ce soir on bèz » resté sans réponse risque d'être difficile à rattraper.

Amusez-vous

Restez fidèle à ce que vous êtes en face à face, mais n'hésitez pas à jouer. Si vous êtes un peu timide, l'écrit est un bon moyen de vous laisser aller un peu plus à dire ce que vous pensez, parler librement… À condition que vos SMS ne soient qu'un avant-goût de ce qu'il se passera lors de vos prochains rendez-vous, au risque de passer pour schizophrène !

Réagissez

L'échange de SMS est une forme de dialogue. Si vous le maniez bien, vous pourrez créer une conversation haletante, qui pourra égayer une journée passée loin de l'autre. Pour cela, prenez soin de réagir à ce qui vous intrigue ou vous plaît dans ce que dit l'autre, et si vous voulez être sûr(e) que l'échange dure, terminez par une question.

Usez des doubles sens et des sous-entendus

Écrire un SMS permet de déployer son esprit : comme vous avez le temps de vous relire, vous avez moins de risque de vous tromper et de faire un flop ! Montrez-lui que vous êtes plein(e) de ressources, et utilisez des équivoques, des doubles sens… autant de moyens pour jouer avec les mots et la séduction !

Le délai de réponse

Il est à lui seul l'objet d'une interprétation ! Souvenez-vous que le SMS n'est pas un e-mail, attendre plus de 24 heures pour répondre passe très souvent pour grossier : avec l'essor des forfaits SMS illimités, le fameux « je n'avais plus de forfait » n'est plus une excuse valable. À l'inverse, évitez de répondre instantanément si vous ne voulez pas passer pour quelqu'un de trop pressant, ou qui vit attaché à son portable !

Bien commencer, bien finir

Bannissez les formulations trop froides, trop convenues, trop peu sérieuses que sont les « coucou », « kikoo » – ou autres horribles « jtbtf » (pour « je t'embrasse très fort ») – ou « a+ ». Préférez une formule affectueuse pour la fin, du type « je t'embrasse », « j'espère te revoir bientôt ». Et pour commencer, si vous êtes encore peu familier(ère) de la personne, vous pouvez partir d'un « Bonjour Xxx ».

L'orthographe

Des incorrections trop importantes peuvent faire fuir en courant votre destinataire ! Relisez-vous et faites un effort. Vous en êtes encore à donner à l'autre les premiers indices sur votre personnalité, et un style négligé peut faire penser à votre interlocuteur que votre expression et votre conversation laissent à désirer.

La ponctuation

Usez des points de suspension avec parcimonie. Dans un SMS, ils sont extrêmement connotés, ils attirent l'œil et signifient « je suis en train de sous-entendre quelque chose ! ». Là où un « Je serais ravi(e) de prendre un verre avec toi ce soir » relève de la politesse pure et simple, le « Je serais ravi(e) de prendre un verre avec toi ce soir… » est en revanche chargé de promesses quant au déroulement de la soirée.

L'écriture texto

Elle est bien entendu à proscrire. La personne à qui vous écrivez est importante à vos yeux, vous pouvez bien prendre le temps d'écrire en toutes lettres. Oui, oui, même (et surtout) le « je t'embrasse » final. Quant aux « Lol » et autres smileys : a-t-on besoin de le préciser ? Ils sont maintenant un indice d'immaturité. Bien souvent, on les utilise pour ajouter un ton particulier à ce que l'on écrit. Quand vous êtes tenté(e) de « smiler », abstenez-vous et demandez-vous ce qu'il faudrait changer dans votre phrase pour qu'elle soit interprétée comme vous le désirez.

La déclaration par fausse erreur interposée

Attention enfin à la bourde classique qui consiste à se tromper de destinataire, et à envoyer à celui ou celle qui vous plaît un SMS dans lequel vous parlez de lui. Certains ont recours à cela comme une ruse qui leur permet de faire comprendre à l'autre qu'il leur plaît sans avoir l'air de lui avouer vraiment… avant d'y songer, soyez lucide : s'il ou elle vous plaît vraiment, autant dissiper tout malentendu, assumer et le lui dire franchement ! Et ceci de vive voix, c'est encore mieux.

SMS de rupture pour histoire courte

C'est la fin de votre histoire. Vous avez décidé de rompre et vous êtes moyennement tenté(e) par un face-à-face. Si votre histoire a été de courte durée, un SMS clair mais délicat peut vous éviter une scène pénible. À condition d'y mettre les formes !

Si votre relation était longue et/ou intense : oubliez le SMS et préférez un face-à-face dans les règles de l'art. Un deuil amoureux est plus facile quand l'autre nous dit en face qu'il ne nous aime plus et que la page est tournée. Relisez alors la fin du chapitre 16 pour réussir votre rupture.

Rompre par SMS

Soyez bref(ève) bien sûr – cela tient au format –, clair(e) et sans animosité ni goujaterie. Souvenez-vous : les SMS se gardent, s'archivent et se montrent aux copines/copains. Si vous ne voulez pas écoper d'une réputation de mufle ou de harpie, restez modéré(e) dans vos propos.

Commencez toujours par son prénom puis, selon votre style :

1. Entre nous c'était pas mal, mais cela ne suffit pas. Ce n'est pas ce que je cherche. Je préfère qu'on en reste là.

2. L'heure est venue de prononcer le mot de la fin de notre histoire, alors je m'y colle. Mais j'espère que l'on restera amis.

3. J'ai passé de bons moments avec toi, mais la petite flamme s'est éteinte. Je crois qu'on ferait mieux d'arrêter là.

4. J'espérais que ça marcherait entre nous, mais il manque la petite étincelle. Arrêtons de nous voir, c'est mieux.

5. Cela fait des mois qu'on tourne en rond. Il est temps de rompre, tu ne crois pas ?

6. On y a cru... Mais ça ne marche pas entre nous. Je te souhaite de trouver la bonne personne.

7. C'est fini, je le te dis un peu abruptement mais autant que ce soit clair. Je préfère qu'on ne se voie plus. J'espère que tu comprendras.

8. Si je te dis que tout est fini entre nous, tu ne vas pas croire que je chante juste Lara Fabian pour le plaisir, hein ?

9. Je pense sincèrement que tu seras plus heureux(se) sans moi. Revenons chacun à nos vies d'avant.

10. J'ai fait de mon mieux pour que ça marche, mais il n'y a rien à faire. Je préfère qu'on y mette un terme, j'espère que tu comprendras.

Chapitre 20

Dix best of séduction

Dans ce chapitre :

- Les plus beaux romans d'amour
- Quatre poèmes amoureux
- La séduction au théâtre
- Les meilleurs essais sur l'amour
- Les films incontournables
- Les références sur Internet
- Chansons et citations sur l'amour et la drague

Les plus beaux romans d'amour

- *La Princesse de Clèves*, Marie-Madeleine de La Fayette, 1678
- *Les Liaisons dangereuses*, Pierre Choderlos de Laclos, 1782
- *Orgueil et préjugés*, Jane Austen, 1813
- *Le Rouge et le Noir*, Stendhal, 1830
- *Les Hauts de Hurlevent*, Emily Brontë, 1847
- *La Dame aux camélias*, Alexandre Dumas, 1848
- *Anna Karénine*, Léon Tolstoï, 1877
- *Le Diable au corps*, Raymond Radiguet, 1923
- *L'Amant de Lady Chatterley*, D. H. Lawrence, 1928
- *Aurélien*, Louis Aragon, 1944
- *Belle du Seigneur*, Albert Cohen, 1968
- *Les oiseaux se cachent pour mourir*, Colleen McCullough, 1978
- *L'Insoutenable Légèreté de l'être*, Milan Kundera, 1984
- *L'Amant*, Marguerite Duras, 1984

- *Les Vaisseaux du cœur,* Benoîte Groult, 1987
- *L'Amour aux temps du choléra,* Gabriel Garcia Márquez, 1987
- *La Délicatesse,* David Foenkinos, 2009

Les poèmes d'amour

- « Amour me tue, et si je ne veux dire », Pierre de Ronsard, 1552
- « Se voir le plus possible », Alfred de Musset, 1850
- « Les femmes sont sur la terre », Victor Hugo, 1856
- « Les passantes », Antoine Pol, 1918
- « Poèmes à Lou », Guillaume Apollinaire, 1915
- « Le jardinier d'amour », Rabîndranâth Thâkur dit Tagore, 1920
- « Les yeux d'Elsa », Louis Aragon, 1942
- « Barbara », Jacques Prévert, 1946
- « Vingt poèmes d'amour et une chanson désespérée », Pablo Neruda, 1998

La séduction au théâtre

- *Roméo et Juliette,* William Shakespeare, 1597
- *Beaucoup de bruit pour rien,* William Shakespeare, 1600
- *Le Cid,* Corneille, 1637
- *Dom Juan,* Molière, 1665
- *Le Jeu de l'amour et du hasard,* Marivaux, 1730
- *On ne badine pas avec l'amour,* Alfred de Musset, 1834
- *L'Importance d'être Constant,* Oscar Wilde, 1895
- *Cyrano de Bergerac,* Edmond Rostand, 1897

Les meilleurs essais sur l'amour

- *Fragments d'un discours amoureux*, Roland Barthes, Le Seuil, 1977

Trois essais très simples et pleins de bon sens :

- *Les femmes qu'ils aiment, les femmes qu'ils quittent*, Connell Cowan et Melvyn Kinder, Robert Laffont, 1989
- *La Danse du couple*, Serge Hefez, Hachette, 2005
- *Aime-toi toi-même*, Eva-Maria Zurhorst, Leduc. S. Éditions, 2008

Les films incontournables

- *New York-Miami*, de Frank Capra, 1934, avec Clark Gable et Claudette Colbert
- *Casablanca*, de Michael Curtiz, 1942, avec Humphrey Bogart et Ingrid Bergman
- *Les Enfants du paradis*, de Marcel Carné (dialogues de Jacques Prévert), 1945, avec Arletty et Jean-Louis Barrault
- *Orfeu Negro*, de Marcel Camus, 1959, avec Breno Mello et Marpessa Dawn
- *Diamants sur canapé*, de Blake Edwards, 1961, avec Audrey Hepburn et George Peppard
- *Charade*, de Stanley Donen, 1963, avec Cary Grant et Audrey Hepburn
- *Le Lauréat*, de Mike Nichols, 1967, avec Anne Bancroft, Dustin Hoffman et Katharine Ross
- *Les Demoiselles de Rochefort*, de Jacques Demy, 1967, avec Catherine Deneuve et Françoise Dorléac
- *Love Story*, d'Arthur Hiller, 1971, avec Ali McGraw et Ryan O'Neal
- *César et Rosalie*, de Claude Sautet, 1972, avec Yves Montand, Romy Schneider et Sami Frey
- *Annie Hall*, de Woody Allen, 1977, avec Woody Allen et Diane Keaton
- *Quand Harry rencontre Sally*, de Rob Reiner, 1989, avec Meg Ryan et Billy Crystal
- *Pretty Woman*, de Garry Marshall, 1990, avec Richard Gere et Julia Roberts

- *Un jour sans fin*, de Harold Ramis, 1993, avec Bill Murray et Andie MacDowell
- *Sur la route de Madison*, de Clint Eastwood, 1995, avec Meryl Streep et Clint Eastwood
- *Titanic*, de James Cameron, 1997, avec Leonardo DiCaprio et Kate Winslet
- *Mary à tout prix*, de Bobby et Peter Farrelly, 1998, avec Cameron Diaz, Matt Dillon et Ben Stiller
- *Coup de foudre à Notting Hill*, de Roger Michell, 1999, avec Julia Roberts et Hugh Grant
- *In the Mood for Love*, de Wong Kar-Wai, 2000, avec Tony Leung et Maggie Cheung
- *Eternal Sunshine of the Spotless Mind*, de Michel Gondry, 2004, avec Jim Carrey, Kate Winslet et Kirsten Dunst
- *Hitch, expert en séduction*, d'Andy Tennant, 2005, avec Will Smith et Eva Mendes
- *Le Secret de Brokeback Moutain*, d'Ang Lee, 2006, avec Heath Ledger et Jake Gyllenhaal
- *Scott Pilgrim*, d'Edgar Wright, 2010, avec Michael Cera et Mary Elizabeth Winstead

Les sites internet

- **Les rencontres :** meetic.com, Be2.com, pointscommuns.com, nice-people.fr, parship.fr, attractiveworld.net, adopteunmec.com, tiilt.fr
- **Les sorties :** cpournous.com, Mylittleparis.com, mybestaddressbook.fr
- **Le coaching amoureux :** Love-intelligence.fr, methode-florence.fr
- **Les pick-up artists en français :** artdeseduire.com, frenchtouchseduction.com, spikeseduction.com ; en anglais : themysterymethod.net et doubleyourdating.com
- **Le relooking :** stylicoach.com, dresscoderelooking.com, imagence-relooking.com

Dix chansons qui parlent d'amour

- *Parlez-moi d'amour*, Lucienne Boyer, 1930

- *L'hymne à l'amour,* Édith Piaf, 1949
- *Quand on n'a que l'amour,* Jacques Brel, 1956
- *Tout l'amour,* Dario Moreno, 1959
- *At Last,* Etta James, 1961
- *Be my Baby,* The Ronnettes, 1963
- *Les mots bleus,* Christophe, 1974
- *À toi,* Joe Dassin, 1976
- *Amoureux solitaires,* Lio, 1981
- *Où je vais la nuit,* Philippe Katerine, 2002

Dix chansons pour séduire

- *I Put a Spell on You,* Nina Simone, 1965
- *Fever,* Peggy Lee, 1958
- *You Can Leave Your Hat on,* Randy Newman, 1972
- *You Are the First, my Last, my Everything,* Barry White, 1974
- *Love to Love you Baby,* Donna Summer, 1975
- *Everybody Gotta Learn Sometimes,* The Korgis, 1980
- *Sexual Healing,* Marvin Gaye, 1982
- *Wicked Game,* Chris Isaac, 1989
- *Killing Me Softly,* The Fugees, 1996
- *Playground Love,* Air, 2000

Dix chansons quand ça devient compliqué

- *Cry Me a River,* Julie London, 1955
- *Ne me quitte pas,* Jacques Brel, 1959
- *I've Been Loving You Too Long (to Stop Now),* Otis Redding, 1965
- *Suspicious Mind,* Elvis Presley, 1969
- *Les yeux pour pleurer,* Nana Mouskouri, 1963

- *Bang Bang (My Baby Shot Me Down)*, Nancy Sinatra, 1966
- *Comment te dire adieu*, Françoise Hardy, 1969
- *Porque Te Vas*, Jeannette, 1974
- *Pas assez de toi*, Mano Negra, 1990
- *Back to Black*, Amy Winehouse, 2007

L'amour, le charme et la drague en citations

- « Le charme : une manière de s'entendre répondre "oui" sans n'avoir posé aucune question claire. » Albert Camus
- « La séduction suprême n'est pas d'exprimer ses sentiments. C'est de les faire soupçonner. » Jules Barbey d'Aurevilly
- « Le regard chez une jeune femme est un interprète toujours charmant qui se charge de dire avec complaisance ce que la bouche n'ose prononcer. » Marivaux
- « Elle rit de tout ce que vous dites. Pourquoi ? Parce qu'elle a de jolies dents. » Benjamin Franklin
- « C'est en ayant confiance en soi que l'on devient sexy. » Jennifer Lopez
- « Un gentleman, c'est celui qui est capable de décrire Sophia Loren sans faire de geste. » Michel Audiard
- « Si je fais si bien l'amour, c'est que je me suis longtemps entraîné tout seul. » Woody Allen
- « Mon rêve : devenir le collant d'Ursula Andress. » Woody Allen
- « Un baiser, qu'est-ce ? Un serment fait d'un peu plus près, un aveu qui veut se confirmer, un point rose qu'on met sur l'i du verbe aimer ; c'est un secret qui prend la bouche pour oreille. » Edmond Rostand, *Cyrano de Bergerac*
- « La timidité est une forme de politesse. » Jacques Dutronc
- « Les premières étreintes sont toujours un peu ratées. On se jette l'un sur l'autre, à l'aveuglette ; poussé par trop de hâte on ne prend pas le temps de faire connaissance avec une peau, une odeur, un sexe étrangers. » Françoise Giroud

Chapitre 21

Dix compliments pour…

Dans ce chapitre :

- Les compliments d'une femme à un homme et ceux d'un homme à une femme
- Les alliés indispensables de la drague
- Comment bien complimenter et tomber juste

Le chapitre 1, sur les mécanismes de la séduction, explique pourquoi les compliments sont indispensables à la drague. Ils génèrent chez votre interlocuteur une sensation de bien-être qui prédispose à l'éclosion de l'attraction. Il y a mille manières d'en faire, alors n'y allez pas au hasard : observez ce que votre cible a de si particulier, et soyez sincère. Allez-y en douceur au début, puis au fur et à mesure que vous le/la sentez acquis(e) à votre cause, appuyez sur la pédale !

Les compliments d'une femme à un homme

Pour un homme élégant

POUR LES FEMMES

- Tu as une nouvelle veste ? Elle te va bien, elle met en valeur ta carrure.
- C'est très élégant, cette coupe de cheveux, ça te donne l'air de Jude Law… en moins prétentieux !
- Tu es très élégant.
- J'adore ta coupe de cheveux, elle est originale.
- Elle te met très bien en valeur, cette chemise.
- Ça te va bien ce costume, on dirait James Bond.
- Tu es très bien habillé… c'est tellement rare, les hommes qui ont autant de goût !

- J'aime beaucoup ta façon de t'habiller.
- Tu as une classe folle !
- Si tu portes cette chemise chaque fois que l'on se voit, je ne vais pas résister bien longtemps…

Pour un homme au physique impressionnant

- C'est fou comme tu es musclé ! Tu fais du rugby, non ?
- Tu es tellement grand ! On doit être bien, dans tes bras.
- On t'a déjà demandé d'être mannequin ? (ou comédien / acteur)
- Tu sens très bon.
- Tu as la peau douce.
- Tu as de belles lèvres, elles donnent envie de t'embrasser.
- Tu as un corps sculptural.
- Tu es très bien fait de ta personne… tu fais de la musculation ?
- Tu as de beaux bras, j'ai envie de me perdre dedans.
- J'ai toujours rêvé d'un homme comme toi : grand, beau et fort.

Pour un homme bourré de charme, mais pas canon

- Tu dégages un charme fou.
- Tu es rayonnant.
- Tu me rends toute chose.
- Arrête de me regarder, tes yeux m'éblouissent !
- Ton sourire illumine la pièce !
- Tu as des yeux très expressifs !
- Tu as une voix très sexy.
- J'adore prononcer ton prénom.
- Tu as de très belles mains, tu joues du piano ?
- Tu as beaucoup de charisme.

Pour un bad boy, un aventurier, un latin lover

- Tu dégages quelque chose de sauvage... j'adore.
- Ton parfum m'enivre.
- On ne peut pas te résister.
- Tu m'hypnotises quand tu me regardes comme ça.
- Tu as une façon de te mouvoir qui me trouble.
- Tu dois faire fantasmer toutes les femmes, non ?
- Tu as un regard de don Juan.
- Quand je te vois je frémis.
- Tu as une façon très sensuelle de danser.
- Avec toi j'ai l'impression que rien ne peut m'arriver.

Pour qu'il se sente intéressant

- J'aime ce que tu me racontes.
- Tu m'as intriguée.
- Tu m'interpelles.
- J'aime bien ton regard sur le monde, tu prends du recul... C'est rare finalement quelqu'un qui aime réfléchir posément.
- Tu es le garçon le plus intéressant que je connaisse.
- Tu me fais voir la vie différemment.
- J'aime beaucoup ta façon de penser.
- On ne s'ennuie jamais avec toi.
- Tu es fin psychologue, tu as un vrai sens des gens.
- Tu as de très bons goûts.

Pour qu'il se sente unique

- Tu dégages quelque chose de particulier.
- Avec les qualités que tu as, j'ai du mal à comprendre que tu sois célibataire...

- Tu sais garder ton calme en toutes circonstances… C'est une qualité que j'apprécie tellement chez un homme !
- Je n'ai pas rencontré beaucoup d'hommes comme toi, tu es singulier, différent.
- Tu es un homme d'exception.
- Je ne sais pas bien en quoi mais tu as quelque chose de spécial.
- Je t'ai toujours trouvé beau mais je ne savais pas que tu avais autant de profondeur.
- Tu es vraiment l'homme le plus surprenant que je connaisse.
- C'est rare et précieux un homme comme toi.
- La beauté, c'est commun finalement, mais toi tu dégages quelque chose de vraiment spécial, une belle énergie.

Pour lui avouer votre penchant

- Tu as éclairé ma journée.
- Je me sens bien avec toi.
- Quand tu es là j'ai l'impression que rien ne peut m'arriver.
- Tu me troubles.
- Si tu n'es pas là, j'annule.
- Normalement je suis raisonnable, mais tu me fais tout oublier…
- Avec toi je me sens pousser des ailes.
- Tu m'apportes tellement.
- Quand tu n'es pas là, c'est pas pareil.
- Tu m'inspires.

Pour toucher son âme

- Tu as une belle âme.
- Tu es vraiment une belle personne… et je ne parle pas seulement du physique.
- Je suis fière d'être avec toi.
- Tu as toutes les qualités dont j'ai toujours rêvé.

- Tu dégages une telle sérénité !
- Tu te conduis vraiment comme un prince.
- Je me sens bien avec toi, j'ai l'impression de te connaître depuis toujours.
- Toi, tu es vraiment quelqu'un de bien.
- Ta sincérité (générosité, bonté, gentillesse...) me touche.
- Tu me donnes envie d'être meilleure.

Pour tous (sauf les chauffards notoires)

Qu'est-ce que tu conduis bien !

Les compliments d'un homme à une femme

Bien sûr, vous devez la complimenter sur son physique.

Graduez vos compliments...

Quand vous ne la connaissez pas très bien

- Tu es très élégante / très gracieuse.
- Elle te met très bien en valeur, cette petite robe.
- Tu sens très bon.
- Tu dégages un charme fou.
- J'aime beaucoup ta façon de t'habiller / C'est original ce que tu portes, ça te va bien.
- Tu me fais penser à cette actrice (la citer)... avec plus de charme.
- J'adore ta coupe de cheveux, elle est originale.
- Tu as des yeux très expressifs.
- Tu as une mine superbe ! Tu reviens de vacances ?
- J'adore tes chaussures !

Quand vous la connaissez mieux

- Tu es renversante.
- Tu me rends tout chose.
- Tu as la peau douce.
- Tu as l'air d'une princesse.
- Tu as vraiment la taille mannequin.
- Tu as des jambes interminables.
- Quand tu marches avec des talons tu as une démarche féline… j'adore !
- Tu m'hypnotises quand tu me regardes comme ça.
- Tu as tellement de classe !
- Tu dégages une telle sensualité, tu as une voix très sexy.

Quand vous la connaissez très bien

- Je suis fou de ta peau.
- Ton parfum m'enivre…
- J'adore prononcer ton prénom.
- Tu as de belles lèvres.
- Elle est jolie cette robe… mais je te préfère toute nue.
- Quand je te regarde je ne contrôle plus rien.
- Pour moi tu es la plus belle femme du monde.
- Arrête de me regarder, tes yeux m'éblouissent !
- Tu as de ces yeux… j'ai peur de me perdre dedans.
- Ta beauté me laisse sans voix.

N'OUBLIEZ PAS

Mais une femme a surtout envie d'entendre que vous la trouvez intéressante. Faites-lui des compliments…

Pour qu'elle se sente unique

- Je n'ai jamais vu de tels yeux.
- Je ne sais pas bien en quoi, mais tu as quelque chose de spécial.
- Tu dois être le fantasme de tous les hommes, non ?
- Tu as une beauté particulière, mystérieuse…

- Tu es différente des filles que j'ai pu connaître.
- J'adore quand tu fais cette petite moue.
- Tu es une femme d'exception.
- Tu as une aura très spéciale...
- Tu es vraiment la fille la plus surprenante que je connaisse.
- C'est rare et précieux une femme comme toi.

Sur sa personnalité

- Tu as de très bons goûts.
- On ne s'ennuie jamais avec toi !
- Tu respires la joie de vivre, tu es pétillante !
- Tu dégages une bonne énergie.
- Tu m'inspires.
- Tu es une femme intéressante / J'aime beaucoup ta façon de penser.
- Avec ton talent, je ne m'inquiète pas pour toi.
- Avec les qualités que tu as, j'ai du mal à croire que tu sois célibataire.
- Tu m'as intrigué, tu m'interpelles.
- Je t'ai toujours trouvé jolie mais je ne savais pas que tu avais autant de profondeur.

Sur ce qu'elle vous apporte

- Tu es tout ce que je recherche chez une femme.
- La vie est si simple avec toi.
- Tu es le soleil de ma vie.
- Tu as éclairé ma journée.
- J'aime être avec toi.
- Je suis fier d'être avec toi.
- Avec toi je me sens pousser des ailes.
- Tu es mon rayon de soleil.
- Tu me donnes envie d'être un homme meilleur.
- Je suis tellement heureux de te connaître !

Chapitre 22

Dix exemples d'autodérision

Dans ce chapitre :

- Pour les hommes
- Autodérision : mode d'emploi

Pour être drôle et séduire en même temps, ce ne sont pas des blagues toutes faites qu'il faut lui destiner. L'important là encore est d'être spontané(e) et vrai(e), et ce qui marche le mieux en la matière, c'est l'autodérision. Cela a même été prouvé scientifiquement par Gil Greengros, un chercheur américain : selon son étude, menée en 2008 à l'université du Nouveau-Mexique, l'autodérision est une qualité qui augmente le sex-appeal d'un homme !

Vous devez cibler un trait de votre caractère qui n'est pas une qualité, qui ne fait pas forcément rêver. Choisissez un trait saillant qui a de préférence un rapport avec l'amour, la séduction… Un trait qui la concerne et qui puisse la toucher. Par exemple, vous êtes célibataire depuis deux ans, vous enchaînez les relations courtes, vous êtes un peu timide, vous avez l'impression de ne pas savoir séduire, ou encore vous êtes incapable de faire comprendre à une femme qu'elle vous plaît…

Ensuite, tournez ce petit défaut de manière à la faire rire. C'est le plus difficile. Vous pouvez vous inspirer des quelques exemples qui suivent.

Vous plaisantez sur votre physique

C'est la preuve que vous vous assumez et que vous n'êtes pas complexé. Votre petit défaut va la faire rire et devrait bientôt l'attendrir.

1. Vous avez les mains très larges : « C'est pratique parce que je suis très sportif. Je peux jouer au tennis sans raquette ! »

2. Vous souffrez d'un strabisme divergeant : « Tu as vu, j'ai une vision panoramique ! En fait Big Brother, c'est moi ! »

3. Vous n'êtes pas très grand : « Quand j'étais petit (et je le suis toujours),… »

Vous considérez votre mode de vie avec humour

LE CONSEIL DE FLORENCE

Elle comprendra que non seulement vous avez le sens de l'humour mais qu'en plus vous savez prendre du recul !

4. Vous êtes célibataire ! « Tu as vu ma tête aussi ? Qui pourrait avoir envie de sortir avec moi ? »

5. Vous vivez dans un petit appartement : « Je dors dans ma cuisine, pour prendre mon petit déjeuner au lit tous les jours ! »

6. Vous exercez un métier qui ne fait pas rêver : « Je travaille dans un élevage porcin. J'aime vivre parmi mes amis les cochons, je me sens dans mon élément. »

7. « Je cherchais un métier sexy, qui fasse rêver les filles… alors je suis devenu expert-comptable. » La deuxième partie de cette phrase est très facile à replacer partout.

METHODE-FLORENCE.FR

Samuel ou l'autodérision en pratique

« J'ai beau vouloir mettre le paquet sur ce que j'ai de pas mal, si je fais le compte, je me trouve plus de défauts que d'atouts ! J'ai fait les exercices de la méthode à fond pour essayer de me trouver plus de ressources, je vous assure, j'ai cherché et cherché encore un peu plus à chaque étape, mais j'ai l'impression d'être une cause perdue. Finalement, j'ai fait de mes défauts des *privates jokes* et j'ai décidé d'attaquer les filles avec ça. Et après, je glissais dans la conversation : "Quand on me connaît bien, on se met à aimer mes imperfections, parce que ce sont justement elles qui me rendent unique." Bon, c'est du copié-collé de la `methode-florence.fr`, mais ça marche parce que ce genre de phrase m'oblige à me mettre dans une posture de rigolo qui fait qu'elles désamorcent et qu'elles en rient avec moi. Et maintenant, je trouve toujours la phrase qui va alléger le débat. Si je constate qu'elles regardent trop ce qui ne va pas chez moi : "Les oreilles décollées ? Je les garde, elles seront ultra tendance cet hiver." Et ensuite je prends mon air malicieux… »

Samuel nous montre qu'on peut tout aussi bien sortir le grand jeu, sans passer par le physique : le sourire, le regard encore et toujours, coquin, de préférence, l'espièglerie dans les yeux…

Vos gestes aussi peuvent la faire rire

Parfois, pour faire preuve d'autodérision, mieux vaut encore se taire et agir. C'est plus subtil, et cela peut la faire fondre !

8. Vous êtes décalé. Vous êtes banquier, parfaitement bien coiffé, vous semblez sérieux dans votre costume trois-pièces… et vous commandez une menthe à l'eau au bar. Dites-lui que sa présence est déjà un tel aphrodisiaque que vous préférez rester sobre.

9. Vous faites un lapsus : au lieu de faire comme si de rien n'était, insistez un peu sur l'origine de ce lapsus, et expliquez-lui en souriant que c'est elle qui vous trouble !

10. Vous glissez, vous faites tomber quelque chose, vous vous cognez… N'ayez pas honte de vous être ridiculisé devant elle, et dites-lui que vous êtes prêt à tout pour l'impressionner. Demandez-lui si cela a fait son effet.

Bref, montrez que vous êtes capable de rire de vos maladresses, de vos imperfections ! Montrez que votre hauteur de vue sur vous-même est égale à votre autodérision. Elle oubliera alors vite votre taille petite, votre crâne dégarni ou votre chômage qui s'éternise !

Index

E

F

G

H

I

J

K

L

M

N

O

P

Q

R

S